OLDENBOURG GRUNDRISS DER GESCHICHTE

OLDENBOURG
GRUNDRISS DER
GESCHICHTE

HERAUSGEGEBEN
VON
LOTHAR GALL
KARL-JOACHIM HÖLKESKAMP
HERMANN JAKOBS

BAND 30

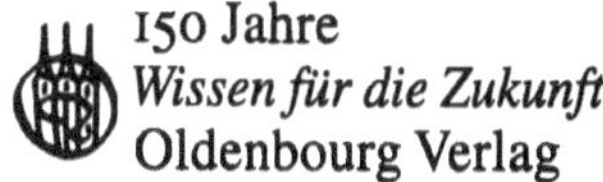

Bibliografische Information der Deutschen Nationalbibliothek

Die Deutsche Nationalbibliothek verzeichnet diese Publikation in der Deutschen Nationalbibliografie; detaillierte bibliografische Daten sind im Internet über <http://dnb.d-nb.de> abrufbar.

Umschlaggestaltung: Dieter Vollendorf, München
Gedruckt auf säurefreiem, alterungsbeständigem Papier (chlorfrei gebleicht).

Satz: primustype R. Hurler GmbH, Notzingen
Druck: MB Verlagsdruck Ballas, Schrobenhausen
Bindung: Kolibri, Schwabmünchen

ISBN 978-3-486-58588-9

DER OSMANISCHE STAAT 1300–1922

VON
KLAUS KREISER

2., aktualisierte Auflage

R. OLDENBOURG VERLAG
MÜNCHEN 2008

VORWORT DER HERAUSGEBER

Die Reihe verfolgt mehrere Ziele, unter ihnen auch solche, die von vergleichbaren Unternehmungen in Deutschland bislang nicht angestrebt wurden. Einmal will sie – und dies teilt sie mit anderen Reihen – eine gut lesbare Darstellung des historischen Geschehens liefern, die, von qualifizierten Fachgelehrten geschrieben, gleichzeitig eine Summe des heutigen Forschungsstandes bietet. Die Reihe umfaßt die alte, mittlere und neuere Geschichte und behandelt durchgängig nicht nur die deutsche Geschichte, obwohl sie sinngemäß in manchem Band im Vordergrund steht, schließt vielmehr den europäischen und, in den späteren Bänden, den weltpolitischen Vergleich immer ein. In einer Reihe von Zusatzbänden wird die Geschichte einiger außereuropäischer Länder behandelt. Weitere Zusatzbände erweitern die Geschichte Europas und des Nahen Ostens um Byzanz und die Islamische Welt und die ältere Geschichte, die in der Grundreihe nur die griechisch-römische Zeit umfaßt, um den Alten Orient und die Europäische Bronzezeit. Unsere Reihe hebt sich von andern jedoch vor allem dadurch ab, daß sie in gesonderten Abschnitten, die in der Regel ein Drittel des Gesamtumfangs ausmachen, den Forschungsstand ausführlich bespricht. Die Herausgeber gingen davon aus, daß dem nacharbeitenden Historiker, insbesondere dem Studenten und Lehrer, ein Hilfsmittel fehlt, das ihn unmittelbar an die Forschungsprobleme heranführt. Diesem Mangel kann in einem zusammenfassenden Werk, das sich an einen breiten Leserkreis wendet, weder durch erläuternde Anmerkungen noch durch eine kommentierende Bibliographie abgeholfen werden, sondern nur durch eine Darstellung und Erörterung der Forschungslage. Es versteht sich, daß dabei – schon um der wünschenswerten Vertiefung willen – jeweils nur die wichtigsten Probleme vorgestellt werden können, weniger bedeutsame Fragen hintangestellt werden müssen. Schließlich erschien es den Herausgebern sinnvoll und erforderlich, dem Leser ein nicht zu knapp bemessenes Literaturverzeichnis an die Hand zu geben, durch das er, von dem Forschungsteil geleitet, tiefer in die Materie eindringen kann.

Mit ihrem Ziel, sowohl Wissen zu vermitteln als auch zu selbständigen Studien und zu eigenen Arbeiten anzuleiten, wendet sich die Reihe in erster Linie an Studenten und Lehrer der Geschichte. Die Autoren der Bände haben sich darüber hinaus bemüht, ihre Darstellung so zu gestalten, daß auch der Nichtfachmann, etwa der Germanist, Jurist oder Wirtschaftswissenschaftler, sie mit Gewinn benutzen kann.

Die Herausgeber beabsichtigen, die Reihe stets auf dem laufenden Forschungsstand zu halten und so die Brauchbarkeit als Arbeitsinstrument über eine längere Zeit zu sichern. Deshalb sollen die einzelnen Bände von ihrem Autor oder einem anderen Fachgelehrten in gewissen Abständen überarbeitet werden. Der Zeitpunkt der Überarbeitung hängt davon ab, in welchem Ausmaß sich die allgemeine Situation der Forschung gewandelt hat.

Lothar Gall   Karl-Joachim Hölkeskamp   Hermann Jakobs

INHALT

VORWORT

Das große Projekt der internationalen Osmanistik ist die Rekonstruktion eines „Reichs", das in diesem Band angelehnt an die Selbstbezeichnung „Staat" genannt wird. Der osmanische Staat war über Jahrhunderte einer der wichtigsten Machtfaktoren der islamischen Welt und stand in vielfältigen Beziehungen zu europäischen Gegnern und Verbündeten. Mit einer schier unglaublichen Masse an archivalischen und erzählenden Quellen setzt sich eine ständig wachsende Zahl von Forschern und Forscherinnen innerhalb und außerhalb der Türkei auseinander. Der Beitrag der „Nachfolgestaaten" in Südosteuropa und der arabischen Welt wächst langsam, aber stetig. In den Vereinigten Staaten und Japan ist die Osmanistik an einer wachsenden Zahl von Hochschulen vertreten.

Dieser Grundriß möchte einen ersten Einblick in die historische Osmanistik vermitteln. Beim weitgehenden Fehlen von in anderen Fächern selbstverständlichen Forschungsberichten hoffe ich auf die Nachsicht der Spezialisten.

Der Abschnitt I „Darstellung" des Buches bildet eine knappe Einführung in die politische Geschichte des osmanischen Staates, ohne militärische, wirtschaftliche und kulturelle Themen zu vernachlässigen. Ich habe mich bemüht, den Verhältnissen in allen Teilen der osmanischen Länder Rechnung zu tragen. Dieser Abschnitt kann im Zusammenhang mit dem Material des Anhangs (Zeittafel, Tabellen, Karten) genutzt werden.

Der umfangreichere Abschnitt II „Grundprobleme und Tendenzen der Forschung" ist in drei Kapitel aufgeteilt. Im ersten wird das unter Historikern wenig bekannte Fach Osmanistik vorgestellt. Das zweite Kapitel bildet eine kleine Quellenkunde. Im dritten werden Forschungsthemen vor allem aus den Bereichen Politik und Wirtschaft besprochen. Dabei werden bevorzugt Arbeiten berücksichtigt, die auf osmanischem Quellenmaterial gründen. Angesichts des seit Jahrzehnten nicht mehr von einem Einzelnen überschaubaren Ausstoßes an Forschungsliteratur sind viele Arbeiten nur wegen ihrer exemplarischen Bedeutung ausgewählt worden. Das gilt auch für den dazugehörigen Teil III „Literatur". Ich habe mich bemüht, vorrangig jüngere Untersuchungen aufzunehmen. Hier sei stellvertretend für andere wichtige Titel ein Sammelband genannt, der nach Abschluß des Manuskripts erschienen ist: Raoul Motika, Christoph Herzog, Michael Ursinus (Hg.): Studies in Ottoman Social and Economic Life/Studien zu Wirtschaft und Gesellschaft im osmanischen Reich, Heidelberg 1999.

Für die Durchsicht von Teilen des Manuskripts danke ich meinen Bamberger Kollegen Dr. Maurus Reinkowski und Dr. Ralf Elger. Christine Jung hat die letzte Korrektur gelesen und zahlreiche Versehen berichtigt. Die Herausgeber der Reihe, an erster Stelle Prof. Dr. Lothar Gall, und der Oldenbourg Verlag, haben mit großer Geduld und Nachsicht auf die Fertigstellung des Textes gewartet. Die Verlagslektorin, Frau Cordula Hubert, hat nicht nur formale Fehler korrigiert, sondern mit wertvollen Hinweisen für eine bessere Lesbarkeit dieses Textes gesorgt.

Klaus Kreiser Bamberg im Juli 2000

VORBEMERKUNG ZUR 2. AUFLAGE

Die historische Osmanistik hat seit Erscheinen der ersten Auflage dieses Buches wichtige neue Forschungsergebnisse und zusammenfassende Überblicke geleistet. Die Ergänzungen zur zweiten Auflage bestehen aus 111 Titeln von Neuerscheinungen. Die digitale Revolution hat auch dieses Fach gründlich verändert. In diesem Anhang werden eingeführte Internet-Adressen angegeben und erläutert.

Die Notwendigkeit einer Sichtung der osmanistischen Neuerscheinungen für allgemein Interessierte und Leser aus Nachbarfächern bleibt nicht trotz, sondern gerade wegen der schwer übersehbaren Angebote des weltweiten Netzes bestehen.

Der Autor bedankt sich bei kritischen Lesern der ersten Auflage, die zur Entdeckung verschiedener Versehen und Druckfehler beigetragen haben, die hier korrigiert werden konnten.

Klaus Kreiser Berlin, März 2008

I. Darstellung

A. EINLEITUNG: DIE DYNASTIE – DAS REICH – DER STAAT

Der Name Osmân

Der Name Osmâns war im späten 13. Jahrhundert bis ins 14. Jahrhundert hinein ein Attribut, welches das von ihm begründete *beglik* von den benachbarten kleinasiatischen Fürstentümern unterschied. Erst später wurde *Osmânlı* zur Eigenbezeichnung für die muslimisch-türkische Elite im Sinne einer etwas unbestimmten Erweiterung des sultanischen Haushaltes. Die Zugehörigkeit zu dieser Elite war mit dem Bekenntnis zur hanafitischen Richtung des sunnitischen Islams verbunden. Gleichzeitig war die Pflege der osmanischen Sprache und Literatur ein wichtiges Identität stiftendes Merkmal. Erst ganz am Ende der osmanischen Jahrhunderte sollte *Osmânlı* für sämtliche, also auch die nichtmuslimischen Untertanen gelten.

Die Dynastie

Das Haus Osmân *(Âl-i Osmân)* zählt 36 Herrscher von Osmân I. (st. 1326?) bis Mehmed VI. Vâhideddîn (1918–1922). Abdülmecîd Efendi hatte noch weniger als zwei Jahre (1922–1924) die Kalifenwürde inne. Die ersten 14 Sultane traten die Regierung jeweils als Söhne ihrer Vorgänger an. Eine Nachfolgeregelung, die den ältesten Sohn begünstigte, bestand nicht. Ab 1617 traten auch Brüder, Neffen oder Vettern ersten Grades die Thronfolge an. Die durchschnittliche Herrschaftsdauer betrug 17 Jahre. Dieser dynastische Zusammenhang wurde nur einmal (im „großen Interregnum" von 1402 bis 1413) gestört. Das Ausbleiben männlicher Geburten über eine längere Periode (1785–1812) und die Tatsache, daß es Jahre gab, in denen ein auch noch so junger Sultanssohn fehlte (1808–1812), hat sich am Ende nicht als Bedrohung eines dynastischen Systems erwiesen – zu dem jede Alternative fehlte. Im Gegensatz zu den kleinasiatischen Seldschuken schlossen die Osmanen eine Fragmentierung ihres territorialen Besitzstandes aus. Das „Brudermordgesetz" Mehmed II. (1451–1481) und später die Institution des „Prinzengefängnisses" *(kafes)* sorgten dafür, daß die Anzahl von Thronbewerbern immer klein gehalten wurde. Im übrigen galt, daß die Legitimität des *de facto*-Inhabers des Throns von den Machteliten nicht bestritten wurde.

Reich oder Staat?

Die Bezeichnung „imperium" wurde dem osmanischen Staat schon im 14. Jahrhundert von abendländischen Autoren beigemessen. Es gibt jedoch keinen Terminus in den Hauptsprachen des islamischen Orients, der den Begriffen „Staat" und „Reich" einigermaßen entspricht. In der Kumulation von Namen unterworfener Gebiete etwa in der Herrschertitulatur Süleymân I. (1520–1566) drückt sich aber zweifelsfrei eine „imperiale", universale Geltung beanspruchende Haltung aus. Die häufige Form *Devlet-i Âlîye*, „der erhabene Staat", macht deutlich, daß die osmanische Dynastie den Vorrang vor anderen muslimischen Herrschaftshäusern beanspruchte. Die im 19. Jahrhundert häufige Eigenbezeichnung „Osmanische Länder" (*Memâlik-i Devlet-i Osmânîye* lautet die Staatsbezeichnung im Grundgesetz von 1876) wurde von den Zeitgenossen eher als Ausdruck der Vielzahl als der Vielfalt der zum Teil nur in lockeren staatsrechtlichen Zusammenhang mit der Zentrale stehenden Gebiete verstanden. In *Kâmûsu'l-Alâm* der großen Enzyklopädie Şemseddîn Sâmîs (1889–1898) ist der Artikel über den „Osmanischen Staat" (*Devlet-i Osmânîye*) mit der Klammerform „Empire Ottoman" umschrieben.

In zwei Epochen der osmanischen Geschichte, unter Süleymân I. und im 19. Jahrhundert, wurden die stärksten Anstrengungen der Zentrale unternommen, die Peripherie einem unitarischen Staat jenseits aller territorialen und personalen Sonderungen zu unterwerfen. Im einzelnen kommt das im 16. Jahrhundert auf drei wesentlichen Ebenen zum Ausdruck: 1) die Anwendung des *tapu-tahrîr*-Systems, 2) die Durchsetzung der hanafitischen Doktrin des sunnitischen Islam und 3) die Betonung der türkischen Amtssprache. Insofern darf man die osmanische Herrschaft als ein Machtgebilde ansehen, das den unitaren Staat als Ziel wollte, aber angesichts der regionalen und ethnischen Disparitäten zu einem Dasein als „Imperium wider Willen" verurteilt war. In der Auseinandersetzung mit den neuzeitlichen Kolonialreichen verstärkt sich das nach innen gerichtete Sendungsbewußtsein der Türken als führender islamischer Nation. An der Peripherie ihres Herrschaftsgebiets vertreten sie im 19. Jahrhundert eine zivilisatorische Funktion verbunden mit dem Bemühen, die Distanz zum Westen zu verringern. Aus diesem Grund, aber auch wegen seiner Entsprechung mit der türkisch-arabischen Eigenbezeichnung, trägt diese Einführung den Titel „Der osmanische Staat".

Türken, Türkisch, Türkei

Der Name Türkei erscheint schon in einem Bericht über den Kreuzzug von Friedrich Barbarossa 1190 (*Historia Peregrinorum*). Im 13. Jahrhundert findet er sich in vielen europäischen Texten. SEBASTIAN BRANT schreibt 1494 von „kleyn Asien und Kriechenlandt, das man die *grosz Türkcky* yetz nennt". Türk bzw. Türkî als Volks- und Sprachenname war nicht auf nomadisierende und bäuerliche Gruppen oder Schichten beschränkt, auch wenn er in verschiedenen literarischen und historischen Quellen pejorativ verwendet wurde. Die osmanische Zentrale – Hof, Finanz- und Religionsbehörden – verwandten ab der Mitte des 16. Jahrhunderts fast ausschließlich das Osmanisch-Türkische als Medium von Staat und Verwaltung. In der Reformperiode (im weiteren Sinne zwischen 1839–1918) setzte die Integration in die staatlichen Institutionen

(Verwaltung, Heer, Schule) die schriftliche Beherrschung der Hoch- und Amtssprache voraus.

Der moderne Staatsname *Türkiye* (Türkei) ist eine künstliche Bildung. Die frühe Republik verwendete zunächst die Form *Türkiya*. Auch diese Variante hat sich erst am Beginn des 20. Jahrhunderts durchgesetzt, als deutlich wurde, daß sich die Eliten der nichttürkischen Bevölkerungsteile (insbesondere in den arabischen Provinzen, aber auch in Albanien) dem Osmanismus der Jungtürken verweigerten. Die Gleichsetzung von Türken mit Osmanen oder der Türkei mit dem Osmanischen Staat bzw. dem Osmanischen Reich ist zwar nicht völlig angemessen, aber durch jahrhundertelangen westlichen und östlichen Gebrauch sanktioniert. Türkische Autoren verwendeten seit Anfang des 20. Jahrhunderts das Wort „Kaiserreich" (*imparatorluk*), auch wenn es, wie schon gesagt, (wie in Rom!) im offiziellen Staatsnamen nicht auftaucht.

B. DIE HERKUNFT DER TÜRKEN UND IHR EINTRITT IN DIE ISLAMISCHE WELT

Die Turkisierung Anatoliens

Der Sieg des Seldschuken Alp Arslan über die byzantinische Streitmacht bei Manzikert/Malazgirt (Armenien) im Jahr 1071 gilt als das entscheidende Ereignis bei der Turkisierung und Islamisierung Anatoliens. Ein Jahrhundert später besiegelte die Schlacht bei Myriokephalon, als ein byzantinisches Heer auf dem Weg nach Konya von den Seldschuken aufgehalten wurde, die Unumkehrbarkeit dieser Entwicklung (1176). Diese Vorgänge muß man sich jedoch eher als ein allmähliches Einsickern von türkischen, durch den mongolischen (tschingisidischen) Druck aus Iran oder Chwaresm vertriebenen Gruppen vorstellen denn als wirkliche „Invasionen". Anders als im 7. bis 10. Jahrhundert, als die Araber Byzanz bedrohten, war das Reich den aus winterkalten Räumen vorstoßenden Reiternomaden nicht gewachsen. Weiterhin offen bleibt die Frage, warum die türkischen Eroberer Irans teilweise weiter nach Westen zogen und in erstaunlich kurzer Zeit den anatolischen Raum ethnisch überprägten. Das wesentlich günstigere Klima Anatoliens und die bessere Naturausstattung ebenso wie die fehlende Konkurrenz zu anderen (arabischen und kurdischen) Nomaden mag ebenso eine Rolle gespielt haben wie die bewußte „Ablenkung" eines unruhigen Elements in Richtung auf die byzantinischen Grenzräume durch die Seldschukenherrscher in Iran (Cahen). Die Herrschaft von Alâaddîn Kaykubâd I. (1220–1237) gilt als Höhepunkt des rumseldschukischen Sultanats im östlichen und zentralen Anatolien.

Seldschuken, Mongolen, Beglik-Zeit

Nach ihrer Niederlage am Kösedağ 1243 wurden die anatolischen Seldschuken Vasallen der Mongolen. Das Jahr 1277 markiert den Beginn der unmittelbaren mongolischen (ilchanidischen) Herrschaft. Der letzte anatolische Seldschuke Alâaddîn Kaykubâd III. wurde 1303 durch den Ilchaniden Ghazan Chan hingerichtet. Die Übergänge zur Beglik-Periode, der Zeit zahlreicher, teils kurzlebiger Kleinfürstentümer in Anatolien, sind fließend. Die Revolte eines Sülemiş von 1298 gegen das mongolische Protektorat scheint die Unabhängigkeit der Grenzfürstentümer im Westen bestärkt zu haben.

Turkisierung, Islamisierung

In der Mongolenzeit wurde das türkische Element noch stärker. Dafür war die Flucht vor den transoxanischen Chwaresmiern wahrscheinlich ebenso verantwortlich wie die Integration von Türken in die mongolischen Heere. Schließlich mag die dünne Besiedlung Anatoliens eine gewisse Sogwirkung ausgelöst haben. Teile des Raums waren durch arabische Razzien geschwächt. Die insgesamt geringe Hellenisierung, Wanderungsbewegungen (etwa der Armenier aus ihren Kerngebieten nach Kilikien) und die Umsetzung von Bevölkerungsteilen durch Byzanz verstärkten den amorphen Charakter. Ähnlich wie bei der Arabisierung des fruchtbaren Halbmonds bzw. Nordafrikas führten

Heiraten mit den Eroberern, eine sinkende Kinderzahl bei den Autochthonen und die Tatsache, daß nur die Zugehörigkeit zum Islam vor Diskriminierung bewahrte und den Aufstieg zu den höchsten Ämter im Staat ermöglichte, zu einer Änderung des Bildes. Hingegen wird die demographische Auswirkung der Mamluken-Institution („Knabenlese" für das Janitscharenkorps) weithin überschätzt.

Bevölkerung

Beim Fehlen absoluter Bevölkerungszahlen können ohnehin nur relative Größen einander gegenüber gestellt werden. Aus einer vielleicht im 13. Jahrhundert erreichten relativen Bevölkerungsmehrheit der Türken wird spätestens im 15. Jahrhundert ein absolutes Übergewicht. In osmanischer Zeit wurde die Turkisierung Anatoliens nicht mehr wesentlich vorangetrieben. Allerdings übernahmen jetzt große christliche Gruppen, v.a. in den Städten, das Türkische als Umgangssprache (Armenier, „Karamanlı"-Griechen), während in Teilen Kappadokiens, im Westen und im pontischen Raum die Griechen an ihrer Sprache festhielten. Um 1290 entstanden die ersten in „altanatolisch-türkischer" Sprache verfaßten Verse des Sultan Veled.

Nomadische oder bäuerliche Siedlung?

Bei der Frage nach dem Charakter der Turkisierung Anatoliens muß auf die in ihrer zentralasiatischen Heimat teils seßhaften, teils halbnomadisch bzw. vollnomadisch lebenden oghusischen Bevölkerungsteile hingewiesen werden. Es ist fraglich, ob das Vorhandensein einer agrarischen Terminologie bei den Einwanderern Schlüsse auf ursprüngliche Seßhaftigkeit erlaubt, denn die Türken haben auch eine große Anzahl von Grundwörtern aus der Sprache der anatolischen Autochthonen (Armenier, Griechen, Kurden) übernommen. Dagegen stand der Wunsch vieler Neuankömmlinge nach baldiger Niederlassung außer Frage. Schon im seldschukischen Anatolien herrschte dabei eine klare Dreiteilung zwischen städtischen Zentren, dem bäuerlichen Umland und den von Nomaden besetzten Räumen. Während sich das Organisationsschema und die Wanderwege der Nomaden im 16. Jahrhundert stabilisierten, verschoben sich die Machtgewichte zunehmend zuungunsten der Nomaden.

Die Beglik- oder Emirats-Periode

Die türkmenischen Kleinfürstentümer (Begliks bzw. Emirate) waren dafür verantwortlich, daß das durch den Zusammenbruch des seldschukisch-mongolischen Systems entstandene Machtvakuum durch islamisch-türkische Herrschaftsgebilde ausgefüllt wurde und trotz der allgemeinen Fragmentierung Anatoliens die Grundlagen der seldschukischen Staatsverwaltung mit den wichtigsten islamischen Institutionen (Kadi-Amt, Stiftungswesen, Medrese) bewahrt werden konnten. Die Seldschuken waren dabei von Anfang an keine Alleinherrscher im zentralen oder westlichen Anatolien. Die Konkurrenz mit dem Haus Dânişmend währte ein Jahrhundert und endete erste mit der Einnahme von Malatya (1177) durch die Seldschuken. Die Landschaft Paphlagonien in Nordwestanatolien wurde in seldschukischer Zeit durch die türkmenischen Çobaniden kontrolliert. Um die Wende zum 14. Jahrhundert waren die İsfendiyaroğulları („Söhne des İsfendiyar") bzw. die Candarlıoğulları Oberherren dieser Region. Die Eretna waren eine Herrscherfamilie, die mit dem ilchanidischen Heer nach Anatolien gekommen war und zwischen 1355 und 1381 von Sivas und Kayseri aus einen wichtigen Machtfaktor darstellte.

Das Haus Karaman und weitere Kleinfürsten

Der Aufstieg der türkmenischen Karamanoğulları im Raum Ermenek-Mut wurde durch eine erneute seldschukische Niederlage gegen den mongolischen Befehlshaber Baidju (1256) und innerseldschukische Rivalitäten erleichtert. Die Besitznahme von Konya (1277/8, endgültig 1313) markierte einen Haupterfolg dieses wichtigsten anatolischen Gegners des Osmanen bis Mitte des 15. Jahrhundert. Der Begründer der Eşrefoğulları wurde 1277 erstmals genannt. Sein Emirat mit dem Zentrum Beyşehir wurde später zwischen den Karamanoğulları und den Hamîdoğulları aufgeteilt. Bei den letzteren handelt es sich um die später als Tekeoğulları geläufige turkmenische Dynastie in Pamphylien (Einnahme von Antalya 1280). Der wichtigste Machtfaktor im Raum Denizli und Kütahya waren ab 1300 die Germiyanoğulları. Weiter im Westen am Rande der Ägäis traten fast gleichzeitig mit der Kleinasien-Invasion der Katalanischen Kompanie (1304) vier weitere Emirate auf: 1) Im äußersten Südwesten der Halbinsel auf dem Boden des antiken Karien die Menteşeoğulları mit ihren Hauptorten Milas und Muğla. 2) Die Aydınoğulları in Lydien. Ihr Fürst Mehmed eroberte Ayasoluğ/Ephesos. In seiner Hauptstadt Birgi (ab 1308) entstand schon 1312 ein Moscheebau. Sein 1348 im Kampf gegen die Lateiner vor Smyrna gefallener Sohn Umûr Beg wurde Gegenstand des 1465 verfaßten Epos (*destân*) von Enverî. 3) Der Gründer der Saruhan ist seit 1302 nachweisbar, seine zukünftige Hauptstadt Manisa wurde 1313 erobert. 4) Karası/Karesi, ein kleines Emirat an den Dardanellen im Raum Pergamon/Edremit als unmittelbarer Nachbar des osmanischen Beglik.

Byzanz

Die Rückeroberung von Konstantinopel (1261) durch Michael VIII. hatte die Aufmerksamkeit von Byzanz wieder stärker auf die westlichen Provinzen gelenkt. Dadurch wurde das Eindringen von türkischen Gruppen in den ägäischen Raum in den letzten Jahrzehnten des 13. Jahrhundert erleichtert. Alle westanatolischen Begliks führten auch Seekriege. Als Partei in den inner-byzantinischen Auseinandersetzungen bildeten sie eine beachtliche Konkurrenz zu den Osmanen, insbesondere bei den Vorstößen nach Thrakien. Der Aufstieg der osmanischen Dynastie war also wesentlich von einem erfolgreichen Wettbewerb mit den seefahrenden westanatolischen Fürstentümern abhängig. Die weiter östlich gelegenen Begliks gerieten erst im 15. Jahrhundert in die Herrschaftssphäre der Osmanen.

Die politische Landschaft Anatoliens Ende des 13. Jahrhundert war so unübersichtlich, daß man von verschiedenen, sich teilweise überlagernden Schichten von Herrschaft gesprochen hat. Cemal Kafadar hat ein plausibles Modell der übereinander und nebeneinander bestehenden Gebilde vorgeschlagen:

1. das mongolische Ilchanat bzw. seine Statthalter,
2. das seldschukische Sultanat,
3. im Süden und Südwesten Kleinasiens das mamlukische Sultanat,

4. (stellenweise) seldschukische Fürsten,
5. sogenannte *ucbegs* („Grenzherrn"), die von den Mongolen oder Seldschuken eingesetzt oder zumindest geduldet wurden,
6. Stammesführer, die zum Teil gleichzeitig als *ucbegs* handelten
7. heiligenmäßige Männer mit ihrer Anhängerschaft
8. Emporkömmlinge, die ein eigenes Beglik anstrebten.

Diese Komplexität erlaubt nicht, von einem „türkisch-muslimischen" Lager zu sprechen, das Byzanz in großer Geschlossenheit gegenüber stand. Das gilt in ganz besonderer Weise für das z. T. byzantinisch, z. T. osmanisch kontrollierte Bithynien im Nordwesten Kleinasiens.

Die Herkunft der Osmanen

Die Behauptung einiger osmanischer Quellen und nationalistischer Historiker von einer frühen, gleichzeitig mit den Seldschuken erfolgenden Einwanderung des Stammes Osmân in Anatolien wird heute zugunsten der Annahme aufgeben, daß die Ahnen der Dynastie mit der zweiten großen, von den Mongolen ausgelösten Einwanderungswelle im frühen 13. Jahrhundert ins Land kamen. Unklar ist, unter welchen Umständen der Stamm in den Marmara-Raum vorstieß. Es scheint festzustehen, daß Osmâns Vater Ertoğrul keine politischen Ambitionen hegte, auch wenn er die regionale Vorherrschaft der Germiyan als drückend empfunden haben mag. Es gibt zwei Traditionsstränge in der späteren osmanischen Chronistik. Nach einer Überlieferung begleitete Ertoğrul den Seldschuken Alâeddîn von Konya in den Raum Eskişehir (Sultanöyüğü) und eroberte von dort aus Söğüd. Die andere Überlieferung (u. a. durch Âşık-Paşa-Zâde sehr bekannt geworden) behauptet, Alâeddîn habe Ertoğrul Söğüd als Winterweide zugewiesen. Dort sei er 687 H./1288 gestorben. Die Wirtschaftsweise des Stammes war der Wechsel zwischen Sommer- und Winterweide mit verhältnismäßig geringen Entfernungen. Gleichzeitig fand ein lebhafter Handelsaustausch mit der christlichen städtischen und bäuerlichen Bevölkerung statt.

Osmân Gâzî

Die ersten wichtigen Eroberungen Osmâns fanden vermutlich zwischen 1298 und 1301 statt, als er eine Reihe byzantinischer Festungen in Nordwest-Kleinasien (Bithynien) besetzte (Bilecik, Yarhisar u. a.). 1301 besiegte Osmân in der Schlacht von Baphaion/Koyunhisar ein 2000-Mann-Kontingent der byzantinischen Armee. Der Stammvater der Dynastie wird übrigens nur in einer zeitgenössischen Quelle erwähnte: Georg Pachymeres (1242-ca. 1310) nennt ihn Ataman. Daraus haben einige Turkologen (Deny, Bazin) geschlossen, daß der islamische Name Osmân eine sekundäre Form darstellt. Zu seinen Lebzeiten schlugen die Angriffe auf größere befestigte Orte wie Nikaia/İznik und Bursa zwar fehl, doch reichten seine Vorstöße bis an den Bosporus. Bei seinem Tod (1324?) war die Landschaft Bithynien mit Ausnahme einiger Festungen unbestritten in „osmanischer" Hand. Es ist noch nicht geklärt, ob eine Silbermünze auf den Namen „Osmân Sohn des Ertoğrul" echt ist. Wenn sie es ist, so ist sie ein Beweis für den Souveränitätsanspruch, den Osmân gegenüber der ilchanidisch-seldschukischen Oberherrschaft erhob.

C. RAUM UND BEVÖLKERUNG

Der Kernraum

Alle von den Osmanen nacheinander bezogenen Residenzen bis zur Einnahme von Istanbul (1453) lagen im Marmara-Raum (Söğüd, Karaca Hisâr, İznik, Bursa, Edirne). „Die Einsicht in die politische Notwendigkeit des Besitzes dieser Kerngebiete spiegelt sich (wie in Byzanz) auch in der territorialen Entwicklung des Osmanischen Reiches wider" (J. Koder, Der Lebensraum der Byzantiner, Graz 1984, 18f.). Wie im Falle von Byzanz konnte auch kein anderes Zentrum mit Istanbul in politischer, wirtschaftlicher, kultureller und religiöser Hinsicht konkurrieren.

Polyzentrismus

Freilich war die „Kopflastigkeit" des Osmanischen Staates angesichts der im frühen 16. Jahrhundert hinzugewonnen großen und wirtschaftlich wie kulturell gewichtigen „alten Hauptstädte" (Damaskus, Bagdad, Kairo) und den im 17. und 18. Jahrhundert blühenden Mittelpunkten von Land- und Seehandel (wie Aleppo oder Izmir) längst nicht so ausgebildet wie in Byzanz. Auch das anatolische Hinterland wies eine äußerst ausgeglichene Hierarchie von urbanen Zentren auf, an deren Spitze Bursa, Ankara und Kayseri standen.

Expansion

Vom Marmara-Becken aus wurden die frühosmanischen Eroberungen, insbesondere unter Bâyezîd I. (1389–1402), gleichmäßig in mehrere Himmelsrichtungen vorgetragen. Voraussetzung dafür bildet die Tatsache, daß Anatolien nur durch schmale Meerengen von der Balkanhalbinsel getrennt ist. Als Nutzungsraum stellt sich das osmanische Südosteuropa (Rumili = „Rumelien") im wesentlichen als gleichartig dar, was sich als entscheidend für die dauernde Besitznahme erwies. Beide Regionen erlauben die Dauersiedlung von bäuerlichen Gruppen, ohne auf künstliche Bewässerung angewiesen zu sein – die Osmanen waren alles andere als Wasserbauer. Das osmanische Territorium am Ende der Herrschaft Mehmed II. (1451–1481) entsprach in seiner Ausdehnung bereits dem Oströmischen Reich in den Jahren seiner größten Ausdehnung (650–950 bzw. 1015–1186). Zum Zeitpunkt der höchsten osmanischen Machtstellung übertraf es die Ausdehnung von Byzanz (ca. 1,2 Mio. qkm) um ein Vielfaches. Vor dem Verlust von Tripolis (1911) und den Balkankriegen (1912/3) dehnten sich die unmittelbar osmanisch verwalteten Provinzen noch immer über ca. 3,4 Mio. qkm aus.

Klima

Die Unterschiedlichkeit der Klima-, Vegetations- und Agrarnutzungszonen in ihren historischen Ausprägungen kann hier nur angedeutet werden. Evliyâ Çelebî (1615-st. nach 1683), wahrscheinlich der Mensch mit der größten persönlichen Kenntnis von der Ausdehnung und Vielfalt des Osmanenstaaates, kontrastierte im Bericht von seiner Nubienreise die afrikanische Hitze mit der Kälte von Azov und dem milden Klima im Bergland östlich von Bagdad bzw. in der ungarischen Tiefebene. Im übrigen hat sich, ungeachtet aller Klimaschwankungen, in den osmanischen Kernländern (West- und Nordanatolien, südöstliche Balkanhalbinsel) die Ölbaum-Grenze bzw. das Einzugsgebiet des Regenfeldbaus über die Jahrhunderte nicht spürbar verändert.

Bodenschätze

Bei der Eroberung der Balkanländer waren die Gold-und Silberminen Serbiens, Mazedoniens und Bosniens ein wichtiges strategisches Ziel. Salz kam aus Salinen des Schwarzmeer-Raums, in der Walachei wurde es bergmännisch gewonnen. Bedeutende Eisenerzeuger für militärische und zivile Abnehmer waren Samakov (Bulgarien) und Kigi in Ostanatolien. Die größten Kupferbergwerke wurden in Küre (bei Kastamonu) betrieben.

Landwirtschaft

Die Grundnahrungsmittel Weizen und – und bei schlechteren Böden – Gerste blieben über ein halbes Jahrtausend gleich. In Anatolien lag das Verhältnis zwischen beiden Produkten im frühen 16. Jahrhundert bei 50:30%. Entsprechend bedeutend war die Kalorienzufuhr der Bevölkerung durch das Korn. Bei Mißernten waren schwere Hungerkatastrophen unausweichlich (wie 1845, 1875). Die Regierung reagierte bis ins 19. Jahrhundert mit Exportverboten für Getreide, um die Preisentwicklung zu beeinflussen. Aus früheren Jahrhunderten berichten die Quellen über Hungerjahre, erwähnen aber nur selten die Ursachen der Mißernten. Vor dem Eisenbahnbau verhinderten die hohen Kosten des Karawanentransports den Abfluß von Überschüssen in andere Gebiete. Getreidelieferungen für die Küchen der großen Stiftungskomplexe in Istanbul hatten Priorität. Im 19. Jahrhundert kam es in vielen Landesteilen zu einer gewaltigen Ausdehnung der landwirtschaftlichen Nutzfläche. Im Irak soll sie zwischen 1860 und 1914 durch ein verbessertes Bewässerungssystem auf das Zehnfache gestiegen sein.

Zucker

Den Zuckerbedarf stillte bis ins 17. Jahrhundert vor allem Ägypten, obwohl Zuckerrohr auch am Euphrat und auf Zypern angebaut wurde. Ende des 18. Jahrhundert kam es zu einer dramatischen Veränderung. Französischen Exporteuren gelang es, rasch Zucker aus den Antillen nach İzmir, Istanbul und Aleppo, ja sogar nach Ägypten zu exportieren. Diese Konjunktur des Kolonialzuckers verlief analog zu der Entwicklung beim Kaffee. Das Getränk verbreitete sich in der 2. Hälfte des 16. Jahrhundert in allen Landesteilen. Sein Ursprung war der osmanische Jemen. Sehr bald aber wurde jemenitischer Kaffee von Importen aus den Plantagen der europäischen Kolonialmächten abgelöst. Erste Belege für das Tabakrauchen stammen aus den Jahren 1599/1601. Nach dem Cibali-Brand von 1631, dem ein Fünftel der Bauten Istanbuls zum Opfer fiel, wurden Kaffeehäuser und das Tabakrauchen vorübergehend verboten. Im 18. Jahrhundert findet man in zahlreichen Provinzen Tabakanbau (z. B. Ägypten, Ungarn).

Kaffee, Tabak

Reis, Mais

Reis wurde seit dem 14./15. Jahrhundert v.a. auf staatlichen Domänen angebaut und bis nach Südosteuropa (Filibe/Plovdiv) verbracht. Auch die Reisplantagen am Euphrat (Nisibîn) gehörten dem Sultan. Der Anbau von Mais war im 17. Jahrhundert, im Schwarzmeegebiet sicher schon Mitte des 16. Jahrhundert verbreitet. In Südosteuropa (Albanien, Epiros) wurde Mais im 18. Jahrhundert in großen Mengen für den Export nach Italien kultiviert.

Baumwolle

Baumwolle konnte in vielen Provinzen (wie Mazedonien, Anatolien, Syrien) kultiviert werden und war die Grundlage einer sehr bedeutenden Textilwirtschaft. Nach einer Phase des Niedergangs im frühen 18. Jahrhundert löste der durch den amerikanischen Bürgerkrieg verursachte Mangel eine äußerst starke Belebung des Anbaus aus (ab 1860). Staatliche Förderung genoß ab der Wende zum 20. Jahrhundert der Baumwollanbau in der Çukurova. Freilich lagen die Hektarerträge weit unter denen der ägyptischen Baumwolle, die viel dazu beitrug, um das Land am Nil von Istanbul unabhängig zu machen.

Im Fernhandel des 19. Jahrhundert war anatolisches Opium (Schlafmohn) wegen seines hohen Morphiumgehalts eines der wichtigsten Produkte, das Holländer und Engländer v.a. nach China und Südostasien vermittelten. Die christlichen Untertanen kultivierten in den meisten Landesteilen Wein zum Eigenverbrauch, doch gab es auch muslimische Besitzer von Weingärten, die Traubenprodukte wie Rosinen oder Latwerge (*pekmez*) produzierten. Hochwertige Rosinen („Sultaninen") waren in allen osmanischen Jahrhunderten ein klassisches Exportprodukt.

Tierzucht

Basis der Tierzucht war das Kleinvieh der Nomaden (Schafe, Ziegen). Für den Bedarf des Heeres wurden wertvolle Weideflächen der Pferdezucht gewidmet. Die Osmanen verbreiteten Kamelhybride bis auf die Balkanhalbinsel. Schweine züchtende Untertanen wie die Serben wurden bei Zahlung einer Sondersteuer in ihrer Wirtschaftsweise nicht behindert.

Städte

Viele Städte lagen im Bereich der großen Flüsse Anatoliens. Nur der Sakarya bildet eine Ausnahme. Auffällig ist das Fehlen größerer Hafenorte abgesehen von Trabzon und Sinop am Schwarzen Meer. Der Aufstieg İzmirs begann erst im späten 16. Jahrhundert. Zwischen 1580 und 1650 stieg seine Einwohnerzahl von 2000 auf ca. 40000. Die Bedeutung von in der Antike und im Mittelalter wichtigen Häfen wie Antalya, Ayasoluğ (Ephesus) und Foça (Phokea) war stark zurückgegangen. Die Hauptorte einer Provinz (*sancak*) waren häufig Städte mittlerer Größenordnung. Echte osmanische Stadtgründungen fehlen in Anatolien, jedoch gibt es eine Reihe von Wiederbelebungen älterer Orte (wie der Stadt Payas im Golf von Iskenderun durch Mehmed Sokullu Pascha). Hier wie in Südosteuropa kam es häufiger zum Ausbau unbeträchtlicher ländlicher Siedlungen durch aus ihnen stammenden Würdenträger (Nevşehir, 1727, durch den Großwesir İbrâhîm Pascha).

Prinzenresidenzen

Die bis ins späte 16. Jahrhundert bestehende Einrichtung von Statthalterschaften der osmanischen Prinzen, bevorzugt in anatolischen Städten wie Amasya, Manisa, Kastamonu oder Konya, förderte die Integration ehemaliger Beglik-Zentren in das osmanische zentrale System und wertete dieses Plätze nach ihrer Mediatisierung vor allem in kultureller Hinsicht auf. Murâd III. war der vorletzte Sultan, der in Prinzenresidenzen Erfahrung gesammelt hatte. Sein

Großvater Süleymân I. hatte ihm schon 1558 den *sancak* von Akşehir verliehen, zu einem Zeitpunkt als sein Vater Selîm selbst als *sancakbeyi* von Karaman fungierte. Bis zu seinem Thronantritt im Jahr 1574 verwaltete Murâd von Manisa aus den *sancak* Saruhan.

Im 19. Jahrhundert wurde v.a. in Anatolien als Folge der Zähmung lokaler Machthaber ein Aufblühen städtischer Siedlungen unterhalb der einst als Fluchtmöglichkeit genutzten Burgen festgestellt. Die kleinstädtischen Funktionen von mehr als 75% heutiger türkischer *kasaba*s reichen nicht über das frühe 19. Jahrhundert zurück.

Das geographische Wissen der Osmanen

Die Finanzbürokratie bildete bis in die Tanzîmât-Zeit das territoriale Wachstum des Reiches in ihrer Struktur ab. Durch die tägliche Aufgabenstellung wie die Evidenthaltung von Steuerquellen, die Bearbeitung eingehender Petitionen oder die Umsetzung von Amtsträgern verfügte sie über ein detailliertes Wissen über die wirtschaftlichen und sozialen Verhältnisse der Kernprovinzen. Auf der anderen Seite besaß die Zentrale eine unzureichende Vorstellung von dem sozialen und ethnischen Geflecht in entfernteren Räumen (Armenien, Kurdistan, Jemen). Die osmanische Expansion war nur in einem sehr eingeschränkten Sinn von einer erweiterten Weltsicht begleitet. Trotz der frühen Kopie einer Kolumbuskarte von 1498 (der ältesten überhaupt!) durch den Schiffskapitän Pîrî Re'îs und des Vorliegens einer auf italienische Quellen zurückgehenden Beschreibung beider Amerika von ca. 1580 gab es bis zu Ebu Bekir b. Behrâm ad-Dimişkîs Übersetzung von Willem Janszoon Blaeus *Atlas Major* (1675) keine wesentliche Erweiterung des osmanischen Wissens über Amerika. Die Überreichung von Globen durch den französischen Botschafter 1539 an den Sultan ging der Zerstörung des Istanbuler Observatoriums auf Anordnung des Scheichülislam im Jahr 1582 nur wenige Jahrzehnte voraus. Das China-Kapitel im Seeatlas des genannten Pîrî Re'is (*Kitâb-ı Bahrîye*) erinnert trotz mancher phantastischer, aus zweiter (portugiesischer) Hand übernommener Erzählungen über Menschen mit Hundeschnauzen und -nasen bzw. Elephantenohren zwar in manchen Stellen an zeitgenössische Reiseberichte wie den von Ludovico di Varthema (zuerst Rom 1510), zeigt aber keinerlei Interesse für potentielle Fernhandelsgüter. Auch das Wissen über die muslimische Nachbarländer (wie Iran) war gering. *Ad hoc* Gesandtschaften, muslimische Kaufleute (wie in Venedig) und Spione lieferten nur unzusammenhängende Berichte. Erst mit der Aufhebung des Unilateralismus in der Diplomatie (Ende des 18. Jahrhundert) erreichten Informationen über die Welt zögernd und in ungleicher Qualität die Zentrale. Die Regierungsperiode Abdülhamîds II. kennt eine Anzahl von Erkundungsreisen, die staatlich-propagandistische Ziele (Mission der Fregatte Ertoğrul nach Japan 1890 oder die Gesandtschaft von Azm-Zâde Sâdık nach Addis Abeba 1904) mit einer wirklichen Horizonterweiterung verbanden.

Überdehnung des Staatsgebiets?

Der Osmanen-Staat hat seine Heere bis an die Tore der Residenzen seiner wichtigsten Gegner geführt. Die Safawiden wurden gezwungen, ihre Hauptstadt Täbris zu verlegen (1548, 1585). Wien war zwei Belagerungen ausgesetzt (1529, 1683). Dabei stellten die Kampagnen in die „beiden Iraks" (Ost-Iran und Mesopotamien) schwerere logistische Aufgaben als die nach Ungarn. Eine Überwinterung der Armeen in Frontnähe war in jedem Fall ausgeschlossen, dagegen konnte sich das Heer in Südosteuropa aus dem Raum verproviantieren. Der ungarische Kriegsschauplatz war von Istanbul ca. 40 Stationen entfernt. Der Bagdad-Feldzug Murâds IV. (1637/8) erforderte 121 Marsch- und 88 Rasttage auf dem Hinweg. Umgekehrt muß unterstrichen werden, daß kein iranischer Vorstoß weiter als bis Van (Belagerung 1633) oder Kars (1578, 1735, 1744) vorgetragen wurde. Erst Rußland, das im 19. Jahrhundert wiederholt im Alleingang einen Zweifrontenkrieg in der europäischen wie anatolischen Reichshälfte zu führen in der Lage war, bedrohte das osmanische Territorium als Ganzes.

Grenzen

Permanente Expansion und Markierung zwischenstaatlicher Grenzen schlossen sich aus, auch wenn von der Donau und dem Euphrat als „natürliche Grenzen" im Sinn der byzantinischen Ausdehnung gesprochen wurde. Erst ab dem Vertragswerk von Karlowitz (1699) erschienen Beschreibungen der Grenzen zu Österreich und Venedig als Anlage oder Nachtrag von Friedensverträgen. Die 1555 festgelegte osmanisch-iranische Grenze wurde im großen und ganzen 1612 bestätigt. Im Frieden von Kasr-i Şirîn (1639) wurde erneut eine weitgehend haltbare Grenzziehung mit Iran vereinbart. Nach dem Frieden von Erzurum (1847) war eine Kommission vier Jahre lang damit beschäftigt, die Grenze zwischen beiden Staaten in einem Protokoll festzulegen. Der wüstenhafte Charakter weiter Teile Nordafrikas und des Inneren der arabischen Halbinsel zwang die Osmanen erst im frühen 20. Jahrhundert zu Festlegungen wie am Golf von Akaba und zwischen dem Hinterland der britischen Kolonie Aden und der osmanischen Provinz Jemen. Ein Ausdruck des osmanischen Wettlaufs mit den europäischen Kolonialmächten in Afrika sind die Proteste gegen die englisch-französischen Grenzkonventionen im westlichen Sudan (1890 und 1899).

Landwege

Die wichtigsten überregionalen Straßen auf der Balkanhalbinsel setzten das schon in byzantinischer Zeit genutzte römische Wegenetz fort (*Via militaris* und *Via Egnatia* als – von Istanbul aus gesehen – „mittlerer" und „linker Arm"). „Die" Heerstraße verband Istanbul mit Belgrad „Seit dem Untergang des Römerreiches hatte kein Staat in Europa seinem Straßenwesen eine solche Pflege angedeihen lassen" (Jireček). Ihrem Schutz dienten einfache Kastelle (*palanka*). Unübersichtliche Pässe und Brückenköpfe (*derbent*) wurden von dafür steuerlich entlasteten christlichen *voynuk*s bewacht. Die Verödung der Landschaft auf beiden Seiten der Straße war dennoch auffällig. Die kaiserlichen Gesandtschaften reisten in der Regel zu Schiff bis zur mittleren Donau, um in Belgrad auf Kutschwagen, begleitet von Packpferden, umzusteigen. Der Landweg über Sofia und Edirne betrug ungefähr 1100 km. Je nach Jahreszeit benötigte man bis zu einem Monat. Die Qualität der Straße, die die beiden Residenzen Edirne und Istanbul verband, erlaubte eine Reisezeit von 4–5 Tagen. In der osmanischen Epoche entstanden

Querverbindungen, welche die Bergwerke Bosniens an das Verkehrsnetz anschlossen und dem bulgarischen Fernhandel dienten. Das Balkangebirge konnte nicht nur auf der Höhe des Schipka-Passes (1330 m) überschritten werden, sondern auch westlich und östlich davon. Eine Hauptverbindung nach dem osmanischen Nord-Bulgarien, aber auch weiter in die Walachei, lief zwischen Karnabad in Thrakien und Schumen (wo anläßlich der Rumelienreise Sultan Mahmûd II. 1837 eine befahrbare Straße angelegt wurde).

Auch in Anatolien können ältere und jüngere Straßen unterschieden werden. Zu ersteren gehört vor allem die große Diagonalstraße von Üsküdar Richtung Nordsyrien. Der von Byzanz unterhaltene „Schnellweg" (*oxys dromos*) wurde zur wichtigsten Heeres- und Pilgerstraße des Osmanischen Staates. Die Osmanen nutzten v.a. in Zentralanatolien die aus seldschukischer Zeit überkommenen Verkehrsbauten, während sie im Westen Anatoliens und auf der Balkanhalbinsel häufiger Neubauten in Form von Sultans- und Wesirstiftungen anlegten. Seit frühosmanischer Zeit verband der wichtigste Handelsweg als Abschnitt der Seidenstraße die alte Hauptstadt Bursa mit Istanbul. Im 17. und 18. Jahrhundert war Aleppo der Endpunkt des ost-westlichen Karawanenverkehrs. Zwischen 1830 und 1900 wurde ein großer Teil des internationalen Handels mit Iran zwischen Täbris und Trabzon abgewickelt (35 Tage im Sommer, 50 im Winter). Eine 1860 begonnene neue Chaussee war dem traditionellen Karawanenweg kaum überlegen. Hingegen war die an eine französische Gesellschaft gegebene Kunststraße von Beirut nach Damaskus (1859–1863) ein wirtschaftlicher Erfolg. Auf ihr wurden jährlich Zehntausende von Reisenden und Tausende von Gütertonnen bewegt. Auf diese Weise trug sie zum Aufblühen von Industrie und Gewerbe in Damaskus und Beirut bei und förderte den libanesischen Maulbeeranbau.

Anatolien

Syrien

Gewaltige Brückenkonstruktionen in Thrakien (Uzunköprü durch Murâd II.) und Anatolien dienten militärischen und zivilen Zwecken. Anderswo wurden Pontonbrücke nach Bedarf geschlagen. Der spätere Reichsbaumeister Sinân zeichnete sich 1538 durch die Konstruktion einer Brücke über den Pruth aus. In seinem Werkverzeichnis rühmte er sich seiner Übergänge bei den beiden Çekmece (Buchten im Vorland Istanbuls).

Brücken

Der Aufwand für die Pilgerkarawane nach den heiligen Stätten (Mekka und Medina) war beträchtlich. In der in zweiten Hälfte des 17. Jahrhundert entsprach er bis zu zwei Dritteln der laufenden Ausgaben für den Krieg in Ungarn. Die Karawane aus Damaskus durchquerte bis 1883 die Sinai-Halbinsel. Später nutzten die Pilger Bahn und Dampfschiff. Im Jahr 1900 wurde der Bau der Hedschas-Bahn begonnen. Das steigende Exportvolumen führte ab den 1850er Jahren zur Planung von Eisenbahnen. Die erste Linie wurde 1856 auf europäischem Boden (Köstence-Constanţa-Černovada/Donau) verwirklicht, die zweite als typische Stichbahn 1866 zwischen İzmir und Aydın. Der Verlust Bulgariens nach 1878 wirkte sich auf den Eisenbahnbau in Südosteuropa nachteilig aus. Erst 1896 konnte die Verbindung Istanbul-Saloniki geschlossen werden. 1888 erwarb ein deutsches

Pilgerfahrt

Eisenbahn

Konsortium die Konzession zum Bau der Anatolischen Bahn, die 1892 bis Ankara fortgeführt wurde. Die Fortsetzung über Konya hinaus wurde nach 1902 ebenfalls Deutschland übertragen. Der Endpunkt Basra am Persischen Golf wurde bis Kriegsende allerdings nicht erreicht. Wichtige Verbindungslinien entstanden von den Häfen der Levante ins Binnenland (Mersin-Adana, Jaffa-Jerusalem, Haifa-Damaskus). Die Hedschas-Bahn von Damaskus nach Medina (1901–1908) wurde als einzige große Strecke (ca. 1500 km) mit türkischem Kapital finanziert. Im Jahr 1911 beförderten die osmanischen Bahnen bereits ca. 14 Millionen Passagiere.

Schiffahrt

Schon die Seldschuken verfügten mit Samsun und Sinop über zwei Schwarzmeer-Häfen. Die Osmanen erwarben 1360 Ereğli als ersten Hafen, während Amastris/Amasra bis 1461 genuesisch blieb. Drei Jahrhunderte war das Schwarze Meer für die Handelsschiffahrt der europäischen Mächte unzugänglicher als der „Harem des Großherrn“ (Auskünfte an die Gesandten Frankreichs 1686 bzw. Rußlands 1699). Daran änderte auch der Fall Azovs an Rußland (1696–1713, erneut 1739) nichts. Russische und österreichische Schiffe wurden nur bis zum Mündungsbereich der Flüsse zugelassen. Erst 1774 wurde das Meer russischen Schiffen geöffnet, 1779 erhielten sie das Recht, die Meerengen zu durchfahren. In kurzer Folge wurde auch anderen Nationen die Handelsfreiheit zugestanden. Der Verkehr wurde teilweise über Istanbul gelenkt, teilweise traten die pontischen Häfen in einen direkten Austausch mit dem Westen.

Mit dem Fall von Konstantinopel wurde das Marmara-Meer zum osmanischen Binnengewässer, doch gingen genuesische Getreidetransporte noch nach der Kapitulation von Kaffa (1459) nach Italien. Erst ab 1475 wurde eine genuesische Schwarzmeerbesitzung nach der anderen eingenommen. Der unerwartete Aufstieg von İzmir als eines der wichtigsten Zentren für den Levante-Handel zwischen 1550 und 1650 führte zu einem relativen Bedeutungsverlust von Istanbul als Freihandelszentrum. Im 19. Jahrhundert wurden Hafenstädte wie Saloniki, Trabzon, Beirut und Alexandria neben İzmir zu Laboratorien der neuen Zeit. Die strategische Bedeutung der Fährverbindungen über Bosporus und Dardanellen wurde in der gesamten frühosmanischen Epoche deutlich. Auf der anatolischen Seite wählten Reisende, v.a. aber auch das Heer, die Abkürzung über den Golf von İzmit, um die anatolische Diagonale zu erreichen. Obwohl die Osmanen Ende des 16. Jahrhundert die Seeherrschaft im östlichen Mittelmeer ungeteilt innehatten, reichte ihre Schiffsbaukapazität in diesem Zeitraum nicht aus, um mit den westlichen Handelsnationen, v.a. Portugal, auch im Indischen Ozean erfolgreich zu konkurrieren. Nahezu der gesamte Außenhandel wurde bis weit ins 19. Jahrhundert auf dem Seeweg abgewickelt. Zwischen 1820 und 1850 setzte sich die Dampfschiffahrt für Passagiere, Postsendungen und höherwertige Handelswaren durch. Ab 1850 wurden auch Massengüter auf Schiffen transportiert. Anfang des 19. Jahrhunderts wurde deutlich, daß der iranische Außenhandel auf dem Weg über Trabzon geringere Kosten verursachte als über Buschir am Persischen Golf. 1836 traf der erste von englischen Geschäftsleuten gecharterte Dampfer für die Route Istanbul-Trabzon ein. Es folgten der Österreichische Lloyd, französische, russische und osmanische Gesellschaften. Der Weg von Istanbul nach İzmir oder Trabzon schrumpfte nun auf 36 bis 70 Stunden zusammen. Die Öffnung des Suezkanals (1869) und die Verbesserung der russischen Heerstraße durch Georgien zogen später wieder viel Verkehr ab. Der Suezkanal war aber auf der anderen Seite auch die Voraussetzung für eine unmittelbarere Kontrolle der Landschaften Hedschas, Asir und Jemen.

Flußschiffahrt und Kanalprojekte

Der Verkehrswert der großen Ströme wie Donau und Theiß, aber auch von Euphrat, Tigris und des Unterlaufs des Aras war bedeutend. Die Stadt Birecik bildete den Ausgangspunkt einer zweiwöchigen Flußreise auf dem Euphrat bis Basra. Bei nächtlichen Unterbrechungen dauerte die Fahrt allein bis Bagdad einen Monat. Das sog. Chesney-Projekt sah eine Bahnverbindung vom Golf von Alexandrette (İskenderun) nach Birecik vor. Dort sollten die Güter auf Flußdampfer umgeladen werden. Erste Versuchsfahrten fanden 1835 statt. Mehrere nicht realisierte Kanalvorhaben der Osmanen weisen auf strategische und wirtschaftliche Bedürfnisse hin. Der Beylerbeyi von Ägypten wurde 1568 mit der Prüfung eines Suezkanalprojekts beauftragt, das mindestens bis 1586 weiterverfolgt wurde. 1569 wurde der Bau einer Verbindung zwischen Don und Wolga im Zusammenhang des Astrachan-Feldzugs des osmanisch-tatarischen Heeres erwogen. Das mehrfach unter Mehmed III. und Murâd III. aufgenommene Sabanca-Projekt sollte die Bauholzknappheit von Istanbul durch Anschluß des Sees mit seinen waldreichen Ufern an den Golf von İzmit lindern.

Nachrichtenwege

Berittene Kuriere (*ulak*, später meist als „Tataren“ angesprochen) verbanden die Zentrale regelmäßig mit den Endpunkten der Überlandwege. Um 1700 galten z. B. folgende Werte für europäische Poststrecken ab Istanbul: Özü an der Dnjepr-Mündung 13, Gördüs/Korinth 20 Stationen. Aus den Poststationen (*menzil*) entwickelten sich gelegentlich militärische Posten und kleinstädtische Siedlungen.

Moderne Kommunikationsmittel

Nach dem Krimkrieg entwickelte sich das Telegraphennetz. Schon Ende der 1860er Jahre gab es 320 Telegraphenbüros in allen Teilen des Osmanen-Staats. Die von Damaskus bis Medina geführte Linie kann als Vorgängerin der Hedschas-Bahn bezeichnet werden, insofern sie die Verbindung der Hauptstadt mit der arabischen Peripherie herstellte (1901).Gleichzeitig hatte der Sultan die Abhängigkeit von ausländischen Linien gelöst. Telefone wurden ab 1881 zum amtlichen Gebrauch eingesetzt, später (1892) wurde ein allgemeines Telefonverbot erlassen, das immerhin bis 1908 galt.

Bevölkerungszahlen

Ein Register von 1477 liefert die frühesten Bevölkerungszahlen für Istanbul und Galata. Man nimmt an, daß sich 16326 gezählte Familien (*hâne*) – darunter 9517 muslimische, 5162 christliche (in der Mehrheit) griechisch-orthodoxe und 1647 jüdische Haushalte – auf ca. 80–100000 Einwohner hochrechnen lassen. Einige Forscher verwenden den Multiplikator 5 und addieren zum Produkt 10–20% für die steuerlich privilegierten Mitglieder der sogenannten *askerî*-Klasse. Andere

Autoren schlagen vor, die Bevölkerungszahlen für erwachsene männliche Steuerpflichtige höchsten zu vervierfachen, um zur Gesamteinwohnerschaft zu gelangen. Eine starkes statistisches Wachstum der gesamten osmanischen Bevölkerung zwischen 1500 und 1580 wird u.a. mit der verbesserten fiskalischen Erfassung, insbesondere der „Nomaden", in Zusammenhang gebracht. Ob die Bevölkerung im 17. Jahrhundert abnahm, ist umstritten. Die Tatsache, daß es nicht leicht war, für das 1571 eroberte Zypern in Anatolien freiwillige Siedler zu gewinnen, läßt an der These vom „Bevölkerungsdruck" im späten 16. Jahrhundert zweifeln. Im letzten Viertel des 16. Jahrhundert wurden die Steuerpflichtigen in allen anatolischen Städten ermittelt. Daraus ergeben sich Größenordnungsklassen von Orten über 3–4000 Einwohnern: z. B. Städte mit ca. 25 000 Einwohnern (Ankara 1571/2) bzw. 30–33 000 (Kayseri 1584) bis 64–65 000 Einwohner (Bursa 1573/4). Für die großen arabischen Metropolen existieren mit Ausnahme von Aleppo keine brauchbaren Schätzungen. Dennoch darf man angesichts des deutlichen Flächenwachstums vieler Städte von einem Anstieg der Bevölkerung um rund 50% zwischen der Mitte des 16. und dem späten 17. Jahrhundert rechnen. Die Größenordnung von jeweils 8 Mio. Einwohner für die europäischen und anatolischen „Hälften" des Osmanischen Staates führen zusammen mit jeweils 2–3 Mio. für Ägypten bzw. den Maghreb zu den von F. Braudel angenommenen 22 Mio. Muslimen bzw. Untertanen islamischer Mächte. Wir haben es also mit 18–20 Mio. osmanischen Untertanen im späten 16. Jahrhundert zu tun. Um 1800 könnte die Bevölkerung auf 25–32 Mio. angewachsen sein. Insgesamt gilt, daß aus osmanischen Registern errechnete Bevölkerungsdaten eine untere Grenze markieren. Viele demographische Parameter (Fruchtbarkeit, Epidemien) sind unbekannt. Der Anteil der städtischen Bevölkerung unter den osmanischen Untertanen um 1800 lag in Anatolien nicht unter 10%, in Syrien-Palästina bei 20% (und damit höher als in Frankreich um 1806).

Binnenwanderungen im 15.–17. Jahrhundert

Die Unsicherheit in großen Teilen des östlichen und nördlichen Anatolien führte zu Abwanderungen, z. T. in die großen Städte der Region, z. T. weiter nach Westen. Die Grenzkriege mit Iran wirkten in dieselbe Richtung. Anfang des 17. Jahrhunderts gab es Versuche, Flüchtlinge von Istanbul nach Anatolien zurückzuführen. Aber auch die bergigen Regionen des Balkan gaben Menschen nach Saloniki, Istanbul und den Marmara-Raum ab, insbesondere Albaner. Neben diesen *push*-Effekten muß die Anziehungskraft Istanbuls mit seinen großen Baumaßnahmen und zahlreichen anderen Beschäftigungsmöglichkeiten angeführt werden. Gegen den unkontrollierten Zuzug wandte sich ein erstes sultanisches Befehlsschreiben von 1567/8. Es konnte die Entwicklung eines „Groß-Istanbul" ebenso wenig verhindern wie Razzien auf Nicht-Wohnberechtigte. Auf der anderen Seite entleerten sich Städte wie Amasya Ende des 16. Jahrhunderts. Nicht immer war Istanbul das Ziel der Binnenwanderung. Lasen überquerten das Schwarze Meer und siedelten sich seiner Westseite an in der Moldau an.

Bevölkerungszahlen im 19./20. Jahrhundert

Der Osmanische Staat konnte sich als eine der ersten europäischen Regierungen auf eine – zunächst allerdings sehr unvollkommene – Bevölkerungsstatistik stützen. Nach dem endgültigen Niedergang der Konskriptionstätigkeit (*tahrîr*) im frühen 17. Jahrhundert wurde unter Mahmûd II. in den 1830er Jahren wieder eine Totalerfassung der osmanischen Bevölkerung angestrebt. Dabei handelt es sich um Zusammenfassungen der Bevölkerungsregister bzw. ihrer Fortschreibungen, nicht um Volkszählungen im technischen Sinn. Dieselbe Quelle enthält auch detaillierte Angaben zum Erziehungswesen, zur medizinischen Versorgung und zur Verbrechensstatistik. Die ersten modernen Versuche, die Gesamtbevölkerung Rumeliens und Anatoliens zu erfassen, waren durch das Bedürfnis der Staats bedingt, neue Steuerquellen zu erschließen und die Aushebung von Soldaten zu erleichtern. 1831 wurden Männer in den meisten rumelischen und anatolischen Provinzen erfaßt. Die Summe von 3753642 Personen, unter ihnen 1178171 Christen, muß als ein Minimum betrachtet werden. Auch die ersten von der osmanischen Statistik (1885/86) veröffentlichten Bevölkerungszahlen sind von ungleicher Brauchbarkeit. Nicht alle Gebiete wurden berücksichtigt. Es fehlen die arabischen Provinzen in Afrika und auf der Halbinsel sowie große Gruppen von Nomaden (Kurden). Frauen, Kinder und junge Männer werden gar nicht gezählt oder sind unterrepräsentiert. Altersangaben sind nur annähernd richtig. Zwischen den einzelnen muslimischen Gruppen wird nicht unterschieden. Die Christen erscheinen als „Gregorianer", „Katholiken" und „Protestanten". Lediglich die amtliche französische Übersetzung des Zensus von 1330 H./1914 kennt die Bezeichnungen „Griechen" und „Armenier". In manchen Provinzen muß ein Korrekturfaktor von 10–30% wegen der ungenügenden Erfassung der genannten Geschlechts- und Altersgruppen hinzugerechnet werden. Die Anwendung dieses Verfahrens führt zur Annäherung von offiziösen türkischen Aussagen und modernen Behauptungen über die Größe der armenischen Bevölkerungsgruppe. Die Bevölkerung der Hauptstadt wurde zunehmend genauer registriert. 1878 wurden 546437 Personen gezählt, 1885 schon 873565, von denen 129243 Untertanen anderer Staaten waren.

Istanbul

Die „Sechs Provinzen"

In den Quellen und in der politischen Polemik werden ganz unterschiedliche Zahlen für die im Berliner Vertrag von 1878 definierten „armenischen" Provinzen genannt. Die Bevölkerung dieser „Sechs Vilâyets" war mehrheitlich muslimisch (kurdisch, türkisch), doch stellten die Armenier in jeder einzelnen Provinz einen beachtlichen Faktor dar.

Muhâcirs

Die massenhafte Einwanderung von Muslimen die aus ihren Heimatländern vertrieben wurden oder sich „freiwillig" auf den Weg machten (*muhâcir*), beeinflußte die demographische Bilanz der Türkei bis in die Gegenwart. Die erste große Bevölkerungsbewegung wurde durch die Annexion der Krim-Halbinsel durch Rußland ausgelöst. Über 300000 Menschen sollen damals in die osmanischen Provinzen eingewandert sein, nach den Kriegen von 1812 und 1828 folgte weitere 425 000. Zwischen 1859 und 1864 verließen große Teile der nordkaukasischen Bevölkerung ihre angestammten Gebiete (100 000 Nogaier, 400–500 000 Tscherkessen). Zahlreiche Flüchtlingskonvois wurden in die bei der Türkei verbliebenen Balkanprovinzen (Bulgarien, Mazedonien, Kosovo) gelenkt, bevor sie nach dem Teilverlust dieser Gebiete 1878 gezwungen wurden, nach Anatolien und Syrien weiterzuziehen. Die Bevölkerungsstatistik von 1895/6 gibt auch eine Übersicht über die seit dem Ausbruch des Russisch-türkischen Kriegs (1877) eingewanderten Flüchtlinge. Sie erfaßt 240 450 Haushalte, also vermutlich mehr als eine Million Menschen.

Juden

Nach 1453 veranlaßte die osmanische Macht die Umsiedlung von Juden nach Istanbul, was zur Auflösung Dutzender jüdischer Gemeinden, u. a. der von Saloniki, führte. Die Öffnung Istanbuls für von der iberischen Halbinsel vertriebene Juden nach 1492 hatte erhebliche Folgen für die Zusammensetzung der jüdischen Gemeinden im Osten. Erst nach einem weiteren Jahrhundert erreichten die neuangekommenen Sephardim die Hegemonie über die alteingesessenen aschkenasischen Gruppen. Im 16. Jahrhundert waren die Hauptzentren der osmanischen Juden neben Istanbul und Saloniki vor allem Edirne und Safed. Ihr Status als loyale Gruppe übertraf teilweise den der christlichen Untertanen. Die Gemeinde von İzmir erlangte erst im 17./18. Jahrhundert Bedeutung. Eine eigene Gruppe bildeten aus Portugal stammende, zum Judentum zurückgekehrte *conversos*. Das zahlenmäßige Gewicht der Einwanderer war jedoch geringer als bisher angenommen. Es dürfte mehrere Zehntausend nicht überschritten haben. Eine Besonderheit bildeten kleine Exilgruppen aus Polen und Ungarn, die nach 1848 dem Druck Rußlands bzw. Habsburg auswichen.

Binnenwanderung

Abgesehen von der Anziehungskraft Istanbuls und anderer Städte waren im 19. Jahrhundert landwirtschaftlich begünstigte Gegenden wie die kilikische Ebene oder Teile Westanatoliens Ziele von Binnenwanderungen. Der Ausbau großer Landgüter in Westanatolien lockte zahlreiche Griechen von den Inseln aufs Festland.

Auswanderung

Die Vereinigten Staaten zogen vor allem Christen aus dem syrisch-libanesischen Raum an. Anatolien kannte im 19. Jahrhundert fast ausschließlich eine Emigration von Armenier und Assyro-Chaldäern.

Hungersnöte
Epidemien
Naturkatastrophen

Die Quellen sprechen oft von Mißernten in einzelnen Provinzen, nur in Ausnahmefällen werden Ursachen genannt wie Trockenheit (Anatolien 1584), Heuschreckenbefall (Çorum 1586) oder Mäuseplage (Tripolis 1595). Die osmanischen Kernländer wurden zwischen 1500 und 1799 nach dem jüngsten und gründlichsten Katalog von 377 Erdbeben heimgesucht, von denen Istanbul häufig betroffen war. Besonders zerstörerisch wirkte sich der „Kleine Weltuntergang" aus, ein Beben, welches am 10. September 1509 über 22 Stunden den Marmararaum erschütterte. Auch das 19. Jahrhundert kannte heftige Beben. Das von 1894 zerstörte zahlreiche Bauwerke in Istanbul und machte Pläne für eine große osmanische Nationalausstellung zunichte.

D. POLITISCHE GESCHICHTE IN GRUNDZÜGEN

1. Von Bursa über Edirne nach Istanbul

Orhan (1324/6–1362)

Die älteste bekannte osmanische Urkunde datiert von 1324 und wurde Osmâns Sohn Orhan, dem „eigentlichen Gründer" (İnalcık) im Zusammenhang mit einer Landschenkung für eine Derwischklause ausgestellt. Der marokkanische Weltreisende Ibn Battûta, der sich in den Jahren 1332/3 einen fast vollständigen Überblick über die politischen, wirtschaftlichen und kulturellen Verhältnisse Anatoliens verschaffen konnte, bezeichnete Osmâns Sohn „Orhan, den Sultan von Bursa ", als den übrigen türkmenischen Emiren (Begs) überlegen hinsichtlich Landbesitz, Heeresstärke und Reichtum. Bursa war erst 1326 durch Aushungern in den Besitz des „osmanischen" Begliks gekommen. 1327 erfolgten die ersten Münzprägungen auf Orhans Namen in der ersten Hauptstadt der Osmanen. In den folgenden Jahren setzte sich Orhan vor allem mit seinen unmittelbaren Nachbarn, Byzanz und dem nordwestanatolischen Fürstentum Karesi, mit militärischen und diplomatischen Mitteln auseinander. Um 1337 besaß er die Mehrzahl der byzantinischen Orte Bithyniens. Eine weitere Ausdehnung seines Gebiets fand offensichtlich schon seit 1327 auf Kosten des Fürstentums Karesi statt, das 1345–6 vollständig samt seinen maritimen Möglichkeiten an die Osmanen kam.

Byzantinische Innen- und osmanische Außenpolitik

Der durch den Tod von Andronikos III. ausgelöste Bürgerkrieg führte zwischen 1344 und 1346 zu einer Anzahl wechselnder Allianzen zwischen den westkleinasiatischen Begs und den byzantinischen Konfliktparteien. Im Solde von Johannes VI. Kantakouzenos stehend, dessen Tochter Theodora ihm 1346 zur Frau gegeben wurde, wuchs die Vertrautheit Orhans mit dem thrakischen Hinterland von Byzanz. 1351 bildete Genua mit den Osmanen eine Militärallianz gegen Venedig, um die genuesische Kolonie von Galata zu schützen. Mit der Überschreitung der Dardanellen (Eroberung von Tzympe durch Orhans Sohn Süleymân) und der durch ein Erdbeben erleichterten Einnahme von Gallipoli/Gelibolu (1354) hatten die Osmanen „auf eigene Rechnung" europäischen Boden betreten. Während Orhan offensichtlich Tzympe gegen eine Geldzahlung des Kaisers aufzugeben bereit war, ließ Süleymân beide Plätze wieder befestigen und Gelibolu und andere Orte mit anatolischen Türken besiedeln. Die Einnahme von Didymoteichon/Dimotika (1359 oder 1361) bedeutet, daß noch zu Orhans Lebzeiten der größte Teil des östlichen Thrakien in türkische Hand gefallen war. In Anatolien hatte er nicht nur Nikaia/İznik (1331), sondern wenigstens kurzfristig auch Ankara (1354) unter seine Kontrolle gebracht.

Murâd I (1362–1389)

Murâd, der Nachfolger Orhans, hatte als Statthalter von Bursa und Begleiter seines Bruders Süleymân (st.1357) administrative und militärische Erfahrung gesammelt. Beim Tod des Vaters schaltete er seine verbliebenen Brüder aus.

Byzanz sowie die serbischen und bulgarischen Territorialherren gerieten unter Murâd in tributpflichtige Abhängigkeit. 1373 kam es zu einer vom Papst später verurteilten Allianz zwischen dem Kaiser und dem Sultan gegen ihre rebellischen Söhne. Trotz einiger Gegenschläge (Rückeroberung von Gelibolu durch Amadeus von Savoyen 1366-ca.1377) fiel in die Zeit seiner Herrschaft die entscheidende Expansion nach Südosteuropa und die Konsolidierung der osmanischen Stellung in Anatolien. Spätestens 1369 nahm Murâd Adrianopel/Edirne. Die Stadt wurde nun ständige Residenz der Osmanen-Herrscher bis zur Eroberung von Konstantinopel. 1371 überfiel Lala Şahin, der Heerführer Murâds, das Lager eines serbischen Kriegsheers bei Tzernomianon/Çirmen an der Marica. 1380 erschienen seine Truppen im Epiros (Ioannina). Um 1385 überrannte Gazi Evrenos Bey Thessalien und siedelte an einigen Stellen aus Westanatolien deportierte Nomaden an. Die türkischen Vorstöße in Bosnien lösten 1386 in Ragusa/Dubrovnik Panik aus. Bis zur vollständigen Eroberung Bulgariens und Mazedoniens vergingen noch einige Jahre. Thessaloniki/Selanik ergab sich 1387 nach mehrjähriger Belagerung, wurde aber erst 1430 endgültig erobert. Der Bulgaren-Zar Šišman unterwarf sich 1388. Damit war Serbien unter Lazar Hrebeljanović als einzig wichtiger regionaler Gegner der Osmanen übrig geblieben.

Schlacht am Amselfeld 1389

In der Schlacht am Kosovo Polje/Amselfeld (15. Juni 1389) kämpfte Murâd gegen die serbischen Truppen von Lazar und dessen Schwiegersohn Vuk Branković, die durch Kontingente des bosnischen Königs Trvtko I. verstärkt waren. Die Schlacht forderte starke Verluste auf beiden Seiten. Der Sultan selbst ist nach der serbischen Überlieferung Opfer eines Attentats durch einen gewissen Miloš Obilić geworden.

Heiratspolitik

In Anatolien wurde die Dynastie der Germiyanoğulları (kurz nach 1375?) durch Heirat (des späteren Bâyezîd I.) mediatisiert. Das Haus der Hamidoğulları scheint erst nach der Eroberung durch Heiratsbande an die osmanische Familie gebunden worden zu sein. Die Karaman mußten sich 1386, die Teke im selben Jahr (oder 1388) unterwerfen. Unter Murâd wurden der „Kriegeradel" der Evrenos-, Mihal-, Malkoç- und Turahan-Oğulları mit z. T. umfangreichem Landbesitz v.a. in Südosteuropa versorgt. Murâds Wesir Hayreddîn („Kara Halîl") Candarlı, zuvor Kadi von Bilecik, İznik und Bursa und erster Heeresrichter (*kadiasker*) der osmanischen Geschichte, stand an der Spitze von Staatsverwaltung und Heer und hatte wesentlichen Anteil an der Eroberung der europäischen Gebiete. Weitere Mitglieder dieser Ulemâ-Wesirsfamilie dienten den Osmanenherrschern bis 1500. Das *Timar*-System, die Janitscharen-Armee und die *ilmîye*-Verwaltung nahmen in diesen Jahren Gestalt an. Die Herrschaft des Hünkâr Gâzî bzw. Hüdâvendigâr, wie man Murâd I. nannte, fiel zusammen mit dem Übergang vom Kleinfürstentum zur südosteuropäisch-vorderasiatischen Mittelmacht. Kriegerische Vorstöße wurden durch diplomatische Abkommen (wie 1387 mit Genua) ergänzt.

Bâyezîd I (1389–1402)

Der neue Sultan Bâyezîd I wandte sich zunächst nach Anatolien, um ein Wiedererstarken der Kleinfürsten im Keim zu unterdrücken, was ihm zumindest im Südwesten (Menteşe, Saruhan) nur vorübergehend gelang. Seine Aufforderung an den Mamluken-Herrscher Barkûk, auf Malatya zu verzichten, ist ein Zeichen für eine offensive Südpolitik des Herrschers. Gleichzeitig ersetzte er den bisherigen überwiegend politischen Umgang mit Byzanz durch den Versuch, Konstantinopel (ab 1394, 1395 Bau der Bosporus-Festung Anadolu Hisarı) einzuschließen. Ein weiterer Expansionsraum war die Walachei, nachdem die Osmanen 1394 die Donau-Linie erreichten. Die Feldzüge ihres Fürsten, Mircea des Alten, sicherten zwar die innere Autonomie, bewahrten aber das Land nicht vor der Tributpflicht.

Nikopolis 1396

1395 beschloß König Sigismund von Ungarn, mit walachischen Verbündeten die Festung Nikopolis/Niğbolu südlich der Donau einzunehmen. Ein Jahr später setzte er sich an die Spitze eines internationalen, wohl 10 000 Mann starken Ritterheers. Die letzten Kreuzfahrer (Franzosen, deutscher Ritterorden, Johanniter) unterlagen dem osmanischen Heer, in dem die Hauptstreitmacht von leichter Infanterie gebildet wurde. Aus den zahlreichen Gefangenen der Schlacht von Nikopolis ragt der bayerische Knappe Schiltperger wegen seines ausführlichen Gefangenenberichts hervor. Während der Westen mit einem Vorstoß auf den Peloponnes rechnete – 1396 hatte sich der Despot von Mistra mit dem Ersuchen an Venedig gewandt, beim Wiederaufbau des Hexamilion behilflich zu sein –, zog Bâyezîd nach Karaman, um dessen Fürsten Alâeddîn endgültig zu unterwerfen. Nach erfolgreichen Vorstößen gegen unbotmäßige nordanatolische Fürsten war Bâyezîd I. auf dem Höhepunkt seiner Macht vermutlich bereit, sein Augenmerk wieder nach Europa zu richten, insbesondere auf die griechische Inselwelt und den Golf von Korinth.

Timur

Der Mongolen-Herrscher Timur, der sich auf das Erbe der Dschingisiden berief, versuchte nach zwei Kampagnen in den Osten Anatoliens, die Osmanen nach Südosteuropa abzudrängen. 1394 gelangte Timur in den Besitz von Erzincan. Fünf Jahre später wurden Mongolen und Osmanen fast unmittelbare Nachbarn, weil Bâyezîd nach dem Tode Barkûks (1399) bis zum Euphrat vorstieß und mamlukisch kontrollierte Städte (Malatya u. a.) einnahm. Das Auftauchen der Heere Timurs, die 1401 Syrien und den Irak (Bagdad) verwüsteten, beendete alle weiteren osmanischen Projekte. An einem nicht sicher bekannten Tag im Juli 1402 stellte sich Bâyezîds Heer, das aus einem Kern von Janitscharen-Regimentern, Hilfstruppen des serbischen Fürsten Stefan Lazarević und verschiedenen Kontingenten aus den früheren anatolischen Fürstentümern zusammengesetzt war, in der Nähe von Ankara. Der Sultan, der sich den Beinamen „Blitz“ (Yıldırım) erworben hatte, unterlag mit seinem Heer und geriet in demütigende Gefangenschaft, in der er 1403 verstarb. In den folgenden Monaten des Jahres 1402 brandschatzten Timurs Truppen die anatolischen Städte, einschließlich der Residenz Bursa, mit großer Grausamkeit und Gründlichkeit. Unter Bâyezîd I. war auch in Südosteuropa eine Anzahl lokaler Dynastien wie das bulgarische Königtum endgültig ausgeschaltet worden. Der Weg von einer von Vasallen umgebenen Mittelmacht zur zentral gelenkten Großmacht schien frei zu sein. Die Niederlage bei Ankara leitete jedoch das längste Interregnum der osmanischen Geschichte ein.

Der Bürgerkrieg 1402–1413

Die wichtigste Folge der Niederlage bestand in der Wiedereinsetzung der großen anatolischen Begs von Menteşe, Aydın, Saruhan, Germiyan und Karaman und analog dazu in einem erweiterten Bewegungsspielraum für die Mamluken, Byzanz und die Balkanfürstentümer. Unter Bâyezîds Söhnen Süleymân, Mûsâ, İsâ, Mehmed und Mustafâ war ein Machtkampf voraussehbar. Süleymân (1402–1411) richtet sich in Edirne ein, sein Bruder Mehmed Çelebî zunächst in Amasya, dann in Bursa, wo er Münzen in Timurs Namen prägen ließ. Zwischen 1411 und 1413 war der Thronprätendent Mûsâ die führende Figur im rumelischen Reichsteil, weil der mächtige Evrenos Bey und die Janitscharen zu ihm überliefen. Mehmed konnte seine Machtstellung in Anatolien längere Zeit nicht sichern. Die Stadt Bursa mußte durch den Vorstoß des Karamaniden (1413) eine längere Belagerung erdulden. Im Jahr 1416 verdichteten sich innere und äußere Bedrohungen für den zunächst aus dem Bruderkampf erfolgreich hervorgegangenen Mehmed. Sein von Byzanz und der Walachei angestifteter Bruder Mustafâ rebellierte. Venedig vernichtete eine osmanische Flotte vor Gelibolu. Gleichzeitig brachen in Westanatolien und in Teilen von Rumelien Revolten unter Anhängern des Scheich Bedreddîn aus. Bedreddîn hatte als orthodoxer Gelehrter seine Laufbahn in Ägypten begonnen, unter Mûsâ übte er das Amt des Heeresrichters aus (1411). Später wurde er Sammelpunkt heterodoxer Bewegungen mit sozialutopischen Zielen. Bedreddîn wurde 1416 in Serres (Mazedonien) gehängt.

Mehmed I. als Alleinherrscher (1413–1421)

Mehmed leitete 1417 einen Straffeldzug gegen Karaman, dessen Fürst sich vergeblich dem Mamluken-Sultan al-Mâlik al-Mu'ayyad als Vasall unterstellte, um der osmanischen Bedrohung zu entgehen. Bis 1420 schloß Mehmed die Pazifizierung Anatoliens ab, wobei die genuesische Kolonie von Samsun nicht verschont wurde. Venedig hatte 1417 auf den türkischen Vorstoß nach dem albanischen Valone/Vlorë zunächst mit diplomatischen Mittel reagiert. Eine Antwort scheint ausgeblieben zu sein. Die seit dem Vorjahr belagerte Stadt Gjirokastër fiel 1418 mit einem großen Teil Südalbaniens in osmanische Hand. Der letzte Feldzug führte Mehmed I. in die Walachei, wo er das 1402 zerbrochene Vasallenverhältnis mit Mircea wiederherstellte. Auch Mehmed I. konnte keine Vorkehrungen für eine konfliktfreie Nachfolge treffen, auch wenn die byzantinischen Chronisten Chalkondyles und Doukas von der Absicht einer Erbteilung zwischen den Söhnen Murâd und Mustafâ wissen wollen. Der bis dahin in byzantinischem Gewahrsam befindliche Mustafâ wurde von Kaiser Manuel befreit und besiegte mit anatolischen Truppen das Heer Murâds unter Bâyezîd Pascha auf der Halbinsel von Gelibolu. Erst Anfang 1422 konnte Murâd nach einem Sieg über Mustafâ, der bereits Münzen auf seinen Namen prägen ließ, die Alleinherrschaft antreten. Die Wiederherstellung der osmanischen Autorität nach 1402 wird mit dem bereits ausgestalteten *Timar*-System und dem Interesse der verschiedenen militärischen Formationen an einer Zentralmacht erklärt.

Die Sicherung des Reiches beschäftigte Murâd II., der als Siebzehnjähriger den Thron in Edirne bestiegen hatte, über die drei Jahrzehnte seiner Regierung. Noch waren nicht alle Gebiets- und Einflußverluste, die nach 1402 entstanden waren, ausgeglichen. Es bedurfte einer achtjährigen Belagerung, um Thessaloniki, das Venedig 1423 von Byzanz erworben hatte, wiederzubesetzen. Im Westen waren allein Venedig und Ungarn in der Lage, den Osmanen offensiv zu begegnen. Als 1427 nach dem Tode des serbischen Despoten Lazarević der ungarische König Sigismund Belgrad wieder unmittelbar seiner Kontrolle unterstellte, war ein Pufferterritorium weggefallen. In den dreißiger Jahren führten zwei osmanische Feldzüge nach Serbien. Während 1439 das starke Smederevo eingenommen wurde, blieb 1440 eine lange und opferreiche Belagerung von Belgrad, die Murâd selbst anführte, ohne Ergebnis. Erst 1512 sollte dieser „Schlüssel zu Ungarn" von den Osmanen besetzt werden. 1443 stieß der ungarische Reichsverweser János Hunyadi im sogenannten „langen Feldzug" mit Wladislaw I., der 1440 zum König von Ungarn gewählt worden war, bis Niš/Niş und Sofia vor. Hunyadi brachte eine große Koalition aus Ungarn, den beiden rumänischen Woiwoden Stephan II. und Vlad II. Dracul sowie dem Serben Georg Branković und dem Albaner Skanderbeg gegen Murâd II. zustande. Aus einem Waffenstillstand mit Murâd II. wurde am 1. August 1444 ein förmlicher Friede, der u. a. die Räumung Serbiens und Albaniens und die Rückgabe von 24 Festungen einschließlich Smederevos vorsah. Unmittelbar nach dem „Frieden von Edirne" begab sich Murâd II. nach Anatolien, um sich des Vasallenstatus von İbrâhîm Karaman zu versichern – was offensichtlich unter Verzicht auf einige wichtige Städte durch den Osmanen geschah.

Murâd II. (1422–1444, 1446–1451)

Zur Überraschung der Zeitgenossen begab sich Murâd II. nicht wieder in die Residenz Edirne, sondern verkündete seinen Thronverzicht zugunsten seines Sohnes, des erst zwölfjährigen Mehmed (II.) und die Absicht, sich nach Manisa zurückzuziehen. Der neue Feldzug Wladislaws veranlaßte Murâd II. jedoch, seine Abdankung rückgängig zu machen. Am 10. November 1444 wurde ein Heer, das aus etwa 16 000 Ungarn und 4 000 Walachen bestand, bei Varna vernichtend geschlagen. Unter Murâd erhob sich der albanische Statthalter von Krujë, Georg Kastriota „Skanderbeg". Er sollte noch bis zu seinem Tod 1468 auch Murâds Nachfolger erheblichen Widerstand leisten. Eine indirekte Schwächung Venedigs bedeutete die endgültige Einbeziehung der Fürstentümer von Menteşe und Aydın in das osmanische System. Zu einem späteren Zeitpunkt verloren Canik und Germiyan die Reste ihrer Selbständigkeit. Jedenfalls dürften um 1430 alle ehemaligen westanatolischen Fürstentümer mit der Ausnahme von Karaman erneut dem Zentralstaat unterworfen gewesen sein. Venedig hatte sich schon 1429 entschlossen, den Fürsten von Konya als Verbündeten zu gewinnen. Erst 1437 kam es (unter dem Eindruck eines ägyptischen Allianzangebots?) zu einem Ausgleich der Osmanen mit Konya durch Vermittlung des Historikers Şükrullâh.

Mehmed II. (1444–1446, 1451–1481) Der neue Sultan war durch seinen Vater auf das Amt als Herrscher und Heerführer gründlich vorbereitet worden. Seine zusammenhängende Regierungsperiode stellt sich als eine über 30 Jahre andauernde nahezu ununterbrochene Folge von Feldzügen dar, die zunächst in erster Linie nach dem Westen gerichtet waren, später aber auch durch hinhaltende Verhandlungen mit Ungarn und Venedig die große Ostkampagne gegen den Führer der turkmenischen Akkoyunlu-Föderation Uzun Hasan (Schlacht von Otluk Beli/Başkent 1473) ermöglichte. Der lange Krieg gegen Venedig nahm fast die Hälfte seiner Regierungszeit in Anspruch (1463–1479), die Auseinandersetzung mit Ungarn hielt noch bei Mehmeds Tod an.

2. Das osmanische Jahrhundert (1453–1566)

1453 Die Eroberung von Konstantinopel als letztem Überbleibsel des Oströmischen Reichs am 29. Mai 1453 ist das wichtigste Einzelereignis während der Herrschaft von Mehmed II. Das genuesische Galata hatte sich am selben Tag ergeben. Die Einnahme war möglich, weil der Sultan seine Hauptmacht vor den Stadtmauern zusammenziehen konnte und die einzige denkbare Entlastung durch die venezianische Flotte nicht eintraf. Die Türken ließen ein schweres Geschütz gießen, das eine Bresche in die Landmauern schlug und die knapp zweimonatliche Belagerung beendete, bei der der griechische Kaiser den Tod fand. Der Besitz der Stadt war, was die zeitgenössischen Panegyrik besonders herausstellt, mit dem Anspruch verbunden, die Nachfolge des römischen Kaisers anzutreten. 1460 und 1461 wurden die griechischen Herrschaften auf der Peloponnes und am Pontos (Trapezunt) beseitigt. Ob der Vorstoß Ahmed Paschas nach Otranto in Apulien (1480) als Teil einer gegen das Erste Rom gerichteten Strategie gedacht war, läßt sich aber nicht sagen. Das von Papst Pius II. (Aeneas Silvius), der in einem weit verbreiteten Brief von 1460 Mehmed zur Bekehrung und Taufe aufgefordert hatte, betriebene Kreuzzugsprojekt war mit dem Tode seines Organisators 1464 endgültig zum Scheitern verurteilt. Immer deutlicher artikulierte sich nun der islamisch legitimierte Führungsanspruch gegenüber den Hauptmächten des islamischen Osten, insbesondere den Akkoyunlu-Fürsten Uzun Hasan und den Mamluken.

Mehmed II. Fâtih („Der Eroberer") war der Stifter des „Klassischen Osmanischen Reiches", indem er die gegebenen territorialen, ideologischen und wirtschaftlichen Grundlagen vertiefte bzw. erweiterte. Unter ihm wurde der durch Allianzen und Unterdrückung bestimmte Umgang mit den Herrschaftsgebilden Anatoliens und der Balkanländer abgeschlossen. Die Einbeziehung von Mitgliedern des alten Landadels in das *timar*-System förderte diese Integration. Die Schaffung eines im sogenannten *Teşkîlât Kânûn-nâme* (ca. 1478) niedergelegten „Staatsgrundgesetzes" mit ausgesprochen absolutistischen Tendenzen ist in der islamischen Welt ohne Beispiel. Der osmanische Zentralismus fand unter Mehmed II. nicht nur in der Aneignung umfangreicher privater und Stiftungsländer seinen Ausdruck, sondern auch in der Kontrolle aller wichtigen wirtschaftlichen Ressourcen vom Bergbau bis zu Reisplantagen. Die 1484 der orthodoxen Kirche gewährten Privilegien besiegelten eine bis ins 19. Jahrhundert reichende Interessengemeinschaft von griechischer Kirche und osmanischem Staat.

Bâyezîd II.

Bâyezîd II. hatte bis zu seiner endgültigen Machtsicherung schwere Auseinandersetzungen mit seinem Bruder Cem Sultan bis zu dessen Flucht nach Rhodos (Juli 1482) zu bestehen. Die Cem-Affäre beeinflußte die Außenpolitik bis 1495, als sich die Bedrohung durch eine Geisel in der Hand christlicher Mächte bzw. des Papstes durch den ungeklärten Tod des Prinzen in Castel Capuana von selbst erledigte. Bâyezîd gelang mit Hilfe des Krimchans Mengli Giray die Einnahme von Kilia und Akkerman am Schwarzen Meer (1484). In seine Herrschaft fällt auch die Aufnahme iberischer Juden (1492). Um die Wende zum 16. Jahrhundert erschienen am osmanischen Horizont mit Habsburg und den Safawiden die Mächte, die für die folgenden 200 Jahre die äußeren Schicksale des Staates bestimmen sollten. In Iran trat um 1500 der charismatische Ismâîl auf, der sich 1508 in den Besitz von Bagdad setzte. Die Kontrolle über Bagdad und die schiitischen Pilgerstätten des Irak (Kerbela, Nacaf) sollte bis in das 18. Jahrhundert hinein mehrfach zwischen Iran und dem Osmanenstaat wechseln.

Kemâl Re'is

Das westliche Mittelmeer geriet schon vor dem Abschluß der Reconquista mit dem Fall Granadas (1492) ins osmanische Blickfeld. Bâyezîd II. sandte 1486 seinen Admiral Kemâl Re'is zur Unterstützung der bedrängten andalusischen Muslime an die spanische Küste. Die Aufnahme von Juden durch denselben Herrscher ist eine bekannte Episode. 1493 eröffnete die erste jüdische Buchdruckerei in Istanbul. In Ungarn, wo König Matthias 1490 gestorben war, setzte die „feudale Anarchie der Barone" (Matuz) ein. Türkeneinfälle nach Kroatien, der Krain und Kärnten sind vor allem zwischen 1473 und 1483 belegt.

Selîm I.

Da sich der Sohn und Nachfolger Bâyezîd II., Selîm I. „Yavuz" („Der Grimme", 1512–1520), fast ausschließlich der Bekämpfung der östlichen Hauptgegner, Iran und Ägypten, widmete, dauerte es bis zum Thronantritt Süleymân I. (1520), bis die Auseinandersetzung mit Habsburg durch die osmanische Hauptstreitmacht geführt werden konnte. Das wichtigste Ergebnis der Ostfeldzüge Selîm I war die Eindämmung der safawidischen Gefahr. Der Schah Ismâîl war schon Jahre 1500 bis Erzincan vorgestoßen, um seine Kızılbaş („Rotköpfe") genannten Anhänger in Anatolien zu unterstützen. Die sogenannte Şah Kulu Baba-Revolte (1511) war ein Ereignis, das schon den Prinzen Selîm als Statthalter von Trabzon nicht unberührt gelassen hatte. In der Schlacht von Çaldıran unterlag Ismâîl 1514 den Osmanen, die nun endgültig Diyarbekir und den Euphrat-Raum in Besitz nahmen. Nie zuvor dürfte ein vergleichbar gewaltiges Heer im Hochland zwischen der Türkei und Iran aufgetreten sein. In Çaldıran wurden auf türkischer Seite Feldgeschütze und

Die safawidische Gefahr

Musketen verwendet. Nach der kampflosen Einnahme von Täbris führte Selîm I. zahlreiche Gelehrte, Künstler und Handwerker nach Istanbul. Ihr Wirken drückte der osmanischen Hofkultur einen unverwechselbaren Stempel auf. Auch später bekämpfte Selîm I. die häretischen Nester im Inneren des Landes (wie die Kızılbaş-Festung Kemah am Euphrat im Jahre 1515).

Ägypten

Mit der Annexion des Dulkadir-Staates, dem letzten Puffer zwischen Osmanen und Mamluken, wandte sich Selîm I. erneut nach Südosten. In kurzen Abständen fielen nach der Feldschlacht bei Marc/Mardj Dâbik nördlich von Aleppo (1516) Damaskus und Kairo (1517). Der Emir von Mekka unterwarf sich wenig später. In der Nachfolge der Mamluken bildete in den folgenden vier Jahrhunderten der Schutz der Pilgerwege und die Versorgung der Heiligen Städte des Hedschas eine der wichtigsten Quellen, aus denen sich die Legitimation der osmanischen Oberherrschaft speiste. Mehmed II. hatte noch 1453 dem Mamluken-Sultan eine Aufgabenteilung angeboten: Dieser habe die Pilgerwege offen zu halten, er würde den Glaubenskrieg vorantragen. Die osmanischen Sieger integrierten nach einer Zeitspanne von wenigen Jahren einen Teil der mamlukischen Führer in ihre Provinzverwaltung. Süleymân I. rehabilitierte sie dann vollständig und erlaubte sogar einer ägyptischen Einheit, an der Belagerung von Rhodos (1522) teilzunehmen.

Süleymân I.

Während Selîm I. seinem Vater die Herrschaft zu Lebzeiten entrissen hatte, kam sein Sohn Süleymân ohne Thronkämpfe an die Macht. Am Ende der langen Herrschaft Süleymân I. (1520–1566) hatte die ursprüngliche Landmacht auch auf dem Mittelmeer zumindest für einige Jahrzehnte die Vorherrschaft errungen (Seesieg bei Prevesa 1538). Das Schwarze Meer konnte bis 1774 als osmanischer Binnensee gelten. In die Anfangsjahre von Süleymâns Regierung fallen Eroberungen, die seinen Vorfahren versagt geblieben waren (Belgrad 1521, Rhodos 1522). Eine ägyptische Revolte des Statthalters Ahmed Pascha endete mit der Enthauptung des Verräters im Jahr 1524. Sie sollte der letzte wenigstens im Ansatz erfolgreiche Aufstand der Provinz am Nil bis zum Jahr 1760 sein. Als Süleymân im selben Jahr seinem Wesir İbrâhîm Pascha seine Tochter Hadîce zur Frau gab, wurden den Festgästen die Zelte der von drei besiegten islamischen Herrschern gezeigt: von Uzun Hasan (Oberhaupt der turkmenischen Stammesföderation der Akkoyunlu), von Qansawh al-Ghawrî (Mamluke) und von Schah Ismâîl von Iran.

Süleymân führte das Heer auf 13 Kampagnen persönlich an, er starb auf seinem letzten Ungarnfeldzug vor Szigetvár. Die Ostfeldzüge Süleymâns (1534–36 Besetzung von Täbris, Eroberung von Bagdad 1548–1549, 1553–1555) waren als militärische Unternehmungen nicht weniger bedeutend als die südosteuropäischen Kampagnen (1521 Belgrad, 1526 Schlacht von Mohács, 1529 Belagerung von Wien, 1532 Güns, 1537 Korfu, 1538 Moldau, 1541 Ofen/Buda, 1543 Esztergom, 1566 Szigetvár). Insgesamt verbrachte Süleymân (unter Einrechnung der Winterlager) 10 Jahre im Feld. Neben Habsburg (Kaiser Karl V. und König Ferdinand, dem der kaiserliche Bruder in der Türkenpolitik freie Hand ließ) und

Iran verblieben Venedig und die Johanniter (seit 1522 auf Malta, das 1565 vergeblich belagert wurde) den Osmanen als Gegner.

Nordafrika

Unter Süleymân wurden die nordafrikanischen Häfen von Algier und Tunis in die osmanische Provinzialverwaltung einbezogen. Das war v.a. das Verdienst des Flottenführers Arudj/Oruc und seines jüngeren Bruders Hayreddîn „Barbarossa". Oruc unternahm gemeinsam mit dem Hafsiden-Herrscher von Tunesien Aktionen, um die Spanier aus Bougie zu vertreiben. 1516 entriß er Algier einem Stammesführer und erzielte mit der Einnahme von Tlemcen (im heutigen Westalgerien) einen weiteren kurzfristigen Erfolg. Innerhalb von acht Jahren baute er den wenig bedeutenden Ankerplatz Algier zu einer wichtigen Marinebasis aus. 1533 übernahm er das oberste Flottenkommando des Staates. Die Überwinterung der osmanischen Flotte in Toulon (1543/44) nach der Plünderung von Villefrance und der vergeblichen Belagerung Nizzas war sichtbarster Ausdruck der Zusammenarbeit mit Frankreich gegen den Kaiser, die schon 1535 mit intensiven Verhandlungen eingeleitet worden war und die mit dem Frieden von Crépy zwischen Karl V. und François I. (1544) zu Ende ging.

Großmachtpolitik und Rückschläge

Die Großmachtpolitik Süleymân I. führte zur Etablierung von Einflußzonen weit über die eroberten Territorien hinaus: In der Moldau war Ştefâniţa (st. 1527), ein Enkel Stefans des Großen, der letzte Fürst, der dem osmanischen Druck standhalten konnte. 1532 wurde der Sultan von Tlemcen zu Tributzahlungen gezwungen. In die Herrschaftsperiode Süleymâns fielen aber auch vergebliche Unternehmungen wie der Landungsversuch auf Malta (1551) und die gescheiterte Belagerung von Hormuz (1552). Die osmanische Herrschaft im Jemen brach bereits in den 1560er Jahren wieder zusammen. Um die Pilgerstraße zu schützen und den Gewürzhandel zu kontrollieren, hatte Süleymân 1557 die Provinz Habeş („Äthiopien") eingerichtet. Sie bestand vor allem aus den Häfen Masawwa, Suwakin und Djidda. Versuche, das äthiopische Hochland zu beherrschen, schlugen fehl: Nach ihrer Niederlage gegen König Sarsa Dengel (1578) zogen sich die Osmanen auf die wasserlose Insel Masawwa zurück. Höfische Repräsentation, fromme Stiftungen und die Kriegführung hatten finanzielle Folgen: Ein Jahr vor Süleymâns Tod war der Staatshaushalt defizitär: Einnahmen von 183 088 000 *akçe* standen Ausgaben in Höhe von 189 657 000 *akçe* gegenüber!

Kalifat

Der bis dahin im Schutz der Mamluken lebenden abassidische „Scheinkalif" al-Mutawakkil hatte Selîm I. in Aleppo das Protektorat über die Heiligen Stätten des Hedschas übertragen. Damit war keinenfalls der Übergang des abbasidischen Kalifats auf die Osmanen verbunden. Die Führung des Titels „Kalif" teilten die Osmanen mit anderen Herrschern der islamischen Welt. Erst 1554 erschien die Denkschrift des Lutfî Pascha zum osmanischen Kalifat. Dieses von Süleymâns Scheichülislam Ebusuûd Efendi (seit 1545) begründete und hier theoretisch weitergeführte Konzept von einem osmanischen Kalifat starb mit seinem Befürworter (1574). Erst im 18. Jahrhundert verbanden die Osmanen den Vorrang in der islamischen Welt mit dem förmlichen Titel Kalif.

3. Kriege und Friedensschlüsse des 16.–18. Jahrhunderts

Selîm II. Unter Süleymâns Nachfolger Selîm II. (1566–1574) ging die Vormacht im Mittelmeer verloren. Allerdings wurde Zypern den Venezianern entrissen (mit der Begründung, die Insel sei schon früher im Besitz islamischer Herrscher gewesen). Dieser wichtige Stützpunkt zwischen Ägypten und Istanbul sollte bis 1878 in türkischer Hand bleiben. Die von Don Juan d'Austria, dem Befehlshaber der Sacra Liga, vor Lepanto/İnebahtı versenkte Flotte (1571) konnte zwar wieder aufgebaut werden, doch fehlte es an Schiffsbesatzungen und an der Bereitschaft, den kriegstechnischen Wandel nachzuvollziehen. In das Todesjahr Selîms fiel auch der letzte Versuch Spaniens, sich Tunis zu bemächtigen. Damit endete die große Ära der spanisch-osmanischen Auseinandersetzungen. Selîm II. bzw. sein Großwesir Mehmed Pascha „Sokullu", der eigentliche Leiter der Staatsgeschäfte, unterhielt enge Beziehungen zu England und Polen. Das 1554/6 durch Rußland eroberte Astrachan wurde 1569 Ziel des erfolglosen Angriffs eines osmanisch-tatarischen Heeres. Von nachhaltiger Wirkung waren die von ihm ratifizierten ersten authentischen „Kapitulationen", kommerzielle und rechtliche Privilegien für die Kaufleute des Königs von Frankreich (1569), englische Kaufleute erhielten 1580 vergleichbare Vorrechte. Mit Venedig wurden bald nach der Wegnahme von Zypern wieder normale Beziehungen hergestellt (1573).

Sokullu Mehmed Sokullu diente auch Selîms Nachfolger Murâd III. (1574–1595). Als er 1579 einem Attentat zum Opfer fiel, verlor der osmanische Staat eine seiner fähigsten politischen Figuren. Seine Realpolitik wurde durchaus von Aktionen gesamtislamischer Solidarität begleitet: So sandte er 1569–70 eine Flotte ins ferne Sumatra, um den Sultan von Atjeh/Acen, dessen Gesandten sich seit 1566 in Istanbul aufhielten, gegen die Portugiesen zu unterstützen. Es ist auch belegt, daß er den aufständischen Moriscos in Andalusien (1568–1570) beistehen wollte und eine entsprechende Intervention der Zypern-Kampagne vorgezogen hätte. Auf der anderen Seite wurde seine Kirchenpolitik (Wiedererrichtung des Patriarchats von Peć in seiner Amtszeit als Dritter Wesir 1557) als Ausdruck des Nepotismus interpretiert. Sokullu war als ein in Bosnien geborener serbischer Christ ein Produkt der Knabenlese (*devşirme*), unterhielt aber stets Kontakte zu seiner nichtkonvertierten orthodoxen Verwandtschaft.

Krise Die wirtschaftliche Krise des späten 16. Jahrhundert fand in den Ausfuhrverboten für Getreide und andere Güter (1584) ihren Ausdruck. Das Jahr 1585 markierte den Beginn der großen, bis etwa 1610 anhaltenden Entwertung der osmanischen Währung. Mit dem safawidischen Iran herrschte zwischen 1578 und 1590 permanenter Kriegszustand. Der Friedensschluß sicherte die erheblichen Gebietsgewinne im Osten (Aserbaidschan, Kaukasus). 1591 breitete sich der folgenreichste bis dahin bekannte anatolische Aufstand aus. Während des sogenannten „Langen Krieges" gegen Österreich (1593–1606) kamen Zehntausende von Provinzialtruppen (*sipâhîs*) dem Gestellungsbefehl nicht nach.

Kara Yazıcı, ein ehemaliger stellvertretender Statthalter, sammelte 1601 die Unzufriedenen, denen sich andere Soldaten (*levend*), landlose Bauern und Stammeskrieger anschlossen. Für die anatolischen Aufstände in dem Jahrzehnt vor und nach 1600 hat sich der Name Celâlî-Revolte eingebürgert, obwohl diese Bezeichnung auf eine häretische Bewegung des frühen 16. Jahrhunderts zurückgeht.

Mehmed III.

Inzwischen hatte Murâds Sohn als Mehmed III. (1595–1603) den Thron bestiegen. Mehmed war der letzte Osmane, der das Brudermordgesetz anwandte. Er ließ 19 namentlich bekannte Halbbrüder hinrichten. Er war auch der letzte, der aus einer Prinzenstatthalterschaft zur Macht aufstieg. Mehmed III. war gleichzeitig nach Süleymân I. der erste Sultan, der wieder an der Spitze des Heeres in den Krieg zog. Ungeachtet dieser Merkmale war er, wie sein Vater, ein außerordentlich schwacher Herrscher, der die Nebenregierung durch seine Mutter Safiye (die Venezianerin Baffa) und von Höflingen duldete.

Ahmed I.

Unter seinem Nachfolger, Ahmed I. (1603–1617), der als Vierzehnjähriger eingesetzt wurde, brachten die Aufständischen bei Bolvadin (1605) den Regierungstruppen eine empfindliche Niederlage bei. Erst Murâd Pascha („Kuyucu", Großwesir 1607–1611) bekämpfte sie nachhaltig, durch die Mittel der „Neutralisierung" (Bestallung von Rebellenführern als Sancakbey) und blutige Verfolgung. Sein größter Erfolg war sein Sieg über den nordsyrischen Canbulad-Zâde Ali Pascha (1607). Der Vertrag von Zsitva Torok mit Österreich (1606) beendete eine Auseinandersetzung, die ursprünglich das Ziel hatte, die unbotmäßigen Donaufürstentümer wieder unter osmanische Oberhoheit zu zwingen. Militärische Hauptereignissse des Langen Türkenkriegs waren die Einnahme von Eger/Eğri (dt. Erlau) und die Schlacht von Mezőkeresztes/Haçova südöstlich davon (1596), bei der die Türken mit tatarischer Unterstützung einen knappen Sieg davontrugen. Wien erreichte die Einstellung der seit Süleymân I. fälligen jährlichen Tributzahlungen an Istanbul. *Semel pro semper* wurden 200 000 Gulden vereinbart. Dem Römischen Kaiser gestanden die Türken seinen Titel (*Roma çasarı*) zu, nachdem er bis dahin im zwischenstaatlichen Verkehr nur als „König" (*kıral*) angesprochen worden war. Der Frieden mit dem Kaiser war auf 20 Jahre abgeschlossen, sollte aber bis 1663 anhalten. Dem siebenbürgischen Fürst Stephan Bocskay (st. 1606), der nach Ausbruch des Langen Kriegs im Bündnis mit den Habsburgern den Abfall von der Türkei betrieben hatte, wurden im Vertrag von Zsitva Torok wesentliche Zugeständnisse gemacht.

Zsitva Torok 1606

Iran

Mit Schah Abbâs I. (1587–1629) war den Osmanen wieder ein mächtiger safawidischer Gegner erwachsen. Er holte sich ohne Vorwarnung 1603 Täbris zurück, schloß 1618 förmlich Frieden, nahm aber 1623 unter Vertragsbruch durch Verrat des Statthalters Bagdad erneut ein. Ein Gemetzel unter den Sunniten und die Zerstörung ihrer Heiligtümer waren die Folge. Erst Sultan Murâd IV. (1623–1640) gelang die Rückeroberung von Bagdad (1638). Im Gegensatz zu seinen Vorgängern konnte Murâd IV. sich auf den östlichen Kriegsschauplatz konzentrieren. Die europäischen Mächte waren durch den Dreißigjährigen Krieg gebunden. Murâds Bruder und Nachfolger İbrâhîm (1640–1648) war in der Lage, mit den historischen Hauptgegnern Österreich und Iran weithin friedliche Beziehungen zu pflegen. Der 1645 begonnene und 1669 abgeschlossene Krieg gegen Venedig mit der Einnahme von Kreta erklärt sich aus der zunehmenden Bedrohung der osmanischen Seeverbindungen zu Nordafrika durch die christlichen Mächte.

Mehmed IV. und die Köprülü-Ära

Nach jahrelanger, z. T. unfreiwilliger Bewährung im Provinzialdienst wurde dem fähigen Mehmed Pascha Köprülü 1656 das Großwesirat durch die für den jungen Mehmed IV. (1648–1687) handelnde Sultansmutter angetragen. Der nach seinem anatolischen Besitz in Köprü genannte Pascha war ein im Palastdienst aufgewachsener albanischer *devşirme*. Das höchste Reichsamt übernahm er unter der Voraussetzung uneingeschränkter Handlungsfreiheit. Es gelang ihm, die von Venedig besetzten Inseln am Dardanellen-Eingang räumen zu lassen. Gegen die mächtigen Provinzstatthalter, allen voran Abaza Pascha, ging er gnadenlos vor. In Südosteuropa hinderte er Georg Rákóczi, den Fürsten von Siebenbürgen, eine von Istanbul unabhängige Politik zu betreiben. Mehmed Köprülüs *law and order*-Aktionen gingen so weit, daß er seinen Stellvertreter mit einer umfassenden Inspektion aller osmanischen Länder „von Üsküdar bis Arabistan" betrauen wollte. Die Hinterziehung von Steuern und der unerlaubte Besitz von Waffen durch die *reâyâ* waren ihm wohlbekannte Grundübel. Mehmed Pascha hatte noch zu Lebzeiten für die Amtsnachfolge durch seinen Sohn gesorgt, einem „ausgestiegenen" Medrese-Lehrer mit in Erzurum und Damaskus erworbenen Erfahrungen als Statthalter. In einer der längsten Amtszeiten eines osmanischen Großwesirs (1661–1676) wurden unter Fâzıl Ahmed Pascha die letzten großen erfolgreichen Kampagnen in Europa geführt. Da sich Österreich weigerte, Festungen in Westungarn zu schleifen und zu Tribut-Zahlungen zurückzukehren, stieß er mit dem Heer bis Neuhäusel (Nóve Zámky/Slowakei) vor. Die Einnahme dieser Festung (1663), die als letztes Bollwerk des Kaisers vor Wien galt, führte zur Gegenoffensive unter Montecuccoli, die von zahlreichen Staaten unter Einschluß Frankreichs mit Soldaten und Hilfsmitteln unterstützt wurde.

Fâzıl Ahmed Pascha

Kriege gegen den Kaiser und den Zaren

Das Zeitalter der „Großen Türkenkriege" im Sinne einer habsburgischen „Reconquista" Südosteuropas begann mit der osmanischen Niederlage bei St. Gotthard-Mogersdorf/Széntgotthárd (1664). Im Frieden von Vasvár/Eisenburg konnten die Osmanen allerdings ihre jüngsten Gewinne behaupten. 1669 übergab Venedig seinen letzten festen Platz auf Kreta (Kandia). Fâzıl Ahmed unternahm an der Seite des Sultans weitere Feldzüge gegen Polen in die Ukraine und nach Podolien (Einnahme von Kamaniçe/Kamenets Podolsk 1672). Sie banden die osmanische Heeresmacht über den Tod des Großwesirs in der Schlacht von Slankamen (1691) hinaus.

Rußland

Die Auseinandersetzungen mit Rußland waren die Folge von Veränderungen bei der Oberherrschaft über die Kosaken. Der erste russisch-osmanische Krieg

(1678–1681) endete mit dem Frieden von Bahçesaray (Krim). Die Anerkennung von Emmerich Thököly als osmanischem Vasall und König über (Ober-)Ungarn wurde zum *casus belli* zwischen Österreich und den Türken. Der Kaiser hatte zum selben Zeitpunkt, als sich das osmanische Heer in Marsch setzte (31.3. 1683) ein Bündnis mit Polen geschlossen, das die Einschließung Wiens durch das türkische Heer in der Schlacht am Kahlenberg (12. 9.) beendete. Der 1684 auf Betreiben des Papstes geschlossenen „Heiligen Liga" aus Habsburg, Polen und Venedig trat Rußland 1685 bei. Hauptereignisse dieser Zeit sind die Eroberungen von Buda (1686), die sogenannte „zweite Schlacht von Mohács" (osmanische Niederlage von Harsány) und die Einnahme von Belgrad (1688). Dem venezianischen Generalkapitän Morosini gelang innerhalb von vier Jahren die Eroberung der ganzen Morea und Athens (1684 -1688). Die geplante Wiederbesetzung von Euböa und Kreta blieb ihm allerdings versagt. Obwohl Wien danach dem Frieden zuneigte, konnte es kein Separatabkommen schließen. 1690 führte eine Gegenoffensive unter dem Großwesir Köprülü Fâzıl Mustafâ Pascha, dem fähigen jüngeren Bruder Fâzıl Ahmeds, zur Rückgewinnung von Serbien mit Belgrad. Dieser letzte bedeutende Köprülü fiel wenig später in der Schlacht von Slankamen (1691, ca. 40 km nordwestlich von Belgrad). Für das Rußland Peter d. Gr. war das wichtigste Ergebnis die prestigereiche Kapitulation der osmanischen Festung Azov (1696). Nach ihrer Niederlage gegen die Kaiserlichen unter dem Prinzen Eugen bei Senta (1697, ca. 150 km nördlich von Belgrad an der Theiß) nahmen die Osmanen Friedensverhandlungen auf. Sie wurden nach unwillig angenommener englischer und holländischer Vermittlung mit dem Vertrag von Karlowitz (1699) abgeschlossen.

Karlowitz 1699

Der Frieden von Karlowitz bedeutete das Ende des islamischen Konzepts vom dem „Gebiet des Krieges" (*dâr al-harb*), als einer Welthälfte, mit der keine bindenden, d. h. zeitlich unbefristeten Abkommen zu schließen sind. Dennoch konnten sich die Osmanen zwar territorial beschädigt (Abtretung des gesamten historischen Ungarns bis auf den Banat von Temeschwar), aber mit intakten Stolz aus der Affäre ziehen. Ein Schwarzmeer-Abkommen mit Rußland erlaubte dessen Schiffen die freie Durchfahrt durch die Meerengen und regelte den Zugang russischer Pilger nach Jerusalem.

Mustafâ II., Ahmed III.

Die erste Hälfte des 18. Jahrhunderts war von einer verhältnismäßigen wirtschaftlichen Prosperität gekennzeichnet, obwohl die Kriege mit den Hauptgegnern nicht endeten. 1703 hatte eine Militärrevolte wegen ausbleibender Soldzahlungen zur Abdankung Mustafâ II. (1695–1703) geführt. Mustafâ war ein fähiger Herrscher, gleichzeitig der erste Sultan seit einem Jahrhundert, der bei seinem Thronantritt weder Kind noch schwachsinnig noch vom Leben in der Isolation des Prinzenkäfigs gebrochen war (H. G. MAJER). Unter Mustafâs Bruder Ahmed III. (1703–1730) kehrte man zur alten Regelung der Antrittszahlungen an das Heer zurück. Die Flucht Karls XII. von Schweden in die Türkei nach der Niederlage von Poltawa (1709) war ursächlich für die

Kriegserklärung an Rußland von 1710. Nach der viertägigen Schlacht am Pruth (1711) konnten die Osmanen im Friedensvertrag von 1713 die verloren gegangene Festung Hotin (am Dnjestr) und für einige Jahre auch Azov wieder in Besitz nehmen. Wenig später (Ende 1714) nahmen die Osmanen die verweigerte Auslieferung von montenegrinischen Rebellen zum Vorwand, um Venedig den Krieg zu erklären. Von den Erfolgen des osmanischen Heers auf der Morea alarmiert, richtete Österreich ein Ultimatum an die Pforte. Im neuen Türkenkrieg siegte Prinz Eugen v. Savoyen bei Peterwardein (1716) und nahm Belgrad (1717).

Frieden von Passarowitz

Mit der Unterzeichnung des Vertrags von Passarowitz (Požarevac/Serbien) im Jahr 1718 erhielt Österreich Belgrad, das Banat, einen Teil der Kleinen Walachei und Bosniens. Venedig verlor die Morea, seine Häfen auf Kreta, behielt aber Korfu, die Ionischen Inseln und Dalmatien. Damals wurde die Einrichtung eines osmanischen Handelsagenten (*şehbender*) in Wien vorgesehen. Der Vertreter Istanbuls beanspruchte jedoch diplomatische Vollmachten und wurde nicht akkreditiert.

Iran

Nach dem Zusammenbruch des Safawiden-Reichs (1722) nutzten Rußland und der Osmanen-Staat das afghanische Interregnum in Iran (1722–1729), um sich an ihrem Nachbarland zu bereichern. Auf Vermittlung des französischen Gesandten bei der Pforte schlossen sie ein Teilungsabkommen über Persien (1724). Zu einer Umkehrung der Allianzen kam es, als der neue Herrscher Irans, Nâdir Schah, mit russischer Experten-Hilfe die Hauptorte des Kaukasus den Osmanen entriß. Erst 1746 wurden zwischen Iran und den Türken ungefähr die Grenzverhältnisse von 1639 wiederhergestellt.

„Tulpenzeit“

Die erst im 20. Jahrhundert als „Tulpenzeit“ apostrophierte Epoche Ahmed III. endete mit der Patrona-Halîl-Revolution, für die der zur Schau getragene Luxus der Umgebung des Großwesirs Nevşehirli İbrâhîm Paschas den Auslöser bildete. Auf dem Höhepunkt eines neuen Krieges mit Rußland (1736–1739) stellten die Russen nach der Zerstörung der krimtatarischen Residenz von Bahçesaray die Forderung nach Aufgabe der osmanischen Souveränität über die Tataren der Krim und des Kuban, nach Unterstellung der Donaufürstentümer unter ihr Protektorat und nach freier Schiffahrt auf dem Schwarzen Meer und durch die Meerengen (worin schon Hammer-Purgstall den Ursprung der „Orientalischen Frage“

Belgrad 1739

erkannte). Im Frieden von Belgrad (1739) verlor Österreich, das sich mit Rußland verbündet hatte, Serbien, die Kleine Walachei und Orşova wieder an die Türken. Man hat einen erheblichen Teil des Erfolgs der türkischen Waffen, der zu diesem Frieden führte, dem 1730 zum Islam übergetretenen Artilleristen („Humbaracı başı“) Bonneval Pascha (1675–1747) angerechnet.

Die arabischen Provinzen

Im 18. Jahrhundert lockerte sich der Zusammenhang der arabischen Provinzen mit Istanbul stärker als zuvor. In Ägypten hatte die Pforte zunehmend ihren Einfluß auf die *ocaks*, die sogenannten sieben Janitscharen-Regimenter, verloren. Später war die Macht auf die „Privatarmeen“ der mamlukischen Beys, die sich untereinander heftig befehdeten, übergegangen. Ein für eine fünfjährige

Amtszeit nach Ägypten entsandter Pascha gestand 1721 den Beys gegenüber ein, er sei nur ein „Gast" im Lande. Der Aufstieg des ehemaligen Regimentskommandeurs İbrâhîm Kethüdâ (als Machthaber 1743–1754) zum Chef einer eigenen Mamluken-Streitmacht leitete das Regime des Qazdughliyya-Klans ein, welcher Ägypten bis zur französischen Okkupation (1798) beherrschte. Ein „tscherkessischer" (abchasischer) Mamluk Ali Bey („Bulutkapan") beseitigte die letzten Reste der Janitscharen-Präsenz in Ägypten und löste sich für einige Jahre erfolgreich von Istanbul. 1769 ließ er sich als Zeichen der beanspruchten Souveränität in der Freitagspredigt nennen. Während des russisch-türkischen Kriegs hatte er mit der Besetzung des Hedschas die vorosmanische Machtstellung der Mamluken am Roten Meer vorübergehend wiederhergestellt. Der letzte osmanische Versuch, Ägypten unter direkte Kontrolle zu bringen (Hasan Pascha 1786–1787) endete wegen der erneuten russischen Bedrohung vorzeitig.

Galiläa

Im nördlichen Palästina erhob sich Umar Zâhir/Dhāhir al-Umar (1769–1775). Im Bündnis mit den Bauern, die er vor beduinischen Angriffen schützte, konnte er in Galiläa ein unabhängiges Gebiet kontrollieren. Während er auf gutem Fuß mit seinem unmittelbaren osmanischen Oberherrn, dem Vâli von Sidon stand, wurde er von dem Vâli von Damaskus bekämpft. Nachdem er sich Ali Bey von Ägypten angeschlossen hatte, wurde er nach Kriegsende Opfer einer Strafaktion des osmanischen Marinebefehlshabers.

Syrien, Libanon

Recht unabhängig waren die al-Azm von Damaskus (1725–1807) und Ahmed Pascha Cezzâr" im Südlibanon. Von den unbotmäßigen Paschas oder den Şihâb-Amiren des Berg Libanon unterschied sich Cezzâr durch große Loyalität. Nominell Herrscher des Paşalık von Sidon, wurde sein Amt über 29 Jahre von der Pforte bestätigt. Die Kontrolle der arabischen Halbinsel war den Osmanen im 18. Jahrhundert völlig entglitten. Der Jemen ging seit den siebziger Jahren des 16. Jahrhunderts eigene Wege. Man begnügte sich mit dem Schutz der Pilgerstraßen, die von Damaskus bzw. Kairo nach Mekka führten. Selbst diese Aufgabe war nicht immer zu gewährleisten: Einem beduinischen Angriff auf die Pilgerkarawane sollen 1757 an die 20 000 Menschen zum Opfer gefallen sein. Beduinen unter Abd al-Azîz besetzten 1802 sogar für kurze Zeit Mekka. Der schiitische Hauptwallfahrtsort Karbalâ im Irak wurde im selben Jahr von den Wahhâbiten gestürmt.

Arabien

Rußland

Der 1768 aus nichtigem Grund (nach fast drei Jahrzehnten ohne größere äußere Konflikte) erneut ausgebrochene Krieg gegen Rußland führte wegen der damit verbundenen Anarchie und Finanzknappheit zu einer weiteren Stärkung lokaler Notabeln (*ayân*) und Kriegsherrn. Die Rekrutierungsprobleme waren enorm, auch wenn am Ende bis zu 100 000 Mann (Janitscharen und *levend*) bereitstanden. 1770 wurde die türkische Flotte in der Bucht von Çeşme (bei der Halbinsel Urla vor Izmir) durch eine von englischen Admiralen befehligte russische Seemacht geschlagen. Die Flotte war zur Unterstützung der aufständischen Mainoten in Griechenland entsandt worden. 1772 wurde die Krim durch das siegreiche Rußland vom Osmanen-Staat abgetrennt. Im Frieden von Küçük Kaynarca (bei Silistra an der Donau) 1774 sicherte sich Katharina die Große zahlreiche Territorialgewinne (zwischen Dnjepr und Bug, die Orte Kerč und Yenikale auf der Krim und die beiden Kabardeien einschließlich Ossetiens). Im Schwarzen Meer durften sich jetzt alle russischen Schiffe frei bewegen, Handelsschiffe erhielten das Durchfahrtsrecht durch Bosporus und Dardanellen. Die endgültige Annexion der Krim mit ihrer überwiegend tatarischen Bevölkerung erfolgte 1783.

Küçük Kaynarca

Kalifatsfrage

In dem Vertrag von Küçük Kaynarca tauchte zum ersten Mal eine Art spirituelles Protektorat des „Supremo Califfo Maomettano" über Muslime auf ehemaligen osmanischen Territorien auf. Das herkömmliche islamische Staatsrecht kennt eine solche Funktion nicht, doch heilte diese Bezeichnung Amputationschmerzen bei zukünftigen Gebietsabtretungen. Die Analogie zum Anspruch der europäischen Mächte, als Schutzmacht der Christen im Orient aufzutreten, ist nicht zu übersehen.

4. Zwischen Alt und Neu: Selîm III. (1789–1808)

Sistova und Jassy

Das späte 18. Jahrhundert sah erneut Österreich an der Seite Rußlands im Krieg gegen die Türkei (1787–1791). Im Sonderfrieden von Svištov/Sistova (1791), der durch Vermittlung Preußens, Englands und Hollands zustande kam, behielten die Osmanen die Gebiete der Walachei und der Moldau, die von Österreich besetzt worden waren. Mit Ausnahme von Alt-Orşova (am Eisernen Tor) wurde im großen und ganzen die Grenzziehung zwischen dem Kaiser und dem Sultan von 1739 (Frieden von Belgrad) bestätigt. Im Frieden von Jassy (1792) wurde die Annexion der Krim durch Rußland besiegelt und der Landstreifen zwischen Bug und Dnjestr abgetreten. Osmanische diplomatische Bemühungen wie Gesandtschaften nach Buchara (1786, 1787) oder der Bündnisvertrag mit Preußen (1790) hatten diese Ergebnisse nicht verändern können.

Botschaften in den europäischen Hauptstädten

In den sechs Jahren zwischen 1792 und 1798 schwiegen die Waffen zwischen den Osmanen und allen europäischen Mächten. In diesem letzten Jahrzehnt des 18. Jahrhunderts wurden ständige Gesandtschaften in London, Paris, Berlin und Wien eingerichtet. Auch wenn die Posten nach den ersten Botschaftern zunächst nicht kontinuierlich besetzt wurden, hatten sich die Osmanen endgültig von der Tradition der Sondergesandtschaften verabschiedet. 1794 wurden auch die Subventionen für die Botschaften der europäischen Staaten in Istanbul abgeschafft.

Selîm III. und Frankreich

Der Thronantritt Selîm III. (1789–1808) fand im Jahr des Sturms auf die Bastille statt. 1793 pflanzten Mitglieder der französischen Kolonie in Istanbul einen Revolutionsbaum. Selîm III., der als Prinz mit Ludwig XVI. korrespondiert hatte, ließ 1795 die Entsendung eines Botschafters der Republik nach Istanbul zu und ging 1796 eine geheime Allianz mit Frankreich ein. Nach dem Eintreffen

Bonapartes in Ägypten (1.7. 1798) zerstörte Nelson die französische Flotte vor Abûqîr (ca. 15 Meilen östlich von Alexandria). Die Türkei ging daraufhin zum ersten Mal ein Bündnis mit Rußland ein und erklärte Frankreich den Krieg. Ein kurzlebiger Ausdruck dieser Allianz war die gemeinsame Schutzherrschaft des Osmanischen Staates und Rußlands über die „Septinsulare Republik" (Ionische Inseln und Kythera) im Jahr 1800. Die französische Besetzung Ägyptens endete nach der Ausschiffung der englischen Armee im Sommer 1801.

Die „Talfürsten"

Unter Selîm III. erreichten die zentrifugalen Tendenzen in den Provinzen einen Höhepunkt: Das Wort „Talfürst" (*derebeyi*) hat sich als Bezeichnung für die in den Archivquellen „Provinznotabeln" (*ayân-i vilâyet*) genannten, quasi autonomen Statthalter und örtlichen Größen eingebürgert. Man schätzt, daß es im 18. Jahrhundert in Mittel- und Ostanatolien Hunderte von *derebeys* gab, aus denen aber nur vier oder fünf Familien herausragen. In Südosteuropa war Tepedelenli Alî Pascha der bekannteste Vertreter der „Talfürsten". Er hatte schon 1784 mit Billigung der Pforte Delvina (im heutigen Südalbanien) besetzt und war über das Gouverneursamt von Trikala (Thessalien) weiter aufgestiegen. Um 1811 umfaßte das Herrschaftsgebiet des abtrünnigen Paschas den Epiros, Südalbanien, Teile Thessaliens und Westmazedoniens mit mehr als einer Million Einwohnern.

Sein Zeitgenosse Pasvanoğlu von Vidin wurde 1798 von einer 100000 Mann-Truppe in seiner „Hauptstadt" am Donauknie vergeblich belagert. Obwohl er in direkter Verbindung mit Frankreich und Rußland stand, wurde er 1799 förmlich mit dem Pascha-Titel ausgezeichnet. Die Pforte war wegen der ägyptischen Krise und des serbischen Aufstands außerstande, den Staat im Staate bis zum Tod dieses Rebellen (1807) zu beseitigen. In Anatolien konnten die Canikoğulları, die sich an der pontischen Küste eine quasi-autonome Zone gesichert hatten, nur mit Hilfe anderer „Talfürsten", der Çapanoğulları von Bozok (Yozgat), in Schach gehalten werden. Die Çapanoğulları unterstützten loyal die Militärreformen Selîm III. und die damit verbundene Steuerpolitik.

Albanien, Serbien

Ursächlich mit dem griechischen Aufstand ist der Aufstieg der Bushatlliu, einer nordalbanischen Pascha-Dynastie, verbunden: Mehmed Pascha Plaku sammelte im Auftrag des Sultans eine größere Armee, um 1770 griechische Rebellen zu unterdrücken, und wurde mit Statthalterstellen in Nord- und Mittelalbanien belohnt. Der Sohn und der Enkel Mehmeds erweiterten die Unabhängigkeit ihres Herrschaftsgebiets, bis Mahmûd II. nach dem Frieden von Adrianopel freie Hand hatte, seine Herrschaft in Albanien wieder direkt durchzusetzen (1831). In Serbien trat der Bauernsohn Djordje Petrović „Karadjordje" und Stammvater der späteren Dynastie gegen die Willkür der aus Janitscharen bestehenden Festungsbesatzung von Belgrad auf. Aus dem begrenzten Aufstand von 1804 ging die serbische Teilautonomie hervor. Die türkischen Truppen blieben aber an ihren festen Plätzen.

Reformen

Unter Sultan Selîm III. und seinem „Küchenkabinett" (Shaw) war die Überzeugung gewachsen, daß das, was den Westen hatte aufsteigen lassen, auch, vorsichtig umgesetzt, den Osten wiederbeleben könne. Selîm war ein hochgebildeter Mann, ein Förderer der Literatur und Komponist. Seine Reformanstrengungen beschränkten sich allerdings fast ausschließlich auf das Militär und wurden erst in den Jahren nach dem Frieden von Jassy (1792–1794) verwirklicht. Dabei hatte Selîm III. wie die Reformersultane des 18. Jahrhunderts auf die traditionellen Finanzierungsmittel gesetzt: Abwertung, Konfiskationen, Steuererhöhungen. Reformen im zivilen Bereich waren weniger durchgreifend. 1794 wurde ein erstes Reformregiment mit 1602 Offizieren und Mannschaften aufgestellt und in einem Landgut (*çiftlilik*) am Rande Istanbuls in großer Entfernung von den Janitscharen-Kasernen der Altstadt untergebracht. Das „Neue Korps" (*Nizâm-ı cedîd*) wurde in Regimenter aufgeteilt, in Istanbul kaserniert und zum regelmäßigen Exerzieren verpflichtet. 1801 zählten die Reformtruppen 9263 Mannschaften und 27 Offiziere. Das Jahr 1802 markiert den Beginn von Aushebungen in Anatolien. Freilich bestand dieses Musterbataillon (*orta*) parallel zu dem Janitscharenheer und wies zahlreiche vormoderne Elemente auf, etwa die Übertragung der Planstellen auf die Söhne ausgemusterter Soldaten. Der Einmarsch russischer Truppen in die Moldau und Bessarabien (1806) und das Auftauchen der mit Rußland verbündeten englischen Flotte vor den Dardanellen (1807) in Verbindung mit einem allgemeinen Aufstand der osmanischen Truppen (die Janitscharengarnison von Rumeli Kavağı hatte sich geweigert, neue Uniformen anzulegen) führten zur Abdankung und Inhaftierung Selîms.

5. Das Reform-Jahrhundert (1808–1908)

Sened-i ittifâk

Der von Reformgegnern eingesetzte Mustafâ IV. (1807–1808) wurde durch eine Gruppe von balkanischen Befehlshabern unter Bayrakdâr Mustafâ Pascha aus Rusçuk/Ruse (heute Bulgarien) gestürzt. Ihr Ziel, Selîm wieder einzusetzen, wurde wegen der Ermordung des Sultans vereitelt, doch gelang die Rettung des zukünftigen Mahmûd II. (1808–1839). Das „Übereinkommen" (*Sened-i ittifâk*) zwischen Sultan, Großwesir und den Spitzen des *ilmîye*-Korps und der Armee vom Oktober 1808 wird gerne an den Beginn der osmanischen Verfassungsgeschichte gestellt. Tatsächlich ist es das Ergebnis eines Interesseausgleiches zwischen Staatsführung und den „Talfürsten" Rumeliens und Anatoliens.

Der griechische Aufstand

Die griechische Bevölkerung hatte sich in der Vergangenheit nur selten gegen die osmanische Oberherrschaft erhoben (wie bei den Revolten in Epiros 1611 oder 1802/3). Noch 1798 hatte der Patriarch von Jerusalem Anthimos die Christen vor einer Herausforderung der bestehenden Ordnung gewarnt. Gott habe das Osmanische Reich geschaffen, um die Orthodoxie vor der Beschmutzung duch die

Katholiken zu bewahren. Im selben Jahr aber wurde der griechische Dichter und Revolutionär Rigas Velestinis in Belgrad nach seiner Auslieferung durch Österreich hingerichtet. In Velestinis Schriften überwog allerdings eine aufklärische Tendenz. die sich an alle Balkanvölker wandte, gegenüber „protonationalen" griechische Forderungen. Erst die Bildung der *Philiki Etairia* (Odessa 1814) führte zu einer organisierten Abfallbewegung, die mit der Entstehung der bayerischen Regentschaft unter Graf Armannsperg (1833–1835) ein vorläufiges Ende fand. 1821 wurde der ökumenische Patriarch, obwohl er die Revolution Alexander Ipsilantis (1792–1828) verurteilte, in Istanbul gehängt. Ein Aufstand von griechischen Inselbewohnern wurde mit dem bekannten „Massaker von Chios" (1822) niedergeworfen. Mahmûd II. hielt Tepedelenli Alî Pascha, der Ioannina/Janina als Residenz ausgebaut hatte, für die größere Bedrohung als die Aufständischen in Südgriechenland, die er erst nach der Exekution des Paschas (1822) stärker bekämpfte. Der Einsatz der modernisierten ägyptischen Truppen führte 1826 mit dem symbolreichen Fall von Missolunghi zum militärischen Ende des griechischen Unabhängigkeitskrieges. Mahmûd II. entledigte sich wenige Wochen später (14./15. 6.) in einer blutigen Aktion der in Istanbul liegenden Janitscharenregimenter. Seine neu aufgestellte Truppe (*Mu'allem Asâkir-i Muhammedîye-i Mansûre*) erreichte aber 1828 erst 30 000 Mann (Ägypten verfügte hingegen im gleichen Jahr über 157 000). Gegen Ende seiner Regierung stieg die Zahl auf ca. 90 000 Mann an. Obwohl die Großmächte auf die Integrität des Osmanischen Staates setzen, lösten die Kanonenschüsse von Navarino (1827) den gordischen Knoten der griechischen Frage. 1832 erkannte der Sultan Griechenland als unabhängiges Königreich an. 1835 wurde der bayerische Prinz Otto als König von Hellas eingesetzt (bis 1862). Bis zu den Balkankriegen (1912/13) sollte vor allem die Kreta-Frage die türkisch-griechischen Beziehungen bestimmen und belasten. Ottos Nachfolger Georg I. führte den verfassungsgemäßen Titel „König der Hellenen", womit ein Anspruch auf die Herrschaft über alle Griechen, also auch die außerhalb der Staatsgrenzen, erhoben war.

Auflösung des Janitscharenkorps

Die russische Offensive vom Mai 1828 hatte die Osmanen zum Abzug ihrer Truppen aus Griechenland gezwungen. Sie verloren das Donaudelta und die südkaukasische Provinz von Akhiska an Rußland (Friede von Edirne/Adrianopel 1829). Erfolglos blieb der Versuch Mahmûd II., die französische Besetzung von Algier (1830) abzuwenden.

Mehmed Alî und Ägypten

Mit der Machtübernahme von Mehmed/Muhammad Alî in Ägypten wuchs einem abtrünnigen Pascha zum ersten Mal ein Herrschaftsgebiet zu, dessen Ressourcen zum Aufbau einer ebenbürtigen Militärmacht genügten. Der in Kavala (Ostmazedonien) geborene, vielleicht albanischstämmige Mehmed Alî entledigte sich der Mamluken (1811) und baute seine Armee mit Hilfe französischer Instrukteure auf. Zur Finanzierung dieser Militärmacht monopolisierte er die gesamte ägyptische Wirtschaft. Im Auftrag der Pforte bekämpfte er die Wahhabiten in Arabien und die griechischen Aufständischen auf der Peloponnes. 1820–1823 eroberte er bzw. sein Sohn İbrâhîm Pascha den Sudan. Die direkte osmanische Herrschaft im Irak und in Teilen der arabischen Halbinsel wurde 1831 wiederhergestellt. Ein Vormarsch İbrâhîm Paschas, der im Auftrag seines Vaters ägyptische Truppen bis zum westanatolische Kütahya (Februar 1833) führte, wurde durch englische und französische Intervention abgebrochen. Die Ägypter hatten den Versuch unternommen, zunächst durch die Besetzung von Akkon, dann von ganz Syrien und Kilikien einen Ersatz für die Belohnung zu bekommen, die Istanbul für die Griechenlandexpedition versprochen hatte. Rußland und der Osmanische Staat schlossen im Bosporusort Hünkâr İskelesi ein Abkommen über gegenseitigen Beistand (8.7. 1833). In einem sehr bald bekannt gewordenen geheimen Zusatzartikel verpflichtete sich Istanbul zur Sperrung der Meerengen für fremde Kriegsschiffe bei gleichzeitiger Befreiung von militärischer Unterstützung für Rußland. Mehmed Alî leitete die ägyptischen Geschäfte selbstherrlich. Als er 1834 den Vertretern der europäischen Mächte seine Absicht erklärte, die Unabhängigkeit auszurufen, war nicht einmal İbrâhîm eingeweiht. An der osmanischen Niederlage im südostanatolischen Nizîb gegen İbrâhîm Pascha vom 24.6. 1839, die Helmut von Moltke als Militärberater (seit 1835) beobachtete, konnte auch die Tatsache nichts ändern, daß inzwischen über 70% der Staatsausgaben in die Rüstung flossen.

Hünkâr İskelesi

Verwaltungsreformen

Anders als Selîm III. strebte Mahmûd II. eine straffe Zentralisierung an und schuf 1836 die ersten Ministerien. Der im Jahr seines Todes (1838) geschaffene „Oberste Rat für Rechtsangelegenheiten" (*Meclis-i Vâlâ-i Ahkâm-ı Adlîye*) war eine Institution, die die Brücke von informellen islamischen Beratungsgremien zum „Conseil d'Etat" modernen Typs schlug. Mahmûd II. war auch der erste Herrscher, der mehrfach Inspektionsreisen in die südosteuropäischen Landesteile unternahm. Sein langjähriger „Kriegsminister" (*serasker*) Hüsrev Pascha, durchaus ein Vertreter der alten konservativen Elite, schickte 1830 vier Knaben zum Studium nach Paris. Damit leitete er eine neue Phase der Verwestlichung ein, denn bis dahin studierten allein christliche Untertanen im Ausland (bevorzugt medizinische Fächer an italienischen Hochschulen). Die Osmanen hatten sich seit den 70er Jahren des 18. Jahrhunderts mit der Anstellung ausländischer Instruktoren an osmanischen Reformschulen begnügt. Das Handelsabkommen mit England von 1838 setzte einen Satz von 3% für Importe und 12% für Exporte fest. Ausländer konnten ohne Einschränkung durch Monopole auf dem gesamten Territorium Handel treiben.

1838

Das Reform-Edikt von Gülhane

Ein herausragendes Datum des 19. Jahrhunderts ist der 3. November 1839, als mit der Verlesung des „Kaiserlichen Handschreibens" von Gülhâne (*hatt-ı şerîf*) die Epoche der *Tanzîmât-i hayrîye* (wörtlich: „Wohltätige Verordnungen") eingeleitet wurden. Kurz zuvor hatte der neue Sultan Abdülmecîd (1839–1861) Mustafâ Reşîd Pascha (1800–1858) aus Paris zurückgerufen. Als Vertreter der Reformer-Bürokraten hatte er 1829 bei den Friedensverhandlungen in Edirne erste diplomatische Erfahrungen gesammelt, war zweimal nach Ägypten entsandt worden und als Botschafter in Paris und London und als Außenminister tätig gewesen. Bis zu seinem Tode sollte er noch zahlreiche Staatsämter, vor allem das Großwesirat (für sechs Perioden) innehaben. Wegen seiner Kenntnisse des Französischen und der westlichen Kultur wurde das von ihm entworfene Reform-Edikt als osmanische Fortsetzung der Menschenrechtserklärung der Französischen Revolution gelesen (N. Berkes). Der Text bezieht sich vor allem auf „die Sicherheit des Lebens, den Schutz der Ehre und des Vermögens, die Fixierung der Steuern, die Art und Weise der Aufhebung der nötigen Truppen und die Dauer ihrer Dienstzeit". „Vollständige Sicherheit des Vermögens" werde die „Liebe zum Vaterland (*vatan*) und die Anstrengungen um Staat und Nation (*devlet ve millet*) von Tag zu Tag wachsen lassen". Es ist denkbar, daß die Wiedergewinnung der von Ägypten besetzten syrischen Provinzen durch diese Erklärung erleichtert wurde (im Londoner Vertrag von 1840). Im Gegenzug mußte Mehmed Alî die erbliche Thronfolge zugestanden werden. Zu den wichtigsten Regelungen in den Provinzen gehörten unter Abdülmecîd die libanesischen Reformen (1845) und das Abkommen über die Donaufürstentümer (1849).

Krimkrieg

Im Laufe der Krise um Montenegro (1852–1853), wo sich Danilo Petrović Njegoš zum weltlichen Fürsten ausrufen ließ, drohte Österreich mit dem Einmarsch in Bosnien. Als Rußland das Schutzrecht über die orthodoxe Christenheit der osmanischen Länder forderte, wurde der später als Krimkrieg bezeichnete Konflikt ausgelöst. Verbündete der Türkei. waren Frankreich, Großbritannien und Sardinien-Piemont. Rußland räumte auf Forderung Wiens die Donaufürstentümer. Die berühmte Episode der Belagerung von Sewastopol zog sich vom Oktober 1854 bis September 1855 hin. Die Schlachten von Balaklava und Inkerman auf der Krim prägten sich zwar fest in das historische Gedächtnis Englands ein, aber entscheidender war die Bedrohung des russischen Machtzentrums St. Petersburg durch die Flotte der Alliierten. Die russische Seite war im Kaukasus erfolgreicher, wo sie die Grenzfestung Kars erstürmte. 1859 endete auch der Widerstand des charismatischen Imam Şâmil (st. 1871), der seit 1834 im Kaukasus-Gebirge mit daghestanischen und tschetschenischen Kämpfern den russischen Vormarsch aufzuhalten versuchte.

Kaukasus

Pariser Frieden

Im Pariser Vertrag (3. 3. 1856) erklärten die Herrscher Österreichs, Frankreichs, Preußens, Rußlands und Sardiniens „die hohe Pforte der Vorteile des öffentlichen europäischen Rechts und des europäischen Konzerts teilhaftig" und verpflichteten sich zugleich, die Unabhängigkeit und den Territorialbestand des osmanischen Reichs zu achten (Art. 7). Der Pariser Vertrag nahm auch (Art. 9) Bezug auf den wenig zuvor (18. 2.) erlassenen Ferman (der auch in der europäischen Literatur als *Hatt-ı hümâyûn* bekannt ist), in dem die Garantien von 1839 bestätigt werden. Der Erlaß von 1856 überwand jedoch dessen allgemeine Aussagen und bestimmte das Verhältnis der Religionsgemeinschaften im Sinne eines geregelten Nebeneinander. Einige Klauseln betreffen die Ausbesserung und den Neubau von dem Kultus

Hatt-ı hümâyûn

gewidmeten Gebäuden und sanktionierten damit Verhältnisse, die v.a. in den Balkanprovinzen schon früher geduldet wurden. Die Wahl und Ernennung zu Staatsbeamten wurde nun an die Qualifikation, unabhängig von der Nationalität, gebunden. Das setzte den in einem weiteren Artikel garantierten freien Zugang zu Zivil- und Militärschulen nach den Grundsätzen des *concours* voraus. 1856 wurden gemischte Tribunale gegründet, um handelsrechtliche und Strafverfahren zwischen Muslimen und Christen durchzuführen, während Prozesse, die auf das bürgerliche Recht gründeten, in den gemischten Verwaltungsräten der Provinzen nach den Bestimmungen der islamischen oder der weltlichen Gesetze geführt wurden. Art. 15 lautete: „Wie die Gleichheit der Steuern eine Gleichheit der übrigen Lasten im Gefolge hat, so rufen gleiche Rechte auch gleiche Pflichten hervor. Daher werden die Christen und die übrigen nicht-mohammedanischen Untertanen ebenso wie die mohammedanische Bevölkerung sich jenen Bestimmungen unterwerfen müssen, die in letzter Zeit über die Beteiligung am Militärdienste erlassen worden sind." Gleichzeitig wurde aber die Stellung eines Ersatzmannes oder die Zahlung einer Wehrsteuer (*bedel*) vorgesehen, gleichsam als säkulare Erinnerung an die 1857 aufgegebene islamische Kopfsteuer (*cizye*). Beide Dokumente, von denen das zweite in vieler Hinsicht als das *magnum opus* von Lord Stratford, dem englischen Gesandten bei der Pforte, galt (Davison), versuchten, die öffentliche Meinung Europas anzusprechen und Reformen im Inneren einzuleiten.

Der „Hatt" wurde gleichermaßen von osmanischen Staatsmännern (wie Reşîd Pascha) wie Mitgliedern des hohen griechischen Klerus kritisiert. Für Reşîd kam die Erwähnung im Pariser Vertrag eine Opferung von Souveränitätsrechten gleich. Die griechischen Kirchenführer erkannten sofort, daß sie ihres (freilich oft nur protokollarischen) Vorrangs vor anderen Nichtmuslimen verlustig zu gehen drohten. Ahmed Cevdet Pascha gab die Stimmung dieser Kreise mit den Worten wieder: „Der Staat hat uns mit den Juden gleichgestellt (*beraber etti*). Wir hatten uns mit dem Vorrang (*tefevvuk*) des Islam abgefunden!" Der Pariser Vertrag enthielt eine ausdrückliche Nichteinmischungsklausel in Bezug auf das Verhältnis des Sultans zu seinen Untertanen (mit der die Paragraphen 21 und 61 des Berliner Vertrags von 1878 zu vergleichen sind!).

Anleihen und Haushaltskrise

Während des Krimkriegs zeichnete die Türkei die ersten Auslandsanleihen. England gab 1854 3 Mio. £ gegen Verpfändung des ägyptischen Tributs zu 6%. 1855 erhielt die Türkei weitere 5 Mio. £ zu 4% durch britische und französische Kreditgeber. Die Gründung der Osmanischen Bank führte nur zu einer vorübergehenden Stabilisierung der Währung. Aber schon 1860 ergab sich ein Haushaltsdefizit von 736 200 000 Piaster, von denen 500 000 000 im selben Jahr zur Rückzahlung fällig wurden.

Modernisierung

Der Modernisierungsschub der Kriegsjahre hatte sichtbare und strukturelle Auswirkungen. Die erste Telegraphenleitung wurde eingerichtet. 1856 wurden die Konzessionen für Bahnlinien in Europa und Anatolien vergeben. In Istanbul-

Beyoglu wurde eine Modell-Stadtverwaltung geschaffen. Mit dem Bezug des Palais von Dolmabahçe stand Abdülmecîd eine zeitgemäße Residenz zur Verfügung. Der Sultan besuchte einen Ball in der französischen Botschaft und nahm die Verleihung des englischen Hosenbandordens an.

Irak, Syrien, Libanon

Der Irak kannte zwischen 1749 und 1831 eine Periode weitreichender Unabhängigkeit von Istanbul. Das dort herrschende Mamluken-Regime zahlte zwar weiter Tribute an die Zentrale, stellte aber keine Truppen mehr für den Gesamtstaat. Es brach zusammen, als Rußland die Verbindung mit Georgien abschnitt, wo man die Soldaten des autonomen Regimes rekrutiert hatte. Naturkatastrophen und eine Pestepidemie trugen das ihrige bei, um den Irak wieder gefügig zu machen. Die Einrichtung des sogenannten doppelten Kaimakamats, der den Berg Libanon in maronitische und drusische Provinzen aufteilte, konnte die Spannungen zwischen beiden Bevölkerungsgruppen nicht beenden. Maronitische Bauern und drusische Landbesitzer, die ihren Einfluß schwinden sahen, bekämpften sich, ohne, daß man sagen kann, wer die schweren Auseinandersetzungen von 1860 auslöste. Trotz ihrer zahlenmäßigen Unterlegenheit (35 000 zu 150 000) gewannen die kampfgewohnten Drusen. In Damaskus lösten unbegründete Gerüchte über einen Sieg der Christen schwere Verfolgungen der griechisch-orthodoxen Bewohner durch sunnitische Bevölkerungsteile aus. Die direkte Intervention Englands und Frankreichs endete mit der Schaffung einer Provinz (*mutessarıflık*) Libanon unter einem christlichen, aber nicht einheimischen Gouverneur, der der Pforte unterstand (*Règlement Organique*/Protokoll von Beyoğlu 1861). Diese Regelung bestand bis zum Ende des Weltkriegs. Am Beispiel der Drusen läßt sich auch zeigen, wie Istanbul schrittweise versuchte, seine eher symbolische Präsenz in Stammesgebieten in eine direkte Verwaltung überzuführen. Man ernannte Scheichs zu „Verwaltungsdirektoren" (*müdîr*) ihrer Gebiete, unterstellte sie aber einem „echten" osmanischen Landrat.

Tunesien

Als erstes islamisches Land gab sich die ehemalige osmanische Provinz Tunesien, deren Herrscher Ahmad Beg (1837–1855) noch am Krimkrieg teilgenommen hatte, eine Verfassung, die im April desselben Jahres 1861 in Kraft trat. Man hat Ahmad Beg zu Recht als nordafrikanisches Äquivalent von Sultan Mahmûd II. und Mehmed Ali von Ägypten bezeichnet. Er betrieb die tunesische Autonomie, ohne sich von der größeren osmanischen politischen Welt verabschieden zu wollen. Die Verfassung von 1861 wurde durch die Einrichtung des französischen Protektorats über Tunesien (Vertrag von Bardo 1881) suspendiert.

Reformen der Tanzîmât-Zeit

Aus der Fülle von rechtlichen und schulischen Reformen auf dem Höhepunkt der Tanzîmât sollen herausgehoben werden: Die Eröffnung einer Zivilbeamten-Schule (1859: *Mekteb-i Mülkîye*), die als eine Art „Grande École" den Nachwuchs für die gegenüber dem Palast immer stärker werdende Bürokratie der Pforte liefert. Damit entstand allmählich eine Beamtenschicht, die ihre Qualifikation nicht mehr ihrer Ausbildung in den zentralen Kanzleien oder im Gefolge provinzieller Würdenträger verdankte. 1868 folgte das Galata-Serail-Lyzeum (*Mek-*

-*i Sultânî*) als Eliteanstalt an der Spitze eines staatlichen dreigliedrigen allgemeinen Schulwesens. 1870 wurde die erste Schule zur Ausbildung von Lehrerinnen für die Mädchenklassen des reformierten Schulwesens eröffnet. Eine umfassende Kodifizierung des Grundrechtes (1858) erlaubte die Registrierung von Ackerflächen als Privatland. Seit 1867 konnten Ausländer Immobilien erwerben. Zwar kam es nicht zur Übernahme des *Code Civil Français*, wie Âlî Pascha 1860 vorgeschlagen hatte, doch lehnten sich zahlreiche neue Gesetze an französische Muster an. Das galt zum Teil auch für die Provinzialgesetzgebung von 1864 (revidiert 1867). Sie schrieb die Beteiligung der Nichtmuslime an der allgemeinen und der Justizverwaltung fest. In den Kreisen (*kazâ*), Bezirken (*sancak*) und Provinzen (*vilâyet*) wurden jeweils auch nichtmuslimische Mitglieder bestimmt. In den Strafgerichtshöfen zweiter Instanz (auf der *vilâyet*-Ebene) waren beispielsweise einem Scheriatsoberrichter als Vorsitzenden je drei muslimische und nichtmuslimische Beisitzer zugeordnet. Auf Gemeindeebene und Kreisebene durfte ab einer bestimmten Steuerschuld aktiv und passiv gewählt werden. Für die *sancak*- und *vilâyet*-Räte trafen Ausschüsse unter Vorsitz des Landrats (*kâimmakâm*) oder Gouverneurs (*vâli*) die Auswahl. Die Bevorzugung von Bewerbern, die der türkischen Schriftsprache mächtig waren, nahm die Festlegung des Türkischen als Staatssprache in der Verfassung von 1876 vorweg.

Abdülazîz

Unter Sultan Abdülazîz (1861–1876) wurden die ersten Briefmarken gedruckt (1863) und zwei wichtige Bahnlinien in der europäischen und anatolischen Provinz (İzmir-Aydın) eröffnet. Eine Reformmaßnahme von symbolischer und praktischer Bedeutung war die Übernahme des europäischen Maß- und Gewichtssystems (1869). Sichtbarster Ausdruck der neuen Rolle des türkischen Souveräns war der erste (und letzte) Auslandsbesuch eines Osmanen-Herrschers anläßlich der Pariser Weltausstellung 1867. Diese Europareise fand während des kretischen Aufstands statt und hatte einen entsprechenden politischen Hintergrund. Im selben Jahr hatte sich zum ersten Mal ein oppositionelles Exil in Europa gebildet. Es handelte sich um eine zeitweise von dem ägyptischen Thron-Prätendenten Mustafâ Fâzıl Pascha gestützte Gruppe von Gegnern Âlî Paschas. Die herausragenden Köpfe waren Literaten-Bürokraten wie Nâmık Kemâl, Ziyâ und Alî Suâvî. Das 1868 in London gegründete Blatt *Hürriyet* bildete die wichtigste Plattform eines osmanischen Patriotismus, der freilich noch weit von konstitutionellen Ideen entfernt war und dem die den Nichtmuslimen gewährten Aufstiegsmöglichkeiten angesichts des Bildungsrückstands der islamischen Mehrheit entschieden zu weit gingen.

1868 wurde der *Meclis-i Vâlâ-ı Ahkâm-ı Adlîye* bzw. seine Nachfolgeeinrichtung (*Meclis-i Âlî-i Tanzîmât*) als legislatives Organ in einen Staatsrat und einen Justizrat aufgeteilt. Der Staatsrat war von seinen Vätern Fu'âd und Âlî durchaus nicht als Vorstufe eines Parlaments gedacht, doch stellte er (in Ahmed Midhats Worten) „eine Schule zur Herausbildung von Staatsmännern" dar. Im Justizrat waren fünf von 13 Mitgliedern Vertreter christlicher Kirchen. Fu'âd und

Âlî Pascha starben in kurzem Abstand voneinander (1869–1871). Beide verkörperten als Schüler Reşîd Paschas die Tanzîmât-Zeit, deren Reformprogramm nicht nur der Modernisierung im Inneren diente, sondern auch die Einflußmöglichkeiten der Großmächte verringern sollte.

Ein Katastrophenjahrzehnt

Die siebziger Jahre des 19. Jahrhunderts sind das Katastrophen-Jahrzehnt der jüngeren osmanischen Geschichte. Der Zusammenbruch Frankreichs im Krieg gegen Preußen beraubte den Staat des einzigen berechenbaren europäischen Verbündeten. Das Jahr 1873 brachte eine Mißernte. Auf einen ungewöhnlich langen und strengen Winter folgten Hungersnöte in weiten Teilen Anatoliens. 1875 mußte der Großwesir Mahmûd Nedîm Pascha erklären, daß osmanische Staatspapiere über die folgenden fünf Jahre nur noch mit der Hälfte der Zinsen und Zinseszinsen bedient würden. Bis zu diesem Zeitpunkt waren die osmanischen Obligationen seit 1854 regelmäßig eingelöst wurden. Sechs Jahre später nahm die europäisch kontrollierte Schuldenverwaltung (*Dette Publique*) ihre Tätigkeit auf (sog. Muharrem-Dekret vom 28. Muharrem 1299/17. Dezember 1881). Die *Dette Publique* sollte sich in den folgenden Jahrzehnten als durchaus leistungsfähige Institution erweisen. Sie war z. B. in der Lage, Salz, das bis dahin teilweise importiert werden mußte, zum Exportartikel zu machen.

1876

Das Drei-Sultane-Jahr 1876 ist das Jahr der bulgarischen Erhebung, von Aufständen in Serbien (Sieg über das vom russischen General M. G. Černjaev geführte serbische Heer im September 1876) und Montenegro. Nach der Absetzung und dem mutmaßlichen Selbstmord des geistig erkrankten Abdülazîz blieb Murâd V. nur wenige Wochen auf den Thron. Nach Konsultierung von Ärzten wurde er für geistig ungeeignet erklärt und am 31. 8. 1876 Abdülhamîd II. eingesetzt. Vor der russischen Kriegsdrohung im Zusammenhang mit der Serbien-Krise stimmte die Pforte einer Balkankonferenz zu. Am Tage ihres Zusammentretens (Tersane-Konferenz vom 23.12 1876) wurde das erste, von Midhat Pascha (1822–1884) in engem Kontakt mit der britischen Gesandtschaft entworfene osmanische „Grundgesetz" (*Kânûn-i esâsî*) verkündet. Midhat Pascha war zum zweiten Mal Großwesir. Er hatte als überaus tatkräftiger Provinzgouverneur in balkanischen und arabischen Reichsteilen Erfahrung gesammelt. Die russische Kriegserklärung im Frühjahr 1877 konnte die Konferenz nicht verhindern.

Die erste osmanische Verfassung

Das „Grundgesetz" von 1876 wies keine föderativen Elemente auf, die den in Kernprovinzen und zahlreiche „privilegierte", d. h. halb-autonome Gebiete zerfallenden osmanischen Ländern angemessen gewesen wären. Die Person des Sultans und Kalifen wurde als geheiligt und nicht rechenschaftspflichtig bezeichnet. Das Hoheitsrecht, das Parlament aufzulösen, sollte Abdülhamîd II. schon bald, nämlich kurz vor dem Waffenstillstand von San Stefano, wahrnehmen, ohne sich an die Bedingung zu halten, Neuwahlen auszuschreiben. Im Vergleich zu den Edikten von 1839 und 1858 spricht die Verfassung von 1876 allerdings eine modernere Sprache. Rein rechtlich gesehen kam nun auch ein Nichtmuslim für das höchste Staatsamt, das Großwesirat, in Frage. Näher betrachtet beschreibt das Grundgesetz von 1876 angesichts der sehr indirekten Mitwirkung der Kammer bei der Gesetzgebung und Budgetberatung eine „eingeschränkte Autokratie" (DAVISON). Als das konstitutionelle Regime nach jahrzehntelanger Suspendierung 1908 wieder in Kraft trat, erwies sich jedoch, daß die 1876 in sie gesetzten Hoffnungen teilweise berechtigt waren. Ihrem Autor Midhat wurde 1880 der Prozeß gemacht, sein Todesurteil in Verbannung umgewandelt. 1884 wurde er von Schergen des Sultans im arabischen Taif ermordet.

Der Krieg gegen Rußland und der Berliner Vertrag

Der russisch-osmanische Krieg von 1877/78 hatte schwerwiegende territoriale und demographische Folgen für die Osmanen. Nach dem Vorfrieden von San Stefano (heute Yeşilköy/Istanbul) wurde im Berliner Vertrag (13.7. 1878) die Unabhängigkeit Serbiens, Montenegros und Rumäniens festgehalten und Bulgarien zum abhängigen Fürstentum erklärt. Anders als im Pariser Frieden von 1856 behielten sich die Mächte in zwei Artikeln das Interventionsrecht in Mazedonien und den „sechs (anatolischen) Provinzen (mit hohem armenischem Bevölkerungsanteil)" vor: „Die Hohe Pforte übernimmt die Verpflichtung, ohne weiteren Verzug die durch locale Bedürfnisse in den von den Armeniern bewohnten Provinzen erforderlichen Verbesserungen und Reformen ins Werk zu setzen und den Armeniern Sicherheit vor Kurden und Tscherkessen zu garantieren. Sie wird die in dieser Richtung gethanen Schritte in bestimmten Zeitabschnitten den Mächten bekannt geben, die ihr Inkrafttreten überwachen werden" (Artikel 61). Eine administrative Neueinteilung Ostanatoliens bzw. „Armeniens" und „Kurdistans" nach dem Berliner Kongreß entlang „ethnographischer" Linien, d.h. zwischen muslimischen Kurden und christlichen Armeniern, war für die Osmanen unannehmbar und sicher auch bei gutem Willen nicht durchführbar.

Um dem russischen Druck in der Zukunft britische Unterstützung entgegenzusetzen, hatte die Pforte schon im Mai die Insel Zypern an England abgetreten. Gegen den Widerstand der muslimischen und orthodoxen Bevölkerung besetzte Österreich-Ungarn Bosnien und die Herzegowina. 1885 schloß sich Ost-Rumelien an Bulgarien an. Die Kreta-Frage beschäftigte die internationale Öffentlichkeit bis zum Abzug der türkischen Truppen und darüber hinaus.

Abdülhamîd II. 1876–1909

Der 1842 geborene Abdülhamîd II. hatte bis zu seinem Thronantritt neben dem traditionellen islamisch-türkischen Wissen Grundbegriffe „westlicher" Bildung erworben. Seinen Onkel Abdülaziz hatte er auf Reisen nach Ägypten und Europa begleitet. Abdülhamîds Interesse für die Börse und moderne Landwirtschaft ging einher mit einem konservativen Lebenstil und sufischen Neigungen. Nach 1878 hatte er nur einen bewaffneten Konflikt zu bestehen. Aus dem „30-Tage-Krieg" mit Griechenland in Thessalien ging er siegreich hervor (1897). Auf dem Höhepunkt seines Ansehens im Inneren stand er im 25. Jahr seit seiner Thronbesteigung (1900). In diesem Jahre wurde sowohl die Istanbuler Universität als auch die Hedschas-Bahn eröffnet. Die Annäherung an Deutschland fand sichtbaren Aus-

Thessalien-Krieg

druck, als ein deutsches Konsistorium 1888 die Konzession zum Bau der Anatolischen Bahn erwarb. Zwei Jahr später stimmte Deutschland unter dem Vorbehalt, daß sich andere Staaten anschließen, der Abschaffung der Kapitulationen zu (wozu es aber erst während des Weltkriegs kam). Die Anstrengungen Abdülhamîd II. zur Verbesserung der Verkehrsverbindungen und des Schulwesen richteten sich vor allem auf mehrheitlich muslimisch besiedelte Provinzen. Die Ressourcen waren äußerst beschränkt. Etwa 30% des Budgets schöpfte die Schuldenverwaltung ab, 40% flossen in den Militärhaushalt. Die Agrarexporte litten unter niedrigen Weltmarktpreisen. Das Kapitulationswesen erlaubte geringe wirtschaftspolitische Bewegungsfreiheit.

Das hamidische System

Charakteristisch war die Doppelköpfigkeit des hamidischen Regimes. Der in den Tanzimat-Jahrzehnten aufgebauten rational-bürokratischen Zentralverwaltung (*Bâb-i Âlî*) stand das eher auf Patronage beruhende System des Palastes gegenüber. Im Yıldız-Palast verfügte Gâzî Osmân Pascha (1832–1900) als Hofmarschall und mehrfacher Kriegsminister über großen Einfluß. Die beiden Sekretäre des Sultans kontrollierten die Schaltstelle der Macht zwischen Hof und Palast. Polizei und Geheimdienst wurden parallel zueinander ausgebaut, wobei letzterer *de facto* dem Sultan unterstand. Unter Abdülhamîd II. war die Presse geknebelt. Einzelne Zensurvorschriften waren von lächerlicher Absonderlichkeit. Die als Herd oppositioneller Umtriebe bekannte Medizin-Schule wurde 1894 zur besseren Überwachung mit der Anstalt für Militärmedizin zusammengelegt.

Opposition

Seit Mitte der 1880er Jahre hatte sich eine Oppositionsbewegung unter den Medizinstudenten gebildet, aus der 1889 das „Komitee für Einheit und Fortschritt" (zunächst unter dem Name *İttihâd-ı Osmanî Cemiyeti* = „Gesellschaft für osmanische Einheit") hervorging. Bald nahmen die Studenten mit der Opposition im europäischen und ägyptischen Exil Verbindung auf. Eine Schlüsselrolle spielte der nach Paris geflohene Ahmed Rızâ (1858–1930). Im Gegensatz zu den Istanbuler Vertretern der „Jungtürken", wie die Opposition im Ausland genannt wurde, war er zu einer Zusammenarbeit mit christlichen, insbesondere armenischen Oppositionsgruppen stets bereit. Ein fehlgeschlagener „Staatsstreich" von 1896 war von einem breiten Bündnis Unzufriedener in der Hauptstadt vorbereitet worden. Es schloß Militär-und Polizeikommandanten, Ordensscheiche und Bürokraten ein. Ein Attentatsversuch (1905) scheiterte.

Die Pariser Jungtürken-Kongresse

Die Flucht Damad Mahmûd Celâleddîn Paschas, eines Halbbruders des Sultans, mit seinen beiden Söhnen Sabâheddîn und Lutfullâh nach Europa (1899) stärkte das politische Exil. Die Gründungsmitglieder des „Komitees für Einheit und Fortschritt" waren ausnahmslos nicht-türkische Muslime (Albaner, Kurden). Vor dem sogenannten „Ersten Jungtürken-Kongreß" (Paris 1902) konnte man zwei große Richtungen unterscheiden: 1) eine pluralistisch-liberale „osmanische" Gruppe und 2) eine etatistisch-nationalistische „türkische". Die zweite Gruppe hatte von Anfang an stärkeren Zulauf. Ihr Führer Ahmed Rızâ kämpfte für die Wiedereinsetzung des Parlaments und die Respektierung der Verfassung. Der erste

Kongreß der osmanischen Opposition fand im Haus eines französischen Politikers statt. Er richtete sich gegen „feindselige" ausländische Intervention, ohne „eine uns begünstigende" Einmischung der Mächte abzulehnen. Erst jetzt bildete sich – verstärkt dann unter dem Eindruck des japanischen Siegs über Rußland (1905) – die jungtürkische „Ideologie" mit einem durchaus rassistisch unterbauten Nationalismus heraus. Die in Publikationen eingesetzte „islamische" Sprache konnte den positivistischen Hintergrund ihrer Wortführer nur mühsam verbergen. „Prens" Sabâheddîn löste sich von dem nationalisten Flügel und gründete 1906 seine „Gesellschaft für Privatinitiative und Dezentralision".

Armenischer Widerstand

Armenische Aktivitäten im Osten des Landes nahmen v.a. ab 1892 zu. Daran änderten auch die ein Jahr zuvor in den gemischt kurdisch-armenischen Landesteilen gegründeten sogenannten Hamîdîye nichts. Armenische Aufstände erreichten zwischen 1893 und 1895 ihre Höhepunkte, während das vorausgehende Jahrzehnt verhältnismäßig ereignisarm geblieben war. Die Massaker, die an den Armeniern u. a. in Bitlis, Erzurum und Zeytun („Sasoon") verübt wurden, erregten die europäische Öffentlichkeit. Nach der Besetzung der Osmanischen Bank in Istanbul durch armenische Revolutionäre (26. 8. 1896) schrieb Kaiser Wilhelm an den Rand eines Telegramms: „Der Sultan muß abgesetzt werden!" Oppositionelle Armenier forderten die Jungtürken im Exil zum Bündnis auf. Diese Allianz hatte nur wenige Jahre (1902–1907) Bestand. Die Radikalisierung der armenischen Parteien war auch das Ergebnis ihrer Analyse der mit russischer Hilfe erfolgreichen bulgarischen Unabhängigkeitsbewegung.

Die mazedonische Frage

Die Bildung des Königreich Bulgariens und dessen spätere Vereinigung mit dem Fürstentum Ost-Rumelien war ohne Einbeziehung der eine Variante des Bulgarischen sprechenden „Mazedonier" erfolgt. Die Jahre nach dem Berliner Kongreß waren von heftigen Auseinandersetzungen zwischen osmanischen Sicherheitskräften und Mitgliedern der mazedonischen revolutionären Organisationen bestimmt. Der Aufstand am St. Elias-Tag 1903 (*Ilinden Den*) bildete den Höhepunkt der separatistischen Bewegungen. Im Abkommen von Mürzsteg wurde eine internationale Gendarmerie-Organisation für die von Aufständen erschütterte Region vereinbart.

Palästina

Um 1880 lebten ca. 24 000 Juden in Palästina. Istanbul hatte schon 1881 Maßnahmen gegen Einwanderung und Landerwerb erlassen. Die insgesamt restriktive Einwanderungspolitik der hamidischen Zeit wurde von den Jungtürken fortgesetzt. 1882 kam es zur Gründung der ersten Agrarkolonie. 1897 forderte Theodor Herzl am Baseler Zionisten-Kongreß eine „öffentlich rechtlich gesicherte Heimstätte" in der osmanischen Provinz. Die ersten Einwanderungsbewegungen brachten ca. 100 000 Menschen nach Palästina, von denen ungefähr die Hälfte das Land wieder verließ. Viele osmanische Juden wie Haim Nahum, der Hahambaşı („Oberrabinner") von Istanbul, waren der Zionistenbewegung gegenüber feindlich eingestellt.

6. Von der Jungtürkischen Revolution zum Vertrag von Sèvres (1908–1920)

Das Bündnis zwischen der jungtürkischen Opposition und Offizieren europäischer Truppenteile verstärkte sich nicht zuletzt unter dem Eindruck der britisch-russischen Verständigung über ihre Grenzen in Asien (Petersburger Vertrag von 1907). Das „Komitee für Einheit und Fortschritt" (*İttihâd ve Terraki Cemiyeti*) zwang 1908 mit Hilfe der Armee den Sultan, die Verfassung wieder einzusetzen. Es war aber nicht in der Lage, außerhalb der balkanischen Landesteile einen größeren Rückhalt zu gewinnen. Das jungtürkische Jahrzehnt (1908–1918) begann mit zahllosen Demonstrationen für das angestrebten Zusammenleben der osmanischen „Nationen" (*millet*), insbesondere zwischen Armeniern und türkischen Muslimen. In den arabischen Provinzen fiel die Begeisterung für das neue System eher lauwarm aus. Die Parlamentswahlen machten zwar die „Partei für Einheit und Fortschritt" (*İttihâd ve Terakki Fırkası*) zur größten Gruppe, doch waren viele Deputierte der İTF-Liste Opportunisten, die nach Herkunft, Bildung und Weltsicht wenig mit der eigentlichen Organisation gemeinsam hatten. Die *İttihâd ve Terraki Cemiyeti* unterhielt ein eigenes Netzwerk von örtlichen Organisationen und wurde von einem Leitungsgremium in Saloniki aus gesteuert. Die İTC hatte also keinen starken Mann an der Spitze, obwohl die „Freiheitshelden" Niyâzî und Enver in der Propaganda eine bedeutende Rolle spielten. In Saloniki fanden auch die allgemeinen jährlichen Kongresse zwischen 1908 und 1911 statt. Nur drei Mitglieder der Parlamentspartei hatten zu diesen vertraulichen Verhandlungen Zutritt. 1908

Das „Ereignis vom 31. März"

Bis 1913 nahmen mit Ausnahme des Finanzministers Câvid und des Innenministers Talats keine Komitee-Mitglieder Kabinettsposten an. Das Großwesirat wurde von bejahrten Staatsmännern (Sa'îd Pascha, Kâmil Pascha) des *Ancien Régime* verwaltet. Es ist bis heute umstritten, wer die Meuterei in Teilen der 1. Armee im Frühjahr 1909 ausgelöst hat. Jedenfalls gab es unter den aus dem Soldatenstand hervorgegangenen Offizieren viele Gegner der neuen Verhältnisse, unter denen das Offizierspatent vom Besuch der Kriegsschule abhängig gemacht werden sollte. Hinzu kamen religiös und ethnisch motivierte Oppositionsgruppen (Medreseschüler, Albaner). Der Aufstand wurde durch die aus Saloniki und Edirne herbeigeeilte „Interventionsarmee" (*Hareket Ordusu*) in wenigen Tagen niedergeschlagen. Da weder Abdülhamîd II. noch die parlamentarische Opposition deutlich auf Distanz zu den Aufständischen gegangen waren, konnte das siegreiche Komitee die Verbannung des Sultans nach Saloniki wagen und gegen die anderen Parteien vorgehen. Sein Nachfolger Mehmed V. Reşâd (1909–1918) sollte keine politische Rolle mehr spielen. Der Kommandant des Interventionsarmee, Mahmûd Şevket Pascha, verfügte nach 1909 über außerordentliche Vollmachten als Generalinspekteur von drei Armeebezirken. Nach der direkten Machtübernahme, die das Komitee 1913 vollzog, wurde Mahmûd Şevket Großwesir.

Während des ersten Balkankriegs fiel der entschieden prodeutsche Militär einem Attentat zum Opfer.

Reformen

Das Grundgesetz von 1876 wurde 1909 in wesentlichen Teilen verändert. Insbesondere erhielt das Parlament das Recht, Gesetze einzubringen. Die Regierung war erstmalig der Kammer verantwortlich. Wichtige Einzelgesetze konnten verabschiedet werden (zum Versammlungs- und Streikrecht, zur Presse und zum Druckwesen sowie ein Vereinsgesetz). Bestrebungen, durch eine Agrarreform die Lage der landlosen Bauern zu verbessern, mußten jedoch bald fallengelassen werden. Erst während des Weltkriegs wurden weitere Reformgesetze erlassen wie etwa ein Familiengesetzbuch (1917), das teilweise mit islamischen Gepflogenheiten brach. Schon 1916 verlor der Scheichülislam seinen Sitz im Ministerrat. Die religiösen Gerichtshöfe wurden dem Justizministerium, die Stiftungsverwaltung dem Finanzministerium unterstellt. Wesentliche Leitvorstellungen des Kemalismus waren also offensichtlich vor 1918 angelegt und erfuhren später lediglich eine Beschleunigung und Radikalisierung.

Annexions-Krise und Boykott-aktionen

Mehrere Staaten nutzten die Turbulenzen des Regimewechsels, um die neue Regierung vor vollendete Tatsachen zu stellen. Das Fürstentum Bulgarien erklärte am 5. 10. 1908 seine völlige Unabhängigkeit von Istanbul. Rußland versuchte, allerdings vergeblich, den Status der Meerengen zu seinen Gunsten zu verändern. Österreich-Ungarn vollzog unter Brüskierung Rußlands die Annexion des seit 1878 besetzten Bosnien-Herzegowina. Die osmanische Seite reagierte mit einem unerwartet erfolgreichen Boykott österreich-ungarischer Waren und Dienste. Die offensichtlich von Saloniki, dem Sitz des Komitees, gesteuerte Aktion erreichte die meisten Hafenstädte in allen Reichsteilen und dauerte fünf Monate. Ein vergleichbarer Boykott richtete sich gegen griechische Waren nach der 1908 angekündigten Vereinigung (*Enosis*) von Kreta mit dem Mutterland. An Frankreich wurde im selben Zusammenhang eine Warnung gerichtet. Die Rückgabe des im Berliner Vertrag Österreich-Ungarn unterstellten „Sandschak" von Novipazar an Istanbul war eine unzureichende Kompensation für die Annexion Bosnien-Herzegowinas.

Tripolitanien, Italienisch-türkischer Krieg

Die Türken hatten erst nach 1835 die teilweise Kontrolle über die Cryenaika und Tripolitanien wiedergewonnen. Es dauerte weitere 24 Jahre, bis sie fester an der Küste und einigen Punkten des Hinterlands etabliert waren. Die nordafrikanischen Provinzen waren seit 1711 von den Karamanlis, einer quasi-autonomen Janitscharen-„Dynastie", verwaltet worden. Im Binnenland war die Bruderschaft der Sanûsî, die auf das engste mit den Beduinen verbunden war, ausschlaggebend. Man hat deshalb von einer Art Kondominium zwischen Sanûsîya und Osmanen gesprochen. Unter Sultan Abdülhamîd II. war die dritte nordafrikanische Provinz Fezzân ein bevorzugter Verbannungsort. Italien blickte nach der Inbesitznahme Marokkos durch Frankreich als verspätete Imperialmacht auf die afrikanische Gegenküste. Die Auswirkungen der gewaltsamen Aneignung von Tripolis (Trablusgarb) und Cyreneika (Bengazi) durch Italien ab Oktober

1911 waren weitreichender als der militärische Aufwand. In den beiden nordafrikanischen Provinzen standen nicht mehr als 3400 Mann osmanischer Truppen. Obwohl die von Rom entsandten Kontingente bedeutender waren, gelang die Unterwerfung des riesigen Raums erst in den dreißiger Jahren. Italien mußte zu anderen Mitteln greifen. Die Besetzung der Inseln des Dodekanes (April-Mai 1912) machte jedoch keinen zu starken Eindruck auf Istanbul, und vor weiter reichenden Maßnahmen (etwa der Bombardierung von Izmir) schreckte Rom mit Blick auf Österreich-Ungarns Expansionsziele auf dem Balkan zurück. Italien verweigerte auch nach dem Friedensschluß beharrlich die Rückgabe der Inseln mit dem (teilweise berechtigten) Hinweis darauf, daß sich die Türken nicht vollständig aus den (erst 1934 Libia genannten) Provinzen zurückgezogen hätten.

Die folgenden Ereignisse zeigten, daß das „Europäische Konzert" nicht mehr in der Lage war, den Frieden zu bewahren und den Zusammenhalt des Osmanen-Staats in Europa zu garantieren. 1911 wurde der osmanische Anspruch auf das vom zaiditischen Imam und zahlreichen Stämmen beherrschte Bergland des Jemen förmlich aufgegeben. In den ostarabischen Ländern wuchs die Unzufriedenheit mit einem Regime, daß keine Schritte in Richtung auf Gewährung einer Selbstverwaltung machte. 1913 bekannten sich 35 arabische Deputierte zum Scherifen von Mekka als höchste religiöse Autorität in allen arabischen Ländern.

Jemen

Einen Tag nach Unterzeichnung des Friedens mit Italien (17. Oktober 1912) erklärten Serbien, Griechenland und Bulgarien der Türkei den Krieg, nachdem montenegrinische Truppen bereits im Sandschak von Novipazar einmarschiert waren. Bulgarische Truppen schlugen ihre osmanischen Gegner im Vorfeld der Hauptstadt (Kirkkilise/Kırklareli, Lüleburgaz). Im zweiten Balkankrieg (1913), in dem die bisherigen Feinde der Türkei gegen Bulgarien kämpften, um ihm die Beute aus dem vorausgegangenen Krieg abzunehmen, gewannen die Osmanen Adrianopel/Edirne zurück. Nach den Kriegen zwischen 1911 und 1913 war in kürzester Zeit aus dem sich über drei Kontinente erstreckenden, wenigstens in der Flächenausdehnung noch riesigen Osmanen-Staats eine auf Anatolien, das größere Syrien und Mesopotamien beschränkte Mittelmacht geworden. Die in schon frühosmanischer Zeit erworbenen Gebiete um Saloniki, Manastir/Bitola und Janina waren verloren. Eine weitere Folge der Balkankriege bildete die Aufteilung des „Sandschaks" zwischen Serbien und Montenegro (Londoner Vertrag 1913).

Balkan

Am Vorabend des Weltkriegs herrschten im osmanischen Kabinett gegensätzliche Auffassungen über den einzuschlagenden Weg. Es gab Anhänger des Mittelmeer-Dreibunds, weil sie an einen Sieg auf Grund der größeren Ressourcen Englands, Frankreichs und Rußlands glaubten. Andere sprachen sich für eine bewaffnete Neutralität bei gleichzeitiger Aufrüstung aus. In der Minderheit waren Befürworter einer bedingungslosen Neutralität. Enver Pascha, der 1910–1911 als Militärattaché in Berlin gedient hatte, stellte die Weichen für eine vierte Lösung, das Bündnis mit Deutschland und Österreich-Ungarn, weil er von deren

Weltkrieg

raschen Sieg über den Mittelmeer-Dreibund überzeugt war. Diese Option erklärt sich aus der wachsenden Entfremdung von England. Schon Lord Salisburys Wort vom „falschen Pferd" auf das man gesetzt habe (1901), hatte das Ende der protürkischen Politik Disraelis signalisiert. Im Jahr 1914 schlug eine Frankreichmission Cemâl Paschas fehl, so daß auch dieser eher frankophile Politiker für den Anschluß an Deutschland stimmte. Der Entschluß zur Allianz mit Deutschland wurde im engsten Kreis unter Ausschluß der meisten Kabinettsmitglieder gefaßt. Die für den 30. Juli 1914 vorgesehene Auslieferung von in England gebauten und bereits bezahlten Kriegsschiffen an die osmanische Marine wurde verweigert. Am 18. August einigten sich die Ententemächte auf die Zusage der territorialen Integrität der Türkei während des Krieges im Austausch für die türkische Neutralität. England und Frankreich wiesen türkische Gegenforderungen (Abschaffung der Kapitulationen, Herausgabe der Kriegsschiffe und Verzicht auf Einmischung) zurück, weil sie annahmen, daß der Osmanische Staat keine wichtige Rolle im Krieg spielen werde. Am 10. August liefen zwei deutsche Schiffe („Breslau", „Goeben") in den Dardanellen ein. Unter türkischer Flagge (als *Yavuz* und *Midilli*) griffen sie ab dem 24.10. die russische Flotte und Schwarzmeerhäfen an. Zum zehnten Mal befanden sich die Türken in einem Krieg gegen Rußland.

Integrität gegen Neutralität

Dardanellenkämpfe

Englische Angriffe auf die Dardanellen ab März 1915 scheiterten zunächst wegen der Minenabsperrung, später nach blutigen Abwehrkämpfen der Türken gegen die Commonwealth-Truppen („Anzac") auf der Halbinsel von Gallipoli. Obwohl Rußland im Osten der Türkei zunächst große Landgewinne machte (Winterschlacht von Sarıkamış am 10.1. 1915, Vormarsch bis Van), trug die Dardanellensperrung nach übereinstimmender Auffassung der Kriegsteilnehmer zur Niederwerfung Rußlands bei. Trotz der großen Bedeutung, die Rußland der Meerengenfrage beigemessen hatte, war die Schwarzmeerflotte zu schwach, um Istanbul zu gefährden.

Armenische Deportationen

Das Istanbuler Regime war nach Kriegseintritt nicht in der Lage, die armenische Bevölkerung für das Bündnis mit den Zentralmächten zu gewinnen. Die große Mehrheit der politischen und kirchlichen Führer der Armenier erklärte jedoch ihre Loyalität mit dem jungtürkischen Regime. Die Erhebung der armenischen Einwohner von Van (20. 4. bis 17.5. 1915) löste in der Hauptstadt eine Aufstandspsychose aus. Wenige Tage später kam es zu ersten Verbannungen prominenter Armenier aus Istanbul. Am 27. 5. beschloß der Ministerrat ein „vorläufiges Gesetz", das fünf Tage später im Staatsanzeiger veröffentlicht wurde. Es erlaubte den Militärbefehlshabern die individuelle und kollektive (*müctemian/ conjointement*) Vertreibung und Umsiedlung der Bevölkerung (*sevk ve iskân/ déplacer et installer*) einzelner Dörfer und Städte aus militärischen Notwendigkeiten und beim Verdacht (!) auf Verrat oder Spionagetätigkeit. In einem Ministerratsprotokoll vom 30. 5. waren ausführliche Regelungen für eine „geordnete" Verschickung der – hier beim Namen genannten – Armenier in ihre neuen Siedlungsräume enthalten. Die dort genannten Vorkehrungen für die persönliche und materielle Sicherheit der „Umsiedler" (*muhâcir*) blieben auf dem Papier. Die Umsiedlungen betrafen nicht nur Armenier im Bereich der russisch-osmanischen Front, sondern auch die Bevölkerung in Zentral- und Westanatolien. Die Angaben über die Opfer schwanken zwischen 600 000 und mehr als einer Million. Protestantische und römisch-katholische Armenier wurden, wenn auch nicht vollständig, verschont. Die Istanbuler Führung nahm die Deportationen in Kauf, wohl wissend, daß eine geordnete Umsiedlung während des Krieges angesichts der Landesnatur und einer weithin den Armeniern feindlich gesonnenen kurdischen Mehrheit nicht durchführbar war. Nur wenige erreichten die obermesopotamischen und syrischen „sicheren Siedlungen" (wie Dair az-Zor). Deutsche militärische und zivile Beobachter blieben weithin passiv, wenn es auch gelang, die armenischen Angestellten der Bahnbauunternehmen vor der Verschickung zu bewahren. Am 31. 8. 1916 erklärte Talat Pascha dem deutschen Botschaftsvertreter „La question armenienne n'existe plus".

Die assyrische Gemeinde (seit 1844 als *millet* anerkannt) mußte die Zusammenarbeit ihrer Führer mit den vordringenden Russen im Herbst 1914 besonders teuer bezahlen, als diese Orte wie Urmia und Salmas im Januar 1915 ohne Vorwarnung räumten. Von Deportationen wurden auch griechische Bevölkerungsteile während des Weltkriegs nicht verschont. Griechen aus Tirebolu/Tripolis am Schwarzen Meer wurden ins Landesinnere verschickt.

Die arabische Front

Die beiden deutsch-osmanischen Suezkanal-Expeditionen (Februar 1915, August 1916) konnten den Vormarsch anglo-indischer Truppen, der über Mesopotamien erfolgte, nicht beeinflussen. Kut-el-Amara (29.4. 1915) war ein Einzelerfolg, an dem der Zufall den größten Anteil hatte. Auf osmanischer Seite waren die Verluste durch Gefallene, Verwundete, Gefangene und geschätzte 500 000 Deserteure riesig. Der Anteil türkischer Soldaten war im Laufe der Kämpfe immer stärker zugunsten der Araber zurückgegangen. Ein brutales Regime in der syrischen Etappe stärkte die arabische Opposition. England hatte dem Scharifen Husain Hoffnungen auf ein arabisches Königreich südlich des 37. Breitengrads gemacht (Briefwechsel mit dem britischen Hochkommissar in Ägypten MacMahon), ohne die arabische Seite mit dem Inhalt des Sykes-Picot-Abkommen (16.5. 1916) vertraut zu machen, das eine Aufteilung des Ostens zwischen England und Frankreich vorsah. Aufstände der Schiiten des Irak und der Alawiten in Syrien folgten auf die Erhebung des Scharifen im Hedschas.

Rußland

Im Sommer 1916 hatte die russische Armee Erzurum, Erzincan und Trabzon eingenommen. Trotz gewaltiger Nachschubprobleme und allgemeiner Kriegsmüdigkeit wäre sie in der Lage gewesen, den Zusammenbruch der dezimierten türkischen Truppen herbeizuführen. Der Sturz des Zarenregimes führte aber zum Friedensvertrag von Brest-Litowsk (3. März 1918) zwischen Deutschland, Österreich-Ungarn, der Türkei, Bulgarien und Sowjetrußland. In einem Anhang zum Vertragswerk wurde die Grenze Rußlands wieder auf den

Stand von 1877/78 unter Einschluß der Provinzen Ardahan, Kars und Batum zurückgenommen.

Das Kriegsende

Entscheidend war der englische Vormarsch in Mesopotamien (Fall Bagdads) und Palästina (Einnahme Jerusalems) im vierten Kriegsjahr 1917. Die Belastung des Mehrfrontenkriegs in Verbindung mit Hungersnöten, Typhus, Steuerlasten und Inflation wurde durch das Bündnis mit Deutschland (Staatsbesuch Wilhelm II. im September 1917) nicht entscheidend vermindert. Die osmanische Armee war auf etwa ein Fünftel ihrer Sollstärke zusammengeschrumpft. Der vom Kommandanten der englischen Mittelmeerflotte Calthrorpe und einer türkischen Delegation unter dem Marineminister Ra'ûf Bey am 30. Oktober 1918 auf einem Kriegsschiff in der Bucht von Mudros (Lemnos) unterzeichnete Waffenstillstand beendete einen Krieg, der für die türkische Seite die Verlängerung von drei vorausgegangenen (Jemen, Balkan) war. Die Türkei hatte die Meerengen sofort zu öffnen und ihre Besetzung durch die Alliierten zuzulassen. Ihre Truppen in Asien und Afrika hatten sich den nächstgelegenen alliierten Kommandanten bzw. Garnisonen zu ergeben. Alle deutschen und österreich-ungarischen Soldaten und Zivilbeamten mußten innerhalb eines Monats den Staat verlassen. Der amerikanische Präsident Wilson hatte in seiner Rede vom 8. Januar 1918 u. a. die „nationale Autonomie der nichttürkischen Völker des Osmanischen Reiches" gefordert. Die alliierte Besetzung Istanbuls, die Aufteilung Anatoliens in Einflußzonen und das Friedensabkommen von Sèvres schienen das Schicksal der Türkei zu besiegeln. Der daraufhin von Mustafâ Kemâl organisierte anatolische Widerstand endete mit der Vertreibung der griechischen Invasoren, dem Austausch der muslimischen und christlichen Bevölkerungsteile Griechenlands und der Türkei, der Abschaffung des Sultanats (1922 Flucht des letzten Monarchen Mehmed VI. Vahîdeddîn, der Ausrufung der Republik (1923) und der Ausweisung des Kalifen Abdülmecîd (1924).

Auf die Dauer, hatte es sich als unmöglich erwiesen, ein „Reich" zusammenzuhalten, dessen Bevölkerung weder Religion, noch Sprache, Kultur oder Wirtschaftsleben gemeinsam hatte. Schon im späten 19. Jahrhundert war die *de facto*-Teilung des Osmanischen Staates weithin akzeptiert. Klarsichtige Türken hatten rechtzeitig erkannt, daß die Zukunft in Anatolien lag.

E. DER HOF UND DIE ZENTRALVERWALTUNG

Das von Mehmed II. (1451–1481) erlassene Gesetzbuch (*kânûn-nâme*) sah die Thronfolge des Sohnes vor, dem die Herrschaft „zufiel" (*ve her kimesneye evlâdımdan saltanata müesser ola*), und gestattete den Brudermord, wenn es die „Ordnung der Welt" (*nizâm-i âlem*) erfordere. Es kam also für die Prinzen darauf an, rechtzeitig Verbündete im Heer (Janitscharen), der Verwaltung, unter den *ulemâ*, aber auch im Palast zu gewinnen und im Wettlauf in die Hauptstadt und auf den Thron erster zu sein. Wähend die osmanischen Juristen Argumente für diese Praxis beibrachten, war die Tötung unschuldiger Prinzen durch das Religionsgesetz nicht zu rechtfertigen. Nach dem Tod Ahmed I. (1617), endgültig nach der Absetzung Mehmed IV. (1687) setzte sich das Seniorat (*ekberiyet*) durch. Eine Thronfolgeregelung zugunsten des ältesten Sohns hat erst die Verfassung von 1876 getroffen. Thronfolge

Mehmeds *kânûn-nâme* bestimmte drei große Aufgabengebiete. Für die „weltlichen Angelegenheiten" war der Großwesir zuständig, um das Finanzwesen kümmerte sich der *defterdâr*, die Heeresrichter (*kadıasker*) waren für die Durchsetzung des kanonischen Rechtes verantwortlich. Im 16. Jahrhundert betonte der Scheichülislam Ebussuûd Beschränkungen der absoluten Macht: „Es kann kein sultanischer Befehl bei ungesetzlichen Sachen gelten!".

Ein neuer Sultan pflegte bei seinem Thronantritt (*cülûs*) die Huldigung (*bi'at*) der hohen Amtsträger entgegenzunehmen. Die Zeremonie der Schwertumgürtung wird erst für das 17. Jahrhundert überliefert, während der Besuch der Grabmoschee des Prophetengefährten Eyüp ursprünglich ein Ritual war, das einem Feldzug vorausging (zuerst für 1514 belegt), später aber Bestandteil der Einsetzung eines neuen Sultans wurde. Beim Besuch der Freitagsmoschee zeigte sich dieser in der Öffentlichkeit und nahm bei dieser Gelegenheit auch Beschwerde- und Bittschriften entgegen. Thronantritt

Im Harem der Herrscher spielte die Mutter (*vâlide*) eine herausragende Rolle. Die legitimen Gattinen (*hâsseki, kadın efendi*) waren bis in die Zeit Mehmed II. zum großen Teil Töchter bekannter christlicher und muslimischer Familien. Der Chef der Schwarzen Eunuchen (*Kızlar Ağası*) übernahm Ende des 16. Jahrhunderts die Kontrolle über die Stiftungen der Sultane, später auch die anderer Mitglieder des Hauses Osmân. Harem

Der Sultan (türk. meist *pâdişâh*, aber auch *bey*, *hân*, *hâkân*, *hüdâvendigâr* und sogar *kayzer*) griff in Form von Erlassen (wie *hatt-ı hümâyûn*, *fermân*, *irâde* oder Ernennungsurkunden – *berât*) in die Staatsgeschäfte ein. Seine Einkünfte waren vom Staatsschatz getrennt. Dieser „Innere Schatz" (*hazîne-i hâssa*) wurde aus dem herrscherlichen Anteil bei der Kriegsbeute, konfiszierten Besitztümern und Geschenken gebildet. Selbst die Überschüsse aus Stiftungsbesitz konnten in die

Schatulle des Herrschers fließen. Für das allgemeine Budget bildete dieser Innere Schatz eine Reserve.

Residenzen

Mit der Eroberung von Istanbul wurde die Residenz Adrianopel/Edirne nicht völlig aufgegeben. Vor allem im 17. Jahrhundert hielten sich einzelne Herrscher über Jahre in der thrakischen Stadt auf. Aber auch sonst wurde das Topkapı Sarayı im Sommer zugunsten einer Anzahl von Residenzen am Bosporus verlassen. Abdülmecîd bezog 1856 in Dolmabahçe einen neuen Palast, ohne die klassische Einteilung in Empfangs- und Familienbereich aufzugeben. Abdülhamîd II. (1876–1908) baute das gegenüberliegende Yıldız nach seinen Vorstellungen aus.

Divan-i Hümâyûn

Während bis zur Herrschaftsperiode Mehmed II. der *Dîvân-i Hümâyûn* täglich unter dem Vorsitz des Sultans zusammengetreten sein soll, übernahm danach der Großwesir den Vorsitz dieses höchsten Ratsgremiums des osmanischen Staates. Sitzungstage fanden wöchentlich einmal oder mehrmals statt. Ständige Divanmitglieder waren die sogenannten Wesire der Kuppel (nach dem Versammlungsraum „Unter der Kuppel" im Topkapı Sarayı), die Heeresrichter von Rumelien und Anatolien, der Finanzchef (*defterdâr*) und der *nişâncı* („Kanzler"). Der Janitscharen-Agha nahm teil, falls er den Wesirsrang innehatte. Weitere hohe Amtsträger hielten sich bereit, ohne in die Verhandlungen einzugreifen. Ab Mitte des 17. Jahrhunderts gingen die Aufgaben dieses zentralen Organs mehr und mehr an das Amt des Großwesirats über (*Bâb-i Âsafî*, türk. *Paşa kapısı*). Mit der Gründung des *Bâb-i Âlî* genannten Präsidiums und der Einführung von Ressortministerien (nach 1834) war der Übergang zu einem neuzeitlichen Regierungssystem vollzogen.

Der Großwesir

Das Großwesirat war das höchste Amt und bestand bis zum Untergang des osmanischen Staates. Die osmanische Amtsbezeichnung *Sadr-(ı) a'zâm* (etwa „Höchster unter den Würdenträgern") taucht erst um 1540 auf. Sein Inhaber führte das „Reichssiegel" (*mühr-i hümâyûn*) als Ausdruck seiner Würde. Wenn der Herrscher nicht selbst ins Feld zog, befehligte er als „Generalissimus" (*serdâr*) mit uneingeschränkten Vollmachten die Truppen. Die Amtszeiten der Großwesire waren unregelmäßig. Prominente Inhaber wie Makbûl-Maktûl İbrâhîm Pascha und Sokullu Mehmed Pascha brachten es auf 12 bzw. 14 Jahre, andere nur auf wenige Tage oder Wochen. Das Großwesirat wurde bis in die Mitte des 15. Jahrhunderts mit einigen Ausnahmen mit Vertretern der *ilmîye* besetzt. In den folgenden zwei Jahrhunderten gaben Produkte der „Knabenlese" (*devşirme*) den Ton an. Für das 16. Jahrhundert galt die Regel, daß ein Großwesir über die Ämter des dritten bzw. zweiten Wesirs aufstieg. Unterhalb dieser Funktionen bildete das *beylerbeylik* („Generalgouvernat") von Rumelien ein Schlüsselamt, das kaum zu umgehen war, wenn man das Großwesirat im Auge hatte. Die Ernennung zum Rumeli Beylerbeyi seinerseits setzte Erfahrungen als Statthalter wichtiger Provinzen voraus.

Die zentrale Bürokratie

In den ersten Jahrhunderten unterstanden vier von sechs zentralen Kanzleien (*kalem*) dem Kanzleichef (*re'isülküttâb*): *beylikçi* oder *dîvân kalemi*, *âmedi kalemi, tahvîl kalemi* und *ru'ûs kalemi*. Das Amt der Finanzbehörde wurde *Bâb-i defterî* genannt. Ihr stand der Finanzchef (*defterdâr*) als dritthöchster Amtsträger vor. Zu unterscheiden davon ist das für alle mit Grund und Boden zusammenhängenden Aufgaben zuständige *defterhâne*, in dem die Register der großen Kategorien von Landbesitz geführt wurden („Dienstlehen": *timar, ze âmet; hâss*; Privatland: *mülk* und Stiftungsbesitz: *vakıf*). In seinen drei Abteilungen wurden die *mufassal* (detailliert), *icmâl* (summarisch) und *rûznâmce* (Journal) genannten Register (*defter*) fortgeschrieben. Die erste Gruppe hielt sämtliche Steuerpflichtigen nach Personen evident. Der *icmâl kalemi* erfaßte das gesamte Steueraufkommen einer Provinz (*vilâyet*). Im *rûznâmçe* wurden alle Veränderungen der *timar*-Stellen erfaßt. Vom 16. bis 18. Jahrhundert gliederte sich die zentrale Finanzbehörde in ein halbes hundert Abteilungen.

Verwaltungsreformen des 19. Jahrhunderts

Unter Mahmûd II. wurden die „klassischen" Ämter des *sadâret kethüdâsı* in ein Ministerium des Inneren, das Ressort des *re'isülküttâb* in das Außenamt übergeleitet. Aus dem *çavuşbaşılık* wurde (über mehrere Vorstufen) ein Ministerium für Justiz. 1838 nahm ein Finanzministerium die Stelle der Münzanstalt und des Staatsschatzes ein. Das 1826 aufgehobene Amt des Janitscharen-Agha wurde zunächst zum Generalkommando (*seraskerlik*), ab 1908 zum Kriegsministerium. Der wachsende Zentralisierungsanspruch des Staates erfaßte auch die islamischen Institutionen. Das 1836 gegründete *Evkâf-i Hümâyûn Nezâreti* kontrollierte die islamischen Stiftungen, das *Ma'ârif Nezâreti* (von 1839) das Schulwesen. Damals entstanden die vorkonstitutionellen Gremien des *Meclis-i Vükelâ* (Ministerrat) und der *Meclis-i Vâlâ* (eine Art oberster Staatsrat). Der Zugang zu den Staatsämtern sollte nun nach Qualifikation erfolgen. Voraussetzung bildeten dafür neue höhere Lehranstalten, insbesondere die schon genanannte Zivilbeamtenschule (*Mekteb-i Mülkîye*).

F. DAS HEER UND DIE FLOTTE

Militärstaat

Das Wort vom Militärstaat *par excellence* bzw. *gunpowder empire* (zusammen mit dem Iran unter den Safawiden bzw. Moghul-Indien) wurde oft auf das osmanische System angewandt. Freilich bewegte man sich immer im europäischen Durchschnitt, und zwar sowohl in Jahren der Kriegsführung wie im Anteil der Kriegsausgaben. Dabei ist eine genaue Abgrenzung der „Armee" von der allgemeinen Staatsverwaltung bis zu den Heeresreformen an der Wende zum 19. Jahrhundert nur bedingt möglich. Bis zur grundlegenden Modernisierung des Heeres nach der Auflösung des Janitscharenkorps (1826) wandelten sich Rekrutierungsmethoden, Ausrüstung, Zusammensetzung und Finanzierung der osmanischen Armee mehrfach. Hier kann nur eine stark vereinfachende Darstellung erfolgen.

Provinzialtruppen

Erste Hinweise auf Militärpfründen (*timar*) gibt es schon aus der Zeit Murâd I. (Rekrutierungen in den Räumen Ankara und Kütahya). Ihre Ursprünge gehen sicher der osmanischen Herrschaft in Anatolien voraus. In Einzelfällen und vorübergehend (etwa Albanien) begegnet man auch christlichen Timarioten. In ausgebauter Form bildeten sie die Basis einer Verwaltungs-, nicht etwa einer Feudalpyramide. Die *zâ'ims* als Inhaber von Großpfründen (*ze'âmet*) verfügten über ein höheres Einkommen, standen aber nicht über den „Reitern" (*sipâhî*), die über ein *timar* verfügten. Die Spitze der Pyramide bildete ein *hâss* (Grundbesitz eines *sancakbeyi* bzw. *beylerbeyi*, aber auch sultanisches Land).

timars: Größen und Anzahl

Alle Begünstigten hatten je nach Größe ihres Besitzes (im Durchschnitt ein Dorf) eine bestimmte Zahl von Bewaffneten zu stellen. In Rumelien mußte der Inhaber eines „Säbel-Timars" (*kılıç timarı*) je einen, höchstens aber drei gepanzerte Reiter pro 3 000 *akçe* aufbringen. Das entspricht dem Nominalwert seines „Dienstlehens". Die errechneten Gesamtzahlen von *kılıç timars* erreichten in der Zeit Süleymân I. 81 971, 1631 waren es 42 688, 1654 56 089. Die *sipâhî*-Truppe bildete zeitweise eine Kampfkraft von 70–80 000 Mann. Am Entsatz von Bagdad (1638) waren nach einem europäischen Zeugen 73 589 Mann Kavallerie beteiligt. Nach dem Tod eines Timarioten wurde die Nachfolge im Einzelfall geregelt. Es spielte eine Rolle, ob der Amtsinhaber im Felde starb, wieviele Söhne er hatte und in welchem Alter sie sich befanden. Kleinere *timars* wurden von Provinzgouverneuren verliehen, größere nur von der Zentrale. Im Laufe der Zeit wurden *sancakbeyi* immer häufiger versetzt, ihre Amtszeiten währten Mitte des 17. Jahrhunderts meist nur ein Jahr. Die Höhe der Pfründen unterschieden sich nicht nur nach einzelnen *sancaks*, sondern sie wechselten auch innerhalb ein und desselben *sancaks* bei wechselnden Amtsträgern entsprechend Seniorität und Meriten. Ihre Einnahmen aus *timars* und *ze'âmets* wurden durch eine Fülle weiterer Steuern und Abgaben ergänzt. In Einzelfällen hatten sie sogar Zugriff auf die Kopfsteuer der Nichtmuslime (*cizye*).

Stehende Armee

Die aus dem „allgemeinen Haushalt" besoldeten Janitscharen haben ihren Ursprung möglicherweise in einer Leibgarde des Sultans (um 1330?). Ihre typische Kopfbedeckung war die einen Nackenschutz bietende Filzhaube (*keçe*). In den ersten osmanischen Jahrhunderten wurde diese „Neue Truppe" (*yeni çeri*) ausschließlich über das Institut der „Knabenlese" (*devşirme*), d. h. der Aushebung junger Christen in den Balkanländern, rekrutiert. Die Turkisierung und Islamisierung der Knaben (*gulâm*) erfolgte in einer Art Adaptionssystem auf dem Lande. Einige erhielten die Möglichkeit, im inneren Palastdienst (*enderûn*) ausgebildet zu werden. Später wechselten sie in Einheiten des äußeren (*bîrûn*) Palastdienstes über. Manchmal übernahmen sie unmittelbar Positionen in der Provinzverwaltung. Die letzte Erwähnung der *devşirme* in den Quellen stammt aus dem Jahr 1705. Bis ins 18. Jahrhundert wurde aktiven Janitscharen die Eheschließung verweigert. Obwohl sich in den osmanischen Archiven zahlreiche Dokumente über die Soldzahlungen an die meist „Sklaven der Pforte" (*kapıkulu*) genannten Janitscharen erhalten haben (*mevâcib defterleri*), kennen wir ihre Gesamtstärke nicht genau. Eine Größenordnung – unter Ausschluß der Festungsbesatzungen – geben die im Bagdad-Feldzug (1638) genannten 25 156 Mann. Zum Janitscharen-Korps zählten auch sechs berittene Regimenter, die man ebenfalls *sipâhî* nannte. Janitscharen übernahmen auch nichtmilitärische Aufgaben im Dienste des Sultans, so etwa im Finanzwesen. Hinzu kamen Kanoniere (*topçu*), Zeugmeister (*cebeci*), Mineure, Sappeure, Zeltaufsteller und andere Spezialeinheiten. Von der Zeit Süleymân I. bis zu ihrer Unterdrückung (1826) bildeten Janitscharen die Besatzung der Festungen an den Grenzen und im Binnenland.

Weitere Truppen

Neben Timarioten und Janitscharen als den beiden Säulen des osmanischen Heerwesens kannte die Armee auch *ad hoc* Söldner (Fußsoldaten: *sekbân*, *levent*; Reiter: *sarıca*) und Soldaten aus den *sâliyâne*-Provinzen (aus denen Steuern pauschal abgeführt wurden). Hinsichtlich der Disziplin waren diese irregulären Soldaten zwar weniger erwünscht, hatten aber aus fiskalischer Sicht Vorzüge, weil sie das Budget in Friedenszeiten nicht belasteten. In frühosmanischer Zeit wurde das Bild von türkmenischen Stämmen bestimmt, die auch die sogenannte *akıncı*-Reiterei stellten, die aus der Beute entlohnt wurden. Die ersten Sultane verfügten auch über christliche Fußtruppen (*yaya* und *müsellem*), die auf rotierender Basis rekrutiert wurden. Ihre traditionelle Aufgabe bestand in dem Transport von Kanonen. Die Tataren, die dem Krim-Chan unterstanden, konnten im 17. Jahrhundert mit mehreren zehntausend leichten Reitern eingreifen. Kurden hatten v.a. Getreide und andere Vorräte zu liefern und dienten als Scouts (*çarhacı*). Ein zeitgenössischer Autor (Ali Çavuş) schätzte 1630 das Potential der Kurden auf 60 000 Pferde in den verschiedenen ostanatolischen Stammesterritorien (*hükûmets*), auch wenn sie tatsächlich nur wenige hundert Mann bereitstellten.

Kosten der Kriegführung

Zu den Aufwendungen für den militärischen Bereich liegen für die Jahre 1547/8 und 1669/70 Zahlen vor. Im ersten Zeitraum, in den kein Feldzug fiel, flossen 68% der Staatsausgaben in die Streitkräfte. Im Jahr der Eroberung von Kandia auf Kreta (1669) waren es „nur" 62.5%. Der Unterhalt der stehenden Truppe (*kapıkulu*) belastete die osmanischen Finanzen unterschiedslos in Krieg- und Friedenszeiten. Bei der Thronbesteigung eines Herrschers forderte die Truppe über ihren Quartalssold hinaus beachtliche Antrittszahlungen. Verhältnismäßig hoch waren im Vergleich zu den Soldzahlungen für die Infanterie die Kosten des berittenen *altı bölük*-Korps („Sechs Schwadrone"). Nach 1606 neigte sich das Kriegsglück, nachdem bis dahin die Kosten der Feldzüge durch den Zuwachs an Steuerquellen in den eroberten Provinzen mehr als gedeckt wurden. Nach Angaben des venezianischen *Bailo* (Gesandten) Alvise Contarini überstiegen die Ausgaben des „Äußeren Schatzes" 1636–41 die Einnahmen fast um das Doppelte! Ein Ausgleich aus Ressourcen des „Inneren Schatzes", der als eine Art Notfond diente, gelang nur teilweise. Zugleich sank der Wert der Silberwährung im Verhältnis zu Gold ständig. Jedenfalls war das osmanische Heer im 17. Jahrhundert – mit Ausnahme des französischen, das 1635 gegen Spanien 155 000 Mann aufbot – die größte europäische Streitmacht mit ca. 120 000 Soldaten. Als Finanzierungsquelle diente u. a. ein großer Teil der Kopfsteuer für Nichtmuslime (*cizye*), wobei man die Register der Steuerpflichtigen unter den Angehörigen der Regimenter meistbietend versteigerte.

Die wachsenden Kosten der Kriege mit den Safawiden mündeten in neue außerordentliche Steuern (*tekâlif-i şakka*) und so gut wie nie zurückgezahlte Zwangsanleihen für den Fiskus (*imdâd-i hazîne*). Im 18. Jahrhundert wurden sie unter dem Namen *imdâd-i seferîye* institutionalisiert. Hinzu kamen zunächst auf die sultanischen Moschee-Stiftungen beschränkte Kontributionen und Konfiskationen aus dem Vermögen von verstorbenen Sultansdienern. Die grenznahen Provinzen finanzierten einen großen Teil der militärischen Lasten selbst, während die Kernräume hohe Transfers an den Fiskus leisteten.

Bewaffnung

Die traditionelle Bewaffnung der Reiterarmee bestand aus Bogen, Pfeilen und Köcher. Der aus vielen Elementen zusammengefügte Reflexbogen (*yayok*) wurde noch nach der Zweiten Belagerung von Wien (1683) verwendet. Das Gewehr wurde in der osmanischen Armee mit einer Verspätung von mindestens sechzig bis siebzig Jahren gegenüber dem übrigen Europa eingesetzt. Damit fiel die sogenannte „Radschloß-Periode" aus. Das Rüstzeug für den Panzerreiter (*cebeci*) bestand zunächst aus einem Lamellenharnisch, später (ab dem 17. Jahrhundert) aus Panzerhemd, Sturmhaube, Panzerhandschuh. Charakteristischer Bestandteil des Reitzeugs war ein Bocksattel. Die türkischen Truppen benutzten gewölbte Rundschilde aus Metall oder Ruten. Zu den Blankwaffen gehörten der Krummsäbel oder das Schwert mit gerader, zweischneidiger Klinge. In die „Türkenbeuten" der europäischen Museen haben sich zahlreiche Streitkolben (*topuz*) und Hoheitszeichen wie Roßschweife auf Stangen (*tuğ*) erhalten.

Feuerwaffen

Die frühesten Nachrichten der osmanischen Chroniken über die Verwendung von Feuerwaffen in den Schlachten von Kosovo (1386) und den ersten Belagerungen von Konstantinopel (1395–1402) sind kaum verwertbar. Vielleicht drang die neue Technik über Ragusa und Serbien im späten 14. Jahrhundert vor. 1427 fand der Karamane Mehmed Beg bei seiner Belagerung von Adalya/Antalya durch einen gut gezielten Kanonenschuß der osmanischen Besatzung den Tod. Nach einem griechischen Bericht verwendeten die Osmanen im Jahr 1422 große, aber wenig wirkungsvolle *boumpardai*. Gegen Saloniki wurden 1430 Kanonen und Gewehre eingesetzt. Unter Murâd II. und Mehmed II. wurden Belagerungsgeschütze an Ort und Stelle gegossen (Hexamilion 1446). Besonders bekannt ist der Transport einer Riesenkanone von Edirne, die bei der Einschließung Konstantinopels 1453 die entscheidende Bresche in die Landmauern schlug. Die Anfänge der Feldartillerie fallen in die Zeit zwischen der Schlacht von Varna (1444) und der Zweiten Schlacht von Kosovo (1448). Der Sieg Mehmed II. über Uzun Hasan bei Otluk Beli (1473) wird von einigen Autoren der Überlegenheit seiner Feuerwaffen zugeschrieben. Noch deutlicher wird dies in der Schlacht von Çaldıran (1514). Auch in Zukunft sollte das Geschützwesen im safawidischen Iran eine wesentlich geringere Rolle spielen als bei seinem westlichen Nachbar, obwohl eine Anzahl von Überläufern in die Dienste des Schahs trat. Osmanische Experten waren an der Verbreitung der Artillerie in Indien (Erwähnung im *Bâbur-Nâme*, vor 1529), China und den özbekischen Chanaten beteiligt. In den Auseinandersetzungen der muslimischen Anrainer des indischen Ozeans mit Portugal wird das Fehlen einer wirkungsvollen Artillerie besonders deutlich. In einem Brief an Süleymân I. garantierte der Sultan von Atjèh (Nord-Sumatra), Alâ al-dîn Ri'âyat Şâh, 1565 die Vertreibung der Ungläubigen, falls ihm die Osmanen Artillerie zur Bekämpfung der portugiesischen Festungen sendeten. Tatsächlich scheint eine Anzahl von osmanischen Kanonengießern in Sumatra gewirkt zu haben. Die Rohre der Geschütze wurden auf vierrädrigen Lafetten gefahren. Die Geländeverhältnisse erschwerten den Transport von Belagerungskanonen teilweise so sehr, daß sie von Feldherrn zurückgelassen werden mußten. Festungsgeschütze wurden am Bosporus, an den Dardanellen und zahlreichen Küstenforts und Zitadellen im Binnenland unterhalten (z. B. waren im Jahr 1113/1701 in Bodrum 32, in Erzurum 97, im südostanatolischen Hasan Kale 108, in Aleppo 135, in Sinop 156 und in Hotin 157 Geschütze registriert).

Artillerie

Musketen, Gewehre, Pistolen

Musketen werden von den Janitscharen seit dem Beginn des 16. Jahrhunderts allgemein verwendet, waren aber im übrigen Europa schon seit dem ersten Drittel des 15. Jahrhunderts in Gebrauch. Unter dem Eindruck der Wien- und Ungarnfeldzüge (1526 und später) rüstete Süleymân I. die Janitscharen verstärkt mit Gewehren und Pistolen aus. Türkische Gewehre waren wegen ihrer Damaszenerläufe haltbarer als europäische. Ihre Tragweite soll die europäischer Musketen übertroffen haben (300 m : 225 m). Schützen dienten auch als Seesoldaten, so etwa 3000 Janitscharen in der Schlacht von Preveza (1538). Die Provinz-Kavallerie übernahm die neuen Waffen mit Ausnahme einiger Spezialeinheiten und Festungsbesatzungen spät und zögernd. Der Lange Krieg gegen Habsburg (1593–1606) bewies, daß die türkische Reiterei den feindlichen Fußsoldaten nicht mehr standhalten konnte. Die hastige Rekrutierung christlicher Hilfstruppen (*sekbân* v.a. in Albanien und Bosnien) sollte nachhaltige Folgen für die osmanische Hegemonie haben.

Feuerwaffen und provinzielle Unruhen

Das Gesetzbuch (*kânûn-nâme*) für Ägypten von 931/1524 ist der älteste Text, der das Tragen von Feuerwaffen auf Amtspersonen beschränkte und dem Staat ein Monopol bei der Fabrikation und Reparatur einräumt. Bei der Revolte des Prinzen Bâyezîd (1559), spätestens aber Anfang des 17. Jahrhunderts wurde aber deutlich, daß der Staat sehr bald in den Provinzen die Kontrolle über die Produktion und Verbreitung von Waffen und Pulver verloren hatte. Die Preise lokaler und importierter Waffen waren gering und erlaubten auch Bauernsöhnen, mit einem Gewehr in die Dienste eines Paschas oder Beys zu treten oder sich aufständischen Gruppen anzuschließen (*Celâlî*). Die aufständischen landflüchtigen Bauern (*çift bozan*) und Medrese-Schüler (*suhte/softa*) des späten 17. Jahrhunderts waren in der Regel mit Flinten bewaffnet. 1606 bot der Rebell Canbulad-Zâde Ali im Raum Aleppo/Kilis 20 000 oder 30 000 mit Gewehren ausgerüstete Fußkämpfer und ebenso viele Reiter auf. Nach der Niederschlagung der Abaza-Revolte (1659) sollen 80 000 Gewehre der Aufständischen in die staatlichen Zeughäuser eingeliefert worden sein. Abaza verfügte wie andere Aufständische vor ihm über Feldartillerie. Um 1570 befanden sich Handfeuerwaffen auch im Besitz nomadischer Stämme. In der Regel aber sollten selbst Paß- und Brückenwächter (*derbendci*) keine Feuerwaffen führen. Alle Waffen wurden in Magazinen (*cebhâne*) verwahrt. Die wichtigste Gießerei war das große Tophane von Istanbul. Eisen aus den bulgarischen Hütten von Samakov wurde über Ahıyolu am Schwarzen Meer transportiert. Kanonenkugeln wurden an mehreren Orten, z. B. im bosnischen Banja Luka oder in Kigi bei Erzurum, produziert.

Logistisches

Wie bei anderen traditionellen Armeen war das Schicksal der osmanischen Waffen eng mit den Erfolgen der Tierzucht verbunden. Pferde wurden v.a. in den Balkanländern unter der Obhut bulgarischer *voynuk*s gezüchtet. Im ganzen Reich gab es für die Bedürfnisse des Heeres reservierte Weideflächen. Kamele wurden in der syrischen Steppe von nomadisierenden Turkmenen für den Staat bereitgehalten. Einige tausend Kamele für den Transport von Getreide, Mehl, Küchenausrüstungen, Kanonenkugeln, Zelten und dem Truppensold in Münzen begleiteten die Armee. Der Mangel des zum Gießen von Bronzekanonen erforderlichen Zinns wurde beispielsweise während der Kriege gegen Persien (1578–1590) und Habsburg (1593–1606) durch Lieferungen aus England behoben. Aber auch Blei, Eisen, Kupfer und Stahl kamen aus dem Abendland. Holländisches Kriegsmaterial trug zum Sieg der Osmanen im Krieg um Kreta (1645–1669) bei. Von einer allgemeinen Abhängigkeit von Importen kann man aber wahrscheinlich zu keinem Zeitpunkt bis in das späte 17. Jahrhundert sprechen.

Insgesamt dürfte die osmanische Armee besser ernährt gewesen sein als die europäischen Landsknechtsheere. Fleisch fehlte in den Rationen nicht. Weizen und Hafer wurde in Stationen entlang der Heerstraße gelagert. Graf MARSIGLI nennt für das späte 17. Jahrhundert an Tagesrationen: Frisches Brot (320 gr.), Zwieback (160 gr.), Rinds-oder Schaffleisch (192 gr.), Butterschmalz (80 gr.) und – allerdings nur an Freitagen – Reis (50 gr.). Zum Teil wurde der Proviant angekauft, zum Teil durch Kontributionen (*sürsat*) erhoben. Bei ausreichender Ernte bedeuteten diese Ankäufe durch die Armee eine Belebung der Landwirtschaft in den küstenfernen Provinzen. Hafer mußte wegen der zahlreichen Reit- und Lasttiere in großen Mengen zur Verfügung stehen. Fleisch wurde z. T. in Form lebender Tiere mitgeführt.

Die Verpflegung der Truppe

In den fast fünf Jahrzehnten der Herrschaft Süleymân I. (1520–1566) wurden nicht weniger als 13 größere Kampagnen durchgeführt, unter Murâd IV., als das territoriale Vermächtnis der Vorfahren v.a. im Osten bedroht war, kam das Heer und mit ihm die Landbevölkerung nicht mehr zur Ruhe. Im Jahr 1633/4 wurden fünf große Feldzüge unternommen bzw. geplant: Bemerkenswert ist, daß der erste Bagdad-Feldzug von einem Großwesir geleitetet wurde, was bald zur Regel werden sollte. Nachteilig waren die unterschiedlichen Kommandostrukturen der einzelnen Truppenteile. Alle wichtigen Heeresteile wiesen eine äußerst flache Rangordnung auf. Die Kriegführung der Osmanen hatte den unterschiedlichen Voraussetzungen bei ihren östlichen und westlichen Gegnern Rechnung zu tragen. Während im Osten eine Überwinterung des Heeres unvermeidlich war, konnte sich das Balkanheer nach einer Sommer-Herbstkampagne zurückziehen. Zu den Mitteln, um die Moral und Kampfkraft der Truppen zu erhalten, gehörten religiös-martialische Rezitationen, Sonderrationen von Reis (*pilav*) vor der Schlacht und die Präsenz des Sultans selbst. Die Osmanen kannten ärztliche Fürsorge durch Feldschere, Ausgleichszahlungen bei Verwundungen (*merham behâ*) und Renten für Hinterbliebene. Der wichtigste Antrieb dürfte aber die Aussicht gewesen sein, bei Bewährung in das Register der *timar*-Inhaber eingetragen zu werden.

Kriegführung

Militärische Strategien wurden durch politische Allianzen abgesichert. Beispiele im Osten sind die Koordination mit den Feinden Irans wie etwa 1585/6 mit dem Scheibaniden Abdullâh Khân. Die Allianz Murâd IV. mit dem Moghul-Schah Jahân trug zum endgültigen osmanischen Sieg in Bagdad bei (1638).

Allianzen

Die Größe der osmanische Belagerungsarmee vor Wien 1683 wird auf 250 000 Mann geschätzt, unter ihnen 90 000 Kombattanten. Nur ungefähr 15 000–20 000 Soldaten sollen für den Grabenkampf und den Sturmangriff auf eine Festung geeignet und entsprechend ausgebildet gewesen sein. Die Gesamtstärke der regulären Truppe der Verteidiger betrug ca. 11 000 Mann, zu denen etwa 5 000 Mann Bürgerwehr und Freiwillige kamen. Die Stadt war ausreichend mit Verpflegung, Munition und Waffen versorgt. Die Festungsartillerie war stärker als die des Gegners, der die Wälle nicht entscheidend gefährden konnte. Bei der end-

Wien 1683

gültigen Besetzung von Kreta (bis 1669) führten die Türken hingegen einen erfolgreichen Minenkampf gegen die venezianischen Festungen.

Der Krieg zu See

Die Seekriege der Emirate Saruhan, Menteşe und Aydın im 14. Jahrhundert bildeten das Vorbild für osmanische Unternehmungen im Mittelmeer. Die erste größere Marinebasis entstand in Gallipoli/Gelibolu (1390). Hier gebaute Schiffe wurden bei der Belagerung Konstantinopels verwendet. Unter Mehmed II. entstand das Arsenal im Goldenen Horn, gleichzeitig ließ er auch den byzantinischen Galeerenhafen im Kontoskalion als Kadırga Limanı ausbauen (1462/3). Einen bedeutenden Aufschwung nahm die Kriegsflotte unter Bâyezîd II., als Korsaren wie der Renegat Kemâl Re'is (1495) in die Dienste des Sultans traten. Derselbe Sultan ließ westlich von Galata den Bau des neuen Arsenals vorantreiben, das sich zu einem für seine Zeit beachtlichen Industriekomplex entwickelte. Das Arsenal von Suez rüstete Schiffe für die osmanischen Expeditionen in den Indischen Ozean aus. Unter Süleymân I. standen Persönlichkeiten wie Hayreddîn, Turgut, Piyâle und Kılıç Ali Pascha an der Spitze der Seestreitkräfte. Ab Hayreddîn hatten die Großadmirale (*kaptan-ı derya*) Wesirsrang und waren Inhaber des *Beylerbeyilik* „Inseln des Mittelmeers" (*Cezâyir-i Bahr-i Sefîd*).

Flottenstärke

Im Lepanto-Jahr 1571 umfaßte die Kriegsflotte 500–600 Galeeren mit mehr als 150 000 Mann Besatzung. Die Rekrutierung von Seesoldaten und Ruderern (ab 1500 ging niemand mehr freiwillig auf die Galeeren) bildete für alle Kriegsparteien ein ernsthaftes Problem, während der Bau von Schiffen verhältnismäßig problemlos zu organisieren war. Das Istanbuler Arsenal beschäftigte Mitte des 16. Jahrhunderts ca. 1800 Mann. Mitte des 17. Jahrhunderts vollzog sich der Übergang von den traditionellen Galeeren auf größere Segelschiffe. So wurden für den kretischen Krieg im Jahr 1647 Galeonen (*kalyon*) mit mehreren Decks gebaut, die den stärker bewaffneten Segelschiffen der Gegner standhalten sollten.

Marinereform

Die erste energische Flottenreform organisierte Cezâyirli Hasan Pascha (1770–1789). Unter ihm entstanden wesentliche technische Verbesserungen beim Schiffsbau und der Ausbildung von Militär und Werftpersonal (Gründung einer Lehranstalt für Mathematik, die 1776 zur Marineschule umgewandelt wurde). An diesen Maßnahmen hatten zahlreiche ausländische Spezialisten Anteil (Franzosen, Schweden u. a.). 1800 wurde das erste Trockendock fertiggestellt. Das Dampfschiff-Zeitalter begann frühestens 1827 mit dem Erwerb eines englischen Bootes durch den Sultan, zufällig im selben Jahr, in dem große Teile der osmanischen Flotte bei Navarino versenkt wurden. Nach dem Krimkrieg wurde unter Abdülazîz der Bau von gepanzerten Kriegs- und Transportschiffen forciert, doch konnte man mit der raschen Entwicklung im Westen nicht Schritt halten. England lieferte nunmehr die meisten Panzerschiffe. Die Werften in Istanbul (und nun auch İzmit) wurden zum Reparaturbetrieb. Nach der notorischen Vernachlässigung unter Abdülhamîd II. lieferte Deutschland nach 1908 (veraltete) Panzerschiffe. Die Bestellung zweier Schlachtkreuzer aus England wurde am Vorabend des Weltkriegs nicht mehr realisiert.

Der „informelle Seekrieg" beschränkte sich nicht auf die Barbaresken, doch erreichte in Algier und Tripolis die Piraterie einen Grad von Spezialisierung im Sinne monokultureller Formen, die auf der Nordseite des Mittelmeers bestenfalls mit den dalmatinischen Uskoken verglichen werden kann. Der Reichtum Algiers in seinen beiden Glanzzeiten (1560–70; 1580–1620) beruhte größtenteils auf den Beutekriegen im Mittelmeer. Piraterie

Die Janitscharen hatten 1808 versucht, Mahmûd II. zu stürzen. Einen erneuten Aufstand konnte der Sultan mit Hilfe der ihm ergebenen Artillerie unterdrücken. An die Stelle des 1826 aufgelösten Janitscharen-Korps trat eine modernisierte Armee, deren Offiziere in Schulen westlichen Typs ausgebildet wurden. In die letzten Jahre Mahmûd II. fällt die Mission der preußischen Offiziere H. von Moltke und T. W. H. von Mühlbach (1835–1839). Gleichzeitig mit der Gründung der Kriegsschule (*Mekteb*-i *Harbîye* 1834) wurde die Dienstzeit auf 4–5 Jahre herabgesetzt. Das „Ereignis von Kuleli" (1859), das nach der Aburteilung von Verschwörern in der gleichnamigen Kaserne benannt ist, gilt als der früheste bekannte „Putschversuch" gegen den Herrscher, an dem sich das reformierte Militär beteiligte. Nach dem deutsch-französischen Krieg nahm die Vorbildfunktion des preußischen Militärs zu. Die 1887 erfolgte Heeresorganisation führte zur Neueinteilung in reguläre Truppen (*nizâmîye*), Landwehr bzw. Reserve (*redîf*) und Landsturm (*mustahfız*). Zum Zeitpunkt des osmanisch-griechischen Kriegs in Thessalien (1897) betrug die Mannschaftsstärke 471 620 Soldaten, zu denen 23 273 Offiziere kamen. Eine nach der jungtürkischen Revolution angestrebte technische Modernisierung des Heeres blieb wegen der Kriege auf dem Balkan und in Afrika in den Anfängen stecken. Die Auswirkung der Liman-von-Sanders-Reformen (1913) auf die große Politik war bedeutender als im Heer. Das militärische Flugwesen begann 1911 mit der Einrichtung einer Flugschule. Französische Ausbilder wurden beim Ausbruch des Weltkriegs durch deutsche Piloten ersetzt. Heeresreform ab Mahmûd II. Flugwesen

G. RELIGION UND RECHTSWESEN

ilmîye Eine osmanische Schöpfung ist die Ausbildung eines Korps von Medreselehrern (*müderris*) und Richtern (*kadi*), die in ihrer Gesamtheit das sogenannte *ilmîye*-System mit einer festen Laufbahnstufung bildeten. Gleichzeitig herrschte ein „Regionalprinzip", nach dem sich die Laufbahnen in den drei getrennten geographischen Einheiten Rumelien, Anatolien und den arabischen Provinzen vollzogen. Die bis in die Mitte des 19. Jahrhundert bestehende „klassische" *ilmîye* kannte eine höhere und eine niedere Laufbahn. Die ranghöchsten Positionen waren die Medrese- und Richterstellen in der Hauptstadt Istanbul. An der Spitze der *ilmîye*-Pyramide stand der Scheichülislâm. Sein Amt war aus dem des Müftüs von Istanbul hervorgegangen, in aller Regel erreichte man es über die Position eines *kadiasker* von Anatolien und Rumelien. Angesichts der großen Entfernungen ließen sich die Richter häufig durch sogenannte *nâ'ibs* vertreten. Da die hanafitische Rechtsschule die offizielle Doktrin des osmanischen Staates war, wechselten nicht wenige schafiitische *ulemâ* in Syrien, wo sich die Mehrheit der Bevölkerung zur Şafi'îya bekannten, zur Hanafîya, um innerhalb des osmanischen *ilmîye*-Korps aufsteigen zu können. Das bedeutete nicht, daß in der rechtsalltäglichen Praxis strikt hanafitische Normen durchgesetzt wurden. Man handelte, oft mit erheblichen Konsequenzen für das Agrarregime, nach örtlichen Gepflogenheiten.

Scheriat Das kanonische Recht stützte sich auf die Hauptwerke der hanafitischen Juristen, wie sie in der Medrese gelehrt wurden. Ab der Zeit Süleymân I. galt İbrâhîm Halebîs (st. 1549) *Multaka'l-abhur* mit seinen über 17 000 Fallbeispielen als wichtigstes Referenzwerk. Die Kadis konsultierten auch Sammlungen von Gutachten der prominenten Müftüs (*fetva mecmû'aları*). Ihre Entscheidungen wurden in Amtsprotokollen (*sicill defterleri*) bei den Gerichten festgehalten.

kânûn Das nicht-kanonische Recht wurde in *kânûn-nâmes* kodifiziert. Diese haben die Form von gesammelten sultanischen Befehlsschreiben. Sie regeln in erster Linie auf der Ebene der Provinzen (*sancak*, *vilâyet*) Grundbesitz- und Steuerfragen. Andere *kânûn-nâmes* betrafen bestimmte Gruppen wie Nomaden (Yörüken) oder Janitscharen. Es gab aber auch Gesetzbücher, die im Gesamtstaat Gültigkeit hatten. Sie dienten dem Kadi als Leitschnur in Fragen des Strafrechts und bei Immobilien- und Steuerangelegenheiten. Die wichtigsten wurden von den Sultanen Mehmed II., Bâyezîd II. und Süleymân I. (Beiname der „Gesetzgeber" = Kânûnî) erlassen.

Bruderschaften Die Ausbreitung von religiösen Bruderschaften (*tarîkât*) ist ein von der osmanischen Gesellschaft untrennbares Phänomen. Charakteristisch ist ihr weites Spektrum, das von hochorthodoxen Gemeinschaften (Nakşbendîye) bis zu heterodoxen Gruppen reichte (Bektaşîs und viele andere). Letztere standen in engem

Zusammenhang mit dem Janitscharenkorps und wurde mit diesem (nach 1826) wenigstens für eine Generation unterdrückt. Im vorosmanischen Anatolien, aber auch bei der Islamisierung Südosteuropas haben Derwische eine wichtige Rolle gespielt. Die Organisationsformen der Bruderschaften unterschieden sich erheblich. Mevlevîye, Bayramîye und Bektaşîye hatten anatolische Mittelpunkte (Konya, Ankara bzw. Hacı Bektaş), die meisten anderen Bruderschaften Hauptsitze in Istanbul. Initiationen in mehr als eine Gemeinschaft waren möglich. Mystisches Gottessuchertum und Alltag als *ulemâ* schlossen sich nicht aus. Der Staat kontrollierte diesen wichtigen Sektor der Gesellschaft über die Verleihung von Ernennungsdiplomen für die Scheichs, die Stiftung und Erneuerung von Bauwerken und die Versorgung der „Zellenbewohner". In der Mitte des 19. Jahrhunderts ist von ca. zwei „hauptamtlichen" Derwischen unter 100 männlichen muslimischen Erwachsenen Istanbuls auszugehen. Diese Relation sagt allerdings nichts über die wesentlich zahlreicheren Sympathisanten (*muhibbân*), die außerhalb der Konvente lebten und einem „bürgerlichen" Beruf nachgingen.

H. NOMADEN UND BAUERN

Die Unterscheidung zwischen abgabepflichtigen (*reâyâ* = „Herde") und steuerlich privilegierten (*askerî*) Untertanen war von grundsätzlicher Wichtigkeit. Dabei bezieht sich *askerî* nicht nur auf Waffenträger (*asker* = Soldat), sondern die Verwaltungsschicht insgesamt. Als *reâyâ* galten Nomaden, Bauern, Handwerker, Ladenbesitzer und Kaufleute. Nur in wenigen Ausnahmen wurden Personen mit einem *reâyâ*-Hintergrund in die *askerî*-Schicht aufgenommen. Wenn Söldner aus der *reâyâ*-Klasse entsprechende Forderungen stellten, kam es zum Konflikt. Der höhere christliche Klerus genoß ebenfalls steuerliche Immunität, während gewöhnliche Priester alle regulären und irregulären Abgaben leisten mußten. Der Begriff „Staatsangehöriger" (*tâbi'*) wurde im 19. Jahrhundert als Bezeichnung für alle osmanischen Untertanen gültig.

Nomaden

Zu unterscheiden ist vor allem zwischen turkmenischen Nomaden, Kurden und arabischen Beduinen. In Anatolien dürfte der Anteil von Wanderhirten an der Gesamtbevölkerung zwischen 1520/30 und 1570/80 von 18% auf 16% gefallen sein. Jenseits des Jordan lag ihr Anteil viel höher. In Syrien-Palästina bildete die Isohyete von 250 mm Niederschlag im Jahr die Grenze der Dauersiedlung. Schon früh griff der Staat in die Verhältnisse der Wanderhirten ein. Unter Süleymân I. wurde eine detailliertes Gesetzbuch für die turkmenischen Yörüken erlassen. Im 17. Jahrhundert verstärkten sich die Bemühungen um feste Ansiedlung der Nomaden in ihren Winterlagern (*kışla*). Die in Westanatolien nomadisierenden Gruppen siedelten sich nur zum Teil an. Die Versuche, Turkmenen in der nordsyrischen Steppe und anderswo im letzten Jahrzehnt des 17. Jahrhunderts seßhaft zu machen, schlugen weitgehend fehl, was das Vorrücken arabischer Beduinen erleichterte. Die Kurden verbreiteten sich in den osmanischen Jahrhunderten ebenfalls stark von ihren Ursprungsräumen am Rande des Fruchtbaren Halbmonds nach Norden und Westen. Die Zentrale hatte mehr als eine Begründung für ihre antinomadische Politik: Wandernde Stämme waren immer ein Ärgernis für die ansässige bäuerliche Bevölkerung, die Ansiedlung von Nomaden in Wüstungen und auf Neuland erhöhte das Steueraufkommen. Häufig wurden unbotmäßige Stämme gewaltsam umgesetzt (etwa zwischen 1712 und 1741 nach Zypern). Die bekannteste „Befriedungsaktion" war die Seßhaftmachung von Turkmenen in der Çukurova um 1863/65. Man vermutet, daß ein im ostanatolischen Hochplateau durch die Auflösung turkmenischer Konföderationen und die Emigration schiitischer Gruppen nach Iran entstandenes Vakuum durch die Ansiedlung und steuerliche Privilegierung von Kurden gefüllt wurde.

Bauern

Das von İnalcık als *çifthâne* bezeichnete klassische Agrarregime stützte sich auf unveräußerliche, vererbbare Bauernstellen. Die überwiegend klein- und mittelbäuerliche Struktur des heutigen Anatolien wird als Beleg für die Stabilität des alten Systems angeführt. Auch die Überführung des Landes in eine Stiftung (*vakf*) war ausgeschlossen. Der Bauer bearbeitete mit seinen Zugtieren, Pflügen und Saatgut im Rahmen der auferlegten Abgaben an den Timarioten sein eigenes Stück Land. Ein Bauerngut (*çiftlik*) war je nach Ertrag 70–150 *dönüm* (1 *dönüm* = 919,30 m^2) groß. Sein Inhaber hatte ein Eigentumsrecht auf Immobilien wie Gemüsebeete, Weingärten und Obstbäume. Der Bauer zahlte 22–57 *akçe* Steuern. Weitere Abgaben lagen auf Feld- und Gartenfrüchten, Honig, Vieh usw. nach den Vorschriften der Provinzgesetzgebung. Wenn ein Bauer über die notwendige Brache hinaus das Land nicht bestellte, war eine Sondersteuer (*çiftbozan*) fällig. Manche Gruppen genossen gewisse Privilegien, etwa die von Steuern befreiten *müsellem*, die als Fußsoldaten (*yaya*) oder Berittene (*süvârî*) eine Art Reserve bildeten. Andere Kategorien, wie deaktivierte Sipâhîs (*düşmüş*) und religiöse Amtsträger, waren ganz von Agrarabgaben befreit. Der kanonische (d.h. islamisch sanktionierte) „Zehnte" (*öşür*) auf Feldfrüchte war bis zum Zusammenbruch des osmanischen Systems die wichtigste Steuerquelle. Ihr Nutznießer war in der Regel der Inhaber eines *timars*. In Teilen Anatoliens herrschte ein anderes Steuersystem vor. Dieses sogenannte *mâlikâne-divânî*-System war durch die Aufteilung von Eigentumsrechten zwischen privaten Eigentümern und staatlichen Ansprüchen charakterisiert. In den letzten Jahrhunderten zahlten die Bauern den Zehnten an Steuerpächter, die zum größten Teil lokale Notabeln waren. Unter dem *öşür* kann je nach Provinz eine Naturalabgabe, die über (1/8, in Extremfällen 1/3) oder exakt bei 10 Prozent lag, verstanden werden.

Moderne Agrarwirtschaft

Im 19. Jahrhundert wurde mit der Einrichtung der Landwirtschaftsbank (*Ziraat Bankası* 1888) ein modernes System des Agrarkredits eingeführt. Um 1870 wurden die ersten Studenten an europäische Hochschulen geschickt. Unter Abdülhamîd II. entstanden Agrarschulen in Istanbul-Halkalı, Saloniki und Bursa sowie zahlreiche Mustergüter. Bis zum Ende des osmanischen Staates gilt eine dreifache Abhängigkeit von der Landwirtschaft: 1) der überwiegende Teil der Bevölkerung (75–80%) bestand aus Bauern; 2) indirekte und direkte Agrarsteuern waren die Haupteinnahme des Staates; 3) die Exporte bestanden fast ausschließlich aus Agrarprodukten wie Baumwolle, Tabak, Getreide und Trockenfrüchten (Rosinen).

I. EINBLICKE IN DIE GEISTIGE KULTUR DER OSMANEN

1. Sprache und Literatur

Osmanisch

Die Schriftsprache der Osmanen, für die *Türkî* bzw. *Türkçe* als Eigenbezeichnung in früheren Jahrhunderten durchaus vorkam, hat sich aus älteren anatolischen Literaturidiomen entwickelt. Schon im vorosmanischen Anatolien wurde Türkisch gelegentlich für religiös-ethische und sogar naturwissenschaftlich-medizinische Abhandlungen verwendet. Zwar wurde Türkisch weder in den Elementarschulen noch auf der Medrese gelehrt und blieb aus der Ritualpredigt am Freitag verbannt, doch setzte es sich um die Mitte des 16. Jahrhunderts weitgehend im öffentlichen Leben durch. Das beweisen Gerichtsprotokolle, Urkunden und Register der Zentralverwaltung. Selbst Bau- und Grabinschriften wurden zunehmend in türkischer Sprache verfaßt. Größere christliche Minderheiten gingen im Laufe der osmanischen Epoche zum Türkischen über.

Karamanli

Die als Karamanli bekannten Orthodoxen Anatoliens bedienten sich bis zu ihrer Umsiedelung nach Griechenland noch Anfang des 20. Jahrhunderts des Türkischen in Presse, Schule und teilweise im Gottesdienst. Die armenische Gemeinde kommunizierte im 19. Jahrhundert weitgehend über osmanische Texte in armenischer Schrift. Gleichzeitig bildeten das arabische und persische Lexikon einen unausschöpflichen Wortvorrat, der von den Autoren in einem Ausmaß genutzt wurde, daß sich der Anteil türkischer Elemente in einem Satz oft auf wenige Prozent verringerte. Entsprechend war das Bildungsideal auf die Beherrschung der „Drei Sprachen" ausgerichtet (zu denen eine weitere Turkisprache, das nichtoghusische Tschagataisch, treten konnte). In den ersten Jahrzehnten des 19. Jahrhunderts wurde Italienisch ein wichtiges Medium, um mit dem Westen in Verbindung zu treten. Entsprechend sind viele Bezeichnungen für europäische Einrichtungen (vgl. *gazete*, *opera*, *tiyatro*) dem Italienischen entlehnt. Der Siegeszug des Französischen begann in den dreißiger Jahren des 19. Jahrhunderts. So gut wie alle Träger der Reformbewegung hatten Französisch gelernt bzw. Studienaufenthalte in Frankreich verbracht. Mit seinem berühmen „Wörterbuch des osmanischen Dialekts" (*Lehçe-i Osmânî*) schuf der gelehrte Staatsmann Ahmed Vefîk Pascha (1823–1891) das erste moderne Hilfsmittel für die Erschließung der türkischen Bestandteil des osmanische Lexions (1876).

Volkstümliche Literatur

Die gereimte Prophetengeschichte des Süleymân Çelebî (1409) wurde fester Bestandteil des türkischen Kanons. Die altosmanischen Chroniken (vor allem Âşık-Paşa-Zâde, st. nach 1494) sind Beispiele für die der Umgangssprache nahestehende Prosa des 15. Jahrhunderts. Schwänke wie die um Nasreddîn Hoca sind die bekanntesten Genres der türkischen Volksliteratur. Die Tradition des „Schattenspiels" (*Karagöz*) war noch im frühen 20. Jahrhundert lebendig. Über die Jahrhunderte haben volkstümliche Barden wie Yunus Emre oder Karaca Oğlan ihre Beliebtheit nicht eingebüßt.

Die klassische Literatur

Um sich dem genannten Bildungsideal anzunähern, waren gründliche Kenntnisse der arabischen Metrik (*arûz*) ebenso erforderlich wie die Beherrschung der einschlägigen Themen, Metaphern und Topoi. Die Entstehungsräume der osmanischen Literatur – Hof (Diwan-Dichtung), Derwisch-Konvent (*tekye edebiyâtı*) und volkstümliches Milieu (*sâz şairleri*) – eignen sich für eine vorläufige Einteilung des riesigen Vermächtnisses. Die großen Exponenten der Diwan-Dichtung entfalteten sich am Hof bzw. in der Nähe der Herrscher, von denen einige (etwa Süleymân I. mit dem Dichternamen Muhibbî) eine Gedichtsammlung (*dîvân*) hinterlassen haben. *Der* repräsentative Autor des 16. Jahrhunderts war Bâkî (1526–1600). Im 18. Jahrhundert ragen Namen wie der des Panegyrikers Nedîm (st. 1730) und des romantischen Allegorikers Scheich Gâlib Dede heraus (st. 1799).

Übergang zur Moderne

Die Übernahme neuer Genres wie Essay, Kurzgeschichte und Roman erfolgte sehr zögernd. Noch Ende des 19. Jahrhundert traten Autoren auf, die dem Alten und Neuen gleichmaßen verpflichtet sind (z. B. Muallim Nâcî, 1849/50–1893). Das Dreigestirn der Tanzîmat-Dichtung Ziyâ Pascha (1829–1880), İbrâhîm Şinâsî (1824?-1871) und der schon als Exilpolitiker genannte Nâmık Kemâl (1840–1884) steht für die neuen Wege in formaler und inhaltlicher Hinsicht.

Die Entstehung des Romans

Weder die Versepen (*mesnevî*) der klassischen osmanischen Literatur, die in den meisten Fällen persische Vorbilder haben, noch die volkstümlichen Erzählungen (wie *Kerem ile Aslı, Tâhir ile Zühre, Battal Gazi*) mit ihrer Mischung aus Prosa- und Versteilen, die man singend unter Instrumentenbegleitung vortrug, können als Vorgänger des türkischen Romans betrachten werden. Dagegen darf Şemseddîn Sâmîs (1850–1904) *Taaşşuk-ı Talat ve Fitnât* („Die Liebe von Talat und Fitnât") von 1872 durchaus beanspruchen, die erste moderne „romanhafte" Verarbeitung einer Liebesgeschichte zu sein. Der deutlich frühere Roman Hovsep Vartan Efendis (*Agabi*, 1851) wandte sich nur an ein armenisches Publikum. Auch die beiden wichtigsten türkischen Schriftsteller der Zeit, Nâmık Kemâl und Ahmed Midhat (1844–1912), veröffentlichten in den 1870er Jahren ihre ersten Romane. Letzterer gehört zu den produktivsten Autoren der Zeit. Seine Bücher lassen fast keines der mit der Verwestlichung der türkischen Gesellschaft verbundenen Themen aus. Allgemein gelten aber erst die Romane Hâlid Ziyâ Uşaklıgils (1866–1945) als gelungene Beispiele der neuen Literaturgattung. Das gilt vor allem für die Werke *Mâi ve Siyâh* („Blau und Schwarz", 1897) und *Aşk-ı Memnû'* („Verbotene Liebe", 1899/1900).

Theater

İbrahim Şinâsî ist der Schöpfer des ersten türkischen Bühnenstücks *Şairin Evlenmesi* („Die Heirat des Dichters", 1859). Zu einer öffentlichen Aufführung kam es jedoch erst sehr viel später (Saloniki 1908). Allerdings konnte das Istanbuler Publikum schon in den Jahren zuvor aus dem Italienischen übersetzte Stücke in Pera/Beyoğlu genießen. Die Schauspieltruppen bestanden in der

Regel aus Armeniern. Die Hekimyan-Kompagnie durfte schon 1859 bei Hofe auftreten. Die Autoren der ersten osmanischen Stücke hatten bestimmte Tabus zu respektieren. So wurde der Schauplatz oft ins nichtmuslimische Milieu oder sogar in fernere Länder verlegt. Auch politische Themen und militärische Figuren durften in der Epoche Abdülhamîd II. nicht auf die Bühne gebracht werden. Nach der jungtürkischen Revolution (1908) beeilte man sich mit zahlreichen Aufführungen der patriotischen Stücke Nâmık Kemâls. Sein Schauspiel „Das Vaterland oder Silistria" (*Vatan yahut Silistre*) war schon 1873 im Osmanlı Tiyatrosu im Altstadtquartier Gedik Pascha aufgeführt worden, doch hatte sein Verfasser diesen Versuch mit einer mehrjährigen Verbannung zu büßen. Nâmık Kemâls Absicht war, die sich während des Krimkriegs entfaltenden „vaterländischen Gefühle" der Nation vorzuführen, nicht etwa seine „Fähigkeit als Theaterautor" zu beweisen. Die meisten Stücke des produktiven Abdülhak Hâmid (1852–1937) kamen nicht auf die Bühne, sie haben aber als „Lesedramen" einen Platz in der türkischen Literaturgeschichte. Die Übergänge von Übersetzungen zu Adaptionen und eigenen Stücken waren fließend. Oft standen Molière, Victor Hugo und Dumas Père und Fils Pate. Verschiedene italienische Opern wurden im Istanbuler Na'um-Theater aufgeführt, bevor sie die übrigen europäischen Metropolen erreichten (z. B. Verdis „Trovatore").

Übersetzungen

Am Beginn der Übersetzungsliteratur aus westlichen Sprachen ins Türkische stehen die kosmopolitischen phanariotischen Dragomane, d. h. Vertreter des Istanbuler Griechentums (die man nach dem Stadtviertel Phanar/Fener nannte, in dem sich noch heute das Ökumenische Patriarchat befindet). Sie dienten als Dolmetscher der Pforte, aber auch ausländischen Gesandtschaften. Erst nach dem griechischen Aufstand wurde mit der *Tercüme Odası* („Übersetzungskammer") eine Ausbildungsstätte für muslimische Sprachmittler geschaffen (1822). Griechen und Armenier blieben aber weiter aktiv als Übersetzer von Sachbüchern und literarischen Texten. Dennoch ist auffällig, daß wichtige griechische Texte wie Teile der *Ilias* oder des neugriechischen Poems *Erotokritos* nicht von osmanischen Griechen, sondern von Muslimen, in diesem Fall aus Albanien bzw. Kreta, übertragen wurden.

Frühe Übersetzungen aus westlichen Sprachen

Ab der zweiten Hälfte des 19. Jahrhunderts kamen zahlreiche Werke der westlichen Literatur in osmanisch-türkischer Sprache heraus. Die Übersetzung von Fénélons *Télémaque* durch Yûsuf Kâmil Pascha (1808–1876) erlebte allein fünf Auflagen (ab 1859). Damit hatte die Diskussion über die angemessene Sprachform einer Übersetzung ins Türkische eingesetzt. Viele Zeitgenossen sahen in der zweiten Hälfte des Jahrhunderts die Gefahr, die durch die zahlreichen Übersetzungen aus westlichen Sprachen der eigenen Literatur drohte. „Eigene Literatur" war für die gelehrten Zeitgenossen grundsätzlich die gesamte islamische Überlieferung. In diesem Traditionsstrom fehlten freilich die Großformen Roman und Theaterliteratur vollständig. Der Anteil der Übersetzungsliteratur unter den Druckschriften nahm ständig zu. In den Jahrzehnten der Regierung von Abdülhamîd II. soll jedes vierte Buch eine Übersetzung gewesen sein. Freilich, „wenn man ein wirkliches Bild davon gewinnen will, was die Türken von französischer Literatur kennen, muß man sich also nicht an die Übersetzungen halten, sondern vor allem auf die Erwähnungen und Zitate achten, die in türkischen Werken verstreut sind" (Otto Hachtmann, Europäische Kultureinflüsse in der Türkei. Ein literärgeschichtlicher Versuch, Berlin 1918). Schon an der alten osmanischen Universität wurden Vorlesungen über westliche Literaturen angeboten.

Presse

Die periodische Presse entstand mit langer Verzögerung nach dem Aufkommen des Buchdrucks. Die ersten in Istanbul verbreiteten Zeitungen wurden 1795 von der Botschaft Frankreichs herausgegeben, um die Revolution zu propagieren. Danach vergingen weitere Jahrzehnte bis zum Erscheinen des *Smyrnéen* (İzmir 1824). Die osmanische Staatszeitung *Takvîm-i Vekâyi* („Almanach der Ereignisse" 1831) folgte dem Muster des *Moniteur Officiel de France*. Der Reichshistoriograph Sahhâflar Şeyhî-Zâde Mehmed Es'ad Efendi wurde zum Herausgeber bestellt. Bis etwa 1838 erschienen nur 25–30 Ausgaben pro Jahr. Von Anfang an wurde sie von dem privat betriebenen *Moniteur Ottoman* begleitet. Später erschienen Parallelausgaben in griechischer, armenischer, arabischer und sogar persischer Sprache. Der amtliche Charakter des Blattes verstärkte sich nach der Herausgabe der *Cerîde-i Havâdis* (1840). Unter Abdülhamîd II. wurde das Blatt mehrfach verboten. Dennoch ist der *Takvîm* bis zum Ende des Osmanen-Staats gedruckt und von großen Teilen der Beamtenschaft gelesen worden. Das „Register der Vorfälle" (*Cerîde-i Havâdis*) wurde von dem Engländer William Churchill ins Leben gerufen und erschien mit staatlichen Subventionen. Trotz seiner sehr geringen Auflage (angeblich nur 100–150 Exemplare in den ersten 13 Jahren) gehörte das Blatt (ab 1860 unter dem Namen *Rûznâme-i Cerîde-i Havâdis*) zu den einflußreichsten Organen. Erst mit dem Erscheinen des *Tercümân-i Ahvâl* („Interpret der Zustände") und anderer privat betriebener Tageszeitungen löste sich der osmanische Journalismus von seinen offiziös geprägten Anfängen. Dabei behielten in den Provinzen z. T. zweisprachige Amtsblätter ihre Bedeutung. In der Hauptstadt wurde die frankophone Presse überwiegend von den Minderheiten und Ausländern genutzt (*Stamboul* 1875). Eine erste gesetzliche Regelung der Presse von 1864 lehnte sich an ein französisches Dekret von 1852 an und hob die bis dahin geübte Vorzensur auf. Schon in der Kreta-Krise von 1867 legte Âlî Pascha den Journalisten mit einer „vorübergehenden Verordnung" jedoch wieder Zügel an. Die von Nâmık Kemâl und Ziyâ Pascha in London gegründete und später in Genf fortgesetzte *Hürriyet* („Freiheit", 1868–1870) und die Istanbuler *İbret* („Exempel", 1870–1873) waren die wichtigsten Sprachrohre der jungosmanischen Intelligenzija.

Zensur

Die z. T. in grotesken Formen ablaufende Knebelung der Presse durch Abdülhamîd II. stützte sich auf keine neuen presserechtlichen Regelungen, sondern schüchterte die Herausgeber durch polizeiliche Maßnahmen ein. Abdülhamîd war wie keinem anderem zeitgenössischen Souverän an seinem „Image" in den Ländern des Westens gelegen, dazu gehörten Maßnahmen wie Geldzahlungen und Auszeichnungen ausländischer Verleger und Korrespondenten ebenso wie Erpressung und politischer Druck auf Gastländer von Exiljournalisten. Während in seinem ersten Herrschaftsjahrzehnt (1879–1887) jährlich 9–10 neue Periodika auf den Markt kamen, sank die Zahl nach 1888 auf durchschnittlich ein Organ. Den staatstragenden Istanbuler Zeitungen (wie v.a. *Tercümân-i Hakîkat* „Interpret der Wahrheit", 1878, und *İkdâm* „Fleiß", 1894) stand die oppositionelle Presse im Exil gegenüber.

Zeitungsfrühling 1908

Nach dreißig Jahren Zensur, unter der keine einzige satirische Zeitschrift erschienen war, führte die Juli-Revolution von 1908 zu einer Explosion an Presseerzeugnissen. In den ersten Wochen wurden mehr als 200 Konzessionen vergeben. Dieser Zeitungsfrühling wurde schon am 31. März/14. April 1909 beendet. Immerhin erhielt im Juli der Verfassungsartikel 12 („Die Presse ist im Rahmen der Gesetze frei") den Zusatz „Es gibt keinerlei Art von Vorzensur". Das hinderte die Regierungen nicht, eine Reihe einschränkender Verordnungen zu erlassen. Das wichtige, dem Komitee für Einheit und Fortschritt nahestehende Blatt *Tanîn* war in den Jahren 1910–1913 entsprechenden Verfolgungen ausgesetzt.

Zeitschriften

Mecmû'a-i Fünûn („Sammlung der Wissenschaften", 1861) ist die erste türkischsprachige Zeitschrift. Sie wurde unter dem hochgebildeten Münîf Pascha als Organ der Osmanischen Wissenschaftlichen Gesellschaft (*Cemiyet-i İlmîye-i Osmâniye*) veröffentlicht. Zeitgenossen gingen so weit, ihre Wirkung auf die jüngere osmanische Leserschaft mit Diderots Enzyklopädie im Frankreich des 18. Jahrhundert zu vergleichen. Die langlebige *Servet-i Fünûn* („Reichtum der Wissenschaften", 1891–1944) entwickelte sich von einem dem wissenschaftlich-technischen Fortschritt verschriebenen Volksbildungsorgan zu *der* führenden Literaturzeitschrift. Die Zeitschriften nach 1908 bildeten die Foren für alle wichtigen politischen und intellektuellen Strömungen, insbesondere turkistische (*Türk Derneği*, 1911, *Türk Yurdu*, 1913–1914, *Genç Kalemler*, Saloniki 1911–1912) und islamisch-reformistische Richtungen (*Sırat-ı Müstakîm* bzw. *Sebîlürreşâd*, ab 1908). In das Spektrum gehören auch Frauen- und Kinderzeitschriften und die zahlreichen satirischen Magazine.

2. Musik

Die Zeremonialgesänge der Mevlevîs, die Lobgesänge auf den Propheten (*na't*) und andere Hymnen (*ilâhî*) sind bekannte Äußerungsformen der osmanischen Religionskultur. Ein biographisches Sammelwerk wie das des Scheichülislam Es'ad Efendi erfaßt etwa 100 Komponisten des 17. und 18. Jahrhunderts. Sultan Selîm III. ragt als Komponist religiöser und weltlicher Musik heraus. Beachtlich ist der armenische Beitrag zur osmanischen Kunstmusik. Der erste Notendruck erfolgte durch einen Hacı Emin Efendi (1875 oder 1877). Bis dahin basierte die türkische Musikpraxis auf einem exzellenten auditiven Gedächtnis. Das Ansehen der ausübenden Musiker wuchs mit der Beherrschung eines großen Teil des (heute auf 25 000 Stücke geschätzten) klassischen Repertoires. Die moderne Militärmusik wurde von Giuseppe Donizetti 1827 eingeführt und löste die Jahrhunderte alte Janitscharenkapelle (*Mehter-hâne*) ab. Nachdem schon im 19. Jahrhundert in vielen Harems Pianos standen, wurde 1914 mit dem *Dârülelhân* ein modernes Konservatorium eröffnet.

3. Kunst und Architektur

Kalligraphie

Die Kalligraphie genoß unter allen künstlerischen Betätigungen das größte Ansehen. Sie erreichte ihren unbestrittenen Höhepunkt im 18. und frühen 19. Jahrhundert. Schönschriftmeister (*hattât*) produzierten nicht nur Koran-Handschriften oder Werke der Poesie, sondern lieferten auch die Vorlagen für zahllose Grab- und Bauinschriften. Die osmanische Buchmalerei ist zum überwiegenden Teil nicht nur für den Palast, sondern auch in den Werkstätten des Palastes erzeugt worden. Im *nakkâşhâne* („Haus der Maler") des Topkapı-Sarayı wurden Manuskripte illuminiert und illustriert. Eine wichtige Rolle bei der Herausbildung des osmanischen künstlerischen (und literarischen) Geschmacks spielten die Eroberungen im Osten (v.a. von Täbris/Iran 1514 und Kairo 1517 unter Selîm I.). Die Beute schloß nicht nur kostbare Handschriften, Gefäße und Textilien ein, sondern auch die Kunsthandwerker, die sie verfertigen konnten. Für das 16. und 17. Jahrhundert sind illustrierte Annalen und topographische Werke über Feldzüge oder Seeatlanten („Portolane") kennzeichnende Erzeugnisse der osmanischen Malerei. Die Porträtmalerei war fast ganz auf die Darstellung von Herrschern beschränkt, andere Persönlichkeiten sind selten zu finden, Frauen so gut wie nie. Religiöse Malereien fehlten nicht vollständig. Eine 1595 abgeschlossene Prophetengeschichte enthielt ursprünglich 814 Illustrationen aus dem Leben Muhammads. Nach Osmân II. (1618–1622) wurden keine illustrierten Annalen mehr hergestellt, auch andere historische Werke wurden in den folgenden Jahrhunderten kaum bebildert. Recht bekannt sind die detailreichen Darstellungen von Hochzeiten und Beschneidungsfeierlichkeiten unter Murâd III. (*Sûrnâme* von 1582) und Ahmed III. (1703–1730). Nach dem Tode des herausragenden Levnî (1732) siechte die osmanische Malerei nur noch dahin. Sie war schon tot, bevor die Fotografie (um 1845) in Istanbul ihren Einzug hielt. Allerdings erschien jetzt, vor allem in der weit verbreiteten Landschaftsmalerei, zunehmend die Perspektive, während die herkömmliche Miniaturenkunst eine dritte Dimension nicht kannte. Ausgangspunkt war das Istanbul Selîm III., von wo aus sich diese neue Malerei v.a. auf die Landhäuser der Oberschicht im anatolischen und rumelischen Teil des Reiches verbreitete.

Buchmalerei

Menschliche Wesen fehlen auf diesen Abbildungen. Das gilt übrigens auch für die Häuser der Nichtmuslime bis in die Mitte des 19. Jahrhunderts.

Architektur

Die wichtigsten Auftraggeber der Hauptwerke der osmanischen Baukunst waren die Herrscherfamilie und hohe Würdenträger. Der Sultan, seine Mutter und seine Wesire stifteten die großen Moscheen und ihre Nebenbauten. Noch im 19. Jahrhundert entstanden solche religiös-edukative Baukomplexe, die man mit dem modernen technischen Terminus *külliye* bezeichnet. Bis zur Eroberung Konstantinopels hat die osmanische Moscheearchitektur noch manche Gemeinsamkeiten mit dem spätbyzantinischen Kirchenbau. Unter dem „Reichsbaumeister" Sinân (1539?-1588) erreichte sie klassische Höhe. Sinân übernahm Aufträge von drei Sultanen und vielen stiftungsfreudigen Damen und Staatsmännern. Ein Bauverzeichnis nennt 84 Freitagsmoscheen, 52 kleinere Gebetshäuser, 57 Medreses, 48 Bäder und zahlreiche weitere Werke wie Wirtschafts- und Wasserbauten. Die Moschee Sultan Ahmed I. am Istanbuler Hippodrom (1617), ein Bau von Mehmed Ağa, steht noch in der klassischen Tradition. Im 18. Jahrhundert vollzieht sich ein Stilwandel zum „Osmanischen Barock" (Nûruosmâniye, 1748–1755).

Sinân

Balyan

Die Baumeisterfamilie der Balyan schrieb seit dem späten 18. Jahrhundert osmanische Architekturgeschichte. Alle Herrscher zwischen Mustafâ III. (1757–1774) und Abdülhamîd II. (1876–1909) erteilten ihren Mitgliedern Aufträge. Am bekanntesten sind die großen Freitagsmoscheen in Istanbul (Nusretîye, Dolmabahçe, Ortaköy, Vâlide Camii in Aksaray, Hamîdîye in Yıldız). Die Balyans sind aber auch die Schöpfer von Dutzenden großer und kleiner Paläste, Kasernen, Schulen, Manufakturen, Kirchen und Hospitälern. Die ersten bekannten Vertreter der Familie schufen noch Bauten in der Tradition des osmanischen Istanbul. Erst der 1826 geborene Nigogos wurde zum Studium nach Paris geschickt. 1878 ernannte ihn Sultan Abdülhamîd II. zum „Oberstaatsbaumeister" (*ser mimâr-i devlet*). Die späteren Balyans haben nicht ohne weiteres westliche Bauformen und ihre Dekorationen kopiert, sondern jeweils eigene Lösungen für ihre muslimischen und armenischen Auftraggeber gefunden.

Melling, Fossati

Der wichtigste Ausländer unter den Architekten der frühen Reformzeit war Antoine-Ignace Melling (1763–1831), der unter Selîm III. mehrere Serail-Bauten entwarf und verwirklichte. Unter ausländischen Architekten, die im frühen 19. Jahrhundert in der Türkei wirkten, sind die aus dem Tessin stammenden Gebrüder Fossati die bekanntesten. Gaspare Traiano (1809–1883) war über St. Petersburg nach Istanbul gekommen, um den Neubau der russischen Botschaft zu leiten. Bald erhielt er osmanische Staatsaufträge im Rahmen des Modernisierungsprogramms unter Abdülmecîd (Universität, Archiv, Gewerbeschule, Telegraphenamt). Für private Bauherren entwarf er unter anderem drei Theater. Besonders bekannt wurde die mit seinem jüngeren Bruder Giuseppe (1822–1891) unternommene Restaurierung der Hagia Sophia. Der Italiener Raimondo d'Aronco (1857–1932) erhielt 1893 den Auftrag, Bauten für eine osmanische

d'Aronco

Landwirtschafts- und Gewerbeschau nach dem Muster der großen Universalausstellungen von London und Paris zu entwerfen. Dieses Projekt konnte wegen eines Erdbebens nicht ausgeführt werden, doch hat dieser bedeutende Vertreter des Jugendstils wichtige Spuren in der Türkei zurückgelassen (wie Nebenbauten des Yıldız-Palastes und das Mausoleum des Şeyh Zâfir in Istanbul-Beşiktaş). Ein Teil der Werke d'Aroncos in Istanbul folgt jedoch den eklektizistischen Vorstellungen des späten 19. Jahrhunderts. Dazu gehören Großbauten wie die „Kaiserliche Medizinschule", die er gemeinsam mit dem levantinischen Architekten Vallaury ausführte. Alexandre Vallaury (1850–1921) war Abkömmling einer Istanbuler Familie und studierte an der *École des Beaux Arts* in Paris. Nach seiner Rückkehr in die osmanische Hauptstadt trat er in enge Beziehungen zu Osmân Hamdî (1842–1910), dem Begründer der Istanbuler Kunstakademie. Vallaury schuf klassizistische Bauten wie das Archäologische Museum (1891–1907), hat aber auch wichtige Schritte zu einem neo-osmanischen Stil getan (Verwaltungsgebäude der Allgemeinen Schuldenverwaltung von 1897). Mimâr Kemâleddîn (1870–1927) ist der Vertreter eines neuosmanischen Idioms, das sich nicht in historisierenden Zitaten erschöpfte, sondern zum Teil zur reinen Formensprache der klassischen Jahrhunderte der osmanischen Baukunst zurückfand.

Vallaury

Neuosmanischer Stil

4. Wissenschaften

Anfang des 17. Jahrhunderts bestanden ca. 350 hanafitische Medresen in den osmanischen Kernländern, von denen nahezu ein Drittel (106) in der Periode Süleymân I. gestiftet wurde. Bestandteil des Curriculums waren neben den kanonischen Wissenschaften (Religion, Recht) auch Arithmetik, Geometrie, Algebra und Astronomie. Die innerosmanische Kritik an den Medresen setzte im späten 16. Jahrhundert ein (Mustafâ Âlî) und verstärkte sich im 17. Jahrhundert (Kâtib Çelebî). Sie bezog sich auf die Vernachlässigung der Wissenschaften, die zu große Zahl an Studierenden und die schlechte Ausbildung der Professoren. Fünf Medresen dienten der medizinischen Ausbildung. Süleymân richtete auch die erste Schule ein, die ausschließlich der Heranbildung von Ärzten gewidmet war (1555). Juden spielten in der osmanischen Medizingeschichte eine herausragende Rolle. Der Leibarzt Süleymâns, Mûsâ b. Hâmun (st. 1553/4), schöpfte aus allen erreichbaren östlichen und wesentlichen Quellen. Ein im frühen 17. Jahrhundert entstandener anatomischer Traktat zeigt, daß die Verbindung mit dem europäischen Wissen zwar nicht ganz abgerissen war, die Rezeption aber verspätet und sehr dürftig erfolgte. Für wenige Jahre arbeitete der syrische Astronom Takiyüddîn el-Râşid in seiner selbständigen Sternwarte in Istanbul (1577–1580). Sie wurde auf der Grundlage eines *fetva*s des Scheichülislam durch den Großadmiral Kılıç Ali Pascha abgerissen. Herausragende Leistungen sind auf dem Gebiet

Medrese

Medizin, Astronomie, Geographie

der Geographie und Kartographie zu verzeichnen. Am bekanntesten sind die Amerikakarte, die der Seefahrer Pîrî Re'is 1517 in Ägypten Sultan Selîm I. vorlegte, und sein Seeatlas von 1521.

Militärschulen

Militärische Lehranstalten spielten ab dem späten 18. Jahrhundert die Hauptrolle bei der Vermittlung mathematischen, technischen und medizinischen Wissens. Ihr Bildungsziel war der technisch versierte Offizier (*mütegennin zâbıt*). Während bis zur Berufung „Hoca" İshâk Efendis als Leiter der Ingenieurschule des Landheeres (*Mühendishâne-i Berrî Hümâyûn*) im Jahr 1830 noch Teile des klassischen antik-islamischen Curriculums gelehrt wurden, konzentrierte sich nun der Unterricht auf moderne Gegenstände. Die intensive Übersetzungstätigkeit aus dem Französischen ermöglichte fast von Anfang an den Unterricht in der Staatssprache Türkisch. Neben den militärischen Lehranstalten wurden im 19. Jahrhundert zivile Anstalten für Ingenieurwesen und Medizin gegründet. Die Entsendung osmanischer Studenten in die französische Hauptstadt setzte intensiv in den 1840er Jahren ein. Zwischen 1857 und 1865 bestand in Paris (wohl nach ägyptischem Vorbild) mit der *Mekteb-i Osmânî* eine Schule mit Internat und Externat. Der Gründung einer Hochschule unter dem Namen *Dârülfünûn* („Haus der Wissenschaften") gingen offene Vortragsveranstaltungen voraus. Diese wurden ab 1869 in einem selbständigen Gebäude fortgesetzt. Am 25. Thronjubiläum Abdülhamîd II. (1900) wurde sie als Universität mit drei Fakultäten neubegründet. Medizin und Recht wurden an eigenen Hochschulen vermittelt. Die letzte einschneidende Reform fand während des Weltkriegs im Zusammenhang mit der deutschen „Professorenmission" von 1915/6 statt.

J. CHRISTEN IM OSMANISCHEN STAAT

Die Christen unter dem Halbmond setzten sich aus konfessionell und sozial verschiedenen Gruppen zusammen. Auch die „Griechen" unter ihnen waren alles andere als eine homogene Gemeinschaft: „Der vielsprachige Primas des Phanar hatte so wenig mit dem turkophonen Kneipenwirt von Niğde gemeinsam wie der bulgarische Milchmann in Istanbul mit dem walachischen Maultiertreiber des Pindos, der rumänische Bauer mit dem wohlhabenden griechischen Bürger von İzmir" (Clogg).

Die Kooperation der Osmanen mit der Orthodoxie geht der Einnahme von Konstantinopel voraus, denn schon 1394 geriet das autokephale Erzbistum von Ohrid unter osmanische Herrschaft. Folgerichtig dehnte es seine Jurisdiktion über die Diözesen von Sofia und Vidin aus, die früher der bulgarischen Kirche von Tarnovo unterstanden. An der Kirchenunion von 1439 beteiligte sich die Ohrid nicht, 1453 nahm die Zusammenarbeit des Staates mit der Orthodoxie größere Dimensionen an. Die serbische Kirche dehnte sich nach dem Zerfall des mittelalterlichen serbischen Staates (1459) nach Sirmien, Slawonien und Ungarn aus. Serbische Mönche übernahmen katholische Klöster. Unter osmanischer Oberherrschaft wurden die Metropolie Belgrad und das serbische Patriarchat von Peć eingerichtet (1557).

Im 18. Jahrhundert appellierten die wichtigsten Gegner der Türken an deren christliche Untertanen (Peter d. Große 1711 an orthodoxe Solidarität). Österreich etablierte 1713 auf dem eigenen Territorium ein serbisches Gegen-Patriarchat. Mit der Auflösung des Patriarchats von Peć 1766 bzw. des slawischen Erzbistums von Ohrid 1767 setzte Istanbul auf einen strikten Zentralismus, der dem Ökumenischen Patriarchat zugute kam. Das kirchliche Leben der Slawen konnte sich unter einem überwiegend griechischen Klerus weniger entfalten. Trotzdem werden für Bulgarien im 18. Jahrhundert 200 Klöster und 2000 Gemeindepriester angegeben.

Kleriker und Mönche waren von der Kopfsteuer befreit. Es steht fest, daß dem griechisch-orthodoxen Patriarchen unter Bâyezîd II. (1483) bzw. Süleymân I. (1525) Ausnahmen zugesagt wurden, die später zurückgenommen wurden. Die Kopfsteuer wurde an vielen Orten pauschal eingezogen. Ab den 1690er Jahren ging man zu einer individuellen Erhebung über. Das duale Rechtssystem hinderte zahlreiche „Schutzbefohlene" (*zimmî*) nicht, ihre Angelegenheiten beim islamischen Kadi vorzubringen. In Galata betraf das im Jahr 1789 30% aller Fälle (v.a. Erbschaft, Scheidung, Vorteile für Juden). Anderswo haben Stichproben in zahlreichen bulgarischen und mazedonischen Orten im 17. Jahrhundert keinen auffälligen Prozentsatz an christlichen Prozeßbeteiligten ergeben.

Katholiken

Obwohl die Katholiken wenigstens in Südost-Europa Verlierer des osmanischen Vormarsches waren, wurden die Franziskaner an ihrer nicht sehr erfolgreichen Missionstätigkeit, insbesondere in Bosnien, nicht gehindert.

Die Mitglieder der nicht-lateinischen Kirchen wurden im 17. und 18. Jahrhundert einer starken Missionstätigkeit durch lateinische Missionare ausgesetzt. Wichtigster Schauplatz war Syrien, wo die Maroniten einen „Brükkenkopf" zu Rom bildeten. Zwar wurden die Maroniten erst im 19. Jahrhundert förmlich als *millet* anerkannt, doch waren sie von den osmanischen Statthaltern in Syrien *de facto* seit dem frühen 17. Jahrhundert als Religionsgemeinschaft behandelt. Bis zum griechischen Aufstand nutzte der Patriarch von Konstantinopel jede Möglichkeit, die Unierten zu den orthodoxen Sakramenten zu zwingen (etwa 1818 in Aleppo), doch nach einem kurzlebigen Sieg hatten die Unierten 1822 die lokale Autonomie ganz gewonnen.

II. Grundprobleme und Tendenzen der Forschung

A. DER GEGENSTAND DER HISTORISCHEN OSMANISTIK

„The greatest task of the present generation of Middle East historians is perhaps to explore the Ottoman world" (A. HOURANI, How should we write the history of the Middle East, in: International Journal of Middle East Studies 23, 1991, 125–136).

1. Osmanistik als Disziplin und ältere Forschungsgeschichte

Osmanistik und Turkologie

Erheblich später als die Nachbarfächer Arabistik und Byzantinistik konnte sich die „Osmanistik" als Wissenschaft von der Geschichte und Kultur des osmanischen Staates in Europa, Nordamerika und Japan als eigenständige Universitätsdisziplin etablieren. Während in der Türkei die osmanische Geschichts-, Literatur- und Sprachwissenschaft seit Bestehen eines modernen Bildungsbetriebs ein Eigenleben entwickelte, hatte die akademische Osmanistik in den meisten anderen Ländern kein von einzelnen Forscherpersönlichkeiten unabhängiges Dasein. In systematischer Hinsicht war und ist das „Fach" Osmanistik zwischen Islamwissenschaft, Geschichte Südosteuropas und der arabischen Welt sowie der Turkologie angesiedelt. Dabei wird „Turkologie" als Bezeichnung für eine Disziplin uneinheitlich verwendet. Einige benutzen ihn als Oberbegriff zu Teilfächern wie Osmanistik, Usbekologie, Tataristik, andere möchten ihn für die allgemeine und vergleichende Wissenschaft der Turksprachen reservieren. Zahlreiche Nachschlagewerke, Handbücher und Zeitschriften dienen zugleich den Islamwissenschaften, der „allgemeinen Turkologie" und der „Osmanistik". Für einige Jahrzehnte traten vorab im deutschsprachigen Raum glänzende Kenner des Osmanischen auf, die im „Hauptfach" Semitistik und Arabistik vertraten (August Fischer, Carl Brockelmann, Gottfried Bergsträsser u. a.). Nur noch wenige Vertreter der in der Zwischenkriegszeit ausgebildete Gelehrtengeneration haben sich sowohl turkologisch (sprachwissenschaftlich) als auch osmanistisch (historisch-kulturwissenschaftlich) betätigt.

Die Anfänge. Hofdolmetscher in Wien

In Wien wurde schon 1541 der Posten eines „turkischen Tulmätschen" geschaffen. Sein erster Inhaber, HANS GAUDIER, genannt Spiegel, übersetzte eine zeitgenössische Fassung der sogenannten altosmanischen Chroniken des Mollâ Çelebî (st. 1550) ins Deutsche: „Chronica oder Acta von der Türkischen Tyrannen herkommen und geführten Kriegen, aus Türkischer Sprachen verdeutschet" (Frankfurt am Main 1567). Noch vor Ende des 16. Jahrhundert wurden weitere Versionen in deutscher und lateinischer Sprache, u. a. der sogenannte *Codex Verantius* durch JOHANNES LEUNCLAVIUS (1541–1594), vorgelegt.

Grammatik und Wörterbücher

Dem Franzosen GUILLAUME POSTEL verdanken wir nicht nur die erste Grammatik des klassischen Arabisch, sondern auch einen Abriß des Türkischen (1575). Seine mehrfach aufgelegte Schrift „De la République des Turcs" (1560) zeichnet ein Idealbild des zeitgenössischen Osmanen-Staats, den er aus zwei „très long déplacements" aus eigener Anschauung kannte. Das älteste im deutschen Sprachraum erschienene osmanische Lehrbuch ist das Werk des Polyhistors HIERONYMUS MEGISER (1612). Von überragender Bedeutung ist das zuerst zwischen 1680 und 1687 gedruckte türkisch-arabisch-persisch-lateinische Wörterbuch des Wiener Hofdolmetschen FRANZ VON MESGNIEN MENINSKI (1623–1698). Dieser monumentale „Thesaurus Linguarum Orientalium Turcicae-Arabicae-Persicae" ist ein bis heute zu konsultierendes Hilfsmittel der Osmanistik. [1, 2: KREISER]

Sprachschulen

Nach dem Vorbild Venedigs, das schon 1551 eine *Scuolo de Giovani di Lingua* für orientalische Sprachen in Istanbul eingerichtet hatte, gründete der französische Minister Colbert auf Verlangen der Handelskammer von Marseille 1669 eine Anstalt für die Ausbildung künftiger Dragomane. Die Blütezeit dieser Schule liegt zwischen 1721 und 1762 [3: HITZEL]. Der vormalige Dolmetscher und Geschäftsträger Schwedens in Istanbul, IGNACE MOURADGEA D'OHSSON, verfaßte die wichtigste, bis heute nicht ganz ausgeschöpfte Darstellung der religiösen und rechtlichen Grundlagen des „Empire Othoman" (1788–1824) bis zum Erscheinen von HAMMERS Werk [4: BEYDILLI]. Auch neuere Autoren [wie 288: GIBB u. BOWEN] beziehen sich, mit einiger Berechtigung, auf dieses Hauptwerk. In Wien bestanden seit 1674 Türkischkurse an der Universität. 1754 nahm die „K. k. Akademie der Orientalischen Sprachen" ihre Tätigkeit auf. Ihre Zöglinge sollten in der Geschichte der habsburgisch-osmanischen Beziehungen eine wichtige Rolle spielten. Der Prominenteste unter ihnen, JOSEPH VON HAMMER (ab 1835 HAMMER-PURGSTALL, 1774–1856), gilt als der eigentliche Begründer der wissenschaftlichen Osmanistik. Er verfaßte die monumentale „Geschichte des Osmanischen Reiches, grossentheils aus bisher unbenützten Handschriften und Archiven" [225] und leistete Bedeutendes für Grundwissenschaften, Literaturgeschichte und Topographie. Als Hofdolmetsch und in der Staatskanzlei tätig, hatte er einen direkten Zugang zu „viertausend osmanischen Staats- und Geschäftsschreiben, Diplomen und anderen Urkunden" im k.k. Hausarchiv. In

Paris, Berlin, London

Paris wurde 1795 die „École Nationale des Langues Orientales Vivantes" eröffnet, während es in Deutschland bis zum 1887 in Berlin gegründeten Seminar für Orientalische Sprachen keine Spezialausbildung für das Osmanisch-Türkische gab. Am S.O.S. waren die ersten „hauptamtlichen" Spezialisten für osmanische Vergangenheit und Gegenwart tätig (Martin Hartmann, Friedrich Giese) bzw. haben dort Türkisch-Diplome erworben (Theodor Menzel, Gotthard Jäschke). Die School of Oriental Languages der Londoner Universität folgte mit großer Verspätung nach dem Ersten Weltkrieg.

Ältere Forschungsgeschichte

Die Beherrschung der drei Hauptsprachen des islamischen Orients (Arabisch, Persisch, Türkisch) bildete die Voraussetzung für die Arbeit der gelehrten Verfasser von Katalogen osmanischer Handschriften (EDGAR BLOCHET, GUSTAV FLÜGEL, JOSEPH AUMER, WILHEM PERTSCH, CHARLES RIEU u. a.) und der Lexikographen (neben dem schon genannten MENINSKI v.a. ALEXANDRE HANDJÉRI, JAMES REDHOUSE [5: FINDLEY], JULIUS ZENKER). In Deutschland zählte GEORG JACOB (1862–1937), zunächst in Erlangen, dann in Kiel zu den wenigen Arabisten, die sich stärker osmanischen Studien zuwandten. 1921 begründeten FRIEDRICH VON KRAELITZ-GREIFENHORST (1876–1932) und PAUL WITTEK (1894–1978), denen sich 1923 FRIEDRICH GIESE (1870–1944) anschloß, die erste Fachzeitschrift außerhalb der Türkei. Den „Mitteilungen zur osmanischen Geschichte" war zwar nur ein kurzes Leben beschieden (2 Bände zwischen 1922 und 1926), sie signalisierten aber die Emanzipation von einer von semitistischen und arabistischen Themen beherrschten akademischen Tradition. Alle drei Herausgeber waren an der Erforschung der ersten osmanischen Jahrhunderte interessiert. KRAELITZ-GREIFENHORST war erster Inhaber einer ordentlichen Professur für „Sprache, Literatur und Geschichte der türkisch-tatarischen Völker" an der Universität Wien.

An einigen wenigen südosteuropäischen (Belgrad, Iaşi) und russischen Universitäten und Akademien sowie in Wien und München (FRANZ BABINGER ab 1948) erfolgte zwischen den dreißiger und fünfziger Jahren eine institutionelle Verfestigung des Faches. An den Forschungsinstituten Frankreichs und Deutschlands in Istanbul, Damaskus, Beirut und Kairo werden seit ein bis zwei Generationen verschiedene Sparten der Osmanistik im Kontakt mit der einheimischen Forschung betrieben. In jüngster Zeit sind nicht zuletzt durch von der türkischen Regierung an britischen und amerikanischen Hochschulen eingerichtete Stiftungsprofessuren (Cambridge/England, Harvard, Princeton, Chicago) neue Standorte des Faches entstanden. Das ändert nichts an der Tatsache, daß die Mehrheit der Osmanisten in Europa in Lehre und Forschung auch mit islamwissenschaftlichen, turkologischen oder zeitgeschichtlichen Themen befaßt ist, während die meisten amerikanischen Osmanisten an historischen Departments tätig sind.

Osmanistik als historische Disziplin

Osmanistik im engeren Sinne ist eine historische Disziplin, deren Gegenstand durch die Ausbreitung des osmanischen Staates in Zeit und Raum bestimmt ist. Sie befindet sich im Austausch mit der abendländischen Mediävistik, der neueren und neuesten Geschichte, der Byzantinistik und der Geschichte Südost- und Osteuropas. Gleichen Rang wie diese Fächer haben die orientalistischen Nachbarwissenschaften, insbesondere die Arabistik, Iranistik und Zentralasienkunde sowie die allgemeine Islamwissenschaft. Ohne das Material in anderen Sprachen zu vernachlässigen, stehen osmanischsprachige Schriftquellen im Mittelpunkt der Forschung. Das moderne Türkische ist die wichtigste Arbeitssprache. Die osmanistische Forschungsliteratur ist darüber hinaus in zahlreichen Sprachen vor allem der Nachfolge- und Nachbarländer des osmanischen Staates abgefaßt (u. a. in Albanisch, allen südslawischen Sprachen, Ungarisch, Georgisch, Armenisch, Arabisch).

Zur Forschungsgeschichte des Gesamtfaches fehlt ein Überblickswerk. Dagegen existieren einige ältere und länderbezogene Darstellungen und Bibliographien [6: Babinger; 9: Tietze; 10: Reed zur Entstehung des Faches in den Vereinigten Staaten]. Biobibliographische Skizzen zu russischen und sowjetischen Osmanisten finden sich in einer Reihe der Turkologie gewidmeten Nachschlagewerken von Kononov. Darüber hinaus hat man sich an die Literatur zu einzelnen Forschern in Form von Festschriften, Nachrufen u.ä. zu halten (vgl. im Abschnitt „Forschungsbetrieb" die Angaben zum „Turkologischen Anzeiger"). Die Zeitschrift „Turcica. Revue d'Études Turques" hat zahlreiche Bibliographien über die Forschung in einzelnen Ländern gedruckt (für Deutschland zuletzt 1994). Gegenwärtig ist die Buchreihe „The Ottoman Empire and its Heritage. Politics, Society, Economy" (Leiden: Brill 1994-) mit fast 20 Titeln der wichtigste Publikationsort von Monographien in nichttürkischer Sprache.

2. Die neuere Forschung in der Türkei

Der Beschluß der gelehrten Gesellschaft *Encümen-i Dânış*, Ahmed Cevdet mit der Abfassung einer allgemeinverständlichen Geschichte im Anschluß an Hammers „GOR" zu beauftragen, ging dessen Ernennung zum Reichshistoriographen (1855) voraus. Das Cevdetsche Geschichtswerk bildet die Klammer zwischen der traditionellen und modernen Geschichtsdarstellung in der Türkei. Das Gründungsdatum der „Gesellschaft für die Erforschung der osmanischen Geschichte" (*Târîh-i Osmânî Tetkîk Encümeni/TOTE*) im Jahre 1910 ist ein weiterer einschneidender Terminus für die planmäßige wissenschaftliche Erschließung der osmanischen Quellen. In der Person ihres Präsidenten und letzten Reichshistoriographen Abdurrahmân Şeref (1853–1925) wurde der Zusammenhang mit der traditionellen Geschichtsschreibung verkörpert. Die Gesellschaft stellte sich die Aufgabe, „eine vollkommene Osmanen-Geschichte zu schaffen und auf die osmanische Geschichte bezügliche Schriften, Dokumente und Verzeichnisse im Druck herauszugeben". Die Zeitschrift der TOTE, *Târîh-i*

Osmânî Encümeni Mecmû'ası (*TOEM*, ab Nr. 78/1925: *Türk Târîhi Encümeni Mecmuası*/TTEM), kann weltweit als das erste Fachorgan der Osmanistik gelten (1910–1925). Als Anhang zur ihr erschienen die ersten kritischen Quellenausgaben wie die Chroniken des Âşıkpaşa -Zâde oder des Dursun Bey [7: İğdemir].

Geschichte im Unterricht

Der Polyhistor Ahmed Vefîk Pascha (1823–1891) hielt öffentliche Geschichtsvorlesungen am „Haus der Wissenschaften" (*Dârülfünûn*). Sein 1869 zum ersten Mal aufgelegter „Abriß der osmanischen Geschichte" (*Fezleke-i Târîh-i Osmânî*) ist ein höchst repräsentatives Produkt der Epoche. Das Fach Geschichte wurde im selben Jahr 1869 in die Lehrpläne der staatlichen Schulen aufgenommen. Aus den zahlreichen Textbüchern ragen Abdurrahmân Şerefs Fibeln und die „Allgemeine Geschichte" (*Târîh-i umûmî*) von Ahmed Refîk [Altınay] (1880–1937) hervor. An der reformierten Istanbuler Universität wurde seit 1915 von dem deutschen Konsul und Orientalisten J. H. Mordtmann erstmalig eine „Einführung in die Methodologie der Geschichtswissenschaft" angeboten.

Von der TOTE zur TTK

Die „Gesellschaft für Erforschung der türkischen Geschichte" (*Türk Tarihi Tetkik Cemiyeti*) als republikzeitliche Nachfolgerin der TOTE (1931, ab 1935 unter dem Namen *Türk Tarih Kurumu/TTK*) hatte sich die Aufgabe gestellt, verbindliche Lehrbücher und Überblickswerke für Studierende und eine breitere Öffentlichkeit herauszugeben. Ihre offiziöse „Türkiye Tarihi" in vier Bänden (Istanbul 1931) räumte der osmanischen Epoche einen verhältnismäßig bescheidenen Raum ein. Die umfangreicheren Osmanenbände der weltgeschichtlichen Serie der TTK (*Dünya Tarihi*) wurden dem konservativen Historiker İ. H. Uzunçarşılı bis zum Jahr 1789 anvertraut, während die bis zum Jahr 1918 reichenden Teile von dem kemalistisch orientierten Enver Ziya Karal stammen [229: Uzunçarşılı u. Karal]. Nach der Schließung des *Dârülfünûn* und seiner Wiedereröffnung als *İstanbul Üniversitesi* (1933), die mit der Entlassung des produktiven Ahmed Refîk verbunden war, verlagerte sich hier wie an der in Ankara neubegründeten „Fakultät für Sprache und Geschichte-Geographie" (1935) der Forschungsschwerpunkt auf vorosmanische Themen (mittelalterliches Kleinasien, vorislamisches Zentralasien, altorientalische Archäologie und Philologie) [8: Strohmeier]. Schon beim ersten Kongreß der Gesellschaft (Ankara 1932) wurde die Istanbuler Professorenschaft durch nichtakademische Mitglieder der TTTC marginalisiert.

Wenn man im Einzelfall sehr verdienstvolle populäre Darstellungen, Lokalmonographien und bestimmte Quellentexte nicht einbezieht, teilten sich in der Türkei für lange Zeit die TTK und die Fakultäten der einzelnen Hochschulen die historiographische Produktion. Seit 1980 engagieren sich zunehmend Stiftungen als Herausgeber. Nicht zu vernachlässigen sind inzwischen auch Publikationen einzelner Ministerien, Stadtverwaltungen [z. B. 167], der staatlichen Archive und von Museen. Die unabhängige „Stiftung für Wirtschafts- und Sozialgeschichte der Türkei" (*Türkiye Ekonomik ve Toplumsal Tarih Vakfı*) entfaltet eine lebhafte

Publikations- und Ausstellungstätigkeit. Es wird freilich beklagt, daß die öffentlichen Herausgeber den durchaus anerkannten Bedarf nach Vorlage wichtiger Primärquellen – und sei es in Form faksimilierter und durch Indices erschlossener Handschriften – nur zögerlich erfüllten. Bisher zeichnet sich der Plan einer „Monumenta Turciae Historica" nur vage ab.

Historiographie-Kritik

Beiträge zur kritischen Würdigung der Osmanistik in der frührepublikanischen Türkei sind erst in jüngster Zeit entstanden. Das Jubiläumsjahr 1999, in dem man des 700jährigen Bestehens des Osmanenstaats gedachte, war Anlaß für zahlreiche Symposien, Konferenzen, Sammelbände, Sonderhefte von Zeitschriften usw. [vgl. 233]. Über die Schule des Istanbuler Historikers und Literaturwissenschaftlers Mehmed Fuad Köprülü (1890–1966) hat Halil Berktay einen engagierten Beitrag verfaßt [11]. Zur Herausbildung der amtlich-verbindlichen (*resmî*) Geschichtsthese der kemalistischen Periode (1927–1937) haben sich in den letzten Jahren u. a. Büşrâ Ersanli Behar, Zeki Arikan und İlber Ortayli geäußert. Sie macht der frührepublikanischen Historiographie den Vorwurf, die Vielfalt der osmanischen Geschichtsschreibung der politischen Instrumentalisierung vor dem Hintergrund von Laizismus und Positivismus geopfert zu haben. Eine kritische Haltung zur Vermittlung von osmanischer Geschichte im Schulunterricht zeichnet S. Özbaran aus [12]. Der Nestor der internationalen Osmanistik H. İnalcik verfaßte eine aufschlußreiche Selbstdarstellung seines wissenschaftlichen Werdegangs [13].

3. Die historischen Schulen der südosteuropäischen Nachfolgestaaten

Griechenland

Kiels Untersuchung über Mittelgriechenland unter Süleymân I. skizziert auch den sich allmählich verbessernden Stand der griechischen und internationalen Forschung, seit F. Babinger den Artikel „Atina" für die zweite Auflage der „Encyclopædia of Islām" (1960) verfaßte. „Die Tragödie des süleymanischen Zeitalters in Griechenland", besteht darin, daß nur für seine letzten Jahrzehnte eine Fülle an Quellen zur Verfügung steht. Bauzeugnisse und osmanische Archivalien erlaubten aber, diese Epoche, wenn nicht als ein „goldenes", so wenigstens als ein „silbernen" Zeitalter zu bezeichnen [678: Kiel].

Intensiver als in Griechenland und in der arabischen Staatenwelt haben sich Historiker Ungarns, Bulgariens, Jugoslawiens, Rumäniens und Albaniens der Erschließung osmanischer Materialien zugewandt, unabhängig davon, ob sie in eigenen oder in den türkischen Zentralarchiven lagern. Parallel dazu fand eine lebhafte Übersetzungstätigkeit statt. Als Beispiele kann man die Serien osmanischer Geschichtsschreiber in ungarischer (*Török történetírók*) bzw. rumänischer Auswahlübersetzung nennen, die zahlreichen Übertragungen aus dem Reisewerk Evliyâ Çelebîs [134: Dankoff u. Kreiser] ins Serbische bzw. Kroatische, die Erschließung von Kadi-Amtsregistern für die mazedonische Sozial-

und Wirtschaftsgeschichte und vieles mehr. Ein bedeutender Teil der bei der Bulgarischen Akademie der Wissenschaften aufbewahrten Archivalien stammt aus dem Istanbuler Archiv, das 1931 dorthin Bestände als Altpapier verkaufte [14: Başbakanlık Devlet Arşivi]. Entsprechend unzusammenhängend sind die Sofioter Osmanica.

Bulgarien und die jugoslawischen Teilrepubliken Mazedonien und Bosnien-Herzegowina waren die einzigen Nachfolge-Staaten, die eigene osmanische Serien in ihre amtlichen Quelleneditionen aufnahmen. [89: Boškov; 90: Monumenta Turcica]. Der Band „Die Staaten Südosteuropas und die Osmanen" [15: Majer] vereinigt mehrere gelungene Artikel zur südosteuropäischen Historiographie der Osmanenzeit (B. Papoulia, S. Pulaha, M. N. Todorova, O. Zirojević). Forschungsberichte finden sich regelmäßig im *Turkologischen Anzeiger* unter „AB. Forschungsbetrieb".

4. Bibliographische Hilfsmittel, Zeitschriften, Kongresse

Bibliographien

Ein Führer durch die Bibliographien der Turkologie bildet das Handbuch von Gy. Hazai und B. Kellner-Heinkele [16]. Hier liegt zwar der Schwerpunkt auf den Turkvölkern der ehemaligen Sowjetunion, doch sind die Abschnitte über die bibliographischen Nachschlagewerke, einschließlich der Nationalbibliographie der Türkei, und vor allem zur türkischen Buchproduktion (bis zur Einführung der Lateinschrift 1928) von großem Nutzen. Das gilt auch für den Teil „Orientalistische Bibliographie einzelner Länder". In einem 2. Band sollen u. a. Bibliothekskataloge, Körperschaften, Personalbibliographien behandelt werden.

Einen vollständig osmanistischen Standpunkt nimmt die allerdings auf Südosteuropa beschränkte *Bibliographie raisonée* im Rahmen des Südosteuropa-Handbuchs ein [17: Kreiser]. Hier werden auch allgemeine Werke zur Osmanischen Geschichte behandelt. Weitere erschienene Teile behandeln Mazedonien und Albaner. Auf Südosteuropa konzentriert sich auch die Bibliographie von Kornrumpf, die zwar nicht annotiert, aber nach Sachgruppen und dem Verfasseralphabet geordnet ist [18: Kornrumpf].

Seit dem Erscheinungsjahr 1973 (zunächst als Beiheft zur „Wiener Zeitschrift für die Kunde des Morgenlandes") erfaßt der „Turkologische Anzeiger" vorrangig Veröffentlichungen auf dem Gebiet der osmanisch-türkischen Sprache, Literaturgeschichte und Geschichte (einschließlich des vorosmanischen Kleinasiens). Der „TA" ist inzwischen ein jährlich ca. 2000 Titel umfassendes Hilfsmittel, das auch Forschungsliteratur in „kleinen Sprachen" (wie Albanisch oder Georgisch) berücksichtigt. Titel aus anderen Sprachen als Deutsch, Englisch, Französisch oder Italienisch werden übersetzt. Der TA enthält auch Rezensionen und bei nicht aussagekräftigen Titeln kurze sachliche Hinweise. Nur zur ungarischen Turkologie nach 1945 gibt es eine größere selbständige Bibliographie [19: Kakuk].

Zeitschriften Die nicht-türkischsprachige Zeitschriftenliteratur zur Osmanistik ab 1905 ist im „Index Islamicus" mit seinen Supplementen unter „Turkey: History" zu einem bemerkenswerten Teil erfaßt (die Fortsetzungen ab 1976 schließen Monographien ein, sind jedoch weit entfernt von der Vollständigkeit des TA). Eine besonders nützliche Erweiterung des *Index Islamicus* für die Jahre 1695–1906 wurde von W. H. Behn (1989) aufgrund der Durchsicht von 695 Periodika geleistet. Die ältesten europäischen orientalistischen Periodika enthalten sehr häufig osmanistische Beiträge (Fundgruben des Orients, Journal Asiatique, Zeitschrift der Deutschen Morgenländischen Gesellschaft usw.). Die früheste ausschließlich osmanischen Themen gewidmete Zeitschrift ist die schon genannte *Târîh-i Osmânî Encümeni Mecmûası*. Alle Beiträge sind osmanisch, trotz des französischen Paralleltitels „Revue historique publ. par L'Institut d'histoire ottomane" (TOEM 1326 M./ 1910). Fortgesetzt als Türk Târîh Encümeni Mecmûası, stellte sie 1931 ihr Erscheinen ein. Die wichtigste allgemeinhistorische Zeitschrift der Türkei kommt seit 1937 als Organ der Geschichtsgesellschaft (Türk Tarih Kurumu) unter dem Titel „Belleten" heraus. Die türkische Geschichtsgesellschaft veröffentlicht eine weitere Zeitschrift, die v.a. der Edition von Urkunden und Registern gewidmet ist (*Belgeler*, 1964-). Sie ersetzt die ähnlich angelegte Tarih Vesikaları (1941–1949, 1955–1961) des Erziehungsministeriums. Osmanische Themen überwiegen in den langjährigen und angesehenen Zeitschriften der Universität Istanbul (v.a. Tarih Dergisi, Tarih Enstitüsü Dergisi). In der Türkei erscheinen zwei weitere auschließlich osmanischen Inhalten gewidmete Zeitschriften: das privat herausgegebene Journal of Ottoman Studies/Osmanlı Araştırmaları (1980-) und Osmanlı Tarih Araştırma ve Uygulama Merkezi Dergisi (OTAM), die Zeitschrift des Forschungszentrums für osmanische Geschichte der Universität Ankara (1990-). Eine thematisch breite Monatsschrift ist Tarih ve Toplum (1984-) und ihr Gegenstück (gleichzeitig als Mitteilungsblatt der „Stiftung für Geschichte") Toplumsal Tarih (1994-). Beide Organe haben sich zu kritischen Foren im Gegensatz zu einer als „schulmäßig" (*mektepli*) denunzierten Historiographie entwickelt. Das einzige derzeitige internationale Organ für Osmanistik wurde 1969 begründet (Archivum Ottomanicum). Zahlreiche osmanistische Beiträge enthalten darüber hinaus Periodika wie Die Welt des Islams (Leiden), Südost-Forschungen (München), International Journal of Middle East Studies (Cambridge/Mass.) und die Zeitschriften der südosteuropäischen Historiker und Orientalisten.

Kongresse Die osmanistischen Sektionen der Kongresse für türkische Geschichte am Sitz der TTK in Ankara waren bis in die siebziger Jahre auch für die internationale Osmanistik der wichtigste Begegnungsort. Mit der Gründung des *Comité international d'études préottomanes et ottomanes* entstand eine eigene Veranstaltungsreihe für Osmanistik im weiteren Sinn (zuerst Neapel 1974). Schon drei Jahre später tagte als Ausdruck der am stärksten expandierenden Richtung der Osmanistik der „International Congress on the Social and Economic History of

Turkey" (zuletzt Çeşme 2000). Die Akten der Internationalen Kongresse für Türkische Kunst enthalten überwiegend osmanisches Forschungsmaterial. Die Vorträge der ersten zehn Kongresse erschienen in Buchform (zuletzt Genf 1999).

Fachverbände

Die Mehrheit der Osmanisten gehört den traditionellen Verbänden an (Royal Asiatic Society 1821, Sociéte Asiatique 1823, Deutsche Morgenländische Gesellschaft 1845) bzw. ihren neuen europäischen Dachorganisationen (Eurames). Die Turkish Studies Association in den Vereinigten Staaten mit ihrem Organ Turkish Studies Association Bulletin ist der international aktivste Zusammenschluß von Turkologen, unter denen historische Osmanisten einen wichtigen Platz einnehmen.

5. Grund- bzw. Hilfswissenschaften

Epigraphik

Die historischen Hilfswissenschaften wie Epigraphik oder Diplomatik haben sich dort am weitesten entwickelt, wo sie mit den methodischen Fortschritten der außerosmanischen Disziplinen Schritt halten. Das hochentwickelte Inschriftenwesen der Osmanen hat wenige Spezialisten angezogen [20: Kreiser]. Ihr historischer, insbesondere prosopographischer Quellenwert ist jedoch beträchtlich. In kaum einer Quellengattung (Stiftungsurkunden ausgenommen) finden sich so viele Frauen repräsentiert. Mehmed Süreyyâs „Osmanische Nationalbiographie" [50] beruht zu einem beträchtlichen Teil auf der Aufnahme Istanbuler Grabstelen prominenter Persönlichkeiten. Die historischen Inschriften der osmanischen Länder sind nur zu einem geringen Teil in den Korpuswerken erfaßt. Eine von der Generaldirektion des Stiftungswesens angestrebte Erfassung der Inschriften der Türkei ist nach dem vierten Band (Adana-Bursa) eingestellt worden. Bauinschriften finden sich jedoch in großer Zahl in orts- und baugeschichtlichen Monographien [wie 782: Ayverdi]. Methodisch befriedigende Aufnahmen sind selten [21: Dijkema]. Außerhalb der türkischen Grenzen sind die Verhältnisse nicht besser. Eine bemerkenswerte Ausnahme bilden die Sammlungen von Grabinschriften Sarajevos und anderer Teile Bosniens durch N. Mujezinović [22]. Sehr wenig ist bisher in den arabischen Provinzen geschehen [23: Gaube; 24: Colin]. Eine Sammlung der Inschriften Kairos in osmanischer Zeit ist Gegenstand eines neuen Projekts der American University in Kairo. Vor allem Istanbuler Friedhöfe bilden die Grundlage für die Untersuchungen von H.-P. Laqueur und einer internationalen Forschergruppe (25: H.-P. Laqueur; 55: Bacqué-Grammont). Weitere „mezarologische" (in Analogie zu „Defterologie" = Registerkunde vom Wort *mezâr* = „Grab" gebildeter neuer osmanistischer Fachterminus) Arbeiten werden in der Serie *Stelæ turcicæ* vorgelegt (als Monographien und in der Zeitschrift des französischen Instituts in Istanbul Anatolia moderna/Yeni Anadolu). Der besonders enge Zusammenhang zwischen Inschriftenwesen,

Stiftertätigkeit und Divan-Literatur wird in einem Werk zu den Brunnen der Zeit Ahmeds III. sichtbar [26: Aynur u. Karateke].

Kalligraphie

Kalligraphie galt bei den Osmanen neben der Poesie als die künstlerische Ausdrucksform *par excellence*. Die Pflege der „sechs Dukten" (*aklâm-i sitte*) wurde bis zum Ende des Staates in den Hauptstädten und Prinzenresidenzen (Amasya) betrieben. Die lebensgeschichtliche Erfassung osmanischer Schönschreiber war das Anliegen zahlreicher Sammelwerke wie İbnül Emîn Mahmûd Kemâls *Tuhfe-i Hattâtîn*. Die moderne Forschung ist u. a. mit dem Namen von M. Uğur Derman verbunden. Für einen gedrängten Überblick vergleiche man den Abschnitt Turkey in EI[2] iv von A. Alparslan s.v. K̲h̲aṭṭ.

Numismatik

Stanley Lane-Pool hat für das Britische Museum einen der frühesten Münzkataloge verfaßt. Auch die Sammlungen des Istanbuler Antiken-Museums haben schon in den letzten Jahren des Osmanenstaats einen Bearbeiter gefunden (Halil Edhem 1915, später İ. und C. Artuk). Eine deutschsprachige, nur vorläufig heranzuziehende Einführung in die osmanische Numismatik stammt von Schaendlinger [27]. Laufende Ergebnisse der osmanistischen Numismatik veröffentlicht die Zeitschrift *Türk Numismatik Yayınları/The Turkish Numismatic Society. Bülten*. Für das Spezialgebiet der Gegenstempel auf Münzen liegt eine neue Monographie vor [28: Wilski]. Die osmanistische Numismatik litt lange unter dem Fehlen einer allgemeinen Münzgeschichte des islamischen Orients, aber auch unter ungenügender Kenntnisnahme der Ergebnisse der Finanzgeschichte [vgl. aber jetzt 585: Pamuk]. Zu den ersten osmanischen „Banknoten" (*kâ'ime*), bei denen es sich eigentlich um Schuldverschreibungen handelt, sind zwei Monographien erschienen [29: Erol; 30: Akyıldız]. Über osmanische Philatelie kann man sich Teil 1 eines „Handbook of Turkish Philately" [32: Birken] unterrichten.

Sigillographie, Ordenskunde

Von Siegeln haben sich ungezählte Abdrücke, selten aber die Originale erhalten. M. Kütükoğlu [43] informiert über Siegeltypen und ihre Verwendung in der Verwaltung. G. Kut und M. Bayraktar verfaßten eine Monographie über Siegel in gestifteten Büchern [31]. Medaillen erscheinen bereits unter Mahmûd I. Erst im 19. Jahrhundert entwickelte sich ein Ordenswesen nach europäischem Muster [J. Landau, Art. Nis̲h̲ân in EI[2]].

Chronologie

Zum Rüstzeug des Osmanisten gehört die Kenntnis der islamischen Zeitrechnung und die Fähigkeit, entsprechende Tabellen (bzw. Computer-Software) zu benutzen. Besondere Probleme bereitet der parallele Kalender, der zunächst nur für das Finanzjahr (*malî sene*) Gültigkeit hatte. Neben handlichen Umrechnungstabellen, die dem Benutzer das Auszählen von Tagen allerdings nicht ersparen, bietet sich ein fünfbändiges Tabellenwerk zum bequemeren Nachschlagen an [33]. Ein auch bei Osmanisten gut eingeführtes elektronisches Umrechungsprogramm heißt „Computus Calender Conversion " und wurde von Dr. Gerhard Behrens entwickelt. Zwischen den Schaltjahren des astronomischen Finanzjahrs und den Soldzahlungen an das Janitscharen-Corps, die dem kürzeren Hicrî-Jahr entsprachen, besteht ein wichtiger Zusammenhang, auf den die Forschung durch H. Sahillioğlu aufmerksam wurde. Im weiteren Sinn zur Zeitrechnung gehört die Lehre von den Chronogrammen. Diese „Datumsverse" treten überaus häufig in den Quellen auf [34: Yakut].

Die allgemeinen Einführungen in das „islamische" Maß- und Gewichtssystem reichen für die zeitlich und regional äußerst differenzierte osmanische Metrologie nicht aus. Das Hauptverdienst bei der vorläufigen Ordnung der Systeme kommt H. İnalcik zu [35]. Eine praktische Übersicht ist seiner Wirtschafts- und Sozialgeschichte beigegeben [581: İnalcik u. Quataert]. Über die langwierige Übernahme des westlichen Maßsystems schrieb F. Günergun [36]. Sie weist eine Vermutung İnalciks zurück, es habe im 19. Jahrhundert eine religiös motivierte Abneigung gegen das westliche Maßsystem gegeben. Metrologie

Mit der wissenschaftlichen Bearbeitung von 24 Originalurkunden aus der zweiten Hälfte des 15. Jahrhunderts hat Friedrich Kraelitz-Greifenhorst 1924 die Lehre von der osmanischen Diplomatik begründet. Vorbildlich für die entwickelteren Merkmale des 16. Jahrhundert wurde Feketes „Einführung in die osmanisch-türkische Diplomatik" von 1926 [37]. Ebenso hat der ungarische Gelehrte im Jahr 1955 eine bahnbrechende und umfangreiche Darstellung der sogenannten *Siyâkat*-Schrift der türkischen Finanzverwaltung erarbeitet. Eine Aufsatzserie von Wittek löste fruchtbare Kritik an den frühen osmanischen Urkunden aus [42]. Die wichtigste Reaktion auf diese klassischen Analysen ist Beldiceanu-Steinherrs Buch [38], wo auch die älteste Originalurkunde (ein Stiftungsakt Orhans in persischer Sprache zugunsten einer Derwischklause im Ort Mekece) vom März 1324 behandelt wird. Zahlreiche andere Veröffentlichungen sind Mischformen von Lehrbuch, Quellenausgabe und Wissenschaftsgeschichte, enthalten aber zum großen Teil nützliche Beobachtungen und Einzeldokumente [39: Guboglu; 40: Nedkov; 41: Reychman/Zajackowski]. Besondere Aufmerksamkeit hat die Forschung dem Beglaubigungsmittel der Tughra (*tuğra*) gewidmet (EI^2 x, s.v. Tughra). Eine erwünschte Zusammenfassung und deutliche Erweiterungen unserer Kenntnis der archivalischen Gattungen und der Struktur der Zentralverwaltung bietet Mübahat Kütükoğlus Handbuch [43]. Dieses Standardwerk befaßt sich mit Schreibmaterialien, Beglaubigungszeichen, sultanischen und sonstigen Urkunden. Vor allem bietet es die erste zusammenfassende Darstellung des Geschäftsganges zwischen Zentralverwaltung und den Provinzen, aber auch innerhalb der Zentrale, des Petitionswesens und verschiedener Rechtsorgane. Diplomatik

Stojanov [44] hat den Versuch einer Gesamtdarstellung von 60 Jahren der internationalen Forschung zur osmanisch-türkischen Paläographie unternommen. Obwohl seine Bibliographie einige wichtige Lücken aufweist, wurden an keiner anderen Stelle so zahlreiche Einzeltitel (ca. 1400!), die fast alle zum engeren Thema gehören, aufgelistet. Der besondere Wert der Arbeit liegt in der Würdigung bulgarischer Forschungsleistungen, insbesondere von Nedkov [40]. Paläographie

Epistolographie

Das 1575 dem Sultan überreichte berühmte *inşâ*-Werk Ferîdûns „Münşe'ât üs-selâtin" wurde im 19. Jahrhundert zweimal gedruckt, jedoch fehlt noch immer eine kritische Ausgabe [45: Holter]. Um eine Abgrenzung der eigentlichen osmanischen *inşâ*-Werke von anderen Briefsammlungen war J. Matuz bemüht, der gleichzeitig auf einige herausragende Vertreter der Gattung hinwies [46]. Privatbriefe wurden selten ediert [47: Fekete]. Eine viel beachtete Ausnahme bilden die sehr persönlichen Korrespondenzen der Sultane mit ihren Favoritinnen [48, 49: Uluçay].

Familiengeschichte, Prosopographie

Als osmanische „Nationalbiographie" wurde Mehmed Süreyyâs (1845–1909) *Sicill-i Osmânî yâhûd Tezkire-i Meşâhir-i Osmânîye* bezeichnet [50]. Das 1890–1899 in vier Bänden gedruckte Werk vereinigt 17000 Kurzbiographien von (fast ausnahmslos muslimischen!) Osmanen. Eine neue Ausgabe in lateinischer Schrift erleichtert, nicht zuletzt durch einen Index, den Zugang. Mehmed Süreyyâ hat einen sehr großen Teil der älteren bio-bibliographischen Sammelwerke, daneben auch das reiche biographische Material der Istanbuler Grabstelen, ausgewertet. Die Frage, ob das Werk im Auftrag des Sultans in Angriff genommen wurde, scheint noch nicht geklärt. Abgesehen von den Untersuchungen zum Herrscherhaus selbst [51: Alderson; 52: Öztuna; 53: Peirce], zu einigen bedeutenden Wesirsfamilien wie den Candarlı [54: Uzunçarşili], Sokullu [55: Bacqué-Grammont] bzw. Köprülü [M. T. Gökbilgin, Art. Köprülüler, in İslâm Ansiklopedisi vi] und etlichen landsässigen, v.a. anatolischen Familien [597: Nagata; 599: Sakoğlu] gibt es nur sehr wenige familiengeschichtliche Arbeiten. Nur ein handbuchartiges Werk erfaßt zahlreiche große Häuser, wenn auch ohne Angabe seiner Quellen [57: Öztuna]. Prosopographische Arbeiten über einzelne Epochen sind noch selten [58: Reindl; 59: Kuneralp].

Historische Kartographie

Die umfangreichste, nur teilweise überholte Einführung in die geographische Literatur der Osmanen stammt von dem großen russischen Arabisten I. J. Kračkovskij [69]. Zur Kartographie, insbesondere zu den wichtigen Seeatlanten (Portolane) und Belagerungsplänen, kann auf die aktuellen osmanistischen Beiträge zu Harley und Woodward verwiesen werden [62: Karamustafa e. a.]. Zahlreiche Arbeiten existieren zur ältesten Karte des neuen Kontinents [Kreiser, Art. Pîrî Re'îs in: Lexikon zur Geschichte der Kartographie, Wien 1986]. Dem erstaunlichen, aber nie „verwendeten" osmanischen Wissen von Amerika hat sich Goodrich zugewandt [63]. Die historische Osmanistik arbeitet noch ohne befriedigende kartographische Hilfsmittel. Nicht mehr als einen Notbehelf bildet der Atlas von D. E. Pitcher [64]. Brauchbare Übersichten haben F. Babinger („Großer Historischer Weltatlas", München 1957) und W. C. Brice („An Historical Atlas of Islam", Leiden 1981) entworfen. Bei Brice (S. 29–34) findet man einige besonders namenreiche und thematisch interessante Karten (wie „Anadolu and Rumeli in the later C17"). Detaillierter sind die Osmanen-Karten des „Tübinger Atlas für den Vorderen Orient" [65].

Geschichtsatlanten

Noch vor Untergang des osmanischen Staates wurden für praktische Zwecke Konkordanzen für die wichtigsten Siedlungsnamen zusammengestellt [66: Mostras]. Eine osmanische Ortsnamenkonkordanz für Südosteuropa erscheint seit den 1970er Jahren [Kreiser, Krüger, Strauss, Kiel]. Sie ist eine Fortführung und Erweiterung der „Tabula Imperii Byzantini" (Hg. v. H. Hunger, Wien 1976-). Für die anatolischen und arabischen Landesteile existieren nur wenige Hilfsmittel. Hervorzuheben sind aber die Arbeiten der Defterologen, v.a dort, wo sie Siedlungsvergleiche beinhalten [z. B. 150: Hütteroth u. Abdulfattah]. Historische Toponymie

6. Osmanistik und Nachbargebiete

Die Osmanistik bearbeitet einige Gegenstände gemeinsam mit anderen Disziplinen. Dies gilt unter anderem für die Historische Geographie bei der Rekonstruktion des Siedlungsbildes, insbesondere in den quellenreichen Epochen des 16. und des 19. Jahrhunderts. Die osmanischen Länder werden von X. de Planhol im Rahmen seiner „Kulturgeographischen Grundlagen der islamischen Geschichte" umfassend behandelt [67]. Auch die Landeskunde des historischen Geographen Hütteroth enthält erwartungsgemäß wichtige Beobachtungen zur osmanischen Vergangenheit [68]. Zu den Konjunkturen der Siedlungsentwicklung haben sich mehrere Geographen geäußert [70: Höhfeld]. Fragen des Bewaldungspotentials und damit des anthropogenen Charakters der Versteppung sowie der Erosion überhaupt wurde häufig von geomorphologischer und pflanzengeographischer Seite angesprochen (Louis, Şahin). Ambraseys u. Finkel [72] förderten die historische Erdbebenforschung mit osmanischem Material. Seit dem Erscheinen von J. M. Groves Buch über die allgemeine Wetterverschlechterung des 17. Jahrhunderts (The Little Ice Age, New York 1988) haben sich mehrere Osmanisten über einen möglichen Zusammenhang von Bevölkerungsrückgang und Klima geäußert. Geographie

Das Hauptaugenmerk der türkischen Kunstgeschichte gilt dem seldschukischen Anatolien. Von osmanischer Archäologie als einer „Spatenwissenschaft" kann man erst seit kurzem sprechen. Es gibt nur spärliche Befunde von frühosmanischen Plätzen wie Karaca Hisâr oder İznik. „Anregungen für weitere, vertiefende Studien" einer Industriearchäologie hat W. Müller-Wiener [71] gegeben. Der Artikel berührt Themen wie Bergbau, die Herstellung von Baumaterialien, Mühlen, Fabriken des Militärs und von privaten Unternehmern. Archäologie

Spätbyzantinische und frühosmanische Geschichte bilden vom späten 13. Jahrhundert bis zum Fall von Trapezunt (1461) eine historische Einheit. Dabei muß die byzantinische Chronistik das fast vollständige Fehlen von zeitgenössischen türkischen Quellen z. T. ausgleichen. So stand der Chronist Georgios Sphrantzes als Gouverneur wichtiger Städte und Diplomat seit 1424 in Kontakt mit den Türken. Sein Werk umfaßt den Zeitraum 1281–1481. Kritobulos aus Byzantinistik

Imbros schilderte in seinen „Historiai" die Ereignisse der Jahre 1457–1461. Sie sind „nur nach Sprache... ein Zeugnis griechischer Historiographie. Seiner Tendenz nach gehört das Werk, wie schon die Widmung an Sultan Mehmed II. bekundet, bereits ins Œuvre osmanischer Geschichtsschreibung" (P. WIRTH). In der Forschung bildete das Dumbarton-Oaks-Projekt [541: BRYER u. LOWRY] eine erste Institutionalisierung der Zusammenarbeit von Byzantinisten und Osmanisten. Die Geschichte von „Byzance après Byzance" (N. IORGA) wird zunehmend unter Heranziehung osmanischer Materialien auch in Griechenland erschlossen (198; 418: ALEXANDER; 682: BALTA). Dasselbe kann mit wenigen Ausnahmen [wie 700: BEYDILLI; 784; 785: TUĞLACI] für die Armenistik nicht gesagt werden. Günstiger ist der Zusammenhang mit den jüdischen Studien [740; 748–751]. Die Integration der Osmanistik in die „allgemeine Geschichte" ist nach wie vor schwach. Stärkere Aufmerksamkeit haben osmanistische Forschungsergebnisse v.a. bei den amerikanischen Vertretern der „World History" gefunden.

Sprachwissenschaft

Sprachwissenschaftliche Erkenntnisse, namentlich aus dem Bereichen Lexikologie, Phonologie und Dialektologie, werden von der historischen Forschung noch wenig herangezogen, obwohl es inzwischen leicht zugängliche Übersichten über die Entwicklung des Osmanischen gibt. Obwohl in den Dialekten „die ganze Sprachgeschichte steckt", stößt die Schaffung einer soliden Quellenbasis „auf nicht geringe Schwierigkeiten", schreibt der ungarische Turkologe HAZAI. „Hinweise kann man hier nur von der untersten, wenn man will ‚vulgären' Schicht des literarischen Schrifttums oder eben von paraliterarischen Texten erwarten" [16, 73: HAZAI, wo auch die bahnbrechenden Arbeiten von G. DOERFER referiert werden]. Einen erfreulichen Aufschwung hat die Lehnwortforschung erfahren, und zwar sowohl für die fremden Elemente im Osmanischen wie zu den Osmanismen in Nachbarsprachen, insbesondere auf dem Balkan. Kulturgeschichtlich ergiebige Beispiele sind u. a. H. KAHANE/R. KAHANE/A. TIETZE [616] und CHR. TZITZILIS [74].

B. DIE QUELLEN

1. Allgemeines und Bibliotheken ausserhalb der Türkei

Ein Handbuch der Quellenkunde bleibt ein Desiderat für die Osmanistik. Die für Studenten bestimmte Einführung von S. Faroqhi [75] kann die Lücke für einige Themen wie Historiographie und Wirtschaftsgeschichte teilweise schließen. Bis zur Öffnung der osmanischen Zentralarchive in den 1920er Jahren bildeten neben byzantinischen und westlichen Quellen vor allem osmanische Chroniken die Grundlagen der Geschichtsschreibung. Nur wenige Werke von Autoren wie Neşrî, Sa'deddîn oder Na'îmâ lagen und liegen (in unvollständigen und unzureichenden) Übersetzungen in europäische Sprachen vor. In der Türkei wurden seit 1729 vor allem die Werke der „Reichshistoriographen" gedruckt. Der 1929 vollzogene Übergang zur Lateinschrift hat zunächst zu verhältnismäßig wenigen brauchbaren Neuausgaben geführt. Zahlreiche Texte stehen nur in Form wissenschaftlich kaum verwertbarer Paraphrasen in das Türkische des mittleren 20. Jahrhunderts zur Verfügung (z. B. Peçevî, Na'îmâ, Ahmed Cevdet). Von der Mehrheit der zwischen 1729 und 1928 gedruckten Texte fehlen selbst solche volkstümlichen Bearbeitungen (z. B. von der Chronik des hochbedeutenden Râşid). Allerdings macht die Editionstätigkeit vor allem in der Türkei große Fortschritte.

Handschriften-kataloge

Eine Bibliographie türkischer Handschriftenkataloge ist angekündigt als Bd. 22 des Verzeichnisses der orientalischen Handschriften in Deutschland [79]. Der bisher umfangreichste Führer zu Sammlungen orientalischer Manuskripte in Europa und Nordamerika stammt von J. D. Pearson [78]. Zu den am frühesten erschlossenen Turcica-Sammlungen gehören die K.K. Hofbibliothek Wien (G. Flügel, 1886), das Britische Museum (Ch. Rieu, 1888), die Königliche Bibliothek zu Berlin (W. Pertsch, 1889) und die Bibliothèque Nationale in Paris (E. Blochet, 1932–1933). Zahlreiche Hinweise auf Handschriften in beiden Sphären enthält F. Babingers „Die Geschichtsschreiber der Osmanen und ihre Werke" [76]. Babinger hat v.a. italienische, englische und deutsche Bibliotheken durchforstet, um unkatalogisierte Manuskripte aufzunehmen. Erst nach dem Zweiten Weltkrieg entstanden wichtige Gesamtkataloge wie der der Biblioteca Vaticana (1953), der Gazi-Husrev-Begova-Biblioteka in Sarajevo (1963–1991; völlig zerstört 1992), des Institut Narodov Azii (Moskau 1965) bzw. für die Slowakei oder Polen. Zu den besten Arbeitsinstrumenten der Osmanistik gehören die im Rahmen des „Verzeichnis der Orientalischen Handschriften in Deutschland" entstandenen Kataloge von B. Flemming, M. Götz und H. Sohrweide [79]. Die Osmanica der tschechischen Nationalbibliothek werden derzeit erschlossen. Eine Übersicht über die außerhalb der Türkei vorhandenen

Babingers GOW

Urkunden und Register fehlt nach wie vor [mit Ausnahme Polens: 80: ABRAHAMOWICZ].

2. BIBLIOTHEKEN UND ARCHIVE

Bibliotheken der Türkei und die Erschließung ihrer Handschriften

Als die ältesten osmanischen Bibliothekskataloge kann man die Bücherlisten in Stiftungsurkunden bezeichnen. Zahlreiche Beispiele hat İ. ERÜNSAL [792] für die Jahre ab 1435 zusammengestellt. Die ersten selbständigen Verzeichnisse stammen aus der Zeit Süleymân I. 1678 entstand mit der Istanbuler Köprülü-Bibliothek das erste unabhängige Bibliotheksgebäude. Bis dahin wurden Bücher in abgeschlossenen Räumen von Moscheen und Medresen aufbewahrt. Die planmäßige Erschließung der Bestände Istanbuler Bibliotheken begann unter Sultan Abdülhamîd II. 1888/9 wurde ein Katalog der Kairiner Turcica von ALÎ HILMÎ EFENDI in den Druck gegeben. Die Umstellung auf die lateinische Schrift unterbrach für Jahrzehnte die planmäßige Erfassung in der Türkei. KÖPRÜLÜ-ZÂDE MEHMED FU'ÂD trat noch 1929 dem Publizisten CELÂL NÛRÎ entgegen, der eine Verbrennung der Werke der osmanischen Chronisten für keinen Schaden hielt [!]. In republikanischer Zeit wurde die Bibliothek der Süleymâniye dem Kulturministerium als zentrale Handschriftensammlung unterstellt. Heute vereinigt sie die Bestände von 111 Stiftungen, von denen noch etliche der Erschließung harren. Erst zwischen 1943 und 1953 erschien ein Katalog osmanischer historischer und geographischer Handschriften Istanbuler Bibliotheken in dem neuen Alphabet. Seit 1979 gibt die Generaldirektion für das Bibliothekswesen einen „Gesamtkatalog der Handschriften der Türkei" *(Türkiye Yazmalar Toplum Kataloğu = TÜYATOK)* heraus. Das Unternehmen schreitet zügig voran. Ein aktuelles Verzeichnis [81: BAYRAKTAR u. LUGAL] listet insgesamt 113 Handschriftenbibliotheken in der Türkei auf (darunter 30 in Istanbul). Es wird durch eine Bibliographie (1390 Titel) der dazugehörigen Editionen und Forschungsliteratur ergänzt. Verhältnismäßig detailliert ist der siebenbändige Katalog von F. E. KARATAY über die Handschriften des Topkapı Sarayı (1961–1969). Die nach wie vor größte Erschließungslücke klafft bei dem Material in arabischer und persischer Sprache sowie für die zahllosen Sammelhandschriften (*mecmû'a, cönk*).

Archivwesen

Für die frühosmanische Epoche (Osmân I. – Mehmed II.) fehlen mit Ausnahme einiger Fermane und Stiftungsurkunden fast alle Zeugnisse der Verwaltung. Quellenverluste der frühosmanischen Zeit werden mit der Invasion Timurs und den Thronstreitigkeiten zwischen 1402 und 1411 erklärt. Nach der Einnahme von Konstantinopel (1453) soll die Festung Yedikule vorübergehend als Archiv gedient haben. Auch später kam es zu Verlusten, etwa beim teilweisen Brand des Aktendepots (*defterhâne*) 1655/56. Im Jahr 1785/86 wurde ein steinernes Archivgebäude im Serail errichtet. Der Reichtum an archivalischen Quellen (Urkunden, Register) beginnt ab Mitte des 16. Jahrhunderts. Ein selbständiges Archiv-Gebäude der Pforte entstand 1847. Es wurde 1859 zugänglich gemacht.

Defter

Das *defter*-Wesen, im wesentlichen die Übung, ein- und ausgehenden Schriftstücke in gebundenen „Registern" festzuhalten, wurde bis zum Untergang des osmanischen Staates beibehalten. Nur einige Ministerien und Abteilungen gingen Ende des 19. Jahrhunderts zum „Dossier"-System über. FEKETE [82] hatte als Berater der türkischen Regierung das Provenienzprinzip (nach der schriftgut-produzierenden Stelle/*respect des fonds*) als einzig praktikables Ordnungsverfahren erfolgreich vermittelt, wobei sich die von JOSEPH VON HAMMER („Des osmanischen Reiches Staatsverfassung und Staatsverwaltung. Dargestellt aus den Quellen seiner Grundgesetze", Wien 1815) gegebene Beschreibung des *defterhâne* noch im Jahre 1937 als nützlicher Leitfaden erwies. Allerdings bleiben zwischen 1918 und 1937 auch chronologisch bzw. nach Sachgruppen/Pertinenz geordnete Fonds in diesem Zusammenhang bis heute erhalten. Das osmanische Archivwesen übertrifft in quantitativer Hinsicht das seiner islamischen Nachbarstaaten (insbesondere Irans) und seiner Vorgänger (Seldschuken, Mamluken) in einem Ausmaß, das jeden Vergleich verbietet. Erst mit Gründung der Gesellschaft für osmanische Geschichte (TOE) begann jedoch die Auswertung osmanischer Archivalien für wissenschaftliche Zwecke (vgl. ABDURRAHMAN ŞEREFS Grundsatzartikel in der Zeitschrift der Gesellschaft von 1911).

Başbakanlık Arşivi

An erster Stelle muß das ca. 150 Millionen Einzelurkunden und Register-Eintragungen bergende Zentralarchiv genannt werden. Es befindet sich heute im Amtsbereich der Generaldirektion der Archive des Ministerpräsidiums (*T.C. Başbakanlık Devlet Arşivleri Genel Müdürlüğü. Osmanlı Arşivleri Daire Başkanlığı*). Der jüngste umfangreiche Bestandsführer [83] hat Handbuchcharakter (historische Einleitung, Glossar, Dokumente in Faksimile, Literaturliste). Die rasch voranschreitende Katalogisierungsarbeit hat in Verbindung mit einer stark wachsenden Benutzerzahl die Bedeutung der Osmanischen Archive in den letzten Jahren noch sichtbarer gemacht. Seit einem Ministerratsbeschluß von 1989 wird der prinzipiell seit 1912 gewährte Zugang für türkische und ausländische Benutzer liberaler als in den meisten anderen Staatsarchiven gehandhabt. Auch Akten aus den Weltkriegsjahren (wie die chiffrierten Korrespondenzen des Innenministeriums/*Dahiliye Nezareti Şifre Kalemi*) unterliegen keinem Beschränkungszugang. Historische und praktische Aspekte wurden in einem Symposium über das osmanische Archivwesen 1985 behandelt [84].

Topkapı Sarayı

Das eigentliche Serail-Archiv mit ca. 153 000 Einzelurkunden und über 10 000 Registern war durch einen (bis zum Buchstaben F gedruckten) „Sachkatalog" (1938–1940) sehr unvollkommen erschlossen. Die Schwierigkeiten der Katalogisierung hängen mit einer Fülle undatierter Dokumente des 15.-17. Jahrhunderts zusammen. Ein neuer Katalog erscheint in Faszikeln, die einzelne Dokumentengruppen (wie Fermane und Einsetzungsdiplome/*berâte*) zu-

Weitere Zentralarchive

sammenfassen. Das Katasteramt in Ankara (*Ankara Tapu Kadastro Genel Müdürlüğü*) hat zunächst aus praktischen Gründen, jedoch in eher willkürlicher Weise zahlreiche Steuerregister der zentralen osmanischen Finanzverwaltung übernommen. Ebenfalls in Ankara befindet sich das Archiv der Generaldirektion für das Stiftungswesen (*Vakıflar Genel Müdürlüğü Arşivi*). Es enthält die Fonds des ehemaligen Stiftungsministeriums. Zahlreiche Veröffentlichungen von Stiftungsurkunden erscheinen in der Zeitschrift dieser Behörde (*Vakıflar Dergisi* 1-, 1938-).

Gerichte

Die Protokolle der lokalen Gerichte (*mahkeme sicill defterleri*) bilden eine unerschöpfliche Quelle für die rechtlichen, wirtschaftlichen und sozialen Verhältnisse von Muslimen und Nichtmuslimen. Inzwischen kann die Erfassung dieser Kadi-Amtsprotokolle in der Türkei als nahezu abgeschlossen gelten. Das gilt insbesondere für das Archiv unter dem Dach des Istanbuler Müftü-Amts, dem örtlichen Nachfolger des osmanischen *Bâb-i fetvâ* (*İstanbul Şer'iyye Sicilleri Arşivi*) mit ca. 9866 Istanbuler (und 35 rumelischen) *defter*, die weitgehend inventarisiert sind. Die oberste Religionsbehörde produzierte von 1872 bis zum Ende der osmanischen Staatlichkeit weitere, noch kaum berührte ca. 200 Regalmeter mit Akten [85: Akgündüz]. Im Archiv des Topkapı Sarayı überwiegen aus westanatolischen Gerichtsorten (*mahkeme*) stammende *sicill*-Bände (2739). Insgesamt 16973 Bände mit Kadi-Amtsprotokollen befinden sich in 16 weiteren Städten (v.a. in Ankara und Bursa).

Das Archiv des Außenministeriums

Eine Sonderstellung nimmt das Archivwesen des Außen- bzw. Kriegsministeriums ein, da sie nicht dem Ministerpräsidium unterstehen. Das osmanische System steht insofern dem französischen Archivwesen näher als dem zentralisierten in Großbritannien. Trotz weitgehender Katalogisierung fehlen bisher gedruckte Kataloge dieser Bestände. Man schätzt, daß 90% der Dokumente des Außenministeriums in französischer Sprache abgefaßt sind. Die Korrespondenz zwischen Großwesirat und Ministerium sowie anderen inner-osmanischen Instanzen ist hingegen überwiegend türkisch. Weitere Bestände befinden sich noch heute in den türkischen Auslandsvertretungen. Diese Dokumentation beginnt jedoch nicht mit der Gründung ständiger Botschaften in den Hauptstädten der europäischen Mächte seit den neunziger Jahren des 18. Jahrhunderts [294: Unat], sondern in der Regel erst mit der Tanzîmât-Zeit (z. B. Paris und Wien). Konservatorische Probleme und bürokratische Behinderungen haben eine Nutzung bisher meist [vgl. aber 494: Hanioğlu] ausgeschlossen, obwohl es sich z. T., wie in London mit ca. 2000 Kartons, um sehr umfangreiche Sammlungen handelt.

Militärarchive

Unter den militärischen Archiven soll nur das wichtigste, unter dem Namen *ATASE Başkanlığı Arşivi* bekannte genannt werden („Präsidium des Generalstabs für militärgeschichtliche und strategische Studien"/*Genelkurmay Askeri Tarih ve Stratejik Etüt Başkanlığı*). Seine ca. 6,5 Millionen Dokumente umfassenden Bestände reichen vom Krimkrieg bis in die Gegenwart. Ergebnisse der kriegsgeschichtlichen Forschung findet man u. a. in den Zeitschriften des Generalstabs (*Harp tarihi vesikaları* [später: *belgeleri*] *dergisi* 1-, 1952-). Auch dieses Archiv steht prinzipiell türkischen und ausländischen Forschern offen.

Osmanische Bank

Die Hinterlassenschaft der *Banque (Impériale) Ottomane* ist inzwischen durch ein ausführliches Inventar, einschließlich der von der Rechtsabteilung verwalteten Klientennamen, erschlossen (mit ca. 5 000 Dossiers von Nachlaßangelegenheiten). Ihre Auswertung durch E. ELDEM verspricht einen unerwartet repräsentativen Einblick in die Zusammensetzung der spät-osmanischen Bourgeoisie und ihre Vermögensverhältnisse.

Bibliotheken und Archive außerhalb der türkischen Grenzen

In den Nachfolgeländern des Osmanenstaats ist ein bedeutender Quellenverlust zu beklagen – von der Habsburger „Reconquista“ (ab 1683) bis zum jugoslawischen Bürgerkrieg (1991–1995). Osmanische Urkunden und Register wurden nicht selten Bestandteil der „Türkenbeute“ europäischer Feldherren, denn jüngere Teile des Zentralarchivs wurden, wie F. EMECEN am Beispiel des Eriwan-Feldzugs von 1615 gezeigt hat, unter der Obhut der Kanzleibeamten mitgeführt [87]. Kairo und Sofia sind die wichtigsten außertürkischen Archivstandorte. Aber auch in Saloniki, Tirana, Skopje, Damaskus, Jerusalem und an zahlreichen anderen Orten befinden sich bedeutende Sammlungen, die v.a. *sicill defterleri* enthalten. In Ägypten überwiegen noch bis in die Zeit des Khediven Ismâ'îl (1863–1875) Regierungsakten in türkischer Sprache [708: TOLEDANO]. In den 1930er Jahren wurde der französische Turkologe JEAN DENY von König Fu'âd mit der Registrierung der osmanischen Archive von Kairo betraut. In Bosnien-Herzegowina sind das Archiv der Gazi-Husrev-Begova-Bibliothek und des Instituts für Orientalistik neben einer ganzen Anzahl weiterer, u. a. in franziskanischen Klöstern, zu nennen. Der Verlust der bosnischen Archive durch Plünderungen im Jahr 1992 ist noch nicht abschließend beschrieben. Früh haben sich bulgarische und mazedonische Historiker an die Herausgabe von Quellenserien gemacht [z. B. 89: BOŠKOV]. Die Sonderrolle von Ragusa/Dubrovnik als osmanisches „Hongkong“ hat sich in seinem Staatsarchiv niedergeschlagen [91: BIEGMAN]. In Griechenland steht das Historische Archiv von Mazedonien an erster Stelle mit seinen Reichtümern an Kataster-Dokumenten und *sicillat* [683: DÊMÊTRIADÊS; 92: GEORGIADOU mit weiterer griechischer Literatur]. Die Stadtbibliothek von Heraklion verfügt über Urkunden, die bald nach der osmanischen Besetzung der Insel Kreta (1645) einsetzen. Jedes der 20 Athos-Klöster birgt osmanische Dokumente von z. T. beträchtlichem Alter.

Südosteuropa

Griechenland

Die arabischen Archive

Ein Sammelband [94] kommt nur als vorläufiger Zugang zum Thema der arabischen Archive in osmanischer Zeit in Frage. Die Einleitung zu A. RAYMONDS großem Kairo-Werk [640] kann als Orientierung über die ägyptischen Archive im 18. Jahrhundert dienen. Auf die Register der Gerichtshöfe in den ägyptischen Provinzstädten wurde erst in allerjüngster Zeit aufmerksam gemacht. TEMIMI [93] hat *defters* von Algerien kurz beschrieben und ist dem Dokumentenverlust aufgrund der Besetzung durch Frankreich 1830 nachgegangen. Erst 1965 wurde das nach Paris verbrachte Material nach seiner Mikroverfilmung an das unabhängige Algerien zurückgegeben. Angesichts der Tatsache, daß die Handelsgeschichte des westlichen Mittelmeerbeckens in osmanischer Zeit bisher fast ausschließlich auf europäischen Quellen fußt und sich auf das 17. und 18. Jahrhundert und den Rückkauf von christlichen Sklaven, in dem viele Historiker die wirtschaftliche Basis der Regentschaft sahen, beschränkt, kommt dem Material besondere Bedeutung zu. Das algerische Regime unterhielt ständige Vertreter (*vakîl*) in Saloniki, İzmir, Alexandria, aber auch in den Nachbarregentschaften von Konstantiniya und Tunis. Dieses Material ergänzt so die besser bekannten Archive der Chambre de Commerce von Marseille, Venedig, Sizilien usw. Tunesische und französische Archive bilden die Grundlage eines Buches über die Beziehungen der tunesischen Elite zu Istanbul zwischen 1860 und 1913 [723: Tunger-Zanetti].

Italien

Aufgrund der engen Kontakte Venedigs mit den Osmanen übertrifft sein Staatsarchiv, aus dem schon Hammer und Zinkeisen geschöpft haben, alle anderen europäischen Sammlungen. Der Reichtum an osmanischen Dokumenten wird durch eine Anzahl von Übersichten [329: Bombaci, Sebastian] und die Editionstätigkeit von Gökbilgin [328] und seinen Nachfolgern sichtbar. Die Inventarisierung der „Documenti Turchi" wird ständig fortgesetzt. Einige mitteleuropäische Sammlungen (v.a. Wien, Dresden, Karlsruhe, München) enthalten Fonds aus der Beute der Türkenkriege. [95: Petritsch; 96: Babinger].

Mitteleuropa

Bildquellen

Fehér [97] hat die türkische Buchmalerei auf ihren historischen Quellenwert für die Geschichte der türkischen Eroberung Ungarns befragt. Häufig zitiert wird aus dem durch Matrakçı Nasûh reich illustrierten Itinerar eines Feldzugs von Süleymân I. (1548/9). Seit J. v. Karabaceks materialreicher Studie zu abendländischen Künstlern am osmanischen Hof [98] wurde viel zum Thema Sultansbilder westlicher und östlicher Maler publiziert [99; 100]. Historische Bedeutung haben vor allem die im Dienste der abendländischen Gesandten stehenden Maler, unter denen J.-B. Vanmour (1699–1737 in Istanbul) der wichtigste ist. Die Fülle oft anonymer Kostümalben ist erst zum Teil erschlossen [101: Tuchelt]. Hinzu kommen wichtige Stadtansichten von Istanbul (Melchior Lorich, 1555–1559; A. I. Melling, vor 1799). Neben einem Übersichtswerk [102: Çizgen] über die Photographie in den osmanischen Ländern zwischen 1839 und 1919 kann noch auf ein Buch über den Einsatz der Photographie im Sinne von „public relations" durch Abdülhamîd II. verwiesen werden [103: Gavin]. Nach der Sammlung des Yıldız-Palastes gehört ein aus 3300 Aufnahmen zählender Bestand des Britischen Museums zu den wichtigsten photographischen Archiven. Regional eingeschränktere Ausgaben von Photographien, oft von historischen Postkarten, gibt es für eine wachsende Zahl von Städten und Regionen [z. B. für Istanbul 106: Müller-Wiener u. Schiele; für Palästina 105: Landau].

Historische Photographie

3. Einheimische, insbesondere erzählende Quellen

Das Hauptwerk über die Geschichtsschreibung der islamischen Welt von Franz Rosenthal („A History of Muslim Historiography", 2. Aufl., Leiden 1968) übergeht die schon zahlenmäßig beeindruckenden Hervorbringungen der Osmanen. Dieses Stillschweigen kann teilweise dadurch erklärt werden, daß eine moderne und umfassende Betrachtung der osmanischen Historiographie fehlt. Sie setzte u. a. die Überwindung einer Zweiteilung zwischen faktographisch „ergiebigen" (Reichschroniken, Lokalgeschichten) und „panegyrischen" Gattungen durch Anwendung textkritischer Methoden voraus. Den ersten Zugang vermittelt nach wie vor F. Babingers Handbuch „Die Geschichtsschreiber der Osmanen und ihre Werke" [76], von dem nur eine Übersetzung in eine andere Sprache exisistert (ins Türkische, unzureichend). In seinem Schatten wurde das dreibändige biobibliographische Lexikon von Bursali Mehmed Tâhir „Osmânlı Mü'ellifleri" als Vorläufer nicht ausreichend gewürdigt [107]. Die historiographische Arbeit der letzten Jahrzehnte mündete jedoch bis heute noch nicht in einen revidierten „Babinger" ein, dessen Verdienst die erste Zusammenführung des spätosmanischen Wissens mit den europäischen Handschriften und Drucken bleibt. Eine Neuauflage hätte die zahlreichen inzwischen innerhalb und außerhalb der Türkei veranstalteten Editionen zu berücksichtigen (wie z. B. von Selanikî, Sari Mehmed, Şemdânî-Zâde, Vâsif, Ahmed Cevdet), aber auch die historiographischen Untersuchungen, nicht zuletzt die Quellenabhängigkeiten klärenden Aufsätze und Einleitungen von Autoren wie Münir Aktepe, Bekir Kütükoğlu, Mehmed İpşirli, A. Özcan und anderen mehr. Die Lexikonbände „Great Historians from Antiquity to 1800" bzw. „Great Historians of the Modern Age" (Hg. v. L. Boia, New York 1989, 1991) enthalten einige gut geschriebene Artikel zu den wichtigsten osmanischen Chronisten. Historiographie

Die frühesten osmanischen Chroniken, Ahmedî (ca. 1390), Şükrullâh (ca. 1460) und Enverî (1465), waren keine selbständigen *opera*. Sie bildeten Anhänge zu umfangreicheren Kompendien. Erst in der Zeit Bâyezîd II. erscheinen mit den sogenannten „Anonymen Chroniken" und den Werken des Âşik Paşa-Zâde (st. nach 1484) und Orûç (ca. 1500) eigenständige Darstellungen. Âşik Paşa-Zâde war selbst Teilnehmer mehrerer Feldzüge in der ersten Hälfte des 15. Jahrhunderts. Zu seinen Quellen für die Zeit bis 1422 gehört eine als *Anonymus Giese* bekannt gewordene Chronik. Der Band „Historians of the Middle East" [108: B. Lewis u. P. M. Holt] enthält zwei Beiträge zur frühosmanischen Chronistik (Ménage, İnalcik), die bis etwa Kemâl Paşa-Zâde reichen. Diese Artikel können heute im Lichte der „anti-positivistischen" Untersuchung von Kafadar [254] gelesen werden. Eine neue Lektüre einer altosmanischen Quellengruppe, der sogenannten „Erzählungen von der Hagia Sophia", führte bei St. Yerasimos zu interessanten Beobachtungen über den zeitkritischen („antiimperialen") Charakter der Texte [109]. Nur wenige Ausgaben und Unter- Ältere Chronistik suchungen von Einzelquellen der ersten zwei Jahrhunderte wurden seitdem vorgelegt. Beispielhaft herausstellen lassen sich die Chronik der Herrschaft Mehmed II. durch TURSUN BEG (st. 1499), von der eine textkritische Ausgabe (von M. TULUM) und eine englische Übersetzung (İNALCIK/MURPHY) existierten. KREUTEL [110] verdanken wir eine Anzahl sorgfältiger und lesbarer Übertragungen osmanischer Chronisten ins Deutsche (u. a. des ÂŞIK PAŞA-ZÂDE und des ORUÇ).

Die Chronistik des 16. Jahrhunderts

Die Beauftragung KEMÂL PAŞA-ZÂDES mit einem vielbändigen Geschichtswerk durch Bâyezîd II. markiert den Übergang von den eher volkstümlichen Genres zur „hohen", auch sprachlich anspruchsvollen Historiographie (ca. 1502). Die Historiographie zur Zeit Süleymân I. hat ÖZCAN erstmals zusammenhängend dargestellt [111]. Repräsentativ ist der Chronist KOCA NIŞÂNCI CELÂL-ZÂDE, der über 30 Jahre an Divan-Sitzungen teilgenommen hatte [112: KAPPERT]. Sein bis 1567 reichendes Werk diente MUSTAFÂ ÂLÎ, İBRÂHÎM PEÇEVÎ, SOLAK-ZÂDE, KARAÇELEBÎ-ZÂDE und selbstverständlich auch HAMMER-PURGSTALL als Quelle. Interessant ist der Bauplan des nicht vollständig ausgeführten Opus in 30 Abteilungen (*tabakât*) und 375 Abschnitte (*derecât)*. KAPPERTS Einführung und Zusammenfassungen vermitteln eine gute Vorstellung von dem Inhalt. Eine beispielhafte Studie zeigt, wie nützlich es ist, über die bekannten narrativen Quellen, wie sie HAMMER-PURGSTALL oder İ. H. DANIŞMEND herangezogen haben, hinauszugehen [113: SCHMIDT]. KÖHBACH [114] konnte die Abhängigkeit des PEÇEVÎ von der lateinisch verfaßten Chronik Istvánfys über die erste Belagerung Wiens klären. PEÇEVÎ gehörte zu den unabhängigsten Köpfen der Zeit. In seiner v.a. für die Jahre 1603–1640 wichtigen Chronik schreckte er vor Kritik an einzelnen osmanischen Heerführern nicht zurück. Über den bekanntesten Historiker des späten 16. Jahrhunderts, den „Hoca Efendi" SA'DEDDÎN (1536/7–1599), fehlen jüngere Untersuchungen. Die seinem Schüler Sultân Murâd III. gewidmete Chronik *Tācü't-tevârih* reicht von den Anfängen der Osmanen bis zum Tode Selîm I. (1520).

Mustafâ Âlî

Das historische und literarische Werk des brillanten „Bürokraten und Intellektuellen" des späten 16. Jahrhundert. MUSTAFÂ ÂLÎ (1541-ca. 1600), hat mehrere neue Bearbeitungen und Untersuchungen angeregt. Eine lebens- und werkgeschichtliche Studie von FLEISCHER gehört zu den lesenswertesten Texten, die zur klassischen osmanischen Periode bisher verfaßt wurden [115]. Gegen FLEISCHER, der seinen Helden als wenig belastet von traditionellen moralischen und historischen Schemata darstellt, hat J. SCHMID [116] eingewandt, daß ÂLÎ durchaus in herkömmliche islamische Paradigmata eingebunden sei und auch als Zeitkritiker nicht herausrage. Beide Autoren stimmen aber darin überein, daß ÂLÎ zu den großen Universalgeschichtlern der osmanischen Epoche zählt. SCHMID weist dabei auf den engen Zusammenhang von Historiographie und schöner Literatur hin, ohne so weit zu gehen wie BOMBACI [798], der im Fall von KEMÂL PAŞA-ZÂDE pointiert schreibt, ihm sei die Geschichte nur ein Vorwand gewesen, um kunstvolle Prosa vorzuführen. Von ÂLÎ stammen auch die von TIETZE [117] herausgegebenen und übersetzten „Ratschläge an die Herrscher" (1581) und eine berühmte Beschreibung von Stadt und Gesellschaft von Kairo im Jahre 1599.

Gazavât-nâme

In der expansiven Phase des Osmanenstaates wurden zahlreiche literarisch-historische Kleingattungen von der Sorte der „Siegesberichte" (*feth-nâme*) gepflegt [188: Zusammenstellung der Handschriften und Publikation des Gazavât-nâme-i Mihaloğlu Alî Beg durch LEVEND]. Die beste Ausgabe und Übersetzung eines *feth-nâme* liegt für die „Gazavât-ı Hayreddîn Paşa" vor [119: GALOTTA]. Ein der Gattung nahestehendes Werk über die Eroberung von Győr (1594) durch Koca Sinân Pascha hat WOODHEAD durch eine Paraphrase erschlossen und bewiesen, daß diese Texte mehr als Wortprunk bieten, sondern neben bestimmten Ideologemen auch faktische Einzelheiten und kritische Beobachtungen enthalten können. Dieselbe Autorin hat die Einrichtung des *şeh-nâmeci*-Amts zwischen 1555 und 1605 als ein „Experiment des amtlichen Geschichtsschreibertums" bezeichnet [120]. Dabei handelte es sich um eine fest besoldete Position, deren fünf Inhaber insgesamt 50 Werke schufen, von denen bisher nur eines [121: WOODHEAD] wissenschaftlich erschlossen ist. Während THOMAS [122] die Reichshistoriographen als außerhalb der Tradition der *şeh-nâmecis* (die bis 1583 Persisch schreiben) stehend sah, erkennt WOODHEAD wichtige Gemeinsamkeiten und stellt ihren Quellenwert auf der ideologischen und faktischen Ebene heraus. Die Art und Weise, in der die Reichshistoriographen bis zu dem ab AHMED LÜTFÎ evidenten Bedeutungsverlust des Amts ausgezeichnet wurden, hat M. İLGÜREL beschrieben [123]. Die Liste der *vekâyi-nüvîs* in B. KÜTÜKOĞLUs Artikel in der *İslâm Ansiklopedisi* muß eine noch fehlende Monographie über die Institution der „Reichsgeschichtsschreibung" vorläufig ersetzen. Hier werden alle zwischen MUSTAFÂ NAÎMÂ EFENDI (st.1716) und ABDURRAHMÂN ŞEREF (st. 1925) amtlich tätigen Chronisten behandelt. Erst 1996 erschienen die Aufzeichnungen ABDURRAHMAN ŞEREFS als letztes Schriftzeugnis eines „Reichshistoriographen" als Ausgabe der TTK mit der Beschreibung der Ereignisse der Jahre 1908–1909.

17. Jahrhundert

Die Eulogien des *feth-nâme*-Genre treten ab etwa 1620 hinter eine stärker an der Lösung von Problemen und der Reform der Staatsverwaltung interessierten Historiographie zurück, die sich einer einfacheren und direkteren Sprache bedient. Die neue Historikerschule hat zwar keinen homogenen sozialen Hintergrund, doch rücken nun Personen aus dem Palastdienst (*enderûnî*) neben Mitgliedern der Gelehrten- (*âlim*) und der Schreiberkaste (*kâtib*) auf. Daß die Herrschernähe nicht zwangsläufig zu einer devoten und uniformen Darstellung führt, hat MURPHY am Beispiel von fünf Texten über Sultan İbrâhîm gezeigt [124]. Der protokollarische Charakter dieser Aufzeichnungen, deren Hauptwert nicht in der Retrospektive liegt, war MURPHY zufolge gewollt und wurde an die *vekâyi-nüvîs* weitergegeben.

Kâtib Çelebî

Allen Einordnungsversuchen entzieht sich *der* Polyhistor des osmanischen 17. Jahrhunderts KÂTIB ÇELEBÎ („Hacı Halife", 1609–1657). Sein immenses

Opus entstand zum Teil neben einer Tätigkeit als Schreiber in der Finanzverwaltung. Das genealogisch-chronologisches Tafelwerk *Takvîm al-tevârîh* wurde 1648 abgeschlossen, die Marine-Geschichte *Tuhfat al-kibâr fi asfâr al-bihâr* 1656. *Cihân-nümâ* ist das Hauptwerk der historischen Geographie des 17. Jahrhundert [vgl. den Art. Kātib Čelebī in EI²]. Wenig bearbeitet wurde die Historiographie das 18. Jahrhunderts, die besondere philologische Anforderungen an heutige Forscher stellt. In vielen Fällen bilden die soliden Artikel der *İslâm Ansiklopedisi* und verstreute Aufsätze das Forschungsmaterial. Die umfangreichen, von E. Z. Karal [229] und St. Shaw [448] benutzten Darstellungen der Reformen Selîm III. bleiben weithin ungedruckt. Eine wichtige Ausnahme ist die Chronik des Âsım Efendi (1755–1819), die vom Friedenschluß von Sistova (1791) bis zum Thronantritt Mahmûd II. (1808) reicht. Über die Geschichtsschreibung unter seinem Nachfolger Mahmûd II. kann nur auf einen Aufsatz verwiesen werden [125: M. Kütükoğlu].

19. Jahrhundert

Die osmanische Historiographie des 19. Jahrhunderts wurde noch nicht zusammenfassend behandelt [vgl. als Skizze den Art. von E. Kuran in Lewis u. Holt (Hg.): 108]. Unter den Geschichtsschreibern hat v.a. Ahmed Cevdet Pascha (1822–1895) die Forschung beschäftigt. Die *Târîh-i Cevdet* als Hauptwerk des prominenten Rechtsgelehrten, Historikers, Philologen und Staatsmanns behandelt auf über 4000 Druckseiten die Jahre 1774–1826. Ihrer Entstehungsgeschichte über drei Jahrzehnte geht Ch. K. Neumann nach, wobei sich der Vergleich der zwei Ausgaben der *Târîh* als sinnvoll erwies. Hier wird versucht, ohne ein eigentlich quellenkritisches Interesse zu verfolgen, das Werk dem Spannungsfeld von Fortschrittlichkeit und Reaktion entziehen und die Chronik am Beispiel von drei Themenkomplexen (1. *ilmîye*, 2. Absetzung Selîm III., 3. Geschichtswissenschaft) als „Plädoyer für die Tanzîmât" zu lesen [126]. Der umfassend gebildete Arzt und Historiker Hayrullâh (st. 1866) benutzte als erster moderner türkischer Verfasser in größerem Umfang westliche Quellen (unter anderem Hammer). Sein Werk führt aber nicht über das frühe 17. Jahrhundert hinaus.

Lokalchroniken

Zu Ortsgeschichten, die teilweise eng mit eher literarischen Genres (wie den sogenannten *şehrengîz*, eine Art „Städtelob") und Sammelbiographien verbunden sind, fehlen allgemeine Untersuchungen. Beispielhaft sei wegen seiner minutiösen Journalführung der sogenannte Bašeskija für Sarajevo im 18. Jahrhundert hervorgehoben [127: M. Mujezinović]. An der Schwelle zur modernen „Heimatkunde" steht Hüseyin Hüsâmeddîns sehr umfangreiche Geschichte von Amasya [128].

Bio-bibliographische Sammelwerke

Die sogenannten *tezkires* bilden einen bis heute nur sehr unvollkommen genutzten Fundus bio-bibliographischen Materials v.a. zu den Mitglieder des *ulemâ*-Korps und ihrer Karrierewege [129: Zilfi]. Allein Atâ'î (st. 1635) hat für einen Zeitraum von 78 Jahren ca. 1000 Biographen von *ulemâ* und Ordensscheichen zusammengestellt, sein Nachfolger Şeyhî [768: Uğur] mehr als 2000 (unter Einschluß von Dichtern). Als Zugang zu diesem Genre eignet sich die Einleitung zu H. G. MAJERS Buch über die Familie der Uşâkî-Zâde. Eine inhaltliche Aufschlüsselung der *tezkires* enthält der erste und einzige Band von LEVENDS Literaturgeschichte [131]. Einige wichtige *tezkire*-Werke sind jetzt im Faksimile herausgeben und durch Indices erschlossen. In den Einleitungen dazu hat A. ÖZCAN auch wichtige Beobachtungen zu diesen durchaus nicht trockenen Materialsammlungen festgehalten [132]. Die deutsche Übersetzung des TAŞKÖPRÜ-ZÂDE von O. RESCHER vermittelt auch Nichtorientalisten eine Vorstellung von diesem wichtigen Genre. Ein postosmanisches *ulemâ*-Werk beruht ausschließlich auf Personalakten des Bâb-ı Fetva [133: ALBAYRAK].

Reisebeschreibungen

Zum monumentalen *Seyâhat-nâme* des EVLIYÂ ÇELEBÎ (st. nach 1683), der zu den neuzeitlichen Reisenden im Weltmaßstab gehört, existiert eine wachsende Forschungsliteratur [als Schlüssel 134: DANKOFF u. KREISER]. Eine gute kartographische Darstellung seiner Pilgerfahrten gibt es vorerst nur für Anatolien [65: LAUT]. Von einigen Werkteilen sind verläßliche Ausgaben und Übersetzungen (u. a. Bitlis, Diyarbekir, Manisa, Albanien; Wien, Sudan) erschienen. Sehr wenig herangezogen wurde das zu einem beträchtlichen Teil noch unveröffentlichte osmanische Material des 19. Jahrhundert über periphere Provinzen (Jemen, Trablus), Teile Afrikas und Asien, aber auch zu den beiden Amerika.

Autobiographien/ Memoiren

In das autobiographische Genre im Sinne von „Erzählungen in der ersten Person“ führt C. KAFADAR sensibel ein [136]. Bekannt wurde die lebendige Schilderung des Dolmetschers OSMÂN AĞA aus Temeschwar über seine österreichische Gefangenschaft (1688–1689) durch R. F. KREUTELS Übersetzung [110] und Ausgabe. Auf das Tagebuch eines jungen *müderris* aus der Mitte des 18. Jahrhunderts hat M. ZILFI [137] aufmerksam gemacht. Eine große Zahl von Politikern des letzten osmanischen Jahrhunderts hat Memoiren hinterlassen. Nach dem Sturz Abdülhamîd II. (1909) erschienen nicht wenige Selbstzeugnisse mit dem Versuch einer Rechtfertigung. Die „Erinnerungen“ des Sultans selbst sind in mehreren Sprachen zugänglich. Ihre Authentizität muß jedoch z. T. in Frage gestellt werden. Für Persönlichkeiten der jungtürkischen Jahre sei beispielhaft auf die kurzen, aber inhaltsreichen Memoiren einer der Schlüsselfiguren des „Komitees“, HALÎL MENTEŞE, verwiesen, der nicht nur Präsident der Kammer war, sondern während des Weltkriegs auch als Außen- und Justizminister eine Rolle spielte. Dieses Buch steht hier beispielhaft für andere persönliche Quellen, die z. T. schwer zugänglich als Fortsetzungen in Zeitungen erschienen und der Neuauflage harren (wie etwa die Erinnerungen des jungtürkischen Finanzministers MEHMED CAVID, 1943–46 in der Tageszeitung *Tanin*). Nicht vergessen werden sollten Autobiographien und Memoiren von Persönlichkeiten, deren Lebensschwerpunkt schon in der republikanischen Zeit liegt (wie Şevket Süreyya [Aydemir], Hüseyin Cahit [Yalçın], Ahmed Emin [Yalman], Falih Rıfkı [Atay], Halide Edib [Adıvar] und viele andere). Eine Übersicht über Biographien und Memoiren des 19./20. Jahrhunderts ist enthalten in Türk Dili 21/246, 1972,

Memoiren (19./ 20. Jahrhundert)

403–427. Das „Türkische Biographische Archiv" (TBA), ein Projekt des K. G. Saur Verlages, wertet alle wichtigen osmanischen biographischen Sammelwerke aus, soweit sie in modernen türkischen Neueditionen erschienen sind. Die 12 Lieferungen werden etwa 100 000 biographische Einträge enthalten.

4. Einzelne Quellen, v.a. Herrscherurkunden; Defterologie

Auf die umfangreiche Erschließung von Stiftungsdokumenten (*vakf-nâme*, *vakfiye*) und sultanischen Befehlsschreiben seit dem Pionierwerk von F. Kraelitz-Greifenhorst kann hier nur hingewiesen werden [138]. P. Wittek hat in der schon genannten Aufsatzserie [42] die frühosmanische Urkundenlehre zu einer soliden Grundwissenschaft ausgebaut. Weitere beispielhafte Bearbeitungen stammen u. a. von H. Kaleshi [139], I. Beldiceanu-Steinherr [38], J. Matuz [140], C. Schaendlinger u. Cl. Römer [183].

Defterologie

Die Edition und Analyse von Registern (*defter*) zählt seit Jahrzehnten zu den Kernaufgaben der historischen Osmanistik. Einträge von aus- und eingehenden Urkunden in die Register der Zentralverwaltung und der Kadigerichte liegen in fast unübersehbarer Zahl vor allem von der Zeit Süleymân I. (1520–1566) bis ins späte 19. Jahrhundert vor. Auffällig ist, daß sich bis zur Mitte des 16. Jahrhunderts nur einige hundert Registerbände (*defter*) erhalten haben. Auch die Statthalter der Provinzen wurden zur *defter*-Führung eingehender Befehlsschreiben verpflichtet. Auf die notwendige, aber nicht immer mögliche kombinierte Nutzung der verschiedenen Register wurde oft aufmerksam gemacht (732: A. Singer).

Tahrîr defterleri

Die Erschließung von detaillierten (*mufassal*) und zusammenfassenden (*icmâl*) Steuerregistern (*tahrîr defterleri*) wurde durch Ö. L. Barkans Pionierstudien aus den 30er und 40er Jahren des 20. Jahrhunderts eingeleitet. L. Fekete und L. Glaser publizierten 1943 mit ihrer Arbeit über den *sancak* Esztergom erstmalig eine Dörferliste. H. İnalcik gab das älteste *defter* für das heutige Süd- und Mittelalbanien heraus. Es datiert von 1431, spiegelt aber die Verhältnisse von etwa 1415 wider. S. Pulaha erschloß den direkt nördlich angrenzenden Teil des *sancak* Shkodër nach einem Kataster von 1485. Zu den am besten bearbeiteten Räumen zählen das osmanische Ungarn, Serbien, Mazedonien, Teile Anatoliens (vorbildlich Bayburt, Bursa), Südost-Georgien [403: Jik'ia], Syrien [für Aleppo 632: Venzke] und Palästina (u. a. Safad). Eine der gründlichsten Bearbeitungen hat der slawonische Gerichtsbezirk Požega erfahren [694: Moačanin]. Diese Studie enthält nicht nur für den Untersuchungszeitraum (ca. 1540–1700) eine Revision der bis in die Gegenwart [675: McGowan] verfochtenen These von der „demographischen Katastrophe" in den Balkanländern während des 17. Jahrhunderts, sondern demonstriert erneut den Quellenwert der Register für *vor*-osmanische Verhältnisse. Selbst ein Streifen der arabischen Golfküste zwischen al-Ahsa und Bahrein ist durch einen Kataster aus dem Jahr 1551 bekannt geworden. Die Verbindung der Daten zu Bevölkerungszahlen, agrarischen und sonstigen Abgaben und zur Verwaltungseinteilung mit der kartographischen Rekonstruktion der Kulturlandschaft im 15./16. Jahrhundert hat den Wert und die Grenzen der *tahrîr defterleri* sichtbar gemacht. Den bedeutendsten Anteil an dieser Forschungsrichtung haben N. Göyünç, M. C. Varlik, M. A. Ünal und W. D. Hütteroth mit ihren Schülern [578]. Der zuletzt genannte hat als Geograph, in der Konya-Ebene, in Palästina und am Mittleren Euphrat (zusammen mit Göyünç), Zensusmaterial in enger Verbindung mit historischer Siedlungsforschung genutzt [69; 150].

Kritik und Methode

Die *defters* können in der nach-Barkanschen Forschung nicht mehr als unmittelbar verwendbare Zahlenquellen benutzt werden [75: Faroqhi]. Ebenso wurde auf die sensible, unschematische Handhabung der Konskription durch die zentrale Bürokratie aufmerksam gemacht. Gegen alle berechtigten Einwände hat W. Hütteroth hervorgehoben, warum die *defter* weiterhin höchste Beachtung verdienen. „Es gibt keine anderen quantitativen Quellen für diese Zeit, und es gibt für viele Jahrhunderte danach auch keine Quellen vergleichbarer Detaillierung. Wir müssen uns mit diesen Quellen auseinandersetzen, oder wir müssen ganze Jahrhunderte aus der Wirtschaftsgeschichte streichen" (in: Osmanlı Araştırmaları 14, 1996, 16). Welche Schwierigkeiten die Interpretation von *defter*s aus den Jahrhunderten nach der Aufgabe des klassischen *tımar*-Systems bereiten, kann man anhand einer von Murphy bearbeiteten Denkschrift aus dem Jahr 1636 ermessen. Sie enthält eine Aufstellung sultanischer Einkünfte anatolischer und syrischer Provinzen [175].

Die Auswertung von *tahrîr defterleri* mit Hilfe des Personalcomputers erleichtert die Feststellung von Siedlungsmustern und Bevölkerungszahlen in diesem Zeitraum [152: P. K. Doorn]. Trotz der Schwierigkeiten, die die arabische Schrift bei der Wiedergabe von Ortsnamen aufwirft, wurden Fortschritte bei der historischen Toponomastik erzielt [z. B. für Ostanatolien 154: Baykara].

Kopfsteuerregister

Die Kopfsteuer für Nichtmuslime (*zimmî*s) wurde bis ins 16. Jahrhundert hinein als *haraç* bezeichnet. Ihre Erhebung führte häufig, wie etwa in Ungarn, vorosmanische Praktiken fort [155: Nedkov u. Hadžibegić]. Die Aussagekraft der *cizye defterleri* ist für Verwaltungseinheiten, in denen überwiegend Nichtmuslime lebten, besonders eindrucksvoll [156: Matuz]. Über den ansonsten begrenzten bevölkerungsstatistischen Wert dieser Kopfsteuerregister informieren einige neuere Arbeiten [525: Grozdanova; 157: Darling; 679: Karydis u. Kiel].

Mühimme defterleri

Nachdem Ahmed Refîk [Altinay] mit seinen viel gelesenen Auszügen u. a. zum Istanbuler Alltag die *mühimme defterleri* fast populär gemacht hat, erscheinen in dichter Folge Arbeiten, die auf dieser seit 1552 bzw. 1554/5 bekannten Quellengruppe beruhen. Die Einträge dieser *defter*s bestehen zum größten Teil aus Kopien oder auch Entwürfen von Befehlsschreiben an Kadis und *sancakbegs* [160: Temelkuran; 161: Elezović; 162: Kovačević]. U. Heyd vertrat in seiner auf *mühimme defters* gegründeten Arbeit über Palästina (1552–1612) die Auffassung, es handele sich um Kopialbücher, also um eine Art Regesten ausgehender Urkunden [163]. W. S. Peachy unterscheidet in seiner Studie von 4 *mühimme defters* von 1000–1003 H. datierte und undatierte Befehlsschreiben [164]. Der Wert der *mühimmes* für die russische Geschichte im 16. Jahrhundert wurde von Ch. Lemercier-Quelquejay herausgestellt [165]. Eine Untergruppe bilden die „Beschwerdeerledigungsregister" (*şikâyet defterleri*), deren Entstehung und Funktion H. G. Majer in der Einleitung zu einem „Registerbuch der Beschwerden" von 1675 in spannender Weise schildert [166]. Die in Faksimile vorgelegten ca. 2800 Einträge können den Ausgangspunkt für eine Alltagsgeschichte des 17. Jahrhunderts bilden. Ähnliches leisten die von einer Forschungsgruppe der Stadt Istanbul [167] herausgegebenen Auszüge aus einer weiteren Gruppe von „Befehlsregistern" zur Sozialgeschichte, Handel und Gewerbe der Stadt im 18. Jahrhundert. Diese *ahkâm defterleri* werden ab Mitte des 18. Jahrhunderts geführt und bilden auch für das Leben in den Provinzen eine wichtige Quelle. *Rûznâmçe* sind Journale im Sinn von Rechnungsbüchern, die bei verschiedenen Ämtern (Finanz- und Katasterbehörden, Heeresrichter, Werften) geführt wurden. Ihr Wert wurde nach der Pionierarbeit von Göyünç [168] in letzter Zeit öfters erörtert, ohne daß es schon zu Anwendungen auf größere historische Einheiten gekommen wäre. Das Başbakanlık Arşivi hat mit der Herausgabe der ältesten *mühimme* in Faksimile und Umschrift die wichtigste Voraussetzung für die Benutzung dieses Materials in Angriff genommen.

Rûznâmçe

5. Kadi-Amtsregister, Preisregister

Sicill defterleri

Kadiamtsregister (*kadı mahkeme defterleri, sicill defterleri*) sind der Forschung in wachsendem Maß zugänglich. Die ersten Übersetzungen in europäische Sprachen stammen aus Sofioter *defters* des 17. Jahrhunderts [169: Grzegorzweski; 170: Gălăbov]. Inzwischen lassen sich die Veröffentlichungen und Nutzungen v.a. von anatolischem Material kaum mehr überblicken. Genügen muß hier der Hinweis auf ihre Ergiebigkeit für so verschiedene Felder wie Familienforschung [171: Jennings], Immobilienwesen [172: Faroqhi] und Wirtschafts- und Rechtsgeschichte [576: Gerber].

Nachlaßregister

Eine besondere Gruppe bilden Nachlaßverzeichnisse (*tereke defterleri*), die der Erbteilungsrichter (*kassâm*) für Angehörige der *askerî*-Schicht anlegte. Sie sind wegen ihrer großen Aussagekraft seit längeren für sozialgeschichtliche Zwecke und die materielle, v.a. städtische Kultur herangezogen worden [z. B.: 173: Özdeğer für Bursa mit der Auswertung von 3121 erblassenden Personen]. Eine Arbeit über Damaskus wird mit ausführlichen methodischen Vorüberlegungen eingeleitet, die die Frage nach der Repräsentativität des Korpus einschließen. [174: C. Establet, J.-P. Pascal].

Die vollständige Veröffentlichung und weitgehende Kommentierung eines Höchstpreisregisters (*narh defteri*) durch M. Kütükoğlu [176] aus dem Jahr 1640 stellt einen großen Fortschritt seit der Bekanntmachung mit den sogenannten *ihtisâb-kânûn-nâme* durch Barkan, Mantran und Beldiceanu dar. Es wird deutlich, welche unterschiedlichen Instrumente der Marktaufsicht zur Verfügung standen und wie weit die Palette der Produkte und Dienstleistungen war. Äußerst detaillierte, rein demographischen Zwecken dienende *tahrîr-i nüfûs*-Register wurden ab ca. 1831 geführt [177: McCarthy]. Ihre Auswertung für Istanbul hat zu ganz überraschenden Ergebnissen über Heiratsverhalten und Familiengrößen der muslimischen Bevölkerung geführt [178: Duben u. Behar].

Maximalpreisregister

Späte Bevölkerungsregister

6. Druckwerke: Bücher und Periodika

Das umfangreichste und zuverlässigste Verzeichnis von Büchern und Broschüren in osmanischer Schrift ist ein Privatunternehmen und stammt von Seyfettin Özege. Es enthält im Grundwerk die Titel von 25554 Schriften, von denen ein geringer Teil außerhalb des osmanischen Staats (u. a. in Rußland) gedruckt wurde [179]. Den Zugang zum osmanischen Druckwesen zwischen 1729 und 1928 über die Namen der Verfasser vermittelt der seit 1990 in Lieferungen erscheinende Teil „Türkischsprachige Werke in arabischer Schrift" des Gesamtkatalogs der Druckschriften der Türkei (mit Standortangaben) [180]. Almanache (*sâl-nâme*) des Gesamtstaats (seit 1846/7), vor allem aber einzelner Provinzen (*vilâyet*, zuerst Bosnien/Bosna 1866) und Ministerien gehören zu den wichtigsten amtlichen Quellen der letzten 70–80 Jahre [Kreiser, Art. Sāl-nāme in EI² viii]. Das vielbenutzte topographisch-statistische Werk von Cuinet [181] basiert zum großen Teil auf den Almanachen [182: Duman]. Von manchen Provinzen erschienen mehr als 20 oder 30 Jahrbücher (für Hüdâvendigâr/Bursa 35, für Suriye/Syrien 32).

Jahrbücher

Beim Eintritt des osmanischen Staates in den Weltkrieg erschienen 73 türkischsprachige Zeitungen, 1915 war ihre Zahl auf 6 gesunken. Ihre Verwertung für die historische Forschung ist vielversprechend. Allerdings muß auf die oft nur in lückenhaften Serien nachweisbaren Bestände hingewiesen werden. Reprints bzw. Mikrofiche-Ausgaben, wie sie in seltenen Ausnahmen (für die langlebige Kulturzeitschrift *Servet-i fünûn*) vorliegen, sind dringend erwünscht. Das Verfilmungsprojekt der Universitätsbibliothek Chicago hat hochseltene, wenn auch meist unzusammenhängende Zeitungsserien für die internationale Forschung zugänglich gemacht. Die z. T. verloren gegangenen Protokolle der beiden Kammern des ersten osmanischen Parlaments (*Meclis-i Âyân* und *Meclis-i Mebûsân*) lassen sich z. B. mit Hilfe des Staatsanzeigers rekonstruieren. Das umfangreichste Periodika-Verzeichnis ist der Gesamtkatalog der Zeitschriften in arabischer Schrift von H. Duman. Er enthält 1804 Aufnahmen von Zeitschriftentiteln der

Die periodische Presse

Jahre 1828–1928. Indices führen zu den Erscheinungsorten und Themenschwerpunkten. Auch die Nationalbibliothek hat einen Gesamtkatalog der türkischsprachigen Periodika herausgegeben [183]. Besonders günstig ist die bibliographische Erschließung und Forschungslage bei Zeitungen und Zeitschriften, die sich an Frauen wandten [185: Çakir; 190: Haerkötter].

Über die erste türkische Zeitung Anatoliens hat M. Yaşar [186] eine Monographie vorgelegt. Die anspruchslose Darstellung behandelt das Blatt, das seit 1867 in Erzurum zugleich als älteste regionale Zeitung in türkischer Sprache (in arabischer und armenischer Schrift) erschien. Am Beispiel der *vilâyet*-Zeitung für den Jemen hat M. Ursinus demonstriert, wie die amtliche Provinzpresse ein wichtiges Bindeglied zwischen den hauptstädtischen Organen und der Bevölkerung auf drei Kontinenten bildete [187]. Als monographische Studien über einzelne Zeitschriften und Zeitungen seien noch genannt: ein instruktives Buch zum 150. Geburtstag des *Takvîm-i Vakâyi* und ein Quellenband zur Entstehungsgeschichte dieses osmanischen Staatsanzeigers [188: Koloğlu; 189: Yazici]. Von weiteren neueren Monographien über Periodika bzw. ihre Herausgeber sollen noch die Arbeiten von Debus [192], Herzog [191] und Toprak [651] mit ihren ganz unterschiedlichen Thematiken genannt werden.

Verhältnismäßig befriedigend sind unsere Kenntnisse der französischsprachigen Presse in der osmanischen Hauptstadt und den Provinzen. Ein Katalog erfaßt 701 ganz oder teilweise in Französisch veröffentlichte Presseorgane seit 1795, von denen drei Viertel in die osmanische Epoche fallen [193: Groc u. Çağlar]. Darunter befanden sich pro-osmanische Blätter wie der von dem Franzosen Alexandre Blaque herausgegebene *Spectateur Oriental* (1824–1827). Andere französischsprachige Zeitungen waren pro-griechisch (wie der *Phare du Bosphore* 1870–1890). Der *Osmanische Lloyd* war das Sprachrohr des Deutschen Reichs [194: Farah]. Über die persischsprachige Presse berichtet A. Pistor-Hatam in mehreren Artikeln [in 440]. Zu den Desiderata gehören Darstellungen der Presse der Nichtmuslime, aber auch der arabisch-sprachigen Presse der Hauptstadt. Zur politischen Karikatur zwischen 1867 und 1918 gibt es eine Übersicht, die die Exilpresse einschließt [195: Çeviker].

7. Gesetzessammlungen

Vor der teilweisen Rezeption europäischen Rechts im 19. Jahrhundert wurden die nicht von der Scheria geregelten Gebiete in Form sultanischer Dekrete geordnet. Gleichzeitg war es den führenden Gelehrten (an ihrer Spitze Ebussuûd, st. 1574) um eine Harmonisierung dieses „Gewohnheitsrechts" mit den islamischen Normen zu tun [257: Imber]. *Kânûn-nâme* sind Sammlungen solcher Gesetzen und Verordnungen, die in erster Linie steuerliche Regelungen von eingeschränkter regionaler Gültigkeit enthalten [196: Akgündüz; 197: Lowry]. Daneben gibt es

Kânûn-nâme

aber auch *kânûn-nâme* von gesamtstaatlicher Geltung und solche, die eine Art Strafrechtskodex darstellen. Am bekanntesten ist das sogenannte Organisationsgesetz von Mehmed II. geworden. Das von BAYERLE veröffentlichte *kânûn-nâme* des *sancaks* Szeged (1570) soll den ausführlichsten Text für Ungarn darstellen [147]. Für andere Regionen existieren Übersichten [z. B. Griechenland 198: C. ALEXANDER; Bosnien-Herzegowina und Nachbarräume 199: DJURDJEV e.a.]. Forschungsaufgaben bestehen u. a. dort, wo die Texte die Rekonstruktion älterer, vorosmanischer Verhältnisse erhoffen lassen. So ist die Gesetzgebung des Mamluken Kayitbay, des Akkoyunlu Uzun Hasan und des Dulkadırlı Ala ad-Davla in der Gestalt osmanischer *kânûn-nâme* überliefert.

Gesetzgebung im 19. Jahrhundert

Das Amtsblatt *Takvîm-i Vakâyi* veröffentlichte seit 1831 erlassene Gesetze. Nach seiner teilweisen bzw. endgültigen Einstellung (1878–1891, 1892) wurden Gesetze in der vom Justizministerium herausgebenen Gerichtszeitung (*Cerîde-i mahâkim* bzw. *Cerîde-i mahâkim-i adlîye*) sowie in den Amtsblättern der Provinzen, aber auch in den verschiedenen *Sâl-nâme* abgedruckt. Ab 1863 erschienen die *Düstûr* genannten Sammlungen, von denen die ersten beiden Reihen (1839–1908, 1908–1922) in die osmanische Epoche fallen. Die erste Reihe wurde erst 1944 abgeschlossen, so daß die Gesetze der Jahre 1884–1908 in Lateinschrift zugänglich sind. Die z. T. amtlichen französischen Übersetzungen findet man in BILIOTTI/SEDATS berühmter „Législation Ottomane" [201]. Für die verschiedenen Ausgaben und zeitgenössischen Übersetzungen muß auf die Bibliographien verwiesen werden [17: KREISER].

8. Die europäische Dokumentation

Akten und Urkunden

Schon LEOPOLD VON RANKE hat auf die europäischen Archive als Quellen zur osmanischen Geschichte aufmerksam gemacht. ZINKEISEN war der erste Forscher, der sich dieser Aufgabe umfassend stellte [227]. Die einzige vorläufige und viel zu knappe Übersicht über den Wert europäischer Archive stammt von R. DAVISON und ist auf die Spätzeit beschränkt [202]. Der am häufigsten herangezogene Führer zu den Verträgen der großen Orientpolitik enthält auch unpubliziertes Material, ist aber recht einseitig auf die Orientpolitik der Westmächte und Rußlands ausgerichtet [203: HUREWITZ]. Sehr viel umfangreicher ist die Sammlung von IGNACE TESTA aus der berühmten „Dynastie" von Dragomanen [204]. Weitere Ausgaben internationaler Verträge können hier nicht berücksichtigt werden [vgl. die Nr. 236–247 in 17: KREISER]. Der Reichtum der venezianischen Archive (v.a. Archivio di Stato und Museo Correr) erklärt sich aus der Dauer der Beziehungen, der langen Grenze und den Handelsinteressen Venedigs in der Hauptstadt, in Aleppo, Alexandria und anderswo. 1840 legte E. ALBÈRI den Osmanen-Band innerhalb seiner Ausgabe der zusammenfassenden Berichte der venezianischen Gesandten (*relazioni*) vor. Die Bände von BAROZZI und BERECHET setzen die

Sammlung für den größten Teil des 17. Jahrhunderts fort. Auf BOMBACIS Vorarbeiten beruht das große Inventar der Miscellanea des Archivio di Stato mit Regesten, welches MARIA PIA PEDANI FABRIS 1994 herausbrachte. Es enthält v.a. Aktenstücke in osmanischer und italienischer Sprache, zum Teil in zeitgenössischer Übersetzung. Zwischen 1840 und 1842 veröffentlichte der ungarische Archivar ANTAL GÉVAY seine „Urkunden und Actenstücke zur Geschichte der Verhältnisse zwischen Österreich, Ungarn und der Pforte im XVI. und XVII. Jahrhunderte" [205]. Eine daran anschließende Quellenedition beginnt unter dem Titel „Austro-Turcica" zu erscheinen [206: NEHRING]. Das monumentale Werk von CHARRIÈRE über die französische Levantepolitik im 16. Jahrhundert erschien 1848–1860. Der Türkei-Band der Serie über die Instruktionen, die französischen Botschaftern und Geschäftsträgern erteilt wurden, umfaßt die Jahre 1658–1784 [207: DUPARC]. Zu den Materialien des Quai d'Orsay führt das Inventar von SPIRIDONAKIS [208]. Angesichts der Verlagerung des Forschungsinteresses auf Wirtschafts-, v.a. Handelsgeschichte haben die Marseiller Sammlungen (Archives de la Chambre de Commerce, Archives Communales) besonderes Interesse auf sich gezogen. Das portugiesische Zentralarchiv enthält Schlüsseldokumente zur osmanischen Rolle im Roten Meer und im Indischen Ozean im 16. Jahrhundert [210: ÖZBARAN]. Weit über die Geschichte der ehemaligen Fürstentümer Walachei und Moldau hinaus von Bedeutung ist die monumentale Sammlung des rumänischen Historikers und Staatsmanns EUDOXIU DE HURMUZAKI, deren Urkunden und Dokumente v.a. die außenpolitische Lage der Fürstentümer (bis 1600) betreffen [211].

Portugal

Die meisten Monographien zur Wirksamkeit einzelner Gesandter europäischer Staaten stützen sich auf die Dokumentation der Herkunftsländer Frankreich (wie zu Philippe de Harley, 1620–1631, Louis des Hayes 1631, Villeneuve 1728–1741, Vergennes 1755–1768) und England (z. B. Robert Ainslie 1776–1794). Wichtige Ausnahmen von dieser Regel sind einige diplomatiegeschichtliche Studien, die europäische Quellen durch die osmanische Materialien ergänzen [212: KURAT; 213: SKILITTER; 214: ERDBRINK; 215: DE GROOT]. Eine eindringliche Untersuchung der Wirksamkeit von Paul Rycaut als englischem Konsul in İzmir (1667–1678) beschreibt zugleich das Leben der Ausländerkolonie in der Hafenstadt [216: ANDERSON]. Die Aktensammlungen zur Geschichte der internationalen Beziehungen nach der Gründung des Deutschen Reiches, insbesondere „Die Große Politik der Europäischen Kabinette", die „British Documents" und die „Documents diplomatiques français", sowie die russischen „Meždunarodnye Otnošenija" enthalten jeweils mehrere überwiegend türkischen Themen gewidmeten Bände. Russische und deutsche Konsularberichte gehören zu den ungehobenen Schätzen [für Deutschland 218: D. QUATAERT]. P. DUMONT hat verschiedene Archive von nichtstaatlichen Organisationen auf Osmanica durchkämmt [z. B. 219]. Persönliche Quellen von europäischen Staatsmännern, Diplomaten und Militärs, von denen einige von großer Wichtigkeit sind (H. v.

Unpublizierte Akten und Urkunden

MOLTKE, JOSEPH POMIANKOWSKI), warten noch auf eine osmanistische Kommentierung.

Über die europäischen „Türkendrucke" gibt eine umfangreiche Bibliographie Auskunft [220: GÖLLNER]. Frühe Berichte europäischer Reisender sind inzwischen bibliographisch und nach ihren Itinerarien geordnet [221: YÉRASIMOS]. Kritische und kommentierte Ausgaben sowie gute Übersetzungen fehlen jedoch zum großen Teil [für eine Ausnahme vgl. 222: KONSTANTIN VON OSTROVICA]. Während sich die Aufzeichnungen Reisender des 15. und 16. Jahrhunderts für die „Alltagsgeschichte" der Osmanen als recht ergiebig erwiesen haben (z. B. HANS DERNSCHWAM, S. SCHWEIGGER), wird der Quellenwert späterer Reiseberichte – mit wichtigen Ausnahmen – stark überschätzt.

C. DIE GROSSEN THEMEN DER FORSCHUNG

1) Politische/allgemeine Geschichte

a) Gesamtdarstellungen

Die wissenschaftliche Beschäftigung mit der osmanischen Geschichte setzt Sprachkenntnisse und den Zugang zu Primärquellen voraus. Wegen den Besonderheiten der osmanischen Literatursprache und der schweren Lesbarkeit bestimmter Kanzleischriften ist es bis heute bei einer Zweiteilung der Forschungsliteratur geblieben. Eine Richtung bearbeitet das primäre osmanische Material, eine zweite konzentriert sich auf Zeugnisse in nichtosmanischen Sprachen, ohne die jüngere türkischsprachige Forschungsliteratur zu vernachlässigen (z. B.: 223: Werner). Beide Richtungen bewegen sich jedoch aufgrund wachsender Erschließung osmanischer Quellen in türkischer Lateinschrift aufeinander zu. Durch das Wirken türkischer Historiker an europäischen und amerikanischen Hochschulen, aber auch aufgrund zahlreicher Gemeinschaftswerke (vgl. die Osmanenkapitel der *New Cambridge Modern History*, 1957–1970, getrennt erschienen u. d. T. „A History of the Ottoman Empire to 1730“, 1976) kann nicht mehr von einer zwischen „West“ und „Ost“ aufgeteilten Forschungslandschaft gesprochen werden.

Die drei großen „GORs“

Hammer, Zinkeisen, Iorga

Joseph von Hammers (1774–1856, seit 1835 Freiherr von Hammer-Purgstall) „Geschichte des osmanischen Reiches“ (GOR) [225] ist bis heute die monumentalste Gesamtdarstellung eines einzelnen Verfassers geblieben. Der „ruhmgekrönte geistige Eroberer des Morgenlandes“ (Fallmerayer) führte sein Werk bis zum Frieden von Küçük Kaynarca 1774 (Hammers Geburtsjahr!). Seine Darstellung zeichnet sich durch eine gleichmäßige Berücksichtigung der Epochen aus, auch wenn ihm das Reich im „Greisenalter“ zu stehen schien. Der als junger Historiker von Johannes von Müller gelenkte Hammer entwickelte einen von Leopold von Ranke beeinflußten Begriff von historischer Objektivität („ohne Vorliebe und Widerwillen“) [226: Kreiser]. Der durchaus nicht uniforme Charakter der osmanischen Chronistik verbietet es, Hammers Geschichte des osmanischen Reiches als eine riesige Paraphrase höfisch-devoter Annalistik zu sehen. Die in den Bänden 9–10 enthaltenen Arbeitsinstrumente sind zum großen Teil noch heute von Nutzen.

Eine unentbehrliche Ergänzung ist Johann Wilhelm Zinkeisens „Geschichte des osmanischen Reiches in Europa“, die seit 1840 im Rahmen von Heeren und Ukerts „Staatengeschichte“ herauskam [227]. Rankes Lehre vom Primat der

Außenpolitik nahestehend, stützte sich ihr Verfasser vor allem auf französische und preußische sowie damals in Wien verfügbare venezianische Archivalien (die Ausgaben von CHARRIÈRE und ALBÈRI waren zu HAMMERS Zeiten noch nicht erschienen). ZINKEISEN konnte noch die „Zeit der Reformen und der Rivalität der Großmächte im Diwan" bis zum Frieden von Bukarest (1812) behandeln. Die letzte große Überblicksdarstellung vor dem Zusammenbruch des osmanischen Staates stammt von dem rumänischen Historiker NICOLAE IORGA (1871–1940) [227]. In sein Unternehmen sind wichtige Ergebnisse der Geschichtswissenschaft im Zeitalter des Nationalismus eingegangen. IORGA sah sich im übrigen beim „Fehlen einer türkischen Nationalliteratur" (*sic*) nicht verpflichtet, die geistige Entwicklung der Türken so zu beschreiben, wie es den christlichen Völkern Südosteuropas zukomme.

Durch seine immense Arbeit der Quellenerschließung hat HAMMER für ZINKEISEN, IORGA und andere den Vorwand geliefert, Texte in den islamischen Hauptsprachen zu vernachlässigen. Der HAMMER wiederholt zum Vorwurf gemachte „kompilatorische Charakter" seines Werkes hat es späteren Autoren ermöglicht, seine Bände als „Steinbruch" auszuwerten. Ein englischer Historiker, E. Sh. CREASY, benutzte in diesem Sinne seine GOR als „largest store of material" („History of the Ottoman Turks", London 1878). Daß HAMMER auch zahllose abendländische und byzantinische Quellen in den Dienst der osmanischen Geschichte stellte, wird häufig vergessen. Über die französische Übersetzung wurde die GOR (Paris 1835–1843) europäischer und türkischer Gemeinbesitz. Zu weit geht die bei F. BRAUDEL zu lesende Anschuldigung, HAMMER habe seine Dokumente „verstümmelt". Trotz vieler Leseirrtümer und fehlerhafter Übersetzungen HAMMERS bleibt seine GOR (im Gegensatz zu seinen literaturgeschichtlichen Beiträgen) im Ganzen eine brauchbare Arbeitsgrundlage.

Durch Übersetzungen ins Französische, Italienische und Türkische hält HAMMERS Einfluß an. Die einflußreiche „Geschichte des Osmanischen Staates" *(Târîh-i Devlet-i Osmânîye)* des HAYRULLÂH Efendi (1854–55) ist ohne sein Vorbild nicht denkbar. Nach dem Sturz Abdülhamîd II. erschien eine (nicht zu Ende geführte) Übersetzung aufgrund der französischen Ausgabe. Der Bearbeiter MEHMED ATÂ rühmte die unparteiische Haltung HAMMERS, auch wenn er manche bitteren Werturteile ausgesprochen habe. Auch die einflußreiche *Târîh-i Ebu'l-Fârûk* (d. i. MEHMED MURÂD), die zwischen 1906–1916 in sieben Bänden herauskam, folgt HAMMER über weite Strecken [zum Autor 191: HERZOG].

Gesamtdarstellungen der „Geschichte des Osmanischen Reiches" (GOR)

AUTOR	HAMMER	ZINKEISEN	IORGA
Erscheinungsjahre	1827–1832	1840–1863	1908–1913
Bandzahl	10 (8 davon Grundtext)	7	5
Behandelter Zeitraum	ca. 1300–1774	ca. 1300–1812	ca. 1300–1912
Umfang	ca. 5600 S.	ca. 5600 S.	ca. 2600 S.

Gesamtdarstellungen in türkischer Sprache

Sehr einflußreich war NECÎB ÂSIM [YAZIKSIZ] (1861–1935) mit seiner Übersetzung von Léon CAHUNS „Introduction à l'Asie. Turcs et Mongols des origines à 1405" (Paris 1896 bzw. Istanbul 1898/99–1900/1901). NECÎB ÂSIM, ein ehemaliger Offizier, der sich autodidaktisch gebildet hatte, war der erste Inhaber einer Professur für Geschichte der türkischen Sprache am Istanbuler *Dârülfünûn.* 1909 verfaßte er zusammen mit MEHMED ÂRIF eine „Allgemeine türkische Geschichte" (TÜRK TÂRÎH-I UMÛMÎ), deren erster Teil (48 S.) den Titel „Nicht-osmanische Türken" (*Osmânlılardan başka Türkler*) trug. Der mit 80 S. etwas längere zweite Teil war den Osmanen eingeräumt. Mit der Herausnahme der osmanisch-türkischen Epoche aus der islamischen Universalgeschichte hatten die Autoren die republikanische Historiographie antizipiert.

Uzunçarşılı und Karal

Erst die Nachfolgerin der osmanischen Geschichtsgesellschaft gab eine umfangreiche osmanische Geschichte im Rahmen einer vielbändigen Weltgeschichte in Auftrag [229]. Der Anteil von İSMAIL HAKKI UZUNÇARŞILI (1888–1977) umfaßt dabei in sechs Teilen ca. 4 000 Seiten, die bis zum Jahr 1789 reichen. UZUNÇARŞILI hat unter fast vollständigem Absehen von westlichen Quellen und Forschungsmeinungen ganz die Perspektive seiner osmanischen Quellen, insbesondere der Chronistik, aber auch von Archivalien eingenommen. Die wesentlich schmaleren Nachfolgebände von ENVER ZIYA KARAL reichen bis zum Ende des Weltkriegs. Die große „Geschichte der türkischen Revolution" von YUSUF HIKMET BAYUR [239] überlappt sich ab dem Jahr 1878 mit KARALS Werk.

Unter dem Titel „Geschichte der Türkei" erscheint seit 1990 unter der Herausgeberschaft von ALI SEVIM und YAŞAR YÜCEL ein neues Werk, dessen drei Osmanenbände (von den Anfängen bis 1861) eine breitere Leserschaft erreichen sollen [231]. Im selben Jahr begann das gleichnamige von SINA AKŞIN betreute Unternehmen [232]. Beide Serien folgen Varianten einer „offiziellen" Geschichtsschreibung. Die erstere ist der ab Mitte der 1970er Jahre propagierten türkisch-islamischen Schule verpflichtet, die zweite der altkemalistisch-linksrepublikanischen. Erfolgreich war die Zusammenführung einer großen Autorengruppe zu einer Gesamtdarstellung der „Geschichte des osmanischen Staates und seiner Kultur" unter Leitung von E. İHSANOĞLU [235]. Die beiden starken Bände enthalten gute Übersichtsartikel zu allen wichtigen Aspekten. Aus den außerhalb der Türkei entstanden Gemeinschaftswerken ragt ein von R. MANTRAN herausgegebener Band mit Beiträgen führender französischer Autoren hervor [234]. Als gescheitert wird der Versuch von STANFORD SHAW [236] angesehen. Der erste Teil seines Buch wurde gar als „minefield of misinformation" gewertet. Der umfangreichere zweite Band (mit E. K. SHAW) über das 19. Jahrhundert enthält jedoch mehrere wertvolle Kapitel, die auf eigenen Forschungsleistungen beruhen.

Ausgaben für breitere Leserschichten

Enzyklopädien

Die einschlägigen Artikel der *İslâm Ansiklopedisi* (13 Bde., Istanbul 1940–1986) und der Neuauflage der *Encyclopædia of Islam* bzw. *Encyclopédie de l'Islam* (Bd 1, Leiden 1960-) haben in der Forschungsliteratur ein außerordentliches Gewicht. Dabei ist die türkische Ausgabe viel mehr als eine Übersetzung der als „EI" geläufigen Leidener Gemeinschaftsleistung. Von ihren 11600 Seiten wurden 8000 neu verfaßt bzw. überarbeitet. Für den Osmanisten unverzichtbar sind v.a. die biographischen und historiographischen Beiträge von MÜNIR AKTEPE, CAVID M. BAYSUN, M. T. GÖKBILGIN, BEKIR KÜTÜKOĞLU u. a. Die EI^2 enthält ihrerseits zahlreiche, z. T., grundsätzliche Artikel zur Osmanistik, die sich über den *Subject Index* unter Ottoman Empire bzw. eine CD-ROM-Version erschließen lassen. Mit der genannten, vom türkischen Bildungsministerium veranstalteten *İslâm Ansiklopedisi* (İA) hat eine neue, auf ca. 40 Bde. angelegte *İslâm Ansiklopedisi* der Stiftung des Präsidiums für Religiöse Angelegenheiten (Türkiye Diyanet Vakfı/TDV) nichts gemeinsam. Die zwischen 1988 und 2007 erschienenen ersten 32 Bände der TDVİA haben sich bereits als unentbehrliches Arbeitsinstrument für Islamwissenschaftler und Osmanisten etabliert.

b) Die Entstehung des osmanischen Staates

CLAUDE CAHENS Buch zum vorosmanischen Anatolien gilt als Standwerk. Die posthum erschienene französische Ausgabe enthält die Quellenbelege, die man in dem zunächst in englischer Sprache u.d. Titel „Pre-Ottoman Turkey" verlegten

Buch vermißt [238]. CAHEN beschäftigt sich v.a. mit der Islamisierung und Turkisierung des Landes, während SPEROS VRYONIS den Niedergang des Hellenismus in Kleinasien mit viel Empathie beschreibt [239]. WOODS hat das „no-man's land" zwischen Konya und Täbris zwischen dem Niedergang der mongolischen Macht und dem Aufstieg der Osmanen in seiner Monographie über die Akkoyunlu-Föderation „kartiert" [699]. Inzwischen erlaubt eine Anzahl von Monographien über einzelne Fürstentümer eine genauere Beurteilung der osmanischen Rolle im nachseldschukischen Anatolien [241: WITTEK; 242: FLEMMING; 243: LEMERLE; 244: AKIN: 246: VARLIK]. Die Beziehungen des recht unabhängig agierenden venezianischen Kreta zu Aydın und Menteşe im 14. Jahrhundert hat E. ZACHARIADOU abschließend dargestellt [245]. Die Frage der ethnischen Turkisierung wurde von der historischen Forschung eher zurückhaltend berührt (kulturgeographische Modelle bei PLANHOL [67]).

Konversion

Eine monographische Untersuchung zum Thema „Islamisierung" fehlt. V. L. MÉNAGE [240] diskutiert in einem anregenden Aufsatz die Ursachen, die zu einem fast vollständigen Untergang des kleinasiatischen Christentums geführt haben, während in der europäischen Reichshälfte die Nichtmuslime in der Mehrheit blieben. Die Kernfrage nach der Natur der in Anatolien um 1500 weitgehend abgeschlossenen Islamisierungsprozesse durch Konversion oder Immigration läßt MÉNAGE jedoch unbeantwortet („probably unanswerable"). Die Frage des Zahlenverhältnisses von Konvertiten innerhalb der muslimischen Bevölkerung zu einem gegebenen Zeitpunkt konnte für einige Balkanstädte recht genau beantwortet werden. Für das bulgarische Tarnovo werden um 1500 33%, für Skopje/Üsküp 1551 45% Neumuslime gezählt. Eine mehr als vier Jahrhunderte umfassende Sondage für Bursa [539: ÇETIN] erlaubt zum ersten Mal, Übertritte von mehr als 800 Individuen zum Islam zu verfolgen. Der Autor gliedert sein Material nach Jahren, Altersgruppen, Ethnien und Namen. Er behandelt auch die Scheidung von übergetretenen Frauen von ihren nichtmuslimischen Männern und die geänderten Wohnverhältnisse. Nur in 0,77% aller Fälle ist er auf Abwendung vom Islam (*irtidâd*) nach einer vollzogenen Konversion gestoßen.

Byzanz

Gegen H. A. GIBBONS [247], der im Osmanenstaat den Erben byzantinischer Institutionen erkannte, wandten sich MEHMED FU'ÂD KÖPRÜLÜ [250] und – indirekt durch Beschreibung der Strukturen anderer muslimischer Staaten - İ. H. UZUNÇARŞILI [251]. Der Mediävist E. WERNER [223] befaßte sich schon früher mit den inneren und äußeren Faktoren, die dazu geführt haben, daß das osmanische Beylik erfolgreicher war als seine Konkurrenten.

Gazâ und Cihâd

P. WITTEKS [252] romantische These vom Entstehen des Imperiums aus dem Geist der an den Grenzen kämpfenden Gâzîs wurde erst in den letzten Jahren von Autoren wie C. HEYWOOD, C. IMBER und R. JENNINGS zurückgewiesen. Der Anthropologe R. LINDNER [516] hat den Anteil der Nomaden als eines religiös weniger gebundenen Elements am Grenzkämpfertum gegen Byzanz hervorgehoben. Die „ungenaue Genealogie" der frühen Osmanen sei geradezu ein

Beleg für ihre tribale Struktur. H. İNALCIK will die Nomaden- mit der Gâzî-These versöhnen. Eine Diskussion dieser Forschungsmeinungen findet sich bei KAFADAR [254], der zugleich eine eigene vermittelnde Position anbietet. Er lehnt die „oghusische“ These des Altmeisters KÖPRÜLÜ ebenso ab wie die exklusive Verbindung von Osmanentum und Gâzî-Ideologie, auf die sich schließlich auch andere Kleinfürsten berufen konnten. Die Hauptfrage nach dem osmanischen „Erfolg“ dürfe nicht pauschal, sondern nur im Zusammenhang mit bestimmten Schlüsseldaten (1300, 1330, 1360, 1410) diskutiert werden. KAFADAR hebt die strategisch glückliche Verbindung von Allianzen und Konfrontationen hervor und die Fähigkeit, sich für Einflüsse offen zu halten. Dieser *„inclusivism“* unterscheide die Osmanen in glücklicher Weise von den Karamaniden. Bei einem 1991 dem osmanischen Beylik gewidmeten Symposium auf Kreta [255: ZACHARIADOU (Hg.)] wurden sehr gegensätzliche Auffassungen vorgetragen. Man vergleiche H. İNALCIKS Verteidigung der altosmanischen Chronistik – „It is... misleading to dismiss altogether as pure myth and legend the early Ottoman traditions because of these later elaborates“ – mit C. IMBERS strengem Agnostizimsus: „The best thing that a modern historian can do is to admit frankly that the earliest history of the Ottomans is a black hole. An attempt to fill this hole will result simply in the creation of more fables.“

c) Legitimation der Dynastie und Kalifatsfrage

Auf die doppelte – sowohl dynastische als auch religiöse – Legitimation der osmanischen Herrscher hat u. a. C. IMBER [257] hingewiesen. Für die ersten osmanischen Krieger *(akıncı)* habe es keinen Unterschied zwischen Raubzügen und „Heiligem Krieg“ gegeben. Eine Darstellung der osmanischen „Realpolitik“ könnte von Beobachtungen H. J. KISSLINGS ausgehen [285]. Erst im späten 15. Jahrhundert bemühte sich die dynastische Ideologie um eine Versöhnung mit den Prinzipen der Scheriat. Die auf D'OHSSON [4: BEYDILLI] zurückgehende Behauptung von der Übertragung der Kalifatswürde von dem abbasidischen „Schattenkalifen“ al-Mutawakkil auf den osmanischen Herrscher Selîm I. im Jahr 1517 ist wegen fehlender Beweise aus zeit- und sachnahen Quellen obsolet. Das Kalifat war in den ersten Jahren und wiederum im letzten Jahrzehnt der Regierung von Abdülhamîd II. nicht unumstritten. Der Sultan begründete seinen Anspruch mit göttlicher Vorsehung, ererbten Rechten und tatsächlicher Macht, während in arabischen Oppositionszirkeln das Konzept einer Art spirituellen Form des Kalifats propagiert wurde [mit der relevanten Forschungsliteratur: 763: T. BUZPINAR]. S. DERINGIL stellt das Legitimitätsthema in den Zusammenhang mit dem Panislamismus und anderen Pan-Bewegungen des 19. Jahrhunderts [322].

d) Zentrale Institutionen

Das Werk von GIBB u. BOWEN [289] mit seinem doppelt irreführendem Titel (es berichtet nur sehr eingeschränkt über die islamische „Gesellschaft“ und behandelt kaum den Einfluß der „westlichen Zivilisation“) gehört zu den immer noch zu konsultierenden Darstellungen der osmanischen Institutionen. Allerdings scheiterte der Plan der Autoren, das 18. Jahrhundert in den Mittelpunkt zu rükken, an mangelnden Vorarbeiten. So stehen die Einrichtungen des „Golden Age“ (das 15.-16. Jahrhundert) überall im Vordergrund. Materialreiche Monographien wie die von UZUNÇARŞILI [608; 615] wurden nicht mehr zur Kenntnis genommen. N. ITZKOWITZ [290] bemängelte zu recht, daß GIBB und BOWEN bei der Schilderung der „herrschenden muslimischen Klasse“ die großen Veränderung im Laufe des 18. Jahrhunderts übersahen. Trotzdem haben die Autoren viel nützliches Quellenmaterial, vor allem aus den arabischen Provinzen, verarbeitet. Wesentlich knapper, dafür aber übersichtlicher und aktueller ausgefallen als UZUNÇARŞILIS Monographien ist Y. HALAÇOĞLUS als Einführung gedachtes Buch über die osmanische Staatsverwaltung im 14.-17. Jahrhundert [263].

Das Haus Osmân

Ein durchaus praktisches, in viele kurze Sachabschnitte (wie Prinzenresidenzen, Brudermord, Eheschließungen und Scheidungen) aufgeteiltes „Familienporträt“ des Hauses Osmân stammt von ALDERSON [51]. Einzelne lebensgeschichtliche Daten in dem Buch eines osmanistischen Außenseiters müssen allerdings korrigiert werden [dazu ORANSAY bei 50]. Bisher konkurrenzlos für die Genealogie großer osmanischer Familien ist Y. ÖZTUNAS Kompilation [52]. Über die Damen des osmanischen Hauses (Gattinnen und Töchter) und den Harem insgesamt hat ULUÇAY mehrere, schon einmal genannte Bücher verfaßt [48; 49]. Ein jüngerer Titel [53: PEIRCE] hat als Schwerpunkt die wachsende Komplexität der Familienpolitik und den Aufstieg der Frauen als Handelnde auf der dynastischen Bühne im 16. und 17. Jahrhundert. Die Autorin untersucht die Vergrößerung des Harems im alten und neuen Palast, die Zahl seiner Bewohnerinnen und die Höhe ihrer Apanagen.

Serail

NECIPOĞLU konnte aufgrund überragender Quellenkenntnisse vorführen, daß sich in der Baugeschichte des 1459 begonnenen Topkapı-Serails der osmanische Weg vom Absolutismus Mehmed II. bis zur Aufgabe des Universalanspruchs im späten 16. Jahrhundert ausdrückt. Sie wendet sich gegen die überkommene These, die in der Palastarchitektur „fromme Scheu“ ausgedrückt sah: Die osmanischen Quellen betrachteten das Topkapı-Sarayı ausnahmslos als Symbol imperialer Grandeur und Quelle des Stolzes [259].

Dîvân-ı Hümâyûn

Zum „Dîvân-i Hümâyûn“ genannten Staatsrat gibt es nur die Monographie des Rechtshistorikers A. MUMCU [261], der das Gremium als eine in der islamischen Staatenwelt singuläre Einrichtung beschreibt. Sie wurde freilich wegen unzureichender Institutionalisierung ab Ende des 17. Jahrhunderts bedeutungsloser

Großwesirat

als das neue, beim Großwesir entstandene Machtzentrum. Über dieses höchste

Staatsamt gibt es, abgesehen von älteren biographischen Sammelwerken, keine zusammenfassende Darstellung. Eine monographische Behandlung wäre angesichts des gewaltigen Zeitraums auch kaum zu verwirklichen. Eine Studie zum Großwesirat in den Jahren zwischen 1299 und 1453 vergleicht es mit der Institution in anderen islamischen Dynastien [262: Taneri]. Biographien zu einzelnen Großwesiren der klassischen Zeit gibt es nur in geringer Zahl. Sie können z. T. ersetzt werden, etwa durch eine Untersuchung des Palastes von İbrâhîm Pascha, dem berühmten Wesir Süleymân I. [264: Atasoy], und Evliyâ Çelebîs Portrait seines Gönners Melek Ahmed Pascha [265: Dankoff]. Über die Köprülüs, denen es in der zweiten Hälfte des 17. Jahrhunderts wieder gelang, den an Hofkreise verloren gegangenen Spielraum wiederzugewinnen, fehlen zusammenhängende Studien [vgl. aber M. T. Gökbilgins İA-Artikel über 7 Großwesire aus der Familie]. Gegen die vorherrschende Meinung, Mehmed Köprülü habe sich vor Amtsantritt besondere Vollmachten gleichsam vertraglich ausbedungen, wandte sich Kunt mit dem Argument, die Wiederherstellung der großwesirlichen Autorität sei eine allgemeine Forderung der Zeit gewesen (Lit. bei EI^2 s.v. Sadr-ı A'zam).

Haushalte der Sultansdiener

Kunt hat den Gefolgschaften („Haushalten") hochrangiger *ümerâ* (das sind *sancakbeyis* und *beylerbeyis*) zwischen den Jahren 1568 und 1641 ein Buch gewidmet [266]. In diesem Zeitraum werden Patronage und Haushaltszugehörigkeit zu den wichtigsten Faktoren für den Aufstieg innerhalb des Systems. Der Rückgang der Rekrutierung von Christenknaben (*devşirme*) ist nach Kunt in der Literatur überbewertet worden. Die Ausbildung von Verwaltern innerhalb des Palastes als „wesentliches Charakteristikum des *kul*-Systems" sei aber nicht aufgegeben worden. Ein besonderes Verdienst dieser Studie, die sich fast ausschließlich auf Ernennungsregister stützt, ist der prosopographische Zugang. Durch ihn wird erst die Unterscheidung zwischen Machträgern in der Zentrale und in den Provinzen ermöglicht.

Niedergang

Die Vorstellung von einem klassischen Zeitalter teilt die ältere Osmanistik [225: Hammer] mit modernen Vertretern wie İnalcık [256] oder Matuz [237]. St. J. Shaw [236] hat den ersten Band seiner „History of the Ottoman Empire and Modern Turkey" sogar mit dem Untertitel „Empire of the Gazis: The Rise and Decline of the Ottoman Empire, 1280–1808" versehen (vgl. Edward Gibbon, „The Decline and Fall of the Roman Empire", London 1776–1788). Das Niedergangsparadigma ist in der osmanistischen Literatur eng mit Periodisierungsfragen verknüpft. Die zeitgenössischen Beobachter haben im Übergang vom „Dienstlehen" (*tımar*) zum Steuerpacht (*iltizâm*)-System im späten 16. Jahrhundert die Hauptbruchstelle zwischen einer erfolgreich-meritokratischen und einer glücklos-korrupten Epoche gesehen [267: Lewis]. Für die moderne Forschung ist eine Überprüfung der idealisierenden Beschreibungen der „Fürstenspiegel" (*nasîhat-nâme*) problematisch, weil zu wenige für einen Vergleich geeignete Daten vorliegen (z. B. über das Phänomen der Landflucht im frühen 16. Jahrhundert). Abou-el-Haj [258] sieht im späten 17. Jahrhundert ein Aufbrechen einer geschlossenen Gesellschaftsordnung im Sinne einer stärkeren sozialen Mobilität. Dagegen wurde eingewandt, daß viele *kuls* („Sklaven" wie Janitscharen) von *reâyâ*, also steuerpflichtigen Bauern abstammten, während zahlreiche *sipâhîs* aus *kuls* hervorgingen. Erst in den letzten Regierungsjahren wurde den *reâyâ* der Zugang zum *sipâhî*-Korps erschwert. Andererseits begann die interne Rekrutierung der Zentralbürokratie bzw. der *ilmîye* erst in den Jahrhunderten, für die Abou-el-Haj größere soziale Mobilität unterstellt [Rez. L. T. Darling in International Journal of Middle Eastern Studies 25, 1993, 118–120]. Darling leitet ihr Buch über die Steuererhebung und Finanzverwaltung zwischen 1550 und 1660 mit einem Kapitel über den „Niedergangsmythos" ein [157]. Ihr will nicht einleuchten, daß das süleymanische Zeitalter so harmonisch („orderly and smooth-running") war, wie die Verfasser der Fürstenspiegel glauben machen. Das späte 16. und das 17. Jahrhundert sei vielmehr als Zeitalter der Konsolidierung zu betrachten, während die Finanzverwaltung der vorausgehenden Jahrhunderte auf die ständige territoriale Expansion zugeschnitten war. Nach Kafadar [268] handelt es sich bei osmanischen Zeitkritikern (wie Mustafâ Âlî oder Selânikî) nicht um unzusammenhängende Beobachtungen Einzelner. Vielmehr glaubt er, daß es sich um den Ausdruck einer politischen Elite gegenüber dem strukturellen Wandel der osmanischen Gesellschaftsordnung zu Beginn der Neuzeit handelt.

Einzelne Herrscher bis Süleymân I.

Mehmed II. Als erste Lektüre zur Eroberung Konstantinopels durch Mehmed II. ist die für einen breiten Leserkreis geschriebene Darstellung von Steven Runciman zu empfehlen („The Fall of Constantinople 1453", Cambridge 1965, deutsche Übersetzung 1966). Der von F. Babinger angekündigte Ergänzungsband mit Quellenbelegen zu „Mehmed der Eroberer" [269] ist nie erschienen, doch gleicht die englische Übertragung diesen Mangel zum Teil aus. Der bleibende Wert dieser Monographie liegt in der Darlegung der Beziehungen zu den italienischen Staaten. Ihre schwächste Seite betrifft die innerosmanischen Verhältnisse. Wegen der manchmal bis ins wörtliche gehenden Nähe zur byzantinischen Chronistik, aber auch zu Hammer-Purgstall und Zinkeisen und selbst zu Ludwig Pastors Papstgeschichte, wurde Babingers Buch sogar in die Nähe eines Plagiats gerückt [270: Trapp]. Von Seiten der Osmanistik hat bereits das Grundwerk heftige Kritik ausgelöst. Jacobs und andere [271] haben die Voraussetzungen geschaffen, um über Mehmed II. Charakter als östlich und westlich humanistisch gebildeter Renaissance-Fürst zu reden. Sie lenkten die Aufmerksamkeit vor allem auf das Vorhandensein vieler nicht-islamischer Handschriften in der Hofbibliothek des Eroberers. Daß Mehmed II. über Kenntnisse der „klassischen" Sprachen verfügte bzw. lateinische Studien betrieb, wie es seine italienischen Panegyristen unterstellten, wurde bestritten [272: Pa-

TRINELIS]. Seine Eigenschaft als Mäzen bleibt davon unberührt. Kein anderer Renaissance-Fürst, weder in Italien noch in Deutschland, hat eine so große Zahl von Künstlern mit der Herstellung von Bronzemedaillen beauftragt [100: RABY].

Über die allgemeine Geschichte von Mehmed II. Sohn und Nachfolger Bâyezîd II. unterrichtet S. TANSEL [273], über die außenpolitischen Grundlinien S. N. FISHER [274]. Das Gestrüpp der oft gleichlautende Personennamen führenden „Männer um Bâyezîd" hat REINDL [58] gelichtet. Den Sonderbeziehungen des Sultans zu Francesco II. von Gonzaga ist KISSLING in mehreren Studien nachgegangen [330]. Italienische Angelegenheiten stehen auch hier im Mittelpunkt von BABINGERS Interesse [275]. Zu den am besten bekannten Episoden der älteren osmanischen Geschichte gehört die Flucht von Bâyezîds Bruder Cem Sultân nach Europa. Die Cem-Literatur reicht weit in die moderne Belletristik hinein [276: CARRETTO]. Bâyezîd II. (1481–1512)

Auch für die großen Linien der Innen- und Außenpolitik Selîm I. ist eine Monographie von S. TANSEL die wichtigste Unterlage geblieben [277]. Unbefriedigend ist der Kommentar von A. UĞUR zu einem Selîm-nâme, aber als Übersetzung einer der posthum verfaßten Glorifikationen des Sultans nützlich [278]. Eine gehaltvolle Wertung der Regierungsjahre Selîm I. als Wendepunkt der osmanischen Geschichte im Sinne der Durchsetzung sunnitischer Staatsziele hat I. BELDICEANU-STEINHERR verfaßt [279]. Da in Selîms I. kurze Herrschaft entscheidende Siege über Iran und Ägypten fielen, ist auch auf die Literatur zu den osmanischen Beziehungen mit diesen Ländern zu verweisen [wie 431: ROEMER; 707: HOLT]. Selîm I. (1512–1520)

Mehr als 20 Biographien sind seit der einflußreichen, aber völlig überholten Arbeit von A. H. LYBYER [280] über Süleymân I. erschienen. Aus der Fülle ragt nur eine aus der Feder eines bedeutenden Osmanisten heraus [281: KÁLDY-NAGY]. Ein spürbarer Erkenntniszuwachs war mit dem Pariser Kolloquium über Süleymân I. und seine Zeit verbunden [282: VEINSTEIN (Hg.)]. Hier wurden Themen wie die Rolle Süleymâns als Staatsmann (İNALCIK), als Messias am Ende des (ersten muslimischen) Millenniums (FLEISCHER) und als Kalif der Muslime (IMBER) behandelt. Die höfische Familienpolitik berührten PEIRCE [vgl. ihr schon genanntes Buch über den großherrlichen Harem: 53] und A. FISHER. Wichtige Beiträge betreffen die Provinzen (Ungarn, Mittelgriechenland, Arabien). Ein zweites Sammelwerk stellt das osmanische „Goldene Zeitalter" in den größeren Zusammenhang der nahöstlichen Geschichte und der europäischen Renaissance [294: KUNT u. WOODHEAD]. Süleymân I. (1520–1566)

e) Nachbarn und Gegner

Das Fehlen eines islamischen „Völkerrechts" (*ius gentium*) im Sinne der Anerkennung gleichberechtigter staatlicher Subjekte bedeutet nicht, daß internationalrechtliche, aus der Scheriat heraus entwickelte Standpunkte fehlen [766: „Völkerrecht"

KRÜGER]. KISSLINGS schon einmal angeführten Annahmen zur Praxis des „Pardon“ (*amân*) und der *mudâra* genannten, jederzeit kündbaren „Koexistenz“ bedürfen noch vertiefter Forschung [285]. Die osmanische Zentrale hat durch das Zusammenarbeiten mit lokalen Instanzen stets die „große“ Diplomatie ergänzt. Dieses Funktionieren der zweiten Ebene konnte in verschiedenen Studien beobachtet werden: zu den Johannitern [287: VATIN], den Donaufürstentümern [687: BERINDEI u. VEINSTEIN] und Ungarn [317: KÖHBACH].

Friedensschlüsse

Friedensschlüsse waren von vorherein von begrenzter Dauer Das kanonische Maximum von 10 Jahren Frieden mit Ungarn ist aus der prekären Situation der Osmanen nach der Schlacht von Varna im Jahr 1444 erklärbar. Die mit Habsburg vereinbarten Perioden waren zwischen 1547 und 1591 regelmäßig acht Jahre, 1606/8 aber besonders ungewöhnliche 20 Jahre [378: KOŁODZIEJCZYK]. Im Verhältnis zu christlichen Nationen scheinen die Osmanen wie andere kleinasiatische Fürsten die Praxis der Seldschuken bei Handelsprivilegien fortzusetzen [İNALCIK, Art. İmtiyāzāt in EI^2]. Während zahlreiche westliche Ausfertigungen dieser Vertragstexte (bei denen es sich nach osmanischer Auffassung weitgehend um *einseitig* gewährte Handelsvorteile handelte) schon im 19. Jahrhundert veröffentlicht wurden, schreitet die Kenntnis der sogenannten *ahd-nâme* („Verträge“) erst langsam voran [326: THEUNISSEN]. Ein polnischer Forscher hat in einer großen Monographie die Formen der Friedensschlüsse der Osmanen mit Staaten unterschiedlicher Kategorien deutlich herausgearbeitet [378: KOŁODZIEJCZYK]. Im übrigen fehlen nach wie vor Quellenausgaben gerade zu den großen Vertragswerken wie Karlowitz (1689), Passarowitz (1718) und Küçük Kaynarca (1774). Bei dem zuletzt genannten Friedensschluß scheint die Ratifikationsurkunde abhanden gekommen zu sein!

Botschafter und Konsuln

Von den europäischen Vertretern bei der Pforte bis zum Frieden von Belgrad (1739) gibt es eine Aufstellung [293: SPULER]. Zu protokollarischen Themen und zum lange anhaltenden Beharren der Osmanen auf der Zahlung des Unterhalts ständiger, dann nur noch außerordentlicher Gesandter gibt es eine wachsende, allerdings auf Einzelaufsätze verteilte Forschungsliteratur [308: M. KÜTÜKOĞLU]. Die osmanischen Gesandtschaftsberichte sind ebenfalls vorläufig gesichtet worden [294: UNAT]. Einzelne Gesandtschaftsreisen von Osmanen wurden gründlicher gewürdigt [297: AKSAN; 342: VEINSTEIN; 343: KODAMAN; 384: KARAMUK]. Die politisch einflußreichen Dragomane der ausländischen Vertretungen bzw. die Dolmetscher der Pforte sind gelegentlich zusammenhängend behandelt worden [C. ORHONLU, Art. Tercüman in İA xii; 295: CAMARIANO; 296: CUNNINGHAM]. Über die 1783 eingerichteten permanenten osmanischen Auslandsvertretungen berichtet E. KURAN [298]. Der Versuch der osmanischen Zentrale, einen diplomatischen Dienst aufzubauen, kann jetzt aufgrund türkischer Akten genauer beschrieben werden. Es wird deutlich, wie wenig die ersten Auslandsvertreter der Türkei geschult waren, ihre Aufgabe als Beobachter der politischen Umgebung der Höfe und Regierungen zu nutzen [307: NAFF]

Einen größeren Abschnitt der osmanischen Außenbeziehungen hat nur D. M. VAUGHAN [303] behandelt. Zu kürzeren Zeiträumen gibt es eine immer schwerer zu übersehende Anzahl von Studien [wie 274: S. N. FISHER; 300: FISCHER-GALATI; 301: CASSELS]. Zur vor-tanzimatzeitlichen Außenpolitik fehlt noch eine zusammenfassende Darstellung. Über die Vorgeschichte und die Institution des Außenministeriums gibt es einen sachkundigen, aber ohne Quellenbelege publizierten Artikel [305: KUNERALP]. Die von S. KUNERALP initiierte Reihe „Studies on Ottoman History" hat den Blick auf viele vernachlässigte Gebiete gelenkt. In ihr erschien u. a. ein Band über die türkisch-griechischen Beziehungen zwischen 1840 und 1869 [478] und eine Sammlung von Beiträgen zur osmanischen Afrikapolitik [710; 712–714]. Viel besser bekannt ist das bürokratische „Innenleben" des Außenministeriums im 19. Jahrhundert [306: FINDLEY]. Zum allgemeinen Konsularwesen der Großmächte muß trotz seiner Bedeutung auf die Handbücher aus dem 19. Jahrhundert verwiesen werden. Dagegen wächst die Zahl der Studien zu einzelnen Konsuln [216: ANDERSON] und konsularischen Vertretungen der Mächte an einem bestimmten Ort [z. B. 427: KARK; 721: REVAUD]. Die osmanische Institution der Handelsvertretungen (*şehbenderlik*) in Europa wurde noch durch keine Monographie gewürdigt. Außenbeziehungen

FERNAND BRAUDELS Hauptwerk „La Méditerranée et le Monde Méditerranéen à l'Époque de Philippe II" (Paris 1949) hat die jüngere Osmanistik verschiedentlich herausgefordert. BRAUDEL war sich bei der Schilderung des Mittelmeeres als natürliche und gesellschaftliche Einheit [dazu kritisch 364: HESS] der damals noch so gut wie ungehobenen Schätze der osmanischen Archive bewußt. Entsprechend hat Ö. L. BARKAN in seiner Rezension das Mittelmeerwerk (Nachdruck in *Annales* 9, 1954, 189–200) als „Arbeitsprogramm" für die türkischen Historiker bezeichnet. Dieser Aufgabe stellten und stellen sich natürlich auch „westliche" Historiker, z. B. dort, wo Fragen nach dem Bevölkerungswachstum im 16. Jahrhundert mit Hilfe der *tahrîr defterleri* beantwortet werden sollten. Das kleine, aber in methodischer Hinsicht äußerst anregende Buch von COOK [153] beweist aber zugleich, daß nicht alle BARKANschen Grundannahmen mit osmanischem Material aus der *ersten* Hälfte des 16. Jahrhunderts weitergeführt werden können. Ein anderes BRAUDELsches Hauptthema ist mit der Handelsgeschichte im östlichen Mittelmeerraum verbunden. Die auf W. HEYDS „Geschichte des Levantehandels" (1879) zurückgehende Auffassung von der Unterbrechung des indischen Gewürzhandels durch die osmanischen Eroberungen in der Levante ist zwar von mehreren Forschern (wie V. M. GODINHO, F. C. LANE, N. STEENSGAARD, E. ASHTOR) revidiert worden, doch haben diese Autoren den Übergang von der mamlukischen zur osmanischen Herrschaft am Nil weitgehend ausgespart. P. BRUMMET [309] hat jetzt einen starken Akzent auf die osmanische Flottentätigkeit im östlichen Mittelmeer gelegt, das sie v.a. angesichts der Bestrebungen, sich auch in den indischen Seehäfen die Zolleinnahmen anzueignen, nicht mehr nur als „backwater" der großen Umwälzungen sehen Mittelmeer möchte. Damit wendet sie sich zugleich gegen die Auffassung BRAUDELS, die osmanische Hegemonie habe sich in diesem Raum erst entwickelt, als die westeuropäischen Seemächte das Interesse an ihm verloren hatten.

Türkenkriege

Quellen und Literatur zu den österreichischen Türkenkriegen wären unüberblickbar, wenn nicht die Säkular- und andere Gedenkfeiern zu den zwei Belagerungen Wiens (1529, 1683) den Anlaß für Bibliographien [310: STURMINGER], Forschungsberichte [z. B. K. TEPLY in: 314: ABRAHAMOWICZ (Hg.)] und besonders materialreiche Ausstellungskataloge [wie 114; 780] geliefert hätten. Zur Kriegsführung selbst vergleiche man das Kapitel „Militärwesen". Das Verdienst KREUTELS bestand in der Erschließung und Übersetzung neuen und der quellenkritischen Durchsicht bekannten türkischen Quellenmaterials vor allem zum „Türkenjahr" 1683 [110]. Eine gute allgemeine Übersicht zu den „großen" Türkenkriegen ist das Buch von BARKER [312].

Wien

Auf die Frage nach den Gründen für den türkischen Vorstoß nach Wien wurde mehrere, sich zum Teil ausschließende Antworten gegeben. Ein Teil der Autoren nennt durchaus auch „irrationale", mit Prestigeerwerb oder anachronistischen Glaubenskämpfer-Stereotypen verbundene Motive [313: LEITSCH]. ABRAHAMOWICZ bringt vor, daß der Großwesir aus wirtschaftlicher Not alles auf einen erfolgreichen „Blitzkrieg" setzte. Zwei Sammelbände enthalten Darstellungen der Literatur in der Forschung der wichtigsten Staaten, einschließlich der Türkei [314: ABRAHAMOWICZ (Hg.); 315: BUSZKO u. LEITSCH (Hg.)].

Karlowitz

Die Friedensverhandlungen von Karlowitz (1698/99) sind von exemplarischer Bedeutung im Zeitalter der Kongreßdiplomatie, in dem die Osmanen auf englische bzw. niederländische Vermittlung angewiesen waren und erstmals eine feste Grenzziehung akzeptieren mußten. Für ein Verständnis der osmanischen Haltung fehlten bis zu den Arbeiten von R. A. ABOU-EL-HAJ [319; 320] Auskünfte über die außenpolitische „Doktrin" der türkischen Seite und ihre Verhandlungsführung. Das gilt insbesondere für ihre Auffassung vom Prinzip des *uti possidetis*, auf das man sich allerdings MÉNAGE zufolge schon im 15. Jahrhundert als Grundlage von Friedensschlüssen berufen hatte [318]. Zu Unrecht vergessen, wenn auch ganz aus der Perspektive des holländischen Vermittlers Colyer geschrieben, ist ein großer Aufsatz von J. H. HORA SICCAMA [321].

Orientalische Frage

Die „Orientalische Frage" einschließlich der Meerengenproblematik in ihrer Komplexität ist kein beherrschendes Forschungsthema der Osmanistik [Literatur bei 17: KREISER, Nr. 647–678]. Nach wie vor die beste Übersicht für die Jahre 1774–1923 bildet das mehrfach aufgelegte Werk von ANDERSON [323] mit seiner umfangreichen annotierten Bibliographie. Ein kurioser, aber lesenswerter Kommentar zu den Teilungsplänen des Westens ist das Buch des rumänischen Diplomaten DJUVARA, verfaßt am Vorabend des Weltkriegs „Cent projets de partage de la Turquie " [324].

Italien

Eine Gesamtdarstellung der italienisch-türkischen Beziehungen hat sich Ş. TURAN vorgenommen [325]. Unter den zahlreichen Arbeiten über einzelne italienische Staaten können hier nur wenige neuere angeführt werden. Zu den Abkommen zwischen Venedig und den Osmanen von 1482 bis 1641 gibt es ein gewichtiges Werk [326: THEUNISSEN]. Über die venezianischen Gesandten (*baili*) an der Pforte informieren COCO u. MANZONETTO [327]. Aus den zahlreichen quellenkundlichen Beiträgen ragen die von GÖKBILGIN [328], sowie BOMBACI und SEBASTIAN [329] heraus. Zu den Handelsniederlassungen von Venedigs Rivalin Genua im östlichen Mittelmeer und v.a. im Schwarzen Meer gibt es neben den Werken von FLEET [331] und BALARD [332] eine Anzahl osmanistischer Studien über die Kolonie Galata, die sich schon am 1.6. 1453 den Türken unterwarf [333: ELDEM (Hg.)].

Genua

Das letzte Kapitel der italienisch-osmanischen Beziehung war die Besetzung der afrikanischen Provinzen Trablus und Bingâzî. Es steht in engem Zusammenhang mit der Großmachtspolitik und der aus dem Tripolis-Krieg hervorgegangenen Okkupation des Dodekanes. Die Arbeit von CHILDS [339] unterscheidet sich von den Untersuchungen zur internationalen Politik dieser Jahre, indem sie auch Akten des türkischen Außenministeriums und eine Anzahl osmanischer persönlicher Quellen heranzieht. Sein Buch entstand ohne Kenntnis von R. SIMON, die den Konflikt aus der Perspektive der Osmanen und Araber beschreibt [338].

Tripolitanien

Die Rolle des Papsttums in der Welt des östlichen Mittelmeers bis zur Schlacht von Lepanto (1571) ist Gegenstand der vier Bände von K. M. SETTONS „Papacy in the Levant“ [334]. H. PFEFFERMANN hat die bedingte Kooperation der Päpste zwischen Pius II. und Pius IV. herausgestellt [335]. Antiosmanische Allianzen nach Lepanto wurden verschiedentlich behandelt, ohne daß die Osmanistik an dieser Forschung Anteil nimmt.

Papst

Ragusas Kaufleute verfügten zeitweise über eine fast monopolistische Stellung im Handel mit den Osmanen. Zur Stellung der Handelsrepublik zur osmanischen Herrschaft gibt es mehrere, aus dem bedeutenden Archiv von Dubrovnik schöpfende Arbeiten [91: BIEGMAN; 340: I. BOJOVIĆ; 341: FREJDENBERG]. Rhodos und der Dodekanes bildeten Ende des 15./Anfang des 16. Jahrhunderts einen ungewöhnlichen Anachronismus in der Welt des östlichen Mittelmeers. Nach der Zurückweisung eines Angriffs von Mehmed II. (1480) war den Johannitern eine Gnadenfrist von mehrere Jahrzehnten (bis 1522) eingeräumt worden. Durch die Eroberung Ägyptens (1517) relativierte sich die Mittlerrolle der Ordensritter. VATIN [287] konnte zeigen, daß sie diese „Überflüssigkeit“ aus osmanischer Sicht für begrenze Zeit verschont hat. Das Studium dieser Jahrzehnte war auch ertragreich, weil es zu einer genaueren Kenntnis der Pfortendiplomatie beitrug.

Ragusa/ Dubrovnik; Der Johanniter-Orden

Das oft als Beginn der osmanisch-westlichen Vertragsverhältnisse genannte Jahr 1535 bzw. 1536 geht auf ein mit Sicherheit nicht ratifiziertes französisches Verhandlungspapier zurück [G. ZELLER, Une légende qui a la vie dure: Les capitulations de 1535, in: Revue d'Histoire Moderne et Contemporaine 2, 1956, 127–132]. Die diplomatischen Beziehungen des vorrevolutionären Frankreich zur

Frankreich

Pforte sind in einer ganzen Serie von Monographien über abgegrenzte Perioden (François I., Louis XIV., Louis XVI.) bzw. einzelne Gesandte dargestellt. Auch die Revolutionsjahre und das Diréctoire sind gut untersucht. Türkische Quellen wurden insbesondere herangezogen für die Botschaft von Mehmed Efendi und ihre Auswirkungen auf die Kultur der sogenannten „Tulpenzeit" im frühen 18. Jahrhundert [342: VEINSTEIN]. Die Wirksamkeit Reşîd Paschas in Paris in Verbindung mit den drei großen Problemkomplexen Ägypten, Algerien und Libanon der dreißiger und vierziger Jahre des 19. Jahrhundert hat B. KODAMAN beschrieben [343]. Ein biobibliographisches Verzeichnis der ständigen Vertreter beider Länder muß hier weitere Angaben ersetzen [344]. Das Verzeichnis der Korrespondenzen zwischen 1687 bis zum Anfang des 19. Jahrhunderts in den osmanischen Archiven stellt ebenfalls eine wichtige Arbeitshilfe dar [345: HITZEL
1789 u. BEN HADDA]. Über die französische Revolution als „erste große Bewegung, die aus der westlichen Christenheit hervorging, die einen tatsächlichen Einfluß auf den Islam" hatte, hat zuerst B. LEWIS geschrieben [346; vgl. auch 347].

Holland Die langen Amtszeiten vieler holländischer Gesandter, fehlende ausdrückliche Instruktionen und der eher persönliche Stil ihrer Korrespondenzen macht die bisher nur wenig genutzten niederländischen Berichte besonders aufschlußreich. Die Holländer waren nicht nur an Handelsverbindungen interessiert, sie traten oft als politische Vermittler zwischen den Osmanen und Habsburg auf [350: SLOT]. Hinzu kommt, daß es keine Vorbehalte gegenüber einer Verwurzelung im Land („Levantisierung") gab. Zwei beispielhafte, westliche und östliche Quellengruppen gleichmäßig berücksichtigende Studien betreffen die niederländischen Vertreter in Istanbul im 17. bzw. 18. Jahrhundert [351: GROOT; 352: ERDBRINK]. Kulturelle Themen werden in der niederländischen Forschung nicht ausgespart [353: THEUNISSEN].

England Als erster Überblick zu den Beziehungen Englands mit dem osmanischen Staat eignet sich ein Sammelband von HALE und BAĞIŞ [354]. Unübersehbar ist die Literatur zur Rolle Englands im Vorderen Orient im 19. Jahrhundert (v.a. zum Krimkrieg, zu Ägypten und der armenischen Frage). Zum Handel mit England für die Zeit von 1580–1850 hat M. S. KÜTÜKOĞLU das maßgebliche Werk verfaßt. Die *terms of trade* des Abkommens von 1838 haben inzwischen eine differenzierte Beurteilung erfahren. Dazu gehört QUATAERT [581] mit der Behauptung, die Konvention habe nur einen längst praktizierten liberalen Marktzugang förmlich anerkannt. Die Lage in Bulgarien vor dem russisch-türkischen Krieg 1877 spielt in der englischen Politik und öffentlichen Meinung eine wichtige Rolle [357: MARSH;
Zypern 358: SHANNON]. Die englische Zypern-Politik und die Abtretung der Insel aus der Sicht der Pforte behandelt UÇAROL [359] im Anschluß an KURATS Studie über die Amtszeit von Henry Layard [360]. Hier werden die Schritte, die zum Abkommen vom 4.6. 1878 führten, mit Hilfe der Yıldız-Akten beleuchtet, insbesondere die Zurückweisung der englischen Versuche, die Aktionsfreiheit des osmanischen Staates in den „armenischen *vilâyets*" einzuschränken. Die osmanischen Doku-

mente erlauben auch eine Gegenkontrolle der Auseinandersetzungen um den Grundbesitz auf der Insel (Nachverhandlungen, Geldablösung, englische Proteste gegen Ernennung eines bestimmten *müftüs*).

Der Höhepunkt der schwedisch-osmanischen Kontakte unter Karl XII. ist in mehreren Büchern und Aufsätzen von A. N. KURAT behandelt worden [316]. E. TENGBERG vermutet – im Gegensatz zu KURAT –, daß die Osmanen, ein Eingreifen in den russisch-schwedischen Konflikt vom Ergebnis der Schlacht von Poltawa (1709) abhängig gemacht haben [362]. Schweden

Zwischen LEOPOLD VON RANKES „Die Osmanen und die Spanische Monarchie im 16. und 17. Jahrhundert" (1827) und dem Erscheinen von BRAUDELS Hauptwerk (1949) ist keine größere Phase der spanisch-türkischen Beziehungen behandelt worden. In den letzten fünfzig Jahren hat sich die Situation angesichts des Fehlens einer iberischen Osmanistik nur geringfügig verbessert. Hier können zwei Artikel vorgestellt werden: Das Interesse der Osmanen an den aufständischen Moriscos als „Fünfte Kolonne" in Spanien geht aus *mühimme*-Einträgen aus dem Jahr 1570 hervor [364: HESS]. Der Bericht des Vâsıf Efendi von seiner spanischen Gesandtschaftsreise 1787/8 ist ein Zeugnis einer erweiterten Weltsicht eines osmanischen Diplomaten, der zugleich Historiograph war [365: KÖHBACH]. Auch die zeitweise intensiven diplomatischen Beziehungen zu Marokko haben ihren Niederschlag im osmanischen Zentralarchiv gefunden [366: BEN HADDA]. Nach dem Vorstoß Vasco da Gamas nach Indien (1498) bemühte sich Portugal, das „Tor der Tränen" (Bâb al-Mandab) zu sperren. Die Aktivitäten der Portugiesen im Roten Meer behandeln neben der historischen Iranistik (AUBIN u. a.) auf osmanistischer Seite HESS [364] und ÖZBARAN [210 Das westliche Mittelmeer und Portugal

Ein Sammelband [371: TIETZE (Hg.)] und zwei an anderer Stelle erschienene Artikel [372: SCHAENDLINGER; 373: KÖHBACH] erlauben einen ganz allgemeinen Einblick in die Beziehungen des habsburgischen Kaisers zum Sultan aus Sicht der osmanischen Quellen. Eine Untersuchung über das Abkommen von Zsitva Torok soll herausgestellt werden, weil sich die vertragsschließenden Parteien von 1606 diplomatisch und politisch auf Neuland begaben [370: NEHRING]. Zur Türkenherrschaft in Siebenbürgen gibt es nur eine ältere verfassungsrechlichte Untersuchung [374: MÜLLER]. Habsburg

Bisher fehlt eine türkisches Material einbeziehende Arbeit zur Bosnien- bzw. zur Annexionskrise (1908/9) [371: DAVISON], dem Hauptthema des Osmanenstaates in der Auseinandersetzung mit der Doppelmonarchie. Zur Vorgeschichte des Weltkrieges und seinem Verlauf aus österreichisch-ungarischer Sicht kann auf zwei Aufsätze verwiesen werden [372: BRIDGE; 373: BIHL]. Für die erste zusammenfassende Würdigung des militärischen Engagements Österreich-Ungarns an den osmanischen Fronten hat P. JUNG [507] viele Primärquellen ausgewertet. Bosnien

Den komplexen Beziehungen Polens zu Moskau, den Kosaken der Ukraine, dem Chanat der Krimtataren, Habsburg und den Osmanen entspricht eine Polen umfangreiche allgemeine [375: Pajewski] und spezielle Forschungsliteratur. Als Beispiele seien Arbeiten genannt über den Einfluß, den die Osmanen im späten 16. Jahrhundert auf die polnischen Königswahlen nahmen [377:Beydilli], die Ergebnisse des Podolienfeldzugs von 1672 [378: Kołodziejczyk] und die polnische Emigration in die Türkei nach 1831 [379: Leak]. Der Forschungsbericht von Abrahamowicz [380] ist jetzt durch die bei Kołodziejczyk [378] genannten Titel zu ergänzen.

Preußen

Nach Scheels Skizzierung der preußischen Türkei-Politik bis zum Frieden von Küçük Kaynarca (1774) [381] entstanden drei Monographien türkischer Historiker zum späten 18. Jahrhundert. K. Beydilli untersuchte die preußisch-osmanischen Beziehung von Friederich II. bis zu dem von der offiziellen Chronistik ignorierten Allianzvertrag von 1790 [382; 383]. Das folgende Jahrzehnt behandelte G. Karamuk aufgrund des Gesandtschaftsberichts von Azmî Efendi „als Zeugnis des osmanischen Machtverfalls und der beginnenden Reformära unter Selim III." [384]. Zur überschätzten Wirksamkeit H. v. Moltkes, dessen Briefe aus der Türkei mehrfach ins Türkische übertragen wurden, fehlt noch eine Quellenuntersuchung [vorerst: J. L. Wallach, Zur Moltke-Legende in der Türkei, in: Fs. für Eberhard Kessel zum 75. Geburtstag, München 1982, 156–165].

Deutsches Reich

Obwohl die internationalen Beziehungen im „Zeitalter des Imperalismus als vergleichsweise gründlich erforscht gelten" [G. Schöllgen in OGG 15, S. 155], hält sich die Zahl von Untersuchungen zu den politischen [385: Holborn], militärischen [386: Wallach] und wirtschaftlichen [387: Kössler] Beziehungen Deutschlands zu den Osmanen in engen Grenzen. Eine Gesamtdarstellung fehlt, wenn man einige oberflächliche, in türkischer Sprache erschienene Beiträge wegläßt. Erwartungsgemäß sind die Vorgeschichte des Weltkriegs und sein militärischer Verlauf [392: Neulen] etwas besser abgedeckt [504: Kent (Hg.)]. Die wilhelminische Türkeipolitik und ihre turkophilen Sprachrohre (wie Ernst Jäckh) wurden wiederholt behandelt. Die hervorragende Rolle der öffentlichen Meinung in Deutschland hat W. van Kampen [388] in den Mittelpunkt seiner Studien zur deutschen Türkeipolitik in der Zeit Wilhelm II. gestellt. Hier wird deutlich, wie sich aus den verschiedenen Vorstellungen von „Nutzungsformen" des verfallenden Osmanenstaats (Expansions- und Kolonisationsgedanken bei den Achtundvierzigern, Teilungsvorstellungen bei den Alldeutschen usw.) als zweitbeste Lösung die „Staatserhaltung" herausbildete. Van Kampen sammelt Stimmen eines breiten Spektrums, das von christlichen Kreisen, die in der Armenierfrage besonders sensibel waren, über „realistische Protektoren der Türkei" wie Friedrich Naumann bis zu „hauptamtlichen" Turkophilen wie dem römischen Korrespondenten des Berliner Tagesblatts Hans Barth reichte. Unabhängig von der persönlichen Auffassung über die Reformfähigkeit des muslimischen Staatsvolks entstand nach der Kaiserreise von 1898 eine „breitere Fundierung des Gedankens einer aktiven Orientpolitik durch Hans Delbrück, Friedrich Naumann und Paul Rohrbach". An dem Beispiel des letztgenannten Publizisten, der durch sein Eintreten für die deutsche Bagdadbahn-Politik sehr bekannt wurde, und dem des „Türken-Jäckh" führt VAN KAMPEN vor, wie der Türkei die widersprüchliche Rolle als Machtfaktor im Orient wie auch für die Verbreitung des „deutschen Gedankens in der Welt" zuwuchs. Gegensätzliche Momente waren die langsamen Fortschritte im Bahnbau. Notorische Nörgler wie der politisch hervorragend informierte Orientalist MARTIN HARTMANN wurden erst während des Weltkriegs „von einem Saulus zu einem Paulus". Der Nationalismus der Jungtürken nach 1913 bewies, daß auch den Deutschen keine allzu privilegierte Stellung eingeräumt wurde und sie nicht von der Turkisierungswelle in wirtschaftlichen und kulturellen Bereichen ausgespart blieben. Zwei neuere Bücher beschäftigen sich mit der deutschsprachigen Presse am Bosporus bzw. der kulturellen Außenpolitik [389: FARAH; 390: KLOOSTERHUIS].

Rußland

Den Zugang zur russisch-sowjetischen Forschung erleichtert die dreiteilige „Bibliografija Turcii" [395]. Unübersehbar ist die Zahl der militärhistorischen und diplomatiegeschichtlichen Arbeiten zu den russisch-osmanischen Kriegen bzw. dem „Orientalischen Problem" und der Meerengenfrage aus russischer Perspektive. Aber auch für Rußland fehlen größere Überblicke mit Ausnahme eines soliden, wenn auch veralteten Werks [394: SMIRNOV]. Mehrere Autoren haben das „Griechische Projekt" Katharina der Großen und den von Zar Nikolaus I. geführten Krimkrieg im Zusammenhang mit seinen internen und externen Ursachen neu aufgenommen [399: RAGSDALE (Hg.)]. Eine detailreiche Studie über die russisch-türkischen Beziehungen vom napoleonischen Zeitalter bis zum Ende des Weltkriegs stammt von KURAT [396]. Die ersten Beziehungen mit dem Moskauer Staat waren durchaus friedlich und auf den Handel, vorab mit Pelzen, gegründet. Dazu gibt es eine auf Primärquellen basierende Monographie [397: FEHNER], die durch einen instruktiven Artikel ergänzt werden kann [398: BENNIGSEN u. LEMERCIER-QUELQUEJAY]. Die Schule von BENNIGSEN an der École des Hautes Études en Sciences Sociales in Paris hat eine Reihe weiterer Beiträge zu den Dreiecksbeziehungen zwischen Krim-Chanat, Rußland und dem osmanischen Staat im 16. Jahrhundert hervorgebracht.

Kaukasus

Nur eine osmanistische Monographie beschäftigt sich mit der Eroberung der Kaukasus-Länder [401: KIRZIOĞLU]. Die Ergebnisse der sehr produktiven georgischen Osmanistik können hier nicht referiert werden. Die erste Edition eines detaillierten Katasterregisters (*mufassal defter*) ist einem georgischen Forscher zu verdanken [403: JIK'IA]. Die russische Kaukasuspolitik wurde bisher mit Ausnahme des modernen „Klassikers" von ALLEN und MURATOF [404] ohne Berücksichtigung der muslimischen Staatenwelt behandelt. Das Buch von GAMMER konzentriert sich zwar auf den tschetschenisch-daghestanischen Widerstand (bis 1859), hat aber einen weiten Blick für soziale und religiöse Tatsachen [405].

Südosteuropas Staaten nach der Unabhängigkeit

Es können nur einige allgemeine und noch weniger exemplarische Werke aufgezählt werden. Wichtige neue Gesamtdarstellungen der Balkangeschichte sind die Bücher von HÖSCH [412] und JELAVICH [414]. Die amerikanische

Historikerin hat eine Anzahl weiterer Werke zur Geschichte und Politik Südosteuropas vor dem Weltkrieg verfaßt, von denen hier noch „Russia's Balkan entanglements 1806–1914" [415] genannt werden kann. Nützliche Einzeldarstellungen sind für Griechenland CLOGG [417], Serbien VUCINICH [423] und Rumänien RIKER [425]. Auch nach 1878 war ein großer Teil der Bulgaren unter osmanischer Oberherrschaft geblieben (in den mazedonischen Provinzen, in Ostrumelien, aber auch in Thrakien und der Hauptstadt Istanbul). Die Übergangszeit bis zum „Dritten Zarentum" der Bulgaren wurde jetzt erstmals nach osmanischen Quellen beschrieben [421: AYDIN]. Die kulturelle „Deosmanisierung" Bulgariens hat LORY [422] nicht ohne Ironie verfolgt. Ähnlich distanzierte Ansätze wünscht man sich für andere Balkanstaaten. Die kirchenrechtlichen Problematiken in Südosteuropa, welche durch die Auflösung des jahrhundertlangen „Kondominiums" zwischen Osmanischem Regime und griechischer Kirche entstanden, werden häufig thematisiert [auf hohem Niveau: 419: HERING].

Bulgarien

Vereinigte Staaten

Die Vereinigten Staaten traten erst in den Jahrzehnten vor dem Weltkrieg als Handelspartner des Osmanischen Staates in Konkurrenz zu den europäischen Mächten, obwohl schon 1867 diplomatische Vertretungen eröffnet wurden. Bis dahin galten Missionsstationen, Bible House und Robert College als Interessenschwerpunkte [426: KOCABAŞOĞLU]. Die gesamte Thematik wird von KARK in ihrem Buch über die US-Konsuln in Palästina referiert [427]. Die amerikanische Politik während des Weltkriegs bis zum Vertrag von Lausanne schwankte zwischen „non-involvement" und „intense concern" [430: EVANS]. Eine im Zusammenhang mit den Armenier-Deportationen oft herangezogene persönliche Quelle sind die verschiedenen Ausgaben der Erinnerungen des US-Botschafters Henry Morgenthau [429: LOWRY].

Iran

Die Konfrontation mit dem safawidischen Iran [431: ROEMER] hatte machtpolitische [433: BACQUÉ-GRAMMONT; 435: ALLOUCHE] und religiös-kulturelle Dimensionen [434: SOHRWEIDE; 435: EBERHARD]. Die unterschiedlichen Bekenntnisse der Feindstaaten (Sunna *versus* Schia) werden in einer jüngeren Arbeit nicht mehr als Hauptantriebskraft des Dauerkonflikts nach dem Tode des charismatischen Schahs Ismâîl gesehen [437: POSCH]. OLSONS Studie über die Belagerung von Mosul und die osmanisch-persischen Beziehungen 1718–1743 ist bisher der einzige Titel über die rivalisierenden Mächte im 18. Jahrhundert. Sie muß deshalb trotz erheblicher philologischer und sachlicher Mängel erwähnt werden [438]. Die osmanisch-iranischen Beziehungen zur Zeit der Kadscharen-Dynastie (1779–1925) werden vor allem von persistischer Seite berücksichtigt [439: NASR; 440: PISTOR-HATAM].

Indien

Zu den politischen und kommerziellen Kontakten zwischen Moghul-Indien und dem Osmanen-Staat gibt es eine wachsende Forschungsliteratur [zusammengefaßt in der Einleitung von 441: ÖZCAN], auch wenn sie ungeachtet des gemeinsamen kulturellen Hintergrunds und mancher Interessengemeinschaften, in erster Linie gegen das safawidische Persien, nie sehr eng waren. Sie sind aber gerade wegen der komplizierten Ansprüche auf Gleichrangigkeit besonders lehrreich. Erst im 18. Jahrhundert, am Ende des indischen Imperiums, gelang es beiden Partnern, sich jeweils als „Kalifen“ innerhalb ihrer Sphäre zu respektieren [442: FAROOQI]. ÖZCAN hat als erster in größerem Umfang türkisches Quellenmaterial für die Jahrzehnte des „Pan-Islamismus“ herangezogen. Sein Buch macht deutlich, wie stark die indischen Muslime am Schicksal des Kalifats v.a. nach dem verlorenen Krieg von 1877/78 Anteil nahmen. Zugleich zeigt es aber, wie wenig die moralische und finanzielle Solidarität (vgl. Bagdadbahn) ihrer indischen Untertanen mit den Osmanen die britische Regierung beeindruckte.

Asien

Japan tritt seit der Meiji-Reformperiode in den osmanischen Gesichtskreis. Die beiden Länder wurden Gegenstand mehrerer vergleichender Studien, die sich die Frage nach der früheren und intensiveren „Modernisierung“ Japans im Vergleich zur Türkei stellen [405: KREISER]. Zwei im selben Jahr erschienene Werke behandeln die Beziehungen des Chanats der Krim-Tataren zu Moskau, Polen und den Kosaken [407: FISHER] bzw. den Nachbar-Chanaten Astrachan und Kazan [408: BENNIGSEN u.a] überwiegend auf der Grundlage Istanbuler Dokumente. Eine sorgfältige Nachbearbeitung des Materials hat V. OSTAPCHUK [409] vorgenommen. Er informiert auch über die archivalische Hinterlassenschaft des Chanats nach dem Brand, der 1736 die Kanzlei in der Residenzstadt Bahçesaray zerstörte. Ein etwas flüchtig entstandenes Buch behandelt das – bis 1873 nicht allzu intensive – Interesse Istanbuls an den zentralasiatischen Chanaten (Chiwa, Chokand, Buchara, Kaschgar) nach osmanischen und britischen Quellen [411: SARAY]. Ein Höhepunkt dieses vorübergehenden Einflusses bildete die Unterstellung des Chanats von Kaschgar unter osmanische Souveränität (1874/5) – nach der Lieferung von Krupp-Geschützen und Ausbildern.

f) Das 19. Jahrhundert: Selîm III., Mahmûd II., Tanzîmât-Zeit

Das 19. Jahrhundert als Epoche

Einige wichtige Geschichtswerke fassen das 19. mit dem 20. Jahrhundert als geschlossene Epoche zusammen, um den Reformismus Atatürks in einem größeren Kontext zu erklären. Weiteste Verbreitung hat B. LEWIS' „Emergence of Modern Turkey“ [443] gefunden. Es bleibt v.a. in seinen ideengeschichtlichen Teilen eine anregende, nicht selten amüsante Lektüre. Auch das mehrfach aufgelegte Buch von ORTAYLI [444] ist trotz seiner assoziativen Darstellungsform ein wichtiger, zwischen den polarisierenden Positionen der modernen türkischen Historiographie vermittelnder Beitrag. Seine Quellen- und Literaturbelege beziehen sich häufig auch auf außerosmanische Kapitel der europäischen Geschichte. Etwa den gleichen Zeitraum umfaßt E. ZÜRCHER aus Vorlesungen hervorgegangenes Buch [445]. Hier liegt der Akzent eindeutig auf der politischen Geschichte. Eine vorausgehende Monographie des Autors hatte erklärt, warum er die Epochengrenzen der „Jungtürkischen Periode“ zwischen 1908 und

1950 setzt. Eine Einführung in alle denkbaren politischen, sozialen, wirtschaftlichen Aspekte des 19. Jahrhundert, bis zur Ausrufung der Republik bietet die reich illustrierte, von M. BELGE herausgegebene „Enzyklopädie der Türkei von den Tanzîmât zur Republik" [446]. Die „Geschichte des Machtverfalls der Türkei" von CARL RITTER VON SAX hat seinen Rang als Hauptwerk zu allen großen innen- und außenpolitischen Themen bis 1913 lange behalten [447]. Für den gesamten Zeitraum läßt sich ihm nur der 2. Band von St.und E. K. SHAWS „History of the Ottoman Empire" zur Seite stellen [236]. Hier wird in „revisionistischer" und zugleich materialreicher Weise die Periode Abdülhamîd II. als „Kulmination" der Tanzîmât-Reformen vorgeführt.

Selîm III. SHAW konzentriert sich in seinem Buch über Selîm III. (1789–1807) auf die Behandlung der treibenden Kräfte, die mit dem Sultan die Überzeugung teilten, daß das, was den Westen stark gemacht hat, auch den Osten wiederbeleben könne. Herausragende Vertreter dieser neuen Elite sind nahe Freunde des Herrschers Tanzîmât [448]. Unter Mahmûd II. (1808–1839) wurde insofern ein echter Bruch mit den bisherigen Verhältnissen geschaffen, als bestehende Einrichtungen nicht mehr neben reformierten weitergeführt, sondern der Vergangenheit überantwortet wurden. Diese Diskontinuität unterscheidet die *Tanzîmât* von früheren Reformkonzepten [449: SHAW]. Die Frage nach dem Charakter der *Tanzîmât*-Reformen beginnt schon bei einer angemessenen Übersetzung des Epochennamens. ORTAYLI schlägt vor, wie schon ARISTARCHI BEY [200], den Begriff *Législation* für diesen dem Metternichschen System nicht unähnlichen „aufgeklärten Depotismus" zu verwenden. Auf keinen Fall hätten die Politiker und Bürokraten der Epoche eine unreflektierte, mechanische Rezeption französischer Gesetze und Verwaltungseinrichtungen angestrebt [450]. Die Auffassung, daß die Reformen *à contre coeur* durchgesetzt wurden um stärkere westliche Mitsprache zu verhindern, treibt TIMUR mit seiner These vom „heimlichen Widerstand" im Grunde reformfeindlicher Staatsmänner auf die Spitze [451].

Gülhâne Die moderne Forschung, sowohl die allgemein- als auch die rechtshistorische, ist sich durchaus nicht einig bei der Bewertung des als *octroi* verfügten Reform-Dekrets von Gülhâne (1839). Manchen Autoren gilt es als „charte constitutionelle", was richtig ist, „wenn man auf die Quelle seiner Geltung und seinen intendierten Normcharakter, auf seinen Inhalt mit einer Ansammlung von Leitprinzipien abstellt, an die die zukünftige Gesetzgebung und Verwaltung gebunden sein sollen" [452: RUMPF]. Andere weisen auf die fortbestehende Handlungsfreiheit des Pâdişâhs und das Fehlen politischer und verfassungsrechtlicher Sanktionen für den Fall der Nichteinhaltung dieser Prinzipien hin. İNALCIK hat den Anschluß an herkömmliche Garantie-Erklärungen vom Typus *adâlet-nâme* gesehen. Eine neue Lektüre im Sinne der islamischen Ordnungsvorstellungen schlägt ABU-MANNEH vor [453]. Er weist auf schon unter Mahmûd II. eingeleitete Reformmaßnahmen hin, zu denen neben der Einrichtung des „Obersten Rats für Rechtsangelegenheiten" (*Meclis-i Vâlâ-i Ahkâm-ı Adlîye)*

[465: SEYITDANLIOĞLU] die Strafgesetzgebung von 1838 gehört, welche die Konfiskation des Vermögens hoher Staatsdiener (*müsâdere*) – zumindest bei „unberechtigter" Bereicherung – abschafft. Gleichzeitig erkennt ABU-MANNEH in der Umgebung des jungen Herrschers *ulemâ* und Bürokraten, die für den hochorthodoxen Halidîye-Zweig der Nakşbandîye-Bruderschaft standen. Keine Bestimmung des *hatt* von Gülhane stünde im Gegensatz zur Scheriat, von Rechtsgleichheit zwischen Muslimen und Nichtmuslimen sei nirgendwo die Rede.

Allgemeine Werke

Bereits im 19. Jahrhundert entstand eine Anzahl gut unterrichteter Werke, die man als die Historiographie gelehrter Konsuln bezeichnen könnte. E. ENGELHARDT war französischer Konsul in Serbien und Botschafter in Konstantinopel [454]. GEORG ROSEN wirkte in Jerusalem und Belgrad [455]. Auch F. EICHMANN stand in preußischen Diensten [456]. A. D. MORDTMANN vertrat die Hansestädte. Sein unter Pseudonym erschienenes „Stambul und das moderne Türkentum" (Leipzig 1877–1878) gehört mit seinen scharf gezeichneten Porträts von Politikern zu den wichtigsten politjournalistischen Arbeiten der Zeit. Von einer Lektüre sollte man sich auch nicht durch den maliziösen Grundton abhalten lassen [457]. Sir HENRY G. ELLIOT [459] war für England auf Posten in Athen und Istanbul, O. v. SCHLECHTA-WSSEHRD diente als österreichischer Dragoman in der osmanischen Hauptstadt [459]. ENGELHARDTS Buch behält trotz vieler Irrtümer und seiner Überbetonung der Gleichheitsansprüche der Nichtmuslime seinen Wert als einzige den *Tanzîmât* als Reformperiode gewidmete westliche Untersuchung bis zum Erscheinen von R. DAVISONS umfassender Darstellung. Dieser beschreibt den Weg vom Pariser Frieden bis zur Konstitution von 1876 unter besonderer Berücksichtigung der diplomatischen Quellen. Es ist eine der seltenen Arbeiten zum osmanischen 19. Jahrhundert, die verdienterweise von der allgemeinen Historiographie zur Kenntnis genommen werden. Seine annotierte Bibliographie ist besonders brauchbar [464]. Ein erstes Resümee der türkischen Forschung enthält der zum 100. Jahrestag des Edikts von Gülhane herausgebene Band „Tanzimat". Fünfzig Jahre später erfolgten weitere Bilanzkonferenzen [460; 461; 462]. Die erstmalige Verwendung italienischer Archivalien macht das Buch von E. DE LEONE unentbehrlich [463].

Mahmud II., Mustafâ Reşîd Pascha und andere Staatsmänner

Nur wenigen Staatsmännern sind Monographien gewidmet worden So fehlen neuere Lebensbilder von Âlî Pascha und Fu'âd Pascha. Oft muß auf die älteren Sammelwerke zurückgegriffen werden: Die Biographien von 37 Großwesiren zwischen 1852 und 1920 hat İBNÜLEMÎN MÂHMÛD KEMÂL (1870–1957) im Anschluß an klassische Vorgänger auf der Grundlage einer Fülle von Primärquellen aneinandergereiht [466; auch 467: PAKALIN]. Zur Wirksamkeit Mahmûd II. und des „Vaters der Reformen" Mustafâ Reşîd Pascha sind die Quellensammlung von R. KAYNAR und DULINAS Monographie grundlegend [468; 467]. KODAMAN und ALKAN unterstreichen, daß Reşîd sich auf keine traditionelle Gruppe oder soziale Schicht stützen konnte und schon deshalb versuchen mußte, eine loyale Bürokratie auszubauen [470]. E. W. Mosse zeigt, welchen Einfluß die englische Politik in den Reformjahren auszuüben vermochte [471].

Recht

Die Zweiteilung der Gerichtsorganisation im 19. Jahrhundert mit der Schaffung sogenannter gemischter Handels- (*Mehâkim-i Ticâret*) und Zivil- (*Nizâmîye*)-Gerichtshöfe beschleunigte den Verlust des Auslegungs- und Rechtsprechungsmonopols der *ulemâ*. Das konnte auch der Widerstand gegen eine vorgeschlagene Übernahme des französischen *Code Civil* durch die Kodifikation von Teilen des islamischen Rechts (Verträge, Pfandrecht, Obligationenrecht, Kauf- und Verkauf usw.) nicht verhindern. Von diesem aus 16 Teilen in 1851 Artikeln bestehenden und hastig zwischen 1869 und 1876 ausgearbeiteten Rechtsbuch können sich auch Nicht-Osmanisten aufgrund einer schon 1901 angefertigten Übersetzung ein Bild machen [472: C. R. Tyser e.a.]. Der Einfluß der *Mecelle* auf das spätosmanische Rechtswesen wird in der Literatur überbetont [z. B. durch C. Findley, Art. Medjelle in EI^2; kritischer 473: Onar] – wohl weil sich die Autoren von der teilweise anhaltenden Gültigkeit in einer Reihe von osmanischen Nachfolgestaaten beeindrucken lassen (Jordanien, Israel, Zypern). Darüber hinaus unterschätzt man den konservativen Charakter dieser Auswahl-Kodifikation, welche nach Mordtmann [457] „in einer so gut wie unverständlichen Sprache Gesetzesparagraphen enthielt, die für die gegenwärtige Zeit gerade so passend sind wie die lykurgische Gesetzgebung oder Zoroasters Zend Avesta für die britische Handelsmarine". Die unter dem Vorsitz des bedeutenden Historikers Ahmed Cevdet arbeitende *Mecelle*-Kommission konnte keine zusammenfassenden familien- und erbrechtlichen Regelungen formulieren. Erst eine 1916 gebildete Kommission erarbeitete ein „pluralistisches" Familienrechtsbuch, das für Muslime, Christen und Juden Gültigkeit haben sollte. Anders als die *Mecelle* setzt der „Erlaß" für das Familienrecht vom 25. Oktober 1917 neue Normen auch für den muslimischen Bevölkerungsteil fest (wie Polygamie-Erschwernis und Einführung der Adoption) und stellte das Ehestandswesen auch der Nichtsmuslime unter staatliche Aufsicht. Jäschke und Aydin haben zu diesem Gebiet größere Darstellungen geliefert. Beide Autoren behandeln ihr Thema im religions- und rechtsgeschichtlichen Zusammenhang [474; 475].

Familienrecht

Zentralbürokratie

Die erste vollständig aus Archivquellen erarbeitete Beschreibung der sich reformierenden Zentralverwaltung beschränkt sich auf die Jahre 1836–1856 [476: Akyildiz]. Neben dem Großwesirat werden alle Ressorts (mit Organogrammen) behandelt, was angesichts der wenigen Vorarbeiten hoch zu bewerten ist. Zum Stiftungsministerium gibt die Dissertation von Barnes nur vorläufige Auskunft [477]. Die beiden Bücher von Findley widmen sich der Bürokratie in der Reformperiode. Das erste [306] geht den Auswirkungen der Reformen auf die Hohe Pforte und ihre Organe nach, das zweite [479] hat die Beamtenschaft als sozialen Körper zum Gegenstand. Findley befaßt sich überwiegend mit dem Stab des Außenministeriums. Er untersucht Herkunft, Erziehung, Karrieremuster und Gehälter. Solange eine ähnlich umfassende Analyse der allgemeinen Zivilverwaltung (*mülkiye*) aussteht, bleibt es bei dem Anspruch FINDLEYS, für die gesamte Bürokratie zu sprechen.

Die Provinzen in der Zeit der Tanzîmât

Nur Provinzarchive können die Frage nach den vor-tanzîmâtzeitlichen Verhältnissen beantworten. Eine tiefe Sondage in einem mazedonischen Gerichtssprengel (Manastir, heute Bitola) hat zu dem Ergebnis geführt, daß das Grundbesitzerregime (*a'yân*) dort offensichtlich durch Initiativen aus der Provinz durch ein anderes Erhebungssystem für außerordentliche Steuern ersetzt wurde [480: URSINUS]. Die unerfüllten Erwartungen der Provinzbevölkerung an eine gerechtere Steuerpolitik führten zu Unruhen in Niš und Vidin (1841/1850). İNALCIK hat sie zum Gegenstand einer Fallstudie gemacht [481]. Zur Lokal- bzw. Provinzialverwaltung vor und nach dem Erlaß des *vilâyet*-Gesetzes von 1864 gibt es eine wachsende Zahl von eher normativ orientierten Büchern [482: ORTAYLI; 483: KORNRUMPF]. Die meisten betreffen die südosteuropäischen und anatolischen Landesteile. Die für die Tanzîmât-Zeit kennzeichnende Paradoxie von gleichzeitiger Zentralisierung (Schwächung des Gouverneurs) und Dezentralisierung (Stärkung der Provinzialräte) wurde für Syrien klar beschrieben [484: MA'OZ]. Für den Irak in den ersten Jahrzehnten des 19. Jahrhunderts kann vorläufig nur auf einen sozialwissenschaftlich orientierten Forschungsbeitrag hingewiesen werden. Sein Autor hat keine osmanischen Quellen eingesehen, aber mit Gewinn europäische Reiseliteratur und französische Konsulararchive ausgewertet [739: NIEUWENHUIS]. Eine der Dependenztheorie verpflichtete Untersuchung des kommunalen Pilot-Projekts von Istanbul-Beyoğlu erlaubt zwar keine Schlüsse auf die Städte im Hinterland, kann aber im Zusammenhang mit Monographien zu anderen osmanischen „Hafenstädten als Einfallstore der Verwestlichung" gelesen werden [485: ROSENTHAL].

Midhat Pascha

Die Bedeutung des Reform-Paschas Midhat (1822–1884) für die Verwaltungsgeschichte der Tanzîmât-Zeit wird heute in der türkischen Forschung stärker herausgestellt als seine Rolle als „Vater der Konstitution" von 1876. Die Beiträge eines internationalen Symposiums [487] behandeln auch zum größten Teil Fragen des Agrarkredits und der Provinzialverwaltung. Die Diskussion um den Hintergrund der Verfassung von 1876 hält dennoch an. Wurde die Konstitution ausgerufen, um Rußland als einzigen „europäischen Staat ohne Verfassung" zu isolieren? War die Aktion übereilt, und hatte der Herrscher recht, wenn er das Parlament wieder auflöste? Oder ist die Entstehung des Staatsrats (*Şûra-i Devlet*, 1868) als ernstzunehmende Vorbereitung zusammen mit einer bestimmten öffentlichen Meinung zu werten? Z. T. TUNAYA und andere sahen im Verfassungsgesetz von 1876 die „in Rechtsform gebrachten Tanzîmât-Fermane". Historiker wie S. AKŞIN leugnen hingegen „hausgemachte" Bestandteile. Auch wird der Anteil Englands bei der (zweiten) Einsetzung Midhats als Großwesir unterschiedlich gesehen. Die Tatsache, daß England seine Nominierung begrüßte, habe nicht gleichzeitig zu bedeuten, daß es diesen Vorgang betrieb [B. ŞIMŞIR, vgl. 471: MOSSE].

g) *Hamidischer Despotismus und jungtürkische Opposition; Osmanismus; Panislamismus*

Ausdruck der Schwierigkeiten einer Bewertung der langen Regierungsjahre von Abdülhamîd II. (1876–1908) ist das Fehlen einer politischen Biographie. Ein umfangreiches, zwei Jahre nach seinem Sturz verfaßtes Werk von Osmân Nûrî stellte den Herrscher grausamer als Timur dar und entnahm das Kapitel über das Zensurregime dem Werk des französischen Journalisten P. Fesch. Ab den dreißiger Jahren nahmen pro-hamidische Stimmen in Wissenschaft und Publizistik zu [488: Haerkötter]. Schon genannt wurde St. Shaws umfangreiches Kapitel über den Sultan [236]. O. Koloğlu bemühte sich als erster türkischer Autor um eine mittlere Position [489]. Als Beispiel für eine moderat revisionistische Position bei der Beurteilung von Abdülhamîds Großwesir Küçük Sa'îd Pascha kann ein Aufsatz von E. Kuran dienen [491]. Ansonsten gibt es kaum Politikerbiographien mit wissenschaftlichem Anspruch. R. Uçarols Buch [493] über den Militär und Politiker Ahmet Muhtâr (1839–1919) bildet eine Ausnahme. Hier wird die Lebensgeschichte des Paschas im Zusammenhang mit der Politik seiner Zeit zwischen der Statthalterschaft im Jemen und dem Großwesirat (1912) erzählt. Obwohl Aufgaben wie das Hochkommissariat für Ägypten von geringem Einfluß waren, erlauben sie Einblicke in das hamidische System. Uçarol erkennt den Versuch des Sultans, den im „93-Krieg“ (1293 H. = 1877/8) populär gewordenen Gazi-Pascha gleichzeitig zu isolieren und an das Serail zu binden. Die Rapports des Paschas aus Ägypten stellen einen interessanten Beitrag zu den osmanisch-englischen Beziehungen dar. Der postulierte Turkismus des Sultans steht für viele Autoren nicht im Widerspruch zu einer panislamischen Politik. Daß es Abdülhamîd II. aber vor allem um eine Stärkung der sunnitischen Elemente zu tun war, konnte S. Deringil überzeugend darlegen [492].

Panislamismus

Jungtürkische Ideologie

Obwohl die jungtürkische Opposition schon aufgrund ihrer intensiven Propagandatätigkeit im europäischen und ägyptischen Exil als bekanntes Phänomen gilt, zeigt eine äußerst gründliche Untersuchung ihrer kaum herangezogenen privaten Hinterlassenschaften, daß die bisherigen Vorstellungen unangemessen vereinfachten [494: Hanioğlu]. Es wird deutlich, daß zwischen den offiziellen Erklärungen und den privaten Aussagen der wichtigsten Exponenten der osmanischen Opposition erhebliche Unterschiede bestehen. Sie bildeten alles andere als einen monolithischen Block und waren nur im Wunsch vereinigt, Sultan Abdülhamîd II. zu stürzen oder wenigstens zu entmachten. Hanioğlu bemüht sich (vielleicht überakzentuiert), bestimmte agnostische und elitäre Positionen der Exilpolitiker mit Denkrichtungen des Positivismus und von Gustave Le Bon zu verbinden. Man wird zur Ideengeschichte weiterhin auch die Arbeiten von Ş. Mardin [495; 496], D. Kushner [497] und F. Ahmad [498] heranziehen. Mardin hat an anderer Stelle pointiert, von Tocquevilles Revolutionstheorie ausgehend, geschrieben, daß es weder eine türkische *Vendée* gab, noch konspirative osmanische *émigrés*. Zu den Balkankriegen und zur Vorgeschichte des Weltkriegs fehlen osmanistische Beiträge, auch wenn die Autoren [z. B. 386: WALLACH; 501: BOECKH] gelegentlich türkische Stimmen aufnehmen.

Die Balkankriege; der Ausbruch des Weltkriegs

h) Armenier: Die „loyale Nation" und ihre Vertreibung

Die Tragik der Armenier im späten 19. und frühen 20. Jahrhundert wird um so deutlicher, als ihre Vertretung in den lokalen und provinzialen Verwaltungsräten, den Ministerien und der Justiz seit den Tanzîmât ganz außerordentlich stark war [754: KRIKORIAN]. Die wichtigste Literatur über die Zeit nach ca. 1860 verteilt sich auf drei thematische Schwerpunkte: a) die zentralen armenischen Institutionen und das armenische Geistesleben in der Hauptstadt Istanbul; b) lokale Vorgänge aus dem Raum der „Sechs Provinzen" (nach der Festlegung des Berliner Kongresses), in denen die armenische Millet einen Bevölkerungsschwerpunkt hatte (Sivas, Erzurum, Mamuretülaziz/Elazığ, Diyarbekir/Diyarbakır, Bitlis und Van); und c) die Aufstände (vor allem der 1890er Jahre, die Adana-Pogrome von 1909) und Vertreibungen (1915/16). Hier kann nur der letzte Komplex berücksichtigt werden. Dokumente aus europäischen, amerikanischen und türkischen öffentlichen Archiven und den Missionsanstalten stehen inzwischen in großer Zahl zur Verfügung [z. B. 757: BEYLERIAN]. Leider sind viele Ausgaben selektiv [756: ŞIMŞIR] bzw. unsystematisch [759: SARAFIAN] und erlauben ausnahmslos keine Vergleiche untereinander. Die russischen Archive werden bisher so gut wie nicht berücksichtigt. Das vom türkischen Staatsarchiv seit den 1980er Jahren erschlossene Material wird noch kaum herangezogen. Alle Quellensammlungen sind voreingenommen, leiden an Überfrachtungen und Wiederholungen. Ein Teil des Materials stammt aus zweiter oder dritter Hand.

Im Mittelpunkt der alten und neuen Kontroverse über die armenische Vertreibung stehen zwei Fragen: 1) Wie groß war die Zahl der Opfer auf beiden Seiten? 2) Hat das osmanische Regime den Untergang großer Teile des armenischen Volkes nicht nur in Kauf genommen, sondern willentlich herbeigeführt? J. MCCARTHY [531; 537] hat sich aufgrund verläßlicher Statistiken auf „etwas weniger" als 600 000 Opfer der Kriegsjahre 1912–1922 festgelegt. Auf muslimischer Seite forderte dieses Jahrzehnt 2,5 Millionen Tote, überwiegend Türken, wobei der Zoll in den „Sechs Provinzen" unter den Muslimen ca. 1 Million ausgemacht haben soll. MCCARTHY hebt hervor, daß es auch in Räumen, die nicht von der russischen Armee okkupiert waren, wie der Provinz Sivas, zu hohen Opfern unter den Muslimen kam (180 000) und vermutet, daß der „intercommunal warfare" einen hohen Anteil an diese Zahlen hat.

Nicht nur die Zahlen der Armenier, die den großen Deportationen im Weltkrieg zum Opfer fielen, bedürfen einer Überprüfung, auch die Angaben zu den isolierten Vorgängen des 19. Jahrhunderts (Aufstand von Sasoon/Zeytun im Jahr

1894/5) sind höchst widersprüchlich. J. SALT [760] unterstreicht, daß alles Beweismaterial („evidence") für die Anordnung von Massakern durch Abdülhamîd II. bis heute fehlt. Um 1894 hatte die Verbindung revolutionärer Provokationen, osmanischer Erwiderungen und europäischer, überwiegend britischer Interventionen in katastrophale Folgen. Ob die Verantwortlichen in Istanbul mit den Deportationen der Armenier in den Jahren 1915 und 1916 große Menschenverluste nur billigend in Kauf nahmen oder beabsichtigten, bleibt umstritten. Allerdings können strategische Gründe nicht als ausreichende Argumente dienen, weil auch frontferne armenische Gruppen aus Ost- und Zentralanatolien bzw. Kilikien verschickt wurden. Ein größerer Forschungsbericht über die Armenier im Osmanenstaat fehlt. G. DYER schrieb vor einem Vierteljahrhundert in einem Artikel über die Historiographie der Armeniermassaker, daß mit wenigen Ausnahmen türkische und armenische Historiker nach wie vor die Haltung ihrer Vorgänger aus dem Jahr 1916 einnehmen. Die Replik G. L. LIBARDIANS in *Armenian Review* machte DYER unter anderem das Übersehen repräsentativer Werke der armenischen Geschichtswissenschaft zum Vorwurf [758]. Inzwischen gibt es umfassendere Bibliographien zur armenischen Frage von beiden Seiten [761: ATAÖV; 762: HOVANNISSIAN].

i) Weltkrieg, Sèvres, Malta, arabischer Aufstand

Der von M. KENT herausgebene Sammelband mit Beiträgen zu allen großen kriegführenden Staaten bleibt die wichtigste Grundlage zur Großmachtspolitik am Beginn des 20. Jahrhunderts [504]. Die Mehrheit der internationalen Forschung hält daran fest, daß die osmanische Option für Deutschland das kleinere Übel war. Großbritannien sei nach den Balkankriegen zu keiner Hilfe für die am Boden liegende Türkei bereit gewesen. Die Frage, ob es sich bei den osmanischen „Kriegszielen" in Europa, dem Kaukasus und Zentralasien um mehr als Propaganda handelt, wird noch länger kontrovers behandelt werden [zuletzt 550: KARSH u. KARSH]. Titel zum Kriegsverlauf können hier nicht berücksichtigt werden (es kämen vor allem die Bände des türkischen militärgeschichtlichen Forschungsamts ATASE aus den 1960er und 1970er Jahren in Frage). Der unübersehbaren Gallipoli-Literatur in englischer [zuletzt 505: STEEL u. HART] und türkischer Sprache steht nichts vergleichbares zu den anderen Fronten gegenüber [eine Auflistung von überwiegend türkischsprachiger Literatur mit englischer Übersetzung ist 502: YÜCEL]. Besser untersuchte Themen sind der arabische Aufstand, geheimdienstliche Aktivitäten [503: HOPKIRK], die Ausrufung des „Heiligen Kriegs" und die deutsche Islampropaganda. Das letzte Kapitel des osmanische Staats – Istanbul unter alliierter Besatzung – hat B. CRISS aufgeschlagen [506]. Obwohl der Vorortsfriede von Sèvres (1920) nicht ratifiziert wurde, muß das Vertragswerk zur Kenntnis genommen werden, um die Politik der Alliierten im Weltkrieg einzuschätzen [508: HELMREICH] und gleichzeitig den als Unabhängkeitskrieg in die Geschichte eingegangenen anatolischen Widerstand [Mango: 509] zu verstehen.

2. Raum und Bevölkerung

Der große Anteil von Studien über Städte, insbesondere Istanbul, soll nicht vergessen machen, daß die Hauptstadtbewohner nur wenige Prozent (im 18. Jahrhundert ca. 4%) der Gesamtbevölkerung repräsentierten. Der bäuerliche ist vom nomadischen Bevölkerungsanteil wegen ineinander übergehender Wirtschaftsformen schwer abzugrenzen. Ende des 16. Jahrhunderts verhielt sich die nomadische Bevölkerung zur ansässigen in einigen östlichen Provinzen wie Aleppo oder Bagdad wie 100:58 bzw. 100:62. Obwohl sich das Buch von P. A. Andrews [510] samt den Kartenblättern auf eine verhältnismäßig kleine räumliche (Türkei) und zeitliche (ab ca. 1927) Einheit bezieht, eignet es sich wegen seiner stringenten Begrifflichkeit und seinen historisch-geographischen und bibliographischen Angaben auch für ein tieferes Verständnis der noch nicht entworfenen ethnischen Karte der osmanischen Länder. Im Vielvölkerstaat war die Loyalität von Angehörigen einzelner Volksgruppen selten ungeteilt. Umgekehrt leisteten etwa Albaner und Bosnier im 17. und 18. Jahrhundert – trotz mancher gegenläufiger Tendenzen – einen erheblichen Beitrag zur Integration des Gesamtstaats [511: Majer]. Mißgunst konnte bei der Bevorzugung einzelner Gruppen nicht ausbleiben. Umgekehrt war die türkische Mehrheitsbevölkerung mannigfaltiger Stereotypenbildung, vor allem im arabischen Raum [512: Haarmann], ausgesetzt. Die ethnischen „Sollbruchstellen“ überkreuzten sich mit sozialen. In der osmanischen Gesellschaft standen zwar steuerlich privilegierte *askerî* der Masse der ländlichen und städtischen *reâyâ* gegenüber, doch waren die *askerî* keine geschlossene Gruppe, obwohl durch die offizielle Betonung eine strenge Trennung zwischen beiden „Klassen“ aufrechterhalten wurde [284: Faroqhi; 513: İnalcık]. Ethnien

Zu den türkischen Wanderhirten gibt es zwei Werke als Bestandsaufnahmen: Den oghusischen Stämmen Anatoliens hat Sümer zahlreiche, später in einem Buch vereinigte Studien gewidmet [514]. Die Quellen zu den in militärischen Konskriptionseinheiten zusammengefaßten Jürüken (Yürük) in Südosteuropa hat Gökbilgin z. T. erschlossen [515]. Unter einem sehr weitgefaßten Titel ist eine Fallstudie zu der pferdezüchtenden Gruppe der Atçeken im Raum Akşehir erschienen, der es um die Beschreibung und Erklärung des Statusverlusts der Nomaden im Laufe des 16. Jahrhunderts zu tun ist [516: Lindner]. Eine Analyse der einschlägigen *defters* hat eine Reihe von Lindners Vermutungen allerdings erschüttert [517: Beldiceanu-Steinherr]. Von der schmerzhaften Ansiedlung von Nomaden berichten zwei historische Monographien [518: Orhonlu; 519: Halaçoğlu]. In der hier angeführten erweiterten Neuauflage des Wanderhirten

Buches von ORHONLU wird das „tribal managment" der Osmanen vom 16. bis ins späte 19. Jahrhundert mit mehr oder weniger erfolgreichen Beispielen der Seßhaftmachung illustriert. İNALCIK [520] hat auf die frühe Seßhaftigkeit von Jürüken und ihre Eingliederung in Produktion und Handel (Waldnutzung, Teppiche, Wolle) hingewiesen und davor gewarnt, die Vorurteile der osmanischen Chronisten auf die Wanderhirten zu übertragen. Studien über die Wanderweidewirtschaft im Raum Aleppo demonstrieren die große Flexibilität der osmanischen Zentrale gegenüber den Stämmen im 18. Jahrhundert [521: MURPHEY]. Eine ethnographisch orientierte Arbeit zu den Karakeçeli genannten Gruppen bemüht sich, die weltanschaulich geprägten Aussagen der Autoren von dem Primärmaterial zu trennen, und kommt zu dem Schluß, daß sich für Anatolien ein „Nebeneinander" tribaler Gruppen ergibt, die zwar denselben Namen führten, sich aber in Hinblick auf Integrationsgrad und Autonomie, Wirtschaftsweise und Beziehung zum Staat und anderen Gruppen stark voneinander unterschieden [522: ÖHRIG]. Eine weitere jüngere Monographie behandelt die Ausbreitung der großen Türkmenen-Föderation der Bozulus im mittleren und westlichen Anatolien (1540–1640), auf die schon PLANHOL [67] aufmerksam gemacht hatte [523: GÜNDÜZ].

Bauern

Für die bäuerliche Bevölkerung fehlt ebenfalls eine zusammenfassende Studie, auch wenn es zur historischen Landwirtschaft in den meisten Gebieten des osmanischen Staates Untersuchungen gibt. Die Bauern waren im rechtlichen Sinn frei, Sklaven wurden in der Landwirtschaft nur in Ausnahmefällen eingesetzt. Man macht es sich jedoch zu einfach, wenn man auf die Kadigerichtsbarkeit hinweist und davon absieht, daß Geldstrafen Teil der Ansprüche des *tımar* – bzw. *ze'âmet*-Inhabers waren [524: FAROQHI, ausführlich, aber auf das 16. Jahrhundert beschränkt]. Eine größere Abhängigkeit hatten die sog. *ortakçı*, eine Art Halbpächter in West- und Mittelanatolien. Reispflanzer (*çeltükçü*) arbeiteten auf staatlichen Domänen. [626: İNALCIK]. Die dörfliche Selbstverwaltung im osmanischen Bulgarien ist Gegenstand eines Buchs von E. GROZDANOVA [525].

Historische Demographie

Eine Bibliographie zur osmanischen Bevölkerungsgeschichte verzeichnet seit dem Erscheinen von Ö. L. BARKANS berühmt gewordenem Artikel von 1941 [526] insgesamt 464 wissenschaftliche Untersuchungen [527: PANZAC]. Ausgangspunkt für demographische Diskussionen sind in jedem Fall die *defter* des 16. Jahrhunderts. Die Ermittlung *absoluter* Bevölkerungszahlen setzt die Festlegung eines Koeffizienten voraus, um den die Haushaltszahlen (*hâne*) der Steuerregister zu vervielfachen sind. Die meisten Autoren geben die Zahl 4–6 an [z. B. 528: BELDICEANU u. NASTUREL]. Mit dem vieldiskutierten mittelmeerischen Bevölkerungswachstum haben sich zahlreiche Autoren beschäftigt [529: ERDER]. Die Debatte dreht sich um die Frage, inwieweit die Register einen realen Anstieg der Bevölkerung spiegeln. Schlüsse auf die Bevölkerungs- bzw. Siedlungsentwicklung zwischen dem 15./16. Jahrhundert und dem 19. Jahrhundert ohne die Einbeziehung von Zwischenstufen sind aber problematisch [682: BALTA].

Nach der Aufgabe des zentralen *tahrîr*-Systems im frühen 17. Jahrhundert sind für etwa 200 Jahre auch grobe Schätzungen der Gesamtbevölkerung ausgeschlossen. 1831 wurde eine Erfassung der wehrfähigen Männer angestrebt, bei der eine viel zu geringe Zahl von 3722738 Personen ermittelt wurde. Der Zensus von 1881/82–1893 als erste umfassende Volkszählung bildet nach KARPATS Darlegungen eine ausreichend verläßliche Basis für die osmanische Demographie im späten 19. Jahrhundert [530]. KARPAT hat sich die „Interpretation und Analyse" der osmanischen Daten für einen Nachfolgeband vorbehalten. Vorläufig geben viele Statistiken (wie zum Analphabetismus in den einzelnen Provinzen nach einer Handschrift von 1894/5) mehr Rätsel auf, als sie Antworten zu geben vermögen. BAHARS und DUBENS Analyse Istanbuler Bevölkerungsdaten zwischen 1885 und 1907 hat zu genauen und überraschenden Aussagen über Heiratsalter und Fertilität geführt. Auch läßt sich der Prozentsatz polygamer Ehen (2,5% der Männer um 1885) jetzt exakt bestimmen [178]. Die demographischen Auswirkungen der Katastrophenjahrzehnte für die anatolische Bevölkerung zwischen dem russisch-türkischen Krieg (1877/78) und der ersten republikanischen Volkszählung (1927) lassen sich bei entsprechender Kritik der Statistiken rekonstruieren. MCCARTHY kommt zu dem Ergebnis, daß die Verluste der muslimischen Bevölkerung in absoluten Zahlen, die der Armenier aber in relativen Anteilen (40%) höher waren [531]. Amtliche osmanische Statistiken wurden von MCCARTHY für den Gesamtraum zusammengestellt, in dieser Veröffentlichung aber keiner analytischen Behandlung unterzogen [532]. Ein weiteres Buch hat der amerikanische Demograph der Bevölkerung Palästinas im 19./20. Jahrhundert gewidmet [533]. Hier werden die umstrittenen Angaben zur nichtjüdischen und jüdischen Bevölkerung zwischen 1800 und 1850 diskutiert. MCCARTHY hält es für statistisch unhaltbar, von einer massiven arabischen Einwanderung in der Mandatszeit zu sprechen. Die arabische Bevölkerungsmehrheit (bis 1948) sei das Ergebnis natürlichen Wachstums.

Bevölkerung im 19./20. Jahrhundert

Die Vertreibung und Flucht der muslimischen Bevölkerung aus den Kaukasusländern, der Krim und Südosteuropa [534: PINSON] hat die ethnische Landkarte Thrakiens und Anatoliens nachhaltig geprägt [510: ANDREWS]. Die Umstände der Vertreibung von 1877/78 und 1912/13 waren nicht gleich. Die Massaker an den Muslimen waren in der ersten Phase organisierter, in der zweiten willkürlicher, „but not less lethal". MCCARTHYS erste Darstellung der „ethnischen Säuberungen" zwischen dem griechischen Aufstand und dem Ende des anatolischen Befreiungskriegs verbindet die Erfahrung von der Vertreibung der Muslime aus Südosteuropa und den Kaukasusländern mit dem Schicksal der Armenier während des Weltkriegs. Er behauptet, daß die Deportationen der Armenier durch das Schicksal der Muslime in Bulgarien ausgelöst wurde und fragt: „Welches Schicksal hätte die Muslime ereilt, wenn die Russen vormarschiert wären?" [537].

Migrationen

Die historische und kulturgeographische Forschung beschäftigte sich zunehmend mit der Politik der Wiederansiedlung in Anatolien [535: İPEK]. Die

Ein- und Auswanderung

Integration der Neuankömmlinge war langwierig und mit der Aufgabe der Muttersprache und der Auflösung tribaler Organisationsformen (Tscherkessen) verbunden. Grundbesitzer aus Bosnien, Bulgarien bzw. Ost-Rumelien oder von der Krim hatten ihre Immobilien häufig in Geldvermögen verwandelt. Historiker und Geographen stimmen in der Bewertung der Migration als ökonomisches Stimulans für Anatolien überein. Eine nach Rußland, den Vereinigten Staaten und Südamerika gerichtete Auswanderung beschränkte sich weitgehend auf Nichtmuslime (Griechen, syrische Araber, Armenier). Ihr Umfang wird auf 500–800 000 Menschen geschätzt. Während des Weltkriegs wurden zahlreiche Griechen von Westanatolien ins Landesinnere deportiert. Die politischen Auswirkungen der polnischen [536: LEWAK] und ungarischen Emigration in die Türkei des 19. Jahrhunderts waren bedeutender als ihre Zahl.

Epidemien

Über die Zusammenhänge der Ausbreitung der Pest von 1347 mit der osmanischen Expansion läßt sich nur spekulieren. Ihre demographischen Auswirkungen waren sicher beträchtlich. Hingegen sind die Folgen der Pest für die Bevölkerung zwischen 1700 und 1850 besser bekannt [538: PANZAC]. Andere Seuchen wie Cholera und Typhus wurden noch nicht monographisch behandelt. Zu vielen Themen der Gesundheitspolitik, einschließlich des ab 1831 in Gang gekommenen Quarantänesystems, gibt es Vorarbeiten [vgl. N. YILDIRIM, Art. Sağlık, in 446].

Ethnische Gruppen

Unter den Einwanderern im 19. Jahrhundert haben vor allem Georgier [554: MAGNARELLA] und Nordwestkaukasier (Tscherkessen, Abchasen, Ubychen) [555: POPOVIC] die Forschung beschäftigt. Die Literatur über die Zigeuner der osmanischen Länder ist weit verstreut und zum großen Teil sprachwissenschaftlich ausgerichtet, wie der „Klassiker" von A. G. PASPATI [556; über die Zigeuner in ihrem Verhältnis zur osmanischen Verwaltung 557: MUJIĆ; GÖKBILGIN, Art. Çingeneler in İA]. Im Gegensatz zu den großen nichtmuslimischen Konfessionen gibt es keine Unterlagen, die eine Aufteilung der muslimischen Mehrheit in Kurden, Araber usw. erlaubt. Über die Schwierigkeiten, linguistische und ethnische Gruppen im Raum Diyârbekir zu unterscheiden, kann beispielhaft ein Beitrag von BRUINESSEN stehen [546]. Eine solide Darstellung der osmanischen Kurden ist in dem Buch von STROHMEIER und YALÇIN-HECKMANN enthalten [547].

Araber

Zum arabischen Faktor in der Tanzîmât-Zeit und unter Abdülhamîd II. gibt es eine immense Forschungsliteratur [als Auswahl: 703–739]. Dabei bleibt auffällig, wie selten die arabische Frage aus der Perspektive der Zentrale bzw. der arabischen Vertreter in der Zentrale betrachtet wird [548: PRÄTOR; 549: KAYALI]. PRÄTOR kann am Beispiel der arabischen Parlamentarier zeigen, daß ein Großteil der arabischen Führungsschicht an Reformen, nicht aber an einer Loslösung vom osmanischen Staat interessiert war. Forscherpersönlichkeiten, die wie ROSSI für Tripolitanien [posthum 709] oder AKARLI für den Libanon [737], das osmanisch-türkische und arabische Quellenmaterial nutzen, sind Ausnahmen. KARSH und

Karsh [550] überraschen mit der Behauptung, daß die Haschemiten in die Einzelheiten des Sykes-Picot-Abkommens von 1916 eingeweiht waren. Die Forschung hatte stets angenommen, daß die arabische Welt später, etwa gleichzeitig mit der Balfour-Deklaration (2. 11. 1917) von den Aufteilungsplänen der Entente Kenntnis erlangt hatte.

Albaner

Die Auseinandersetzung serbischer Autoren mit der albanischen Siedlung im Kosovoraum und im Sandschak von Novi Pazar reicht bis in die Anfänge des 20. Jahrhunderts zurück. Die serbische Seite sieht in der Abwanderung nach den osmanischen Gegenoffensiven von 1690 bzw. 1738 den Hauptgrund für die rasche Albanisierung des Raums. Diese Position findet sich in der offiziellen „Istorija narodov Jugoslavije" (1960) und wird auch im postkommunistischen Jugoslawien vertreten. Gleichzeitig betont sie den bis dahin erhaltenen ethnischen Charakter von „Alt-Serbien". Andere Forscher wie der tschechische Balkanologe K. Jireček (1854–1918) erkannten albanische Bevölkerungselemente im vorosmanischen Serbien. A. Handčić (im Skanderbeg-Symposium Prishtina 1969) akzeptierte nur eine albanische Minderheit. Dagegen wandte sich S. Pulaha [551]. Der Kataster von 1455 beweise eine albanische ackerbäuerliche Präsenz in der Kosovoebene und Ostmazedonien. Handčićs Fehler sei die Zuschreibung von Trägern slawisch-griechischer Namen zum Serbentum. Die muslimischen Albaner waren bis zur Unabängigkeit ihres Landes (1912) eine der am stärksten mit der osmanischen herrschenden Klasse verbundenen Nationalitäten [511: Majer]. Gawrych will zeigen, daß das osmanische Regime im 19. Jahrhundert dem Begriff des „kulturellen Pluralismus" in Theorie und Praxis gerecht wurde [552; 553].

Städte und Stadtbewohner

Die osmanische Stadt als selbständiger Typus, verschieden von einer postulierten „orientalischen" oder „islamischen" Stadt, wurde zum ersten Mal von kulturgeographischer Seite thematisiert [559: Busch-Zantner]. Urbanisten [560: Aktüre] und Historiker [559: Kreiser] haben sich angeschlossen. Die Transformationsprozesse der Metropolen der arabischen Welt verglich Raymond in souveräner Zusammenfassung [705]. Der größte Einzelbeitrag zur Forschung stammt von S. Faroqhi, deren Bücher und Aufsätze zu den anatolischen Städten die demographischen Verhältnisse, das Immobilienwesen und vor allem die Stadt-Umland-Beziehung zum Gegenstand haben [562; 563]. Auf diese Weise gelingt es ihr, den physischen Habitus aus wirtschaftlichen und rechtlichen Gegebenheiten herzuleiten. Ihre wichtigsten Untersuchungsorte sind Ankara und Kayseri. Ein weiteres Buch der Autorin [564] stellt die für eine breiteres Lesepublikum gedachten Beobachtungen zur geistigen und materiellen Kultur der Stadt in den Mittelpunkt. Die Fülle an Monographien zu anatolischen Städten ist nicht mehr zu überblicken. Viele arbeiten in kanonischer Weise das Datenmaterial der *defter* ab: Stadtviertel, Bevölkerungsschätzungen, Bauwerke, Agrarregime, Landwirtschaft, Steuern usw. [als Beispiel einer gelungenen Monographie vgl. 577: Miroğlu]. Für die wachsende Zahl von Gemeinschaftsarbeiten sei ein

Buch über das westanatolische Kütahya [571] angeführt. Dagegen vermißt man weithin vergleichende Untersuchungen zu einzelnen Gesichtspunkten. Ein Ausnahme bildet bisher nur das Städtewesen des 19. Jahrhunderts [70: Höhfeld; 560: Aktüre; 561: Dumont u. Georgeon].

Die weit verstreute südosteuropäische Forschungsliteratur zur balkanischen Stadt wird zu einem beachtlichen Teil von N. Todorov aufgearbeitet [565]. Sein Buch basiert allerdings nicht – wie das Vorwort der englischen Übersetzung suggeriert – auf osmanischen Primärquellen. Todorov überwindet eingefahrene (auch von der marxistischen Literatur übernommene) Behauptungen wie die, daß das rapide Wachstum der Balkanstädte in türkischer Zeit auf Landflucht in unsicheren Verhältnissen zurückzuführen sei. Eigene Forschungsergebnisse enthält v.a. das letzte Kapitel über eine frühindustrielle Anlage bei Filibe/Plovdiv in den 1850er Jahren. Ein bemerkenswerte, auf breites lokales Quellenmaterial gestützte Untersuchung der Gesellschaft und Alltagskultur von Saloniki behandelt die vortanzimatlichen Verhältnisse (um 1830) und die Jahre vor den Balkankriegen (1812) in kontrastiver Darstellung [580: Anastassiadou]. Was für Anatolien gesagt wurde, gilt auch für den Balkan: die urbanistische Literatur füllt Bibliotheken, doch geht es den Autoren fast nie um eine Überwindung lokaler Grenzen, geschweige denn um komparative Analysen.

Die besten Monographien zu osmanischen Städten behandeln jeweils einen engen Zeitraum. Die stärkere Fokussierung der Forschung wird deutlich, wenn man die Resultate von zwei bis drei Forschergenerationen hintereinander betrachtet: Beispiele sind Aleppo [572: Sauvaget], Damaskus [734: Barbir; 736: Pascual], Bursa [576: Gerber], Istanbul [570: Mantran], wobei die großen auch für die Osmanistik zu wenig genutzten Übersichten häufig von Bauforschern oder Geographen stammen. Umgekehrt wird die osmanistische Forschungsliteratur von den anderen Fächern zu wenig wahrgenommen.

Regionalmonographien

Typische jüngere Regionalstudien bestehen aus der Präsentation und Analyse von *tapu-tahrîr defterleri*, aus der sich die Amtsträger, die Siedlungsverhältnisse, Einwohnerzahlen und Steuerverpflichtungen ergeben [wie 577: Miroğlu]. Die eigentlich unverzichtbare kartographische Darstellung läßt bei den meisten Arbeiten zu wünschen übrig. Zahlreiche Ortsmonographien, die auf osmanischen Registern des 15./16. Jahrhunderts beruhen, entpuppen sich bei näherer Betrachtung auch als Regionalstudien. Beispielhaft sind die Arbeiten von Göyünç über Mardin in Obermesopotamien [578] und von Handčić über Tuzla in Bosnien [579].

Tuzla

Die Tuzla-Studie beruht auf Steuerregistern der Zeit von 1468 bis 1600 und behandelt die Entstehung des *sancaks* von Zvornik und seine administrativrechtliche Einteilung bzw. seine militärische Organisation. Das Bevölkerungskapitel beschreibt im Detail das Verhältnis von Katholiken, Orthodoxen (das sind v.a. viehzüchtende Wallachen/*Eflâk*, das erste orthodoxe Kloster entsteht erst um 1547) und Muslimen. Handčić stellt eine langsamere Islamisierung in Bezirken fest, in denen Kirchen und Klöster anzutreffen waren. Um die Mitte des

16. Jahrhunderts sind ca. 40% der Bevölkerung zum Islam übergetreten, ein Prozeß, der sich später noch beschleunigte.

3. Soziale und wirtschaftliche Gegebenheiten

a) *Gesamtdarstellungen der osmanischen Wirtschafts- und Sozialgeschichte*

Ein halbes Jahrhundert nach den ersten Resultaten der BARKANschen *defter*-Auswertung entstand ein über 1000 Seiten starker Gesamtüberblick zur osmanischen Wirtschaftsgeschichte von H. İNALCIK u. D. QUATAERT (Hg.) unter dem Titel „Economic and Social History of the Ottoman Empire 1300–1914" [581]. Er übertrifft an Umfang, aber auch an Dichte und Forschungsnähe der Darstellung alle vorausgehenden Werke [wie 582: TABAKOĞLU; 583: AKDAĞ u. PAMUK; 588: YALÇIN]. Vier Verfasser haben den Stoff chronologisch untereinander aufgeteilt, wobei bei einem Verhältnis von 600 zu 400 Seiten eine gewisse Privilegierung der „nachklassischen" Jahrhunderte auffällt. Sozialgeschichte im engeren Sinne wird vor allem in den beiden mittleren Teilen berührt, berücksichtigt aber fast nur die wirtschaftlich aktiven Bevölkerungsteile. Die Autoren sind der Schwierigkeit nicht ausgewichen, allgemeine Phänomene mit Beispielen aus weit auseinanderliegenden Räumen zu illustrieren. Das gilt v.a. für McGOWANS Gang durch das 18. Jahrhundert. Alle Beiträge haben in den wirtschaftsgeschichtlichen Kapiteln Schwerpunkte beim Steuersystem, im ländlichen Raum und seinen Produkten und beim Fernhandel. İNALCIK und McGOWAN werfen immer wieder Fragen der wirtschaftlichen Doktrin auf, letzterer in lehrreichen Kontrasten zu absolutistischen Regimen im zeitgenössischen Europa. Ein umfangreicher Sammelband [631: İSLAMOĞLU-İNAN] hat sich zum Ziel gesetzt, die Diskussion über die „Inkorporation" des Osmanischen Reichs in die Weltwirtschaft aus der Perspektive des Wallersteinschen *world system* zu fördern. Zugleich erlaubt er aber auch das Verständnis der Hauptthemen der jüngeren osmanistischen Forschung wie Landwirtschaft, Manufakturwesen, Industrialisierung und Handel.

b) *Tımarverwaltung und „Feudalismus"-Debatte*

Tımar-Wesen

Den einzigen systematischen Zugang zum *tımar*-Wesen nach BARKANS einflußreichen und im Umfang einem Buch entsprechenden Artikel in *İslâm Ansiklopedisi* [XII/1, 286–333] vermittelt N. BELDICEANU [589]. Bei dem Werk von MUTAFČIEVA/DIMITROV handelt es sich dagegen um eine zeitlich und räumlich eingeschränkte Untersuchung aufgrund von Präsenzregistern (*yoklama defterleri*) von 1605/6 bzw. 1607/8. Aus ihnen geht ein nicht allzu aussagekräftiger abnehmender Prozentsatz gestellungswilliger *sipâhîs* (54%>33%) hervor. Mit BAR-

KAN und İNALCIK und in scharfem Kontrast zur insbesondere in Bulgarien betriebenen marxistischen Forschung [590: MUTAFČIEVA] hebt N. BELDICEANU [589] die nicht-„feudalen" Elemente des osmanischen Systems hervor. In letzter Instanz dienten die Timarioten wie die *reâyâ* dem Staat. Schon BARKAN hatte auf den dienstlichen Charakter des *tımars* hingewiesen. Es ermangele rechtlicher Immunität, hinzu komme eine starke Zentralgewalt, wobei die Bauern keiner Leibeigenschaft unterworfen seien. Die Frage nach dem Ursprung des *tımar*-Wesens ist eng mit der nach seiner Originalität verbunden. Man hat auf die Ähnlichkeit mit den im 12. Jahrhundert sichtbar werdenden byzantinischen Militärgütern (*pronoia*) aufmerksam gemacht, aber auch auf nahöstliche Formen von Besitzvergabe (*iqtâ'*). N. BELDICEANU betonte das Fortleben mongolischer Vorbilder, insbesondere des Lehenswesen (*soyurgal*) bei den Akkoyunlu. Es ist hilfreich, sich auf voneinander unabhängige Linien der osmanischen Autorität zu besinnen. Es gibt eine durch den Kadi repräsentierte religiös-rechtliche und eine durch den *sipahi* – *sancakbeyi* – *beylerbeyi* vertretene militärisch-administrative Herrschaft. Die Frage konzentriert sich darauf, ob Steuern und Renten zwei verschiedene Arten sind, um landwirtschaftliche Einnahmen von den Bauern abzuschöpfen [732: SINGER]. Im späten 16. Jahrhundert nahm die Zentralgewalt eine veränderte Stellung bei der Vergabe von *tımars* ein, indem sie die traditionellerweise den *beylerbeyis* vorbehaltenen Verleihungen selbst vornahm [591: RÖHRBORN].

Derebey

Das *tımar*-System hat an vielen Stellen alte feudale Strukturen beseitigt oder integriert, doch entstanden nach seinem Zusammenbruch neue lokale Kräfte, die im Auftrag der Zentrale die Steuerpacht ausübten. Die „Talfürsten" (*derebeyi*) bzw. Provinznotabeln (*ayân-i vilâyet*) konnten Kaufleute, Geldverleiher, militärische Befehlshaber oder Landbesitzer sein oder mehrere dieser Funktionen in sich vereinigen [598: ÖZKAYA]. Sie sind von jenen „warlords" zu trennen, die in kriegerischen Zeiten bei der Rekrutierung von Truppen herangezogen wurden [675: MCGOWAN]. Unruhen und knappe Kassen, so lautet die These von NAGATA [596], führten zum Ausbau der lokalen Autonomie verschiedener *ayân* in Rumelien und Anatolien zwischen 1765 und 1774. Die Zentralregierung drängte ihren Einfluß durch gegenseitiges Ausspielen der „Fürsten" zurück. Im nördlichen Albanien war die Familie Bushatlliu/Buşatlı tonangebend. KÖHBACH hat dargelegt, wie Istanbul versuchte, sich Tepedelenli Ali Paschas zur Eindämmung des unruhigen Vasallen zu versichern [689]. Die Frage, ob „nationales Bewußtsein und Denken" Kara Mahmûd Pascha, den wichtigsten Exponenten der Buşatlı, bestimmt haben, beantwortet KÖHBACH mit einem vorsichtigen Ja. SAKAOĞLU hat für sein schönes Portrait der Köse-Pascha-Familie nicht nur lokale Archive in Sıvas und Divriği, sondern auch persönliche Überlieferungen und Erinnerungen von Personen benutzt, die zwischen 1865 und 1910 geboren wurden [599]. Hier wird auch gezeigt, wie die meisten Familien nach einigen Jahrzehnten als „Talfürsten" zum beschaulicheren Dasein eines Gutsbesitzers zurückkehren.

c) Geld- und Finanzgeschichte

Nach Jahrzehnten intensiver Forschung türkischer und ausländischer Spezialisten liegt jetzt in dem Werk von PAMUK eine moderne, weit über „numismatische" Detailfragen hinausblickende Synthese vor, die alle osmanischen Regionen berücksichtigt. PAMUK kombiniert numismatische mit archivalischen Daten. Die Rolle des Staates wird bei den drei einschneidenden Münzverschlechterungen (*tağşîş*) bzw. Inflationen der osmanischen Geschichte herausgestellt [585]. Eine knappere Übersicht für die Zeit bis 1750 erklärt schlüssig die Ursachen der Übergänge vom „Silbermonometallismus" der Frühzeit über den Bimetallismus (ab Mitte 15. Jahrhundert) und den kurzfristigen Trimetallismus (Gold-Silber-Kupfer) bis zur Rückkehr zur Gold- und Silberwährung. Der Zustrom amerikanischen Silbers und die vorübergehende Einstellung der einheimischen Münzprägung nach 1640 sind dramatische Höhepunkte einer Entwicklung, die der Verfasser als Bestätigung des Greshamschen Gesetzes vorführt: „Schlechteres Geld verdrängt das gute aus dem Zahlungsumlauf" [587: SAHILLIOĞLU]. Geldgeschichte

„Staatsbilanzen" sind ein Begriff, der sich besser als das eingebürgerte Wort „Budget" eignet, um die amtlichen Zusammenstellungen von Einnahmen und Ausgaben des osmanischen Staates zu bezeichnen [586: MAJER u. Tab. 5] İNALCIK erkennt den Hauptzweck dieser Bilanzierungen in der Feststellung von Überschüssen, die dem inneren Schatz zuflossen, der zugleich die „Reserve-Bank" für den eigentlichen Staatsschatz bildete [581]. Besonders detailliert sind die entsprechenden Abschnitte in TABAKOĞLUS allgemeiner Wirtschaftsgeschichte [582]. Mehrere Forscher (u. a. YAVUZ CEZAR) haben sich inzwischen auch mit den Budgets einzelner Provinzen befaßt. Budget

d) Militärwesen (einschl. Technologie, Kriegsfinanzen und Logistik); Marine

Nach der in die Zeit der großen Türkenkriege zurückreichenden Beschreibung des osmanischen Heeres durch den 1678 geheimdienstlich wirksamen Grafen MARSIGLI [602; 603: STOYE] erschien kein ähnlich umfangreiches Panorama des klassischen Heereswesens. Den Forschungsstand bis Anfang der 1970er Jahre markiert ein Sammelband [604: PARRY u. YAPP (Hg.)]. Einen viel größeren Raum als die physischen Konflikte nehmen in jüngeren Untersuchungen logistische Fragen ein. GÜÇER [605] verfolgte u. a. die Versorgung des Heeres mit Nahrungs- und Futtermitteln im Zusammenhang mit dem Ostfeldzug von 1637/8. Die Arbeit des BARKAN-Schülers ist eine Pionierstudie, insofern sie „BRAUDEL'SCHE" Fragen an die osmanischen Register richtet. Sie behandelt vor allem die Verpflichtung der Bauern, entlang der Heerstraßen Depots anzulegen (*sür-sat*), und die staatlichen Ankäufe (*iştirâ*) während des Feldzugs. FINKELS Buch [606] wandte sich gegen die von ungarischen Militärhistorikern vertretene Auffassung von einem um 1600 erreichten Aktionsradius, der weitere osmanische Mili- Allgemeines Logistik täroperationen in Mitteleuropa zum Scheitern verurteilte. Die osmanischen Truppen seien in Ungarn auf vorbereitete Nahrungsmitteldepots getroffen, sie waren besser ernährt und höher besoldet als die ihrer Hauptgegner.

Die meisten Untersuchungen über die Lehensreiterei der Provinzen sind mit dem Studium des *tımar*-Systems verbunden. Eine zusammenfassende Darstellung der *sipâhîs* fehlt, doch wurden Einzelthemen wie der Einsatz von Feuerwaffen oder die schwerwiegende Problematik der Überwinterung in großer Entfernung von der Heimatprovinz behandelt [607: VEINSTEIN]. Die Festungen in Ungarn bzw. der Slowakei und ihre Besatzungen im späten 16. Jahrhundert sind das Thema von zwei mikrohistorischen Untersuchungen, die sich gut als Fallbeispiele für das Vorgehen der Osmanen im permanenten Kleinkrieg an der Grenze eignen [143: RÖMER; 317: KÖHBACH].

Janitscharen

Nach der materialreichen Übersicht über die Palastsklaventruppen (***kapukulu***) des Altmeisters UZUNÇARŞILI [608] sind abgesehen von einigen Ausgaben einschlägiger *kânûns* keine umfassenden, den Janitscharen gewidmeten Arbeiten entstanden. Nur für Bulgarien gibt es eine Monographie [609: GEORGIEVA]. Die Diskussion um die Ursprünge der „Knabenlese" (*devşirme* = Sammeln) als Rekrutierungsmechanismus ist noch nicht abgeschlossen [Literatur bei 610: ZACHARIADOU]. Aufsehen erregte die Bekanntgabe eines (noch unpublizierten) Rekrutierungsregisters aus dem Jahr 1603/4 durch H. REINDL-KIEL und M. KIEL, in dem die Aushebung von Knaben in mehreren griechischen Provinzen (Eğriboz, Athen, Salona) nach Gerichtsbezirken beschrieben wird. Vergleiche mit Steuerregistern zeigen, daß der Prozentsatz der „abgegeben" Jünglinge einen demographisch sehr unwesentlichen Anteil (1% und weniger!) an der männlichen Bevölkerung ausmachte. Überraschend ist auch ein höheres Durchschnittsalter ($14^1/_2$ – 16 Jahre) als bisher angenommen und der Nachweis, daß gelegentlich auch Städte in das *devşirme*-System einbezogen wurden.

Knabenlese

Feuerwaffen

Der Mamlukenhistoriker D. AYALON führte die Überlegenheit der Türken bei Çaldıran (1514) auf den Einsatz von Feuerwaffen zurück (Gunpowder and Firearms in the Mamluk Kingdom. A Challenge to Medieval Society, London 1956), was von iranistischer Seite nur eingeschränkt anerkannt wurde (R. N. SAVORY, Iran under the Safavids, Cambridge 1980). PARKER [611], dem auch neuere osmanistische Forschungsliteratur zugänglich war, resümierte, daß technologischer Rückstand durch zahlenmäßige Überlegenheit ausgeglichen wurde. Die Osmanen standen aber nach PARKER zwischen etwa 1520 und 1670 hinsichtlich ihrer Belagerungs- und Verteidigungstechniken auf der Höhe der zeitgenössischen Kriegskunst.

Irreguläre Truppen

Eine gute Gesamtdarstellung der *derbent* genannten Sicherheitsposten hat schon ORHONLU [617] geleistet. Sie treten nach ORHONLU in zwei Formen auf, als *tımar* vergebene sogenannte *yurtluk* und *ocaklık* und in Form von steuerlichen Entlastungen auf Stiftungsland (*vakıf*) oder staatlichen Domänen (*hâss*). Die irreguläre Truppe der *levend* wurde von M. CEZAR behandelt [613]. Nichtmuslimische Hilfstruppen sind ein bevorzugter Gegenstand der südosteuropäischen Forschung, auch wenn z. B. die sogenannten Martolosen auch in Anatolien auftraten. VASIĆ beschrieb diese von der Kopfsteuer und anderen Abgaben befreite Truppe und unterschied dabei zwischen Martolosen des kämpfenden Heeres und solchen im „Innendienst" [614].

Als Überblick bleibt das Marine-Kapitel in einer der Monographien UZUNÇARŞILIS [615] zu konsultieren. Eine große Zahl von älteren Quellen in allen Sprachen wurde von H. KAHANE, R. KAHANE und A. TIETZE in ihrem *opus magnum* über die *Lingua Franca* der Seeleute des östlichen Mittelmeers verarbeitet [616]. Speziellere Studien betreffen u. a. die Marine unter Süleymân I. [617: IMBER], die Geschichte der Häfen von Istanbul [618: MÜLLER-WIENER] und das Schicksal der Galeerensklaven [619: İPŞIRLI]. Über den Schiffsbau im 16. und 17. Jahrhundert in den großherrlichen Arsenalen in Istanbul, aber auch an Orten wie Basra, Suez oder Rusçuk/Ruse an der Donau, kann man sich inzwischen sehr gründlich unterrichten [620: BOSTAN]. Die Seekriege der Osmanen stehen im Mittelpunkt einer auf die Rolle der Galeere konzentrierten Untersuchung [621: GUILMARTIN]. PARKER [611] hat auf das Problem der Bemannung hingewiesen, das sich auch dann stellte, wenn die bei Lepanto (1571) zerstörten Schiffe selbst in kürzester Zeit ergänzt werden konnten. Die Reformen, die zur Gründung eines Marineministeriums (1867) führten, wurden in einer Monographie behandelt [622: GENCER].

Marine

e) Landwirtschaft

Leider fehlt noch ein Gesamtüberblick der osmanischen Agrargeschichte. Die Bücher von SUNGU und MAĞDEN [660] und ISSAWI [649] eignen sich eher als Quellensammlungen. Viel zu wenig werden die Forschungsbeiträge von Kultur- und Agrargeographen von der historischen Osmanistik zur Kenntnis genommen [etwa 68: HÜTTEROTH]. Zur Rolle der Bauern gibt es eine interessante Kontroverse im Zusammenhang mit der Feudalismusdebatte [627: BERKTAY]. S. FAROQHI [629] behandelt Forschungsliteratur in den westlichen Hauptsprachen für den kurzen, aber ergiebigen Zeitraum zwischen 1970 und 1985. Grundsätzlich wichtig sind auch Anmerkungen von A. SINGER in ihrem Buch zu den Bauern in Palästina [732]. H. İSLAMOĞLU-İNAN [631] studierte das Netzwerk städtischer und ländlicher Märkte im Nordanatolien des 16. Jahrhunderts und kam zu dem Ergebnis, daß die Integration der Bauern in den Markt in einem großen Ausmaß durch die Besteuerung erfolgte. Eine (teilweise in deutscher Sprache zugängliche) Analyse der anatolischen Landwirtschaft in diesem Jahrhundert durch dieselbe Autorin kommt zu dem Schluß, daß sich die bäuerliche Ökonomie dynamisch entwickelte, wie die Steigerungen der Bevölkerungszahlen und Landwirtschaftserträge zeigen [625].

Ernährung Der Zusammenhang zwischen Bevölkerungsdruck und Landwirtschaft (im Anschluß an E. Boserup, The Conditions of Agricultural Growth. The Economies of Agrarian Change under Population Pressure, Chicago 1965) wurde von seiten der Osmanistik häufig diskutiert. İslamoğlu-İnan erklärte die Intensivierung der Reisfelder von Niksar mit dem Ansteigen der Bevölkerung. In ihrer Arbeit über das ländliche Syrien hat Venzke gezeigt, daß außerhalb der Dorfgemarkung liegende Felder (*mezra'as*) als Sicherheitsventil bei zurückgehenden Erträgen und steigender ländlicher Bevölkerung dienen [632]. Den Aufstieg des Mais von der abgabenfreien Gartenfrucht zur Feldfrucht im 18. Jahrhundert hat Stoianovich in einem beispielhaften Artikel plausibel gemacht [664]. Man wünscht sich weitere Arbeiten über die Karrieren einzelner Produkte, auch wenn sie, wie im Falle der Kartoffel, weniger erfolgreich als beim Mais verliefen.

Das erste Auftreten von Ackerhöfen (*çiftlik*) scheint mit der Gewährung von unkultiviertem Land als Privateigentum im Großraum Istanbul während der Celâlî-Unruhen um 1600 [zu diesen W. J. Griswold, Art. Djalālī in EI² Suppl.] zusammenzuhängen. In Mazedonien erscheinen sie ebenfalls im 17. Jahrhundert. Unabhängig von ihrem Ursprung scheint festzustehen, daß die *çiftliks* Westanatoliens und des Balkans in erster Linien die Vermarktung von Agrargütern, zeitweise auch für den Export, betrieben (675: McGowan).

Agrarkredit Über die Anfänge eines modernen, genossenschaftlichen Agrar-Kredits unter Midhat Pascha bis zur Gründung der Landwirtschaftsbank (*Ziraat Bankası*) im Jahr 1888 sind mehrere Artikel und Monographien erschienen [661: Hazar; 663: Güran]. Die osmanische Landwirtschaft boomte in einigen exportorientierten Sektoren. Tabak übertraf den Ausfuhrwert von Getreide. Diese Konjunktur ist nicht nur auf die internationale Nachfrage zurückzuführen, sondern auf eine staatliche Agrarförderung (Kredite, Ausbildung, Mechanisierung) sowohl in hamidischer als auch in jungtürkischer Zeit [665: Duran].

f) Handwerk und Manufakturen, Bergbau, Bauwesen

Die Organisation osmanischer Gewerbetreibender in „Gilden" (*esnâf*) hat lange vor dem Auftreten moderner Historiker und Ethnographen osmanische Beobachter fasziniert, allen voran Evliya Çelebî. Durch Hammers englische Teilübersetzung wurde der Text über die Istanbuler Zünfte wenigstens in Umrissen der westlichen Foschung bekannt [134: Dankoff u. Kreiser; viel Material enthält 568: Osmân Nûrî]. Neben Detailstudien gibt es ein zusammenfassendes Buch [634: Baer]. Das Manufakturwesen im 18. Jahrhundert wurde von M. Genç [in 635: Quataert (Hg.)] am Beispiel von drei Betrieben der Textilbranche behandelt. Das Vorführen des Scheiterns dieser Unternehmen gehört zu den lehrreichsten Kapiteln der wirtschaftsgeschichtlichen Forschungsliteratur. Der Autor verbindet seine Fallstudien mit einer Skizzierung der osmanischen „Wirtschaftsdoktrin", die er unter den folgenden drei Prinzipien zusammenfaßt: 1) „provisionism", 2) „traditionalism" und 3) „fiscalism". Unter „provisionism" versteht GENÇ den Grundsatz der kontinuierlichen Bereitstellung von Gütern und Diensten für den Binnenmarkt. Exporte wurden nicht ermutigt, sondern etwa durch hohe Ausfuhrzölle verhindert, Importe dagegen erleichtert. So kann er zeigen, daß der Traditionalismus im 18. Jahrhundert wirksam genug war, um wesentliche Änderungen zu verhindern. Der immer stärker ausgebaute Fiskalismus ist der Hauptverantwortliche dafür, daß alle wirtschaftlichen Aktivitäten nur noch aus der Sicht der Vermehrung von Steuern gesehen wurden.

Bergbau

Das frühe Vordringen der Osmanen nach Serbien und Bosnien wird mit der Anziehungskraft der Silber- und Goldbergwerke dieser Länder erklärt. AHMED REFÎK [648] hat als erster Forscher auf osmanische Archivalien zum Bergbauwesen aufmerksam gemacht. Die Monographien von ANHEGGER [647] und N. BELDICEANU [648] sind nach wie vor maßgebend.

Bauwesen

Die Architektur gehört zu den am besten bekannten Seiten der osmanischen Zivilisation. Von GOODWIN [781] stammt die am häufigsten zitierte Übersicht über die gesamte Epoche. AYVERDI [782] hat sein Lebenswerk der Aufnahme der frühosmanischen Bauten gewidmet. In zahlreichen Aufsätzen und Büchern hat sich KIEL mit muslimischen und christlichen Bauwerken der Balkanhalbinsel auseinandergesetzt [wie 783]. Der armenische Beitrag wird von TUĞLACI [784, 785] gewürdigt. CEZAR [786] ist der gründlichste Kenner von Istanbul-Beyoğlu im 19. Jahrhundert.

g) Handel und Verkehrswesen

Angesichts des Polyzentrismus des osmanischen Handels, worunter die Verteilung auf Zentren wie Istanbul, Aleppo und Kairo zu verstehen ist, könne man nicht von einer „Weltwirtschaft" im Sinne BRAUDELS sprechen, schrieb FAROQHI [581]. Denn stets habe in diesem System der Staatsapparat dominiert, die Kaufleute hätten sich mit der zweiten Geige begnügen müssen. Getreide und Textilien sind übrigens die am besten untersuchten Branchen des osmanischen Binnen- und Außenhandels.

Binnenhandel

Das Volumen des Binnenhandels übertraf das des Fernhandels um ein Vielfaches. Die Ernährungslage Istanbuls wurde von verschiedenen Seiten beleuchtet. Die rumänische Forschung und zusammenfassend İNALCIK haben die Bedeutung des Schwarzmeerraums für die Versorgung Istanbuls unterstrichen. Die wenigen Sommermonate, in denen das Meer sicher befahren werden konnte, erzwangen eine effiziente Organisation des Schiffverkehrs [581]. Die Weizenpreise des Istanbuler Markts wurden durch die Nachfrage der italienischen Hafenstädte stark beeinflußt. Das osmanische Archiv hat sich als besonders ergiebig für den Komplex der Lieferung mit Lebendfleisch durch die Viehtreiber (*celebkeşân*) erwiesen. MURPHY [633] korrigiert die von BRAUDEL aus dritter Hand bezogenen Angaben über den Getreidebedarf Istanbuls und macht detaillierte Angaben zur staatlichen Vorratspolitik. Es wird deutlich, mit welchen Instrumenten der Staat (etwa während eines Hungerjahrs in Ägypten 1565) durch Verkäufe die Hochpreise des freien Marktes unterbietet. MURPHY machte auch darauf aufmerksam, daß „Konfiskationen" in einer Region oft nichts anderes waren als Re-Distribution in bedürftigere Gegenden (wie von Ägypten aus in den Hedschas). Trotz der attraktiven Quellenlage gibt es mit Ausnahme der Arbeiten zur Stadt Istanbul und zum Heer noch wenige ernährungsgeschichtliche Monographien. SHIELDS [636] hat die berechtigte Frage nach der „Unterentwickeltheit des Studiums des Binnenhandels" aufgeworfen. Ihr Artikel setzt sich mit der Literatur zur wirtschaftlichen Duchdringung des Nahen Ostens auseinander und nennt eine Anzahl von politischen Gründen, die die Forscher angeblich hinderten, sich mit dem Binnenhandel zu befassen.

Messen

Die großen Messen (*panayır*) während des 16. und 17. Jahrhunderts haben die Aufmerksamkeit der Forschung angezogen, wobei noch nicht ganz klar ist, ob die Zurückhaltung der Quellen nach 1650 auf einen tatsächlichen Niedergang dieser Marktplätze zurückzuführen ist. Als sie im 18. Jahrhundert „wiedererstanden", erscheinen sie eher als Netzwerke für die Verteilung von Importgütern [581: FAROQHI].

Fernhandel

Der Fernhandel war bis zum Auftreten Englands das Vorrecht von Venedig und Frankreich. 1581 gründeten englische Kaufleute die *Turkey Company* für den Handel im östlichen Mittelmeer. Zu der aus ihr hervorgegangenen *Levant Company* gibt es eine umfangreiche, von osmanistischer Seite [213: SKILITTER; 639: M. KÜTÜKOĞLU] ergänzte Bibliographie. Auch die niederländisch-osmanischen Beziehungen waren fast ausschließlich von Handelsinteressen geprägt [z. B. 214: ERDBRINK; 215: DE GROOT]. Es steht fest, daß das Auftreten der Engländer und Holländer nicht nur die *terms of trade* an allen Handelsplätzen der Levante veränderte, sondern auch ihre Schwerpunkte verlagerte. Zum Aufstieg (um 1660) und Niedergang (nach 1789) des französischen Levante-Handels gibt es u. a. eine Arbeit über die Getreideimporte Marseilles aus der Krim [348: BILIC]. Gegen Ende des 18. Jahrhunderts wuchs das Selbstbewußtsein der französischen *nation* in den *échelles* der Levante so stark, daß sie den osmanischen Staat gleichsam als Tributzahler im Dienste der *industrie nationale* betrachtete [638: ELDEM]. Das Chaos der Revolution beendete ein Jahrhundert intensiver Handelstätigkeit. Der Warenaustausch mit Österreich kam erst im 18. Jahrhundert, nach Beendigung der Feindseligkeiten, in Gang. Die Stellung des osmanischen Marktes in den letzten hundert Jahren des Osmanenstaates hat PAMUK [584] herausgearbeitetet. Sein Buch bietet auch eine zusammenhängende Periodisierung der Wirtschaftsgeschichte des 19. Jahrhunderts an. Die Frage nach dem Grad der „Integration" in die Weltwirtschaft beantwortet der Autor für das Jahr 1914: Die Osmanen waren weniger integriert als Lateinamerika oder Ägypten, aber stärker als Süd- oder Ostasien. QUATAERT [581] neigt bei der Diskussion der

Zolltarifpolitik des 19. Jahrhunderts der Auffassung von SAYAR [653] und BAĞIŞ [658] zu, die in der Senkung der Exportzölle nicht nur eine Reaktion auf ausländischen Druck erkennen, sondern auch einen Schutzmaßnahme für einheimische Manufakturen [gegen 649: ISSAWI].

Die schon angesprochen These von N. STEENSGARD („The Asian Trade Revolution of the Seventeenth Century. The East India Companies and the Decline of Caravan Trade", Chicago 1973) provozierte eine osmanistische Antwort. MASTERS [573] bestreitet die Annahme von einer erfolgreichen Umgehung des Karawanenhandels durch europäische Händler. Die STEENSGARDschen Annahmen betreffen allerdings vor allem die europäische Seite und gelten für die Zeit vor 1622 (Fall von Hormuz), während MASTERS die Wirtschaft Aleppos zwischen 1600 und 1750 untersucht. Abgesehen davon enthält MASTERS Arbeit Anregungen zum Verständnis einer als islamisch verstandenen „moral economy". Ihre Merkmale sind Schutz des Privateigentums, die Heiligkeit der Verträge, die Einschränkung des Mißbrauchs von Reichtum und soziale Gerechtigkeit. STEENSGARDS These

Nach TAESCHNERS erster Kartierung des anatolischen Wegenetzes in hochosmanischer Zeit [641] sind Monographien zu einzelnen Fernstraßen [z. B. 642: ZIROJEVIĆ] und den Poststationen (*menzil*) [644: YAZICI] entstanden. Der Gesandtschaftsbericht des Ebu Bekîr Râtib Efendi aus dem 18. Jahrhundert über das österreichische Straßen- und Postwesen beleuchtet in indirekter Weise die Verhältnisse im osmanischen Staat [643: STEIN]. Die Nutzung des Telegraphen wurde zuerst als Hilfe bei der Zentralisierung des Reiches beschrieben [645: DAVISON]. Es konnte aber auch der wachsende und zunehmend selbstverständliche Gebrauch durch jedermann gezeigt werden. Verkehrswesen

Zur sogenannten Bagdadbahn und ihrer Vorgängerin, der anatolischen Bahn, gibt es eine umfangreiche Literatur. Hier kann nur ein osmanistischer Beitrag [659: QUATAERT] herausgestellt werden. QUATAERT macht deutlich, daß sich die osmanische Regierung aus strategischen Gründen für den Bahnbau entschied. Tatsächlich konnten so in den Kriegen von 1897 und 1912/13 Truppen rasch verlegt werden. Gleichzeitig läßt sich ein Ansteigen des Agrarsteueraufkommens bis 1910 beobachten. Es hängt zum Teil mit dem Bahnbau zusammen, zum Teil aber auch mit einer wirkungsvolleren Eintreibung durch die Schuldenverwaltung. Die Verbindung von wirtschaftlichen und strategischen Motiven mit den Bahnbau wird auch bei den Arbeiten zur Hedschas-Bahn und ihrer Zweiglinie nach Haifa (1906) diskutiert [Art. Ḥidjāz Railway in EI[2]]. Bahnbau

h) Industrialisierung und Arbeiterbewegung, wirtschaftliche Doktrinen

Die Türkei bot günstigere Voraussetzungen für die Industrialisierung als Ägypten und Iran: Eine ausreichend große und nicht allzu arme Bevölkerung, Reichtum an Kohle, Kupfer, Blei und anderen Mineralien und ein weites Spektrum von Agrarprodukten. Dem stand ein kaum ausgebautes Verkehrssystem und die

Ballung der Bevölkerung im küstennahen Bereich gegenüber. Die größten Hindernisse waren allerdings sozialer und politischer Natur [64: ISSAWI]. Von O. KURMUŞ [669] stammt ein Beispiel aus dem Jahr 1874, als ein Brite in eine Textilfabrik 6000–7000 £ investieren wollte. Der Staat forderte unter Absehung der Produktion und des Profits eine jährliche Abgabe in Höhe von £ 1700 an Steuern und Gebühren. Das Gesetz über Arbeitsniederlegungen aus dem Jahr 1909 ist ein wichtiger Markstein der Arbeiterbewegung [Text und Analyse bei 670: ÖKÇÜN]. Eine Auflistung von Streiks seit 1872 findet man in den Beiträgen von M. und Ş. GÜZEL zum Kapitel „Arbeiterbewegungen" (İşçi Hareketleri) der Enzyklopädie TCTA [446]. Fast gleichzeitig mit MÜLLER-WIENERS schon genanntem programmatischen Artikel zur Industriearchäologie entstand eine Monographie zum Fes-hâne, einer großen Produktionsstätte für die Bedürfnisse des Militärs [666: KÜÇÜKERMAN].

Volkswirtschaftliche Doktrinen

SAYAR interessiert sich in seinem Buch zur Geschichte der ökonomischen Theorien für den Ideentransfer (nach C. D. W. GOODWIN) und die von T. W. HUTCHINSON gestellten Fragen nach dem Fortschreiten ökonomischen Wissens von einer „normativen", vor-modernen Periode bis in die siebziger Jahre des 19. Jahrhunderts. In diese Zeit fällt die Nichtwahrnehmung der Modernisierung in Südosteuropa und Ägypten zusammen mit einem wachsenden Wissenstransfer durch Kaufleute, Gesandte, Reformmemoranden [653]. SAYAR sieht den frühesten Beleg für das Eindringen westlicher ökonomischer Doktrinen in das osmanische Denken in der Gründung der Zeitungen *Smyrnéen* bzw. des *Spectateur Oriental*, in denen wirtschaftliche Themen überwogen. Der bekannte Turkophile DAVID URQUHARDT („Turkey and its Resources. Its Municipal Organization and Free Trade", London 1833) vertrete den Optimismus eines ADAM SMITH, ohne daß sich sein direkter Einfluß auf türkische Bürokraten belegen läßt. Ein weiterer von SAYAR herangezogener Text ist die Übertragung von JEAN BAPTISTE SAYS „Catéchisme d'Economie Politique" unter dem Titel „İlm-i tedbîr-i menzil" (1852). SAYS Wirkung war stärker als die eines DAVID RICARDO. Demzufolge wurde das klassische ökonomische Denken auf dem Wege der Auseinandersetzung mit SMITH, RICARDO und SAY in die Türkei vermittelt.

i) Frauen- und Geschlechterforschung; Kindheit; Sklaven

Über die Rolle von Frauen im sozialen und kulturellen Leben des Osmanenstaats sind in den vergangen Jahrzehnten Dutzende von Monographien und Sammelbänden erschienen. Das schon angesprochene Buch von PEIRCE [53] enthält neben seinem Hauptthema, den Frauen des großherrlichen Harems, viel allgemeines Material, mit dem die Autorin ihre These „soziale Segregation ungleich Einflußlosigkeit" stützt. Bahnbrechend waren JENNINGS Artikel zu osmanischen Frauen als Prozeßbeteiligten in Anatolien [171]. FAROQHI hat sich an vielen Stellen ihres ausgedehnten *opus* zur Frauenkultur geäußert [564]. Die Ergebnisse von Bahar und Duben [178] zur spätosmanischen Familie wurden schon referiert, ebenso wie für einige Titel zu Frauenorganisationen und zur Frauenpresse [185: Çakir; 190: Haerkötter]. In einigen Fällen kann man den Titeln nicht entnehmen, daß sie ausführlich von der wirtschaftlichen Betätigung von Frauen handeln. Das gilt z. B. für das Buch über den Aleppiner Handel von Masters [573] und die Querschnitte durch die Gesellschaft von Saloniki von Anastassiadou [580]. Größerer Nachholbedarf besteht bei der Erforschung der Kindheitsgeschichte. Angesichts einer recht guten Quellenlage für das frühe 20. Jahrhundert hat sich C. Okay dieser Periode zugewandt [671].

Verbessert hat sich die Forschungslage für die Institution der Sklaverei. Sklaverei
Auch hier hat Ö. L. Barkan in seinem Artikel über die Leibeigenschaft Pionierarbeit geleistet. (Türkiye'de „Servaj" Var Mı İdi?, in: *Türk Tarih Kurumu Belleten* 20, 1956, 237–246). Die *kânûn-nâme* enthalten Vorschriften über den Umgang mit Sklaven im 15. und 16. Jahrhundert. Über die letzten Jahrzehnte des Sklavenhandels (1840–1890) hat Toledano [673] gearbeitet. Er formuliert eines seiner Ergebnisse im Irrealis: „Wenn im Osmanischen ein Begriff für das, was man unter Sklaverei in europäischen Sprachen verstand, unter Ausschluß des *kul-harem*-Typus bestanden und für diese Institution ein anderer Begriff bereit gelegen hätte, dann wäre die osmanische Elite eher bereit gewesen, die Sklaverei moralisch zu verdammen und sie eher aufzugeben." Auch Parlatir [674] erklärt in einer literaturgeschichtlichen Studie die verspätete Abschaffung des Sklavensystems (ab 1854) mit dem Zögern der osmanischen Elite, sich von den „uneigentlichen" Formen von Sklaverei (*kul-harem*) zu trennen, obschon diese nur einen verschwindenden Teil der Haus- und Agrarsklaven ausmachten. Die Mehrheit der Sklaven war weiblich, afrikanischen Ursprungs und diente in Haushalten. Toledano hat auch das von den Veränderungen des Reformjahrhunderts auffallend unberührte Eunuchentum skizziert [672]. Noch in den 1890er Jahren wurden 100 Eunuchen für den Palast rekrutiert.

j) Die Nichtmuslime

Der rechtliche Status und die sozialen Verhältnisse der Nichtmuslime des Osmanenstaats haben zahlreiche Autoren beschäftigt. Eine große Bestandsaufnahme stellt der Sammelband *Christians and Jews in the Ottoman Empire. The Functioning of a Plural Society* (New York 1982) von Braude und Lewis [740] dar. Der Auffassung Braudes, bei der Übertragung des *millet*-Begriffs auf Verhältnisse vor dem 19. Jahrhundert handele es sich um einen „historiographischen Fetisch", hat Ursinus widersprochen: Die osmanische Fiskalverwaltung habe durchaus schon im 18. Jahrhundert die drei großen „buchbesitzenden" Religionsgemeinschaften als *millet* angesprochen [EI^2 s.v. Millet]. In Verwaltungstexten des 18. Jahrhunderts aus dem arabischen Osten ist jedenfalls von einzelnen Religionsgemeinschaften als *tâ'ife* („Gruppe") die Rede. Ein Autor hat den unbestrittenen *status iuris minoris* der Nichtmuslime mit der selten gestellten Frage nach der praktischen „Toleranz" verbunden [741: BINSWANGER]. Den syrischen Katholiken im Reformzeitalter hat sich HEYBERGER zugewandt [742]. Sein Buch hat Ergebnisse der orientalistischen Forschung eingearbeitet und vermittelt auch einen Begriff vom Reichtum der Archive der Kongregation *De Propaganda Fide* in Rom. Hier wird deutlich, daß die kirchliche Autorität innerhalb der postulierten „*millet*-Verfassung" alles andere als absolut war.

Griechen

Sehr einflußreich war N. IORGAS „Byzance après Byzance"(1935), in dem das Fortleben der byzantinischen Kultur vor allem in den rumänischen Fürstentümern gewürdigt wurde. Durch die Arbeiten BRYERS [540] ist das postbyzantinische Griechentum im Schwarzmeerraum sichtbarer geworden. Ganz neue Gesichtspunkte ergeben sich, wenn man das „Pontic Revival" in eine Welt einordnet, in der Tiflis, Odessa, Konstantinopel, aber auch Täbris und Manchester wichtigere Orte waren als Athen. Die religiöse und kulturelle Wirksamkeit der turkophonen Orthodoxen (Karamanlı) kann mit Hilfe einer mehrbändigen Bibliographie studiert werden [542: SALAVILLE, DALLEGIO, BALTA]. Über die Ethnogenese der Karamanlı besteht keine einheitliche Auffassung. ECKMANN sah in ihnen im Anschluß an MORAVCSIK [Byzantino-Turcica 2, Berlin 1958, Index] Nachkommen von in vor-osmanischer Zeit angesiedelten Türken und nicht wie einige griechische Autoren gewaltsam turkisierte Griechen [544]. Das „Zentrum für Kleinasiatische Studien" in Athen (Kentro Mikrasiatikôn Spoudôn) pflegt das Gedächtnis der *Tourkomerites*, von denen die überwiegende Mehrheit *vor* dem Abkommen über den „Austausch" der Minoritäten, d. h. zwischen 1913 und 1922, Kleinasien verließ.

Der orthodoxe Klerus

Es wurde oft herausgestellt, daß der orthodoxe Klerus in osmanischer Zeit einen größeren Einfluß erhielt als in byzantinischer. Kirchliche Gerichte beschäftigten sich mit zahlreichen Zivilangelegenheiten (Kaufverträgen, Erbsachen, Eheschließungen, Scheidungen, Schulden). Eine zusammenfassende Darstellung der rechtlichen Gegebenheiten müßte einbeziehen, daß es auch von Notabeln gebildete Gerichtshöfe (etwa in Bulgarien) gab und solche der Zünfte. Eine detaillierte Darstellung der Privilegien des ökumenischen Patriarchats im osmanischen Staat hat TH. PAPADOPOULOS in Angriff genommen [743]. SCHEEL hat aus osmanischen Dokumenten die „staatsrechtliche Stellung des ökumenischen Kirchenfürsten" beschrieben [744]. RUNCIMAN betrachtete das Verhältnis zwischen Patriarchat und osmanischem Staat zwischen dem 17. und 18. Jahrhundert. In den wesentlich längeren Amstzeiten des 18. Jahrhunderts sah er einen Ausdruck der stabileren Beziehungen zwischen Obrigkeit und Kirche [745]. Einen noch kürzeren Zeitraum (1620–1638) in der Geschichte der Orthodoxie nahm sich HERING in einer außerordentlich gut dokumentierten Studie vor [419]. Hauptsächlich auf der Grundlage von Einsetzungsdiplomen der Jahre 1633–1848 konnte

Kabrda das Finanzwesen der orthodoxen Kirche erfassen [746]. Neuernannte Metropoliten ließen sich ihre Vorrechte gegenüber ihren Eparchien von der osmanischen Zentrale bestätigen. Kabrda sah in der Kirche eine „Art Kollaborateur des Regimes bei der Befestigung der Fremdherrschaft über die unterworfenen Religionsgenossen“, der es gleichwohl gelang, ein gewisses nationales Bewußtsein aufrechtzuerhalten, und das v.a. in den Klöstern.

Armenier

Die starke Zerstreuung der Armenier wurde nach dem Russisch-Türkischen Krieg über die Grenzen des osmanischen Staats hinaus fortgesetzt [700: Beydilli]. Eine neuere Monographie behandelt die armenische Gesellschaft im 19. Jahrhundert [747: Kasbarian-Bricout]. Die herausragende Rolle armenischer Künstler bei der Entstehung des modernen türkischen Theaters haben alle Architektur-, Musik- und Theaterhistoriker [z. B. 785; 804; 805; 807] gewürdigt.

Juden

Die Forschungsbeiträge zu den osmanischen Juden sind bedeutend – nicht allein wegen der starken Vertretung des Faches in Israel [vgl. zur Historiographie der Palästinafrage in spätosmanischer Zeit 751: Reinkowski]. In der Türkei hatte Avram Galanté (1873–1961) wichtige Quellen erschlossen. Das Jahr 1992 bot fünfhundert Jahre nach der Vertreibung der iberischen Juden den Anlaß zu Kongressen, Publikationen und Ausstellungen [748: Lévy (Hg.)]. Mit Zurückhaltung ist dagegen wegen einer Reihe unzulässiger Verallgemeinerungen und immanenter Widersprüche die Monographie von Shaw zu benutzen [749].

k) Die islamischen Institutionen (ilmîye, Bruderschaften, Stiftungen)

Drei Institutionen haben die historische Forschung seit Bestehen einer wissenschaftlichen Osmanistik beschäftigt: die *ilmîye* als Korpus der höheren *medrese*-Lehrer und Richter, die mit ihr zum Teil verflochtenen Bruderschaften (*tarîkât*) und das Stiftungswesen. Aus dem Kadi-Amt von Istanbul ging das von mehreren Autoren [zuletzt 764: Repp] beschriebene Scheichülislamat hervor. Das Verhältnis von *kânûn* und Scheria beschäftigt die Rechtshistoriker innerhalb und außerhalb der Türkei. Schon Heyd [769] sah, daß die Sultane zunächst große und anfangs teilweise erfolgreiche Anstrengungen unternahmen, um die Dichotomie zwischen zwei Jurisdiktionen zu beseitigen. Bis in süleymanische Zeit wurden ältere, bis auf Mehmed II. zurückgehende Codices ausgebaut. Obwohl der Scheichülislam Ebussuûd postulierte, daß nichts Ungesetzliches (*nâ-meşrû'* = im religiösen Recht verbotenes) vom Herrscher verordnet werden dürfe, blieb eine Zweiteilung zwischen einem pragmatischen und praktischen *kânûn* und der formalistisch-theoretischen Scheria bestehen. Einige Autoren [wie 196: Akgündüz] weisen darauf hin, daß die Kadis beauftragt waren, beide Formen des Rechts durchzusetzen, und daß islamische Kategorien auch im *kânûn* vorkommen (wie die Halbierung von Geldstrafen für Nichtmuslime in einem *kânûn-nâme* aus dem späten 15. Jahrhundert). Nichtmuslime im Zeugenrecht bilden eine besonders interessante „Schnittstelle“ zwischen Mehrheit und Minderheit [773: Grignaschi]. Eine der wenigen rechtshistorischen Monographien, die sich auf eine breitere osmanische und europäische Quellengrundlage stützt, analysiert das Phänomen der *rüşvet*, insbesondere der aktiven und passiven Bestechung von Richtern, bis zur Verkündung der Tanzîmât 1839 [592: Mumcu].

Bruderschaften

Den islamischen Bruderschaften sind nicht wenige Werke gewidmet, die sich mit ihrem Verhältnis zum osmanischen Staat befassen. Barkan hat in einem weithin bekannten Aufsatz [775] von den „derviches colonisateurs“ als Siedlungsgründer und Kulturstifter in Anatolien, v.a. aber in Südosteuropa, gesprochen und auf die Protektion der Sultane für viele Derwischscheiche hingewiesen. Seitdem sind so gewichtige Monographien zu einzelnen „Orden“ erschienen wie von Gölpinarli zur Mevlevîye [778], Faroqhi zur Bektaşîye [779] und von Clayer zur Ausbreitung der Halvetîye in Südosteuropa im 19. Jahrhundert [776]. Den Kenntnisstand über die Istanbuler Derwischkonvente faßt der Band von Lifchez [777] zusammen.

Stiftungen

Unübersehbar sind Einzelbeiträge zum Stiftungswesen (vor allem auch in der schon angeführten *Vakıflar Dergisi*). Zu den ältesten osmanischen Stiftungsurkunden auf dem Balkan hat sich Kaleši [139] geäußert. Für die jüngere Forschung soll eine Gemeinschaftsarbeit beispielhaft genannt werden [774: Deguilhem (Hg.)], nachdem auf das kleine Buch von Barnes [477] über die Reform des *vakf*-Wesens im 19. Jahrhundert schon hingewiesen wurde. Stiftungsakten von Damen des Hauses Osmân haben in den letzten Jahren große Aufmerksamkeit auf sich gezogen [57: Duran u. Ateş].

l) Osmanische Zivilisation

Der zweite Band des von İhsanoğlu herausgegebenen Sammelwerks [235] enthält Einzelbeiträge zu einer osmanischen Kulturgeschichte. Es ist nicht überraschend, daß die höfische Seite vorläufig besser bekannt ist als die städtische (dazu 564: Faroqhi) oder gar bäuerliche. Zur Kulturgeschichte des Essens und Trinkens wachsen die Forschungsbeiträge [für ein leicht erreichbares Ergebnis 789: Reindl-Kiel].

Schulen

Eine allgemeine Schulgeschichte wurde nach Ergins [790] verdienstvoller Darstellung nicht mehr in Angriff genommen. Dabei ist zu berücksichtigen, daß Ergin sein mehrbändiges Werk ohne Heranziehung von Archivdokumenten verfaßte und sich ausdrücklich auf Istanbul beschränkt. Das traditionelle Elementarschulwesen hat überraschenderweise auch in der Vergangenheit keinen Bearbeiter gefunden. Günstiger ist die Forschungslage für die Reformperiode, insbesondere das expandierende Schulwesen unter Abdülhamîd II. [A. Somel im Druck]. Die Literatur zur *ilmîye* ist eng mit der Institution der Medrese verknüpft, auf die hier verwiesen werden muß [129: Zilfi; 130: Majer; 768: Uğur]. Einige Islamwissenschaftler beschäftigen sich mit Fragen des klassischen Curriculums [wie 772: YAZICIOĞLU]. ÇANKAYAS [60] monumentale Geschichte der „Zivilbeamtenschule“ (*Mekteb-i Mülkiye*) hat sich als ideale Grundlage für Autoren erwiesen, die den Übergang vom herkömmlichen Schreiberdienst (*kalemîye*) zum modernen Staatsbeamtentum studieren [479: FINDLEY]. Die starke Seite der Forschung zum Erziehungswesen sind Monographien über die reformierten Institutionen (Schultypen, einzelne Schulen, vor allem medizinische Lehranstalten). Vermißt werden Ansätze, die das Bildungsangebot in seiner ganzen Breite mit den Biographien ausgewählter Personen verbinden, die sich nicht unbedingt in ein festgefügtes Karriereschema fügen.

Inkunabeln und Frühdrucke

Mit der Druckerei İbrâhîm Müteferrikas (ab 1728) eines siebenbürgischen Konvertiten, haben sich viele Autoren befaßt [N. BERKES in EI[2] und 795: WATSON mit einer Liste der Drucke]. Nach den Gründen für die verspätete Einführung des Buchdrucks bei den Muslimen fragt KOLOĞLU [794]. Er nennt u. a. den sakralen Rang des beschriebenen Papiers, hohe Gewinnspannen für Kalligraphen und das Fehlen von konfessionellen Kontroversen (wie in der Reformationszeit in Europa). Auch hätten technische Probleme die Einführung lange verzögert: Die arabische Schrift erfordert einen Setzkasten mit mindesten 168, im Idealfall 450 Fächern. Die Erfindung der Lithographie wurde hingegen in der islamischen Welt mit großer Geschwindkeit übernommen [796: WALTHER].

Literatur

Die beste Einführung in die osmanische Literatur bleibt das Buch von BOMBACI [798], von dem neben dem italienischen Original eine französische Übersetzung existiert. In die wichtigsten Gattungen der klassischen Periode führt FLEMMING knapp und souverän ein [799]. Unter den älteren Übersetzungen wird E. J. W. GIBBS „History of Ottoman Poetry“ (London 1900–1909) neben HAMMER-PURGSTALLS „Geschichte der osmanischen Dichtkunst bis auf unsere Zeit“ (Pesth 1836–1838) am häufigsten (unter den Siglen HOP und GOD) genannt. Moderne Anthologien und Einführungen stammen von ANDREWS [799] und HOLBROOK [800]. Bei der Entstehung des osmanischen Romans [AKYÜZ in 792, Bd. 2] im späten 19. Jahrhundert hat die europäische Unterhaltungsliteratur durch das Medium der Griechen und Armenier eine Vorbildrolle eingenommen.

Malerei

Die klassische Buchmalerei wurde bereits in einem Absatz über Bildquellen behandelt. Hier soll noch ein Titel für die jüngste Entwicklung der osmanischen Malerei stehen. Dem nicht nur als orientalistischen Maler, sondern vor allem als Organisator des Kunstbetriebs und archäologischer Grabungen wichtigen Osmân Hamdî Bey wurde durch M. CEZAR ein monumentales Andenken gesetzt [788].

Musik

Das maßgebliche Musiklexikon stammt von ÖZTUNA [807], eine Einführung für den deutschsprachigen Leser von dem deutschen Musikologen-Paar REINHARD [806].

III. Literatur

Die Literaturliste enthält eine Auswahl wichtiger Titel aus den 1970–1990er Jahren. Auf Aufnahme älterer Forschungsliteratur konnte aber nicht verzichtet werden. Die Aufsatzliteratur in Fachzeitschriften und Sammelwerken wie Festschriften und Kongreßakten ist nur ausnahmsweise berücksichtigt. Im übrigen ist auf die Standardnachschlagewerke hinzuweisen. Das sind in erster Linie die „Encyclopaedia of Islam/ Encyclopédie de l'Islam" (2. Aufl., Bd. 1- Leiden 1960-) bzw. die „İslâm Ansiklopedisi" (13 Bde., Istanbul 1940–1988). „EI^2" und „İA" haben in der „İslâm Ansiklopedisi" des Türkiye Diyanet Vakfı (Bd. 1- Istanbul 1988-) einen gewichtigen Nachfolger mit vielen wertvollen Einträgen zur osmanischen Geschichte erhalten.

Der Band von T. Nagel „Die Islamische Welt bis 1500" innerhalb dieser Reihe (OGG 24) enthält im III. Teil unter „Propädeutik" zahlreiche, auch für die Osmanistik nützliche Arbeitsinstrumente. Nicht nur für die europäische Türkei brauchbar ist das vierbändige „Biographische Lexikon zu Geschichte Südosteuropas" (München 1974–1981).

Der „Turkologische Anzeiger/Turkology Annual" (Wien: Institut für Orientalistik seit 1975) erfaßt ab 1973 Jahr für Jahr bis zu 2000 Veröffentlichungen aus dem Gesamtgebiet der Turkologie, unter dem die historische Osmanistik einen sehr großen Anteil einnimmt. Das macht den „TA" zum unentbehrlichen bibliographischen Hilfsmittel für Bücher, Aufsätze und Besprechungen. Für die Aufsatzliteratur der Jahre 1905 bis 1973 muß auf den „Index Islamicus" (Cambridge seit 1958) zurückgegriffen werden.

Die Zeitschriften Turcica und Turkish Studies Association Bulletin veröffentlichen Forschungsberichte und haben einen umfangreichen Rezensionsteil.

A. ALLGEMEINES

1. Osmanistik

1. K. Kreiser (Hg.), Germano-Turcica. Zur Geschichte des Türkisch-Lernens in den deutschsprachigen Ländern, Bamberg 1987.

2. Ders., Türkische Studien in Europa, Istanbul 1998.

3. F. Hitzel (Hg.), Enfants de Langues et Drogmans/Dil Oğlanları ve Tercümanlar, Istanbul 1995.

4. K. Beydilli, Ignatius Mouradgea d'Ohsson <Muradcan Tosunyan>, in: İstanbul Üniversitesi Edebiyat Fakültesi Tarih Dergisi 34, 1984, 247–314.

5. C. V. Findley, Sir James W. Redhouse <1811–1892>. The Making of a Perfect Orientalist? in: Journal of the American Oriental Society 99, 1979, 573–600.
6. F. Babinger, Die türkischen Studien in Europa bis zum Auftreten Josef von Hammer-Purgstalls, in: Die Welt des Islams 7, 1919, 103–129.
7. U. İğdemir, Cumhuriyetin 50. Yılında Türk Tarih Kurumu, Ankara 1973.
8. M. Strohmeier, Seldschukische Geschichte und türkische Geschichtswissenschaft, Berlin 1984.
9. A. Tietze, Mit dem Leben gewachsen. Zur osmanischen Geschichtsschreibung in den letzten fünfzig Jahren, in: Das Osmanische Reich und Europa 1683 bis 1789: Konflikt, Entspannung und Austausch = Wiener Beiträge zur Geschichte der Neuzeit 10, 1983, 15–23.
10. H. A. Reed, Perspectives on the Evolution of Turkish Studies in North America since 1946, in: Middle East Journal 51, 1997, 15–31.
11. H. Berktay, Der Aufstieg und die gegenwärtige Krise der nationalistischen Geschichtsschreibung in der Türkei, in: Periplus. Jahrbuch für außereuropäische Geschichte 1, 1991, 102–125.
12. S. Özbaran, Tarih ve Öğretim, Istanbul 1992.
13. H. İnalcık, The Shaykh's Story Told by Himself, in: Th. Naff (Hg.), Path to the Middle East. Ten Scholars Look Back, New York 1993, 105–141.
14. Başbakanlık Devlet Arşivi: Bulgaristan'daki Osmanlı Evrakı, Ankara 1994.
15. H. G. Majer (Hg.), Die Staaten Südosteuropas und die Osmanen, München 1989.
16. Gy. Hazai u. B. Kellner-Heinkele, Bibliographisches Handbuch der Turkologie. Eine Bibliographie der Bibliographien vom 18. Jahrhundert bis 1979, Bd. 1-, Budapest 1986.
17. K. Kreiser, Osmanisches Reich, in: M. Bernath u. K. Nehring (Hg.), Historische Bücherkunde Bd. 2, Teil 1, 1–299, München 1988.
18. H. J. Kornrumpf, Osmanische Bibliographie mit besonderer Berücksichtigung der Türkei in Europa, Leiden 1973.
19. Zs. Kakuk, Hungarian Turcology 1945–1974, Budapest 1981.

2. Grund- und Hilfswissenschaften

20. K. Kreiser, Über einige Eigenschaften osmanischer Inschriften, in: Ders., Istanbul und das Osmanische Reich. Derwischwesen, Baugeschichte, Inschriftenkunde, Istanbul 1995, 103–110.
21. F. T. Dijkema, The Ottoman Historical Monumental Inscriptions in Edirne, Leiden 1977.
22. M. Mujezinović, Islamska epigrafika Bosne i Hercegovine, 3 Bde., Sarajevo 1974–1982.
23. H. Gaube, Arabische Inschriften aus Syrien, Beirut 1978.

24. G. Colin, Corpus des Inscriptions Arabes et Turcs de l' Algerie, Paris 1901.
25. H.-P. Laqueur, Osmanische Friedhöfe und Grabsteine in Istanbul, Tübingen 1993.
26. H. Aynur u. H. T. Karateke, III. Ahmed Devri İstanbul <1703–1730>, Istanbul 1996.
27. C. Schaendlinger, Osmanische Numismatik. Von den Anfängen des Osmanischen Reiches bis zu seiner Auflösung 1922, Braunschweig 1973.
28. H. Wilski, Countermarks on Ottoman Coins, Gütersloh 1995.
29. M. Erol, Osmanlı İmparatorluğunda Kâğıt Para, Ankara 1970.
30. A. Akyıldız, Osmanlı Finans Sisteminde Dönüm Noktası. Kağıt Para ve Sosyo-Ekonomik Etkileri, Istanbul 1996.
31. A. Birken, Postal Stationary, Limassol 1994
32. G. Kut u. N. Bayrakdar, Yazma Eserlerde Vakıf Mühürleri, Ankara 1984.
33. Tarih Çevirme Kılavuzu, 5 Bde., Ankara 1997.
34. İ. Yakut, Türk-İslam Kültüründe Ebced Hesabı ve Tarih Düşürme, Istanbul 1992.
35. H. İnalcik, Introduction to Ottoman Metrology, in: Turcica 15, 1983, 311–348.
36. F. Günergun, Introduction of the Metric System to the Ottoman State, in: E. İhsanoğlu (Hg.), Transfer of Modern Science and Technology to the Muslim World, Istanbul 1992, 297–316.
37. L. Fekete, Einführung in die osmanisch-türkische Diplomatik der türkischen Botmäßigkeit zu Ungarn, Budapest 1926.
38. I. Beldiceanu-Steinherr, Recherches sur les actes des règnes des sultans Osman, Orkhan et Murad I, München 1967.
39. M. Guboglu, Paleografia şi diplomatica turco-osmană Bucureşti 1958.
40. B. Nedkov, Osmanoturska diplomatika i paelografija, 2 Bde., Sofia 1966–1972.
41. J. Reychman u. A. Zająckowski, Handbook of Ottoman-Turkish Diplomatics, The Hague 1968.
42. P. Wittek, Zu einigen frühosmanischen Urkunden, I-VII, in: Wiener Zeitschrift für die Kunde des Morgenlandes 53, 1957, 303–313; 54, 1957, 240–256; 55, 1959, 122–141; 56, 1960, 267–284; 57, 1961, 102–117; 58, 1962, 164–197; 59/60, 1963/64, 201–223.
43. M. S. Kütükoğlu, Osmanlı Belgelerinin Dili. <Diplomatik>, Istanbul 1994.
44. V. Stojanov, Die Entstehung und Entwicklung der osmanisch-türkischen Paläographie und Diplomatik, mit einer Bibliographie, Berlin 1983.
45. K. Holter, Studien zu Aḥmed Ferîdûn's Münše'ât es-selâṭîn, in: Mitteilungen des Österreichischen Instituts für Geschichtsforschung, Erg.-Bd., 14, 1939, 429–451.

46. J. Matuz, Über die Epistolographie und die Inšâ'-Literatur der Osmanen, in: Zeitschrift der Deutschen Morgenländischen Gesellschaft, Supplementa 1, 1969, 574–594.
47. L. Fekete, Türkische Schriften aus dem Archive des Palatins Nikolaus Esterházy, Budapest 1932.
48. M. Ç. Uluçay, Haremden Mektuplar, Istanbul 1956.
49. Ders., Osmanlı Sultanlarına Aşk Mektupları, Istanbul 1950.
50. Mehmed Süreyyâ, Sicill-i Osmânî yâhûd tezkere-i meşâhir-i osmânîye, 4 Bde., Istanbul 1308/1890/91–1311/1893/94; in neuer Schrift hg. v. N. Akbayar, 6 Bde., Istanbul 1996; Bearbeitung von Bd. 1 G. Oransay, Osmanoğulları, Ankara 1969.
51. A. D. Alderson, The Structure of the Ottoman Dynasty, Oxford 1956.
52. Y. Öztuna, Devletler ve Hânedanlar, Bd. 2. Türkiye <1074–1990>, Ankara 1989.
53. L. P. Peirce, The Imperial Harem. Women and Sovereignty in the Ottoman Empire, New York 1993.
54. H. Uzunçarşılı, Çandarlı Vezir Ailesi, Ankara 1974.
55. J.-L. Bacqué-Grammont e.a., Stelae Turcicae II, Tübingen 1990.
56. Y. Nagata, Material on Bosnian Notables, Tokyo 1979.
57. T. Duran u. I. Ateş (Hg.), Tarihimizde Vakıf Kuran Kadınlar. Hanım Sultan Vakfiyyeleri/Deeds of Trust of the Sultan Womenfolk/Actes de fondation de sultane hanım, Istanbul 1990.
58. H. Reindl, Männer um Bâyezîd. Eine prosopographische Studie über die Epoche Bāyezīds II. <1481–1512>, Berlin 1983.
59. S. Kuneralp, Son Dönem Osmanlı Erkân ve Ricali <1839–1922>, Prosopografik Rehber, Istanbul 2000.
60. A. Çankaya, „Son Asır Türk Târihinin Önemli Olayları ile Birlikde" Yeni Mülkiye Târihi ve Mülkiyeliler, 8 Bde., Ankara 1969–1971.
61. I. J. Kračkovskij, Tureckaja geografičeskaja literatura XV – XIX vv., in: Ders. Izbrannye sočinenija, 4, Moskva 1957, 589–656.
62. T. Karamustafa, J. M. Rogers, S. Soucek, in: J. B. Harley u. D. Woodward (Hg.), The History of Cartography, Bd. 2, 1, Chicago 1992.
63. Th. D. Goodrich, The Ottoman Turks and the New World. A Study of Tarih-i Hind-i Garbi and Sixteenth-Century Ottoman Americana, Wiesbaden 1990.
64. D. E. Pitcher, An Historical Geography of the Ottoman Empire from the Earliest Times to the End of the Sixteenth Century with Detailed Maps to Illustrate the Expansion of the Sultanate, Leiden 1972.
65. Tübinger Atlas des Vorderen Orients <TAVO>, Wiesbaden 1-, 1974-.
66. C. Mostras, Dictionnaire géographique de l'Empire ottoman, St.-Pétersbourg 1873.
67. X. de Planhol, Kulturgeographische Grundlagen der islamischen Geschichte, Zürich 1975.

68. W. D. Hütteroth, Türkei, Darmstadt 1982.

69. Ders., Ländliche Siedlungen im südlichen Inneranatolien in den letzten vierhundert Jahren, Göttingen 1968.

70. V. Höhfeld, Anatolische Kleinstädte. Anlage, Verlegung und Wachstumsrichtung seit dem 19. Jahrhundert, Erlangen 1977.

71. W. Müller-Wiener, Industriearchäologie im Osmanischen Reich, in: Türk Tarih Kurumu Belleten 53, 1989, 829–852, Abb. 1–15.

72. N. N. Ambraseys u. C. F. Finkel, The Seismicity of Turkey and Adjacent Areas. A Historical Review, 1500–1800, Istanbul 1995.

73. Gy. Hazai, Handbuch der türkischen Sprachwissenschaft Bd. 1, Budapest 1990.

74. Chr. Tzitzilis, Griechische Lehnwörter im Türkischen <mit besonderer Berücksichtigung der anatolischen Dialekte>, Wien 1987.

3. Quellen

75. S. Faroqhi, Approaching Ottoman History. An Introduction to the Sources, Cambridge 1999.

76. F. Babinger, Die Geschichtsschreiber der Osmanen und ihre Werke, Leipzig 1927.

77. Türkiye Yazmaları Toplu Kataloğu [Lfg. 1-], Ankara 1979-.

78. J. D. Pearson, Oriental Manuscripts in Europe and North America. A Survey, Zug 1971.

79. Türkische Handschriften, Bd. 1-, Wiesbaden 1968- (Verzeichnis der Orientalischen Handschriften in Deutschland).

80. Z. Abrahamowicz, Katalog dokumentów tureckih. Dokumenty do dziejów Polskich i krajów ościennych w latach 1457–1672, Warszawa 1959.

81. N. Bayraktar u. M. Lugal, Bibliography on Manuscript Libraries in Turkey and the Publications on the Manuscripts Located in these Libraries, Istanbul 1995.

82. L. Fekete, Über Archivalien und Archivwesen in der Türkei, in: Acta Orientalia 1, 1950–51, 179–205.

83. T. C. Başbakanlık Devlet Arşivleri Genel Müdürlüğü. Başbakanlık Osmanlı Arşivi Rehberi, Ankara 1992.

84. Osmanlı Arşivleri ve Osmanlı Araştırmaları Sempozyumu, Istanbul o.J. [ca. 1986].

85. A. Akgündüz, Şer'iye Sicilleri, 2 Bde., Istanbul 1988–1989.

86. A. Autheman, La Banque impériale ottomane, Paris 1996.

87. F. Emecen, Sefere Götürülen Defterlerin Defteri, in: Prof. Dr. Bekir Kütükoğlu'na Armağan, Istanbul 1991, 241–268.

88. O. Zirojević, Tursko vojno uredjenje u Srbiji <1459–1683>, Beograd 1974.

89. V. Boškov (Hg.), Turski dokumenti za istorijata na makedonskiot narod, T.1-, Skopje 1963-.
90. Orijentalni Institut u Sarajevu, Monumenta Turcica Historia Slavorum Meridionalium Illustrantia 1-, Sarajevo 1957-.
91. N. H. Biegman, The Turco-Ragusan Relationship according to the firmâns of Murâd III <1575–1595>, The Hague 1967.
92. K. Georgiadou, Les archives ottomanes conservées aux „Archives Historique de Macédoine" à Salonique, in: La Transmission du Savoir dans le Monde Musulman Périphérique 11, Mars 1991, 39–41.
93. A. Temimi, Sommaire des registres arabes et turcs d'Alger, Tunis 1983.
94. J. Berque u. D. Chevalier, Les Arabes par leurs archives <XVI-XIX siècles>, Paris 1976.
95. E. D. Petritsch, Regesten der osmanischen Dokumente im Österreichischen Staatsarchiv I <1480–1574>, Wien 1991.
96. F. Babinger, Das Archiv des Bosniaken Osman Pascha nach den Beständen der Badischen Landesbibliothek zu Karlsruhe, Berlin 1931.
97. G. Fehér, Türkische Miniaturen aus den Chroniken der ungarischen Feldzüge, Wiesbaden 1978.
98. J. v. Karabacek, Abendländische Künstler in Konstantinopel im XV. und XVI. Jahrhundert. 1. Italienische Künstler am Hofe Muhammeds II. des Eroberers 1451–1481, Wien 1918.
99. J. Meyer zur Capellen, Gentile Bellini, Wiesbaden 1985.
100. J. Raby, Venice, Dürer, and the Ottoman Mode, O.o. 1983.
101. K. Tuchelt, Türkische Gewänder und osmanische Gesellschaft im 18. Jahrhundert, Graz 1966.
102. E. Çizgen, Photography in the Ottoman Empire, 1839–1919, Istanbul 1987.
103. S. Gavin (Hg.), Imperial Self-Portrait, Cambridge/Mass. 1988.
104. M. I. Waley, Images of the Ottoman Empire: The Photograph Albums Presented by Sultan Abdülhamid, in: The British Library Journal 17, 1991, 111–128
105. J. Landau, Abdul Hamids Palestine, Jerusalem 1979.
106. R. Schiele u. W. Müller-Wiener, Istanbuler Alltag im 19. Jahrhundert, Istanbul 1988.
107. Bursali Mehmed Tâhir, Osmânlı Mü'ellifleri, 3 Bde., Istanbul 1333/1914/15–1342/1923/24; in neuer Schrift Istanbul 1972–1975.
108. B. Lewis und P. M. Holt (Hg.), Historians of the Middle East, London 1962.
109. S. Yérasimos, La fondation de Constantinople et de Sainte-Sophie dans les traditions turques, Paris 1990.
110. R. F. Kreutel (Hg.), Osmanische Geschichtschreiber, Bd 1-, Graz 1955-.

111. A. Özcan, Historiography in the Reign of Süleyman the Magnificent, in: The Ottoman Empire in the Reign of Süleyman the Magnificent, Bd. 2, Ankara 1988, 167–222.

112. P. Kappert (Hg.), Geschichte Süleymān Kānūnīs von 1520–1557, Wiesbaden 1981.

113. J. Schmidt, The Egri Campaign of 1596. Military History and the Problem of Sources, in: A. Tietze (Hg.), Habsburgisch-osmanische Beziehungen, Wien 1983, 125–144.

114. M. Köhbach, Die osmanische Fassung von Istvánfy's Bericht über die erste Belagerung Wiens durch die Türken 1529 in der Chronik des İbrāhīm Pečevī, in: Wien 1529. Sonderausstellung des Historischen Museums der Stadt Wien, Wien 1979–80, 93–106.

115. C. H. Fleischer, Bureaucrat and Intellectuel in the Ottoman Empire. The Historian Mustafa Âli <1541–1600>, Princeton 1986

116. J. Schmidt, Pure Water for Thirsty Muslims. A Study of Muṣṭafâ 'Âlî of Gallipoli's Künhü l-aḫbâr, Leiden 1991.

117. A. Tietze (Hg.), Mustafa Ali's „Counsels for the Sultans" of 1581, 2 Bde., Wien 1979–1981.

118. A. S. Levend, Gazavât-nâmeler ve Mihaloğlu 'Alî Bey'in Gazavât-nâmesi, Ankara 1956.

119. A. Galotta, „Gazavāt-i Ḫayreddīn Paša" di Seyyid Murâd, Napoli 1983 (Studi Maghrebini 13)

120. Ch. Woodhead, An Experiment in Official Historiography: The Post of Şehnâmeci in the Ottoman Empire, c. 1555–1605, in: British Society for Middle Eastern Studies Bulletin 9, 1982, 55–74.

121. Dies., Talīqī-Zādes „Şehnāme-i hümāyun". A History of the Ottoman Campaign into Hungary, 1593–1594, Berlin 1983.

122. L. Thomas, A Study of Naima, New York 1972.

123. M. İlgürel, Vak'anüvislerin taltiflerine dâir, in: Prof. Dr. Bekir Kütükoğlu'na Armağan, Istanbul 1991, 183–192.

124. R. Murphey, Ottoman Historical Writing in the Seventeenth-Century: A Survey of the General Development of the Genre after the Reign of Sultan Ahmed I <1603–1607>, in: Archivum Ottomanicum 13, 1993–94, 277–311.

125. M. Kütükoğlu, Sultan II. Mahmud Devri Osmanlı Tarihçiliği, in: Sultan II. Mahmud ve Reformları Semineri, Istanbul 1990, 11–19.

126. Ch. K. Neumann, Das indirekte Argument. Ein Plädoyer für die Tanzîmât. Die geschichtliche Bedeutung von Aḥmed Cevdet Paşas Ta'rîḫ, Münster 1994.

127. M. Mujezinović (Hg.), Mustafa Ševki Bašeskija: Ljetopis <1746–1804>, Sarajevo 1968.

128. Hüseyin Hüsâmeddîn [Yaşar], Amasya Tarihi, 1. Bd. 1328 M./1330 H./ 1912–1935.

129. M. C. Zilfi, The Politics of Piety. The Ottoman Ulema in the Postclassical Age <1600–1800>, Minneapolis 1988.

130. H.G. Majer, Vorstudien zur Geschichte der İlmiye im Osmanischen Reich. 1. Zu Uşakîzade, seiner Familie und seinem Zeyl-i Şakayık, München 1978.

131. S. Levend, Türk Edebiyatı Tarihi, 1, Ankara 1973, m.n.ersch.

132. A. Özcan, Şakaik-ı Nu'maniye ve Zeyilleri, 5 Bde., Istanbul 1989.

133. S. Albayrak, Son Devir Osmanlı Uleması <İlmiye Ricalinin Teracim-i Ahvali>, 5 Bde., Istanbul 1980–1981.

134. R. Dankoff u. K. Kreiser, Materialien zu Evliya Çelebî, Wiesbaden 1992.

135. K. Kreiser (Hg.), Evliya Çelebi's Book of Travels. Land and People of the Ottoman Empire in the Seventeenth Century. A Corpus of Partial Editions, Bd. 1-, Leiden 1988-.

136. C. Kafadar, Self and others: The Diary of a Dervish in Seventeenth Century Istanbul and First-person Narratives in Ottoman Literature, in: Studia Islamica 69, 1989, 121–150.

137. M. Zilfi, The Diary of a Müderris. A New Source for Ottoman Biography, in: Journal of Turkish Studies 1, 1977, 157–173.

138. F. von Kraelitz-Greifenhorst, Osmanische Urkunden in türkischer Sprache aus der zweiten Hälfte des 15. Jahrhunderts. Ein Beitrag zur osmanischen Diplomatik, Wien 1922.

139. H. Kaleši, Najstariji vakufski dokumenti u Jugoslaviji na arapskom jeziku, Priština 1972.

140. J. Matuz, Das Kanzleiwesen Sultan Süleymāns des Prächtigen, Wiesbaden 1974.

141. C. Schaendlinger, Die Schreiben Süleymāns des Prächtigen an Karl V., Ferdinand I. und Maximilian II. aus dem Haus-, Hof- und Staatsarchiv zu Wien, T. 1–2, Wien 1983.

142. K. Schwarz, Osmanische Sultansurkunden. Untersuchungen zur Einstellung und Besoldung osmanischer Militärs in der Zeit Murads III., Stuttgart 1997.

143. C. Römer, Osmanische Festungsbesatzungen in Ungarn zur Zeit Murāds III. Dargestellt anhand von Petitionen zur Stellenvergabe, Wien 1995.

144. A. Singer, Tapu Tahrir Defterleri and Kadı Sicilleri. A Happy Marriage of Sources, in: Târîẖ 1, 1990, 95–125.

145. Ö. L. Barkan, XV ve XVIıncı asırlarda Osmanlı İmparatorluğunda ziraî ekonominin hukukî ve malî esasler, Bd. 1. Kanunlar, Istanbul 1943.

146. H. İnalcık (Hg.), Hicrî 835 tarihli sûret-i defter-i sancak-i Arvanid, Ankara 1954.

147. G. Bayerle, The Kānūn-nāme of the Sanjak of Segedīn of 1570, in: Archivum Ottomanicum 12, 1993–1994, 55–84.

148. Gy. Káldy-Nagy, A budai szandsák 1546.évi összeírásai, demográfiai és gazdaság történeti adatok, Budapest 1985.

149. B. W. McGowan, Sirem Sancağı Mufassal Tahrir Defteri, Ankara 1983.

150. W.-D. Hütteroth, u. K. Abdulfattah, Historical Geography of Palestine, Transjordan and Southern Syria in the Late 16th Century, Erlangen 1977.

151. R. Murphy, Ottoman Census Methods in the Mid-sixteenth Century: Three Case Histories, in: Studia Islamica 71, 1990, 115–126.

152. P.K. Doorn, Computer Analysis of Ottoman Registers of the Fifteenth and Sixteenth Centuries, in: P. Denley e.a. (Hg.), History and Computing Bd. 2, Manchester 1989, 193–208.

153. M. A. Cook, Population Pressure in Rural Anatolia, 1450–1600, London 1972.

154. T. Baykara, Hinis ve Malazgird Sancakları Yer Adları, Ankara 1991.

155. B. Nedkov u. H. Hadžibegić, Dijiza ili harač, in: Prilozi za Orijentalni Filologiju 3–4, 1952, 55–135; 5, 1954–55, 43–100.

156. J. Matuz, Die Steuerkonskription des Sandschaks Stuhlweißenburg aus den Jahren 1563 bis 1565, Bamberg 1986.

157. L. T. Darling, Revenue Raising and Legitimacy. Tax Collection and Finance Administration in the Ottoman Empire, 1560–1660, Leiden 1996.

158. M. Kiel, Ottoman Architecture in Albania, Istanbul 1990.

159. Ahmed Refîk [Altınay], İstanbul Hayâtı, 1–4, Istanbul 1333 M./1917–1932.

160. T. Temelkuran, Divân-ı Hümâyûn Mühimme Kalemi, in: İstanbul Üniversitesi Tarih Enstitüsü Dergisi 6, 1975, 129–175.

161. G. Elezović, Iz Carigradskih Turskih Arhiva. Mühimme Defteri, Beograd 1951.

162. E. Kovačević, Muhimme Defteri Dokumenti o našim krajevima, Sarajevo 1985.

163. U. Heyd, Ottoman Documents on Palestine 1552–1615. A Study of the Firman according to the Mühimme Defteri, Oxford 1960.

164. W. S. Peachy, Register of copies or collection of drafts? The case of four Mühimme defters from the Archives of the Prime Ministry in Istanbul, in: Turkish Studies Association Bulletin 10/2, 1986, 9–86.

165. Ch. Lemercier-Quelquejay, Une source inédite pour l'histoire de la Russie au XVIe siècle. Les registres des Mühimme defteri du Başvekâlet, in: Cahiers du Monde Russe et Soviétique 8, 1967, 335–363.

166. H. G. Majer, Das osmanische „Registerbuch der Beschwerden" <Şikâyet defteri> vom Jahre 1675, T. 1, Wien 1984.

167. A. Kal'a (Hg.), İstanbul Ahkâm defterleri 1-, Istanbul 1997- (İstanbul külliyatı)

168. N. Göyünç, XVI. Yüzyılda Ruûs ve Önemi, İstanbul Üniversitesi Edebiyat Fakültesi Tarih Dergisi 17, 1968, 17–34.

169. J. Grzegorzweski, Z sidzyllatów rumelijskih epoki wyprawy wiedeńskiej. Akta tureckie <tekst turecki i polski>, Lwów 1912.

170. G. GĂLĂBOV, Die Protokollbücher des Kadiamtes von Sofia, München 1960

171. R. JENNINGS, Studies on Ottoman Social History in the Sixteenth and Seventeenth Century. Women, Zimmīs, and Sharia Courts in Kayseri, Cyprus, and Trabzon, Istanbul 1999.

172. S. FAROQHI, Men of Modest Substance. House Owners and House Property in Seventeenth-Century Ankara and Kayseri, Cambridge 1987.

173. H. ÖZDEĞER, 1463–1640 Yılları Bursa Şehri Tereke Defterleri, Istanbul 1988.

174. C. ESTABLET u. J.-P. PASCAL, Familles et Fortunes à Damas. 450 foyers damascains en 1700, Damas 1994.

175. R. MURPHY, Regional Structure in the Ottoman Economy. A Sultanic Memorandum of 1636 A. D. Concerning the Sources and Uses of the Revenues of Anatolia and the Coastal and Northern Portions of Syria, Wiesbaden 1987.

176. M. KÜTÜKOĞLU, Osmanlılarda Narh Müessesesi ve 1640 Narh Defteri, Istanbul 1983.

177. J. MCCARTHY, The Defters of the Late Ottoman Period, in: Turkish Studies Association Bulletin 8, 1984, 5–15.

178. A. DUBEN u. C. BEHAR, Istanbul Households. Marriage, Family and Fertility 1880–1940, Cambridge 1991.

179. S. M. ÖZEGE, Eski Harflerle Yazılmış Türkçe Eserler Kataloğu, 5 Bde., Istanbul 1971–1979.

180. Türkiye Basmaları Toplu Kataloğu. Arapça Harfli Türkçe Eserler <1719–1928> Bd. 1-, Ankara 1990-.

181. V. CUINET, La Turquie d'Asie, 4 Bde., Paris 1892–1894.

182. H. DUMAN, Osmanlı yıllıkları: <Salnameler ve Nevsaller>. Bibliyografya ve bazı İstanbul Kütüphanelerine bir Katalog Denemesi, Istanbul 1982.

183. DERS., Eski Harfli Türkçe Süreli Yayınlar Toplu Kataloğu, Ankara 1983.

184. F. v. KRAELITZ-GREIFENHORST, Die Verfassungsgesetze des osmanischen Reiches, Leipzig 1909.

185. S. ÇAKIR, Osmanlı Kadın Hareketi, Istanbul 1994.

186. M. YAŞAR, Anadolu'da İlk Türk Gazetesi <Envar-ı Şarkiyye>, Ankara 1971.

187. M. URSINUS, San'â'. Eine amtliche osmanische Provinzzeitung im Jemen, in: Die Welt des Islams 29, 1989, 101–124.

188. O. KOLOĞLU, Takvîm-i Vakâyi, Ankara 1981.

189. N. YAZICI, Takvim-i Vakâyi. „Belgeler", Ankara 1983.

190. R. HAERKÖTTER, Maḥâsin, ein Beispiel für die osmanische Frauenpresse der zweiten konstitutionellen Periode, Wiesbaden 1992.

191. CHR. HERZOG, Geschichte und Ideologie. Mehmed Murâd und Celâl Nûrî über die historischen Ursachen des osmanischen Niedergangs, Berlin 1996.

192. E. DEBUS, Sebilürreşâd. Eine vergleichende Untersuchung zur islamischen Opposition der vor- und nachkemalistischen Ära. Frankfurt a. M. 1991.

193. G. GROC u. İ.ÇAĞLAR, La presse française de 1795 à nos jours. Histoire et catalogue, Istanbul 1985.

194. I. FARAH, Die deutsche Pressepolitik und Propagandatätigkeit im Osmanischen Reich von 1908–1918 unter besonderer Berücksichtigung des „Osmanischen Lloyd", Beirut 1993.

195. T. ÇEVIKER, Gelişim Sürecinde Türk Karikatürü, 2 Bde., Istanbul 1986–1988.

196. A. AKGÜNDÜZ, Osmanlı Kanunnâmeleri ve Hukukî Tahlileri, 9 Bde., Istanbul 1990–1996.

197. H. W. LOWRY, The Ottoman Liva Kanunnames contained in the Defter-i Hakani, in Osmanlı Araştırmaları 2, 1981, 43–44.

198. C. ALEXANDER, Towards a History of Post-Byzantine Greece. The Ottoman Kanunnames for the Greek Lands, circa 1500-circa 1600, Athens 1985.

199. B. DJURDJEV e.a., Kanuni i Kanun-name za Bosanski, Hercegovacki, Zvornicki, Kliski, Crnogorski i Skadarski sandžak, Sarajevo 1957.

200. G. YOUNG (Hg.), Corps de droit ottoman. Recueil des codes, lois, règlements, ordonnances et actes les plus importants du droit intérieur, et d'études sur le droit coutumier de l'Empire ottoman, 7 Bde., Oxford 1905–1906.

201. A. BILIOTTI u. A. SEDAD, Législation Ottomane depuis le rétablissement de la constitution, Paris 1912.

202. R. H. DAVISON, European Archives as a Source of Later Ottoman History, in: Report on Current Research on the Middle East 1958, 33–45.

203. J. C. HUREWITZ, Diplomacy in the Near and Middle East. A Documentary Record, 2 Bde., Princeton 1956.

204. I. DE TESTA (fortgeführt von A. u. L. DE TESTA), Recueil des traités de la Porte ottomane avec les puissances étrangères, depuis le premier traité conclu, en 1536, entre Suléyman I et François I jusqu' à nos jours, 11 Bde., Paris 1864–1911.

205. A. v. GÉVAY, Urkunden und Actenstücke zur Geschichte der Verhältnisse zwischen Österreich, Ungarn und der Pforte im XVI. und XVII. Jahrhunderte, 3 Bde., Wien 1838–1842.

206. K. NEHRING (Hg.), Austro-Turcica 1541–1552. Diplomatische Akten des habsburgischen Gesandtschaftsverkehrs mit der Hohen Pforte im Zeitalter Süleymans des Prächtigen, München 1995.

207. P. DUPARC, Turquie, Paris 1969 (Recueil des instructions données aux ambassadeurs et ministres de France depuis les traités de Westphalie jusqu'à la Revolution française 29).

208. G. SPIRIDONAKIS, Empire ottoman. Inventaire des mémoires et documents aux archives du Ministère des Affaires Étrangères de France, Thessaloniki 1973.

209. J. AUBIN, Les Documents Arabs, Persans et Turcs de la Torre do Tombo, in: Mare Luso-Indicum 2, 1973, 183–187.

210. S. Özbaran, XVI. Yüzyıl Osmanlı İmparatorluğu ile ilgili Portekizce Kaynaklar, in: VIII. Türk Tarih Kongresi II, Ankara 1981, 1021–1026.

211. E. de Hurmuzaki, Documente privitoare la Istoria Românilor, 41 Bde., Bucureşti 1887–1942.

212. A. N. Kurat, The Despatches of Sir Robert Sutton, Ambassador at Constantinople, 1710–1714, London 1953.

213. S. Skilitter, William Harborne and the Trade with Turkey 1576–1582. A Documentary Study of the First Anglo-Ottoman relations, London 1977.

214. G. R. B. Erdbrink, At the Threshold of Felicity. Ottoman-Dutch Relations during the Embassy of Cornelius Calkoen at the Sublime Porte 1726–1744, Ankara 1975.

215. A. de Groot, The Ottoman Empire and the Dutch Republic. A History of the Earliest Diplomatic Relations 1610–1630, Leiden 1978.

216. S. P. Anderson, An English Consul in Turkey. Paul Rycaut at Smyrna, 1667–1678, Oxford 1989.

217. J. von Jasmund, Aktenstücke zur Orientalischen Frage, 3 Bde., Berlin 1855–1859.

218. D. Quataert, The Zentrales Staatsarchiv of the German Democratic Republic as a Source for Late Ottoman and Middle East History, in: International Journal of Middle East Studies 9, 1978, 559–571.

219. P. Dumont, Jewish Communities in Turkey during the Last Decades of the Nineteenth Century in the Light of the Archives of the Alliance Israélite Universelle, in: B. Braude u. B. Lewis (Hg.), Christians and Jews, 1, New York 1992, 209–242.

220. C. Göllner, Turcica. Die europäischen Türkendrucke des 16. Jahrhunderts, 3 Bde., Bucureşti 1961–1968.

221. S. Yérasimos, Les voyageurs dans l'empire ottoman <XIV-XVI siècles>. Bibliographie, itinéraires et inventaire des lieux habités, Ankara 1991.

222. R. Lachmann (Hg.), Memoiren eines Janitscharen oder Türkische Chronik, Graz 1974.

B. DER OSMANISCHE STAAT BIS ZUM ENDE DES 18. JAHRHUNDERTS

223. E. Werner, Die Geburt einer Großmacht. Die Osmanen, 2. Aufl., Berlin 1972.

224. P. F. Sugar, Southeastern Europe and Ottoman Rule 1354–1804, Seattle 1977.

225. J. v. Hammer, Geschichte des Osmanischen Reiches, grossentheils aus bisher unbenützten Handschriften und Archiven, 10 Bde., Pest 1827–1835.

226. K. KREISER, Clio's poor relation: Betrachtungen zur osmanischen Historiographie von Hammer-Purgstall bis Stanford Shaw, in: Das Osmanische Reich und Europa 1683 bis 1789: Konflikt, Entspannung und Austausch = Wiener Beiträge zur Geschichte der Neuzeit 10, 1983, 24–43.

227. J. W. ZINKEISEN, Geschichte des osmanischen Reiches in Europa, 7 Bde., Hamburg, Gotha 1840–1863.

228. N. IORGA, Geschichte des Osmanischen Reiches. Nach den Quellen dargestellt, 5 Bde., Gotha 1908–1913.

229. İ. H. UZUNÇARŞILI u. E. Z. KARAL, Osmanlı Tarihi, 8 Bde., Ankara 1954–1973.

230. Y. H. BAYUR, Türk İnkılâbı Tarihi, 3 T. in 8 Bde., Istanbul, Ankara 1940–1967.

231. A. SEVIM u. Y. YÜCEL (Hg.), 4 Bde., Türkiye Tarihi 1990–1992.

232. S. AKŞIN (Hg.), Türkiye Tarihi, 5 Bde., Ankara 1990–1995.

233. H. İNALÇIK e.a. (Hg.), Osmanlı, 12 Bde., Ankara 1999.

234. R. MANTRAN (Hg.), Histoire de l'Empire Ottoman, Paris 1989.

235. E. İHSANOĞLU (Hg.), Osmanlı Devleti ve Medeniyeti Tarihi, 2 Bde., Istanbul 1994–1998.

236. St. J. SHAW U. E. KURAL SHAW, History of the Ottoman Empire and Modern Turkey, Bd. 1–2, Cambridge 1977.

237. J. MATUZ, Das Osmanische Reich. Grundlinien seiner Geschichte, Darmstadt 1985.

C. VOR- UND FRÜHOSMANISCHES ANATOLIEN

238. CL. CAHEN, La Turquie pré-ottomane, Istanbul, Paris 1988.

239. SP. VRYONIS, The Decline of Medieval Hellenism in Asia Minor and the Process of Islamization from the Eleventh through the Fifteenth Century, Berkeley 1971.

240. V. L. MÉNAGE, The Islamization of Anatolia, in: N. LEVTZION (Hg.), Conversion to Islam, New York 1979, 52–67.

241. P. WITTEK, Das Fürstentum Mentesche, Istanbul 1934.

242. B. FLEMMING, Landschaftsgeschichte von Pamphylien, Pisidien und Lykien im Spätmittelalter, Wiesbaden 1964.

243. P. LEMERLE, L'émirat d'Aydin, Byzance et l'Occident. Recherches sur „La geste d'Umur Pacha", Paris 1957.

244. H. AKIN, Aydınoğulları Tarihi, Istanbul 1964.

245. E. ZACHARIADOU, Trade and Crusade. Venetian Crete and the Emirates of Menteshe and Aydın, Venice 1983.

246. M. Ç. Varlik, Germiyanoğulları Tarihi <1300–1420>, Ankara 1974.
247. H. A. Gibbons, The Foundation of the Ottoman Empire. A History of the Osmanlis up to the Death of Bayezid I. 1300–1403, London 1916.
248. F. Babinger, Der Islam in Kleinasien. Neue Wege der Islamforschung, in: Zeitschrift der Deutschen Morgenländischen Gesellschaft 76, 1922, 126–152.
249. M. F. Köprülü, Anadolu'da İslâmiyet. Türk istilâsından sonra Anadolu târîh-i dînîsine bir nazar ve bu târîhin menbaları, in: Dârülfünûn Edebiyat Fakültesi Mecmû'ası 2, 1922, 281–311, 385–420, 457–486 (engl. Übers. v. G. Leiser, Islam in Anatolia after the Turkish Invasion, Salt Lake City 1993).
250. M. F. Köprülü, Les origines de l'Empire Ottoman, Paris 1935.
251. İ. H. Uzunçarşılı, Osmanlı Devleti Teşkilâtına Medhal, Ankara 1941.
252. P. Wittek, The Rise of the Ottoman Empire, London 1938.
253. C. Imber, The Ottoman Empire 1300–1481, Istanbul 1990.
254. C. Kafadar, Between Two Worlds. The Construction of the Ottoman State, Berkeley 1995.
255. E. Zachariadou (Hg.), The Ottoman Emirate <1300–1389>, Rethymon 1993.

D. DAS „KLASSISCHE ZEITALTER" (15.–17. JAHRHUNDERT)

256. H. İnalcik, The Ottoman Empire. The Classical Age 1300–1600, London 1973.
257. C. Imber, Ideals and Legitimation in Early Ottoman History, in: M. Kunt u. Chr. Woodhead (Hg.), Süleyman the Magnificent and His Age. The Ottoman Empire in the Early Modern World, London 1995, 138–153.
258. R. A. Abou-El-Haj, Formation of the Modern State. The Ottoman Empire, Sixteenth to Eighteenth Centuries, Albany 1991.
259. G. Necipoğlu, Architecture, Ceremonial, and Power. The Topkapı Palace in the Fifteenth and Sixteenth Centuries, Cambridge/Mass. 1991.
260. P. Kappert, Die osmanischen Prinzen und ihre Residenzen. Amasya im 15. und 16. Jahrhundert, Istanbul 1976.
261. A. Mumcu, Hukusal ve Siyasal Kara Organı olarak Divan-i Hümayun, Ankara 1986.
262. A. Taneri, Osmanlı Imparatorluğu'nun kuruluş döneminde vezir-i a'zamlık <1299–1453>, Ankara 1973.
263. Y. Halacoğlu, XIV.-XVII. Yüzyıllarda Osmanlılarda Devlet Teşkilatı ve Sosyal Yapı, Ankara 1991.
264. N. Atasoy, İbrahim Paşa Sarayı, Istanbul 1972.

265. R. DANKOFF, The Intimate Life of an Ottoman Statesman. Melek Ahmed Pasha <1588–1662> as Portrayed in Evliya Çelebi's Book of Travels <Seyahatname>, New York 1991.
266. I. M. KUNT, The Sultan's Servants. The Transformation of Ottoman Provincial Government 1550–1650, New York 1983.
267. B. LEWIS, Ottoman Observers of Ottoman Decline, in: Islamic Studies 1, 1962, 71–87.
268. C. KAFADAR, Les troubles monétaires de la fin du XVIe siècle et la prise de conscience ottomane du déclin, in: Annales. Économies, Société, Civilisations 1991, 381–400.
269. F. BABINGER, Mehmed der Eroberer und seine Zeit. Weltenstürmer einer Zeitenwende, München 1953, engl. erw. Übers. Mehmed the Conqueror and his Time, Princeton 1978.
270. E. TRAPP, Plagiat in der Geschichtsschreibung Mehmeds II. Byzantinische Tradition in moderner Zeit, in: Byzantios. Festschr. für Herbert Hunger zum 70. Geburtstag. Wien 1984, 321–332.
271. E. JACOBS, Untersuchungen zur Geschichte der Bibliothek im Serai zu Konstantinopel, 1, Heidelberg 1919.
272. CH. G. PATRINELIS, Mehmed II the Conqueror and his presumed knowledge of Greek and Latin, in: Viator 2, 1971, 349–354.
273. S. TANSEL, Sultan II. Bâyezît'in Siyasi Hayatı, Istanbul 1966.
274. S. N. FISHER, The Foreign Relations of Turkey 1481–1512, Urbana 1948.
275. F. BABINGER, Spätmittelalterliche fränkische Briefschaften aus dem großherrlichen Seraj zu Stambul, München 1963.
276. G. E. CARRETTO, Gem Sultan. Pellegrino d'Oriente, Paese 1991.
277. S. TANSEL, Yavuz Sultan Selim, Ankara 1969.
278. A. UĞUR, The Reign of Sultan Selîm I in the Light of the Selîm-nâme Literature, Berlin 1985.
279. I. BELDICEANU-STEINHERR, Le Règne de Selîm Ier. Tournement dans la vie politique et religieuse de l'empire ottoman, in: Turcica 5, 1975, 134–148.
280. A. H. LYBYER, The Government of the Ottoman Empire in the Time of Suleiman the Magnificent, New York 1913, Reprint 1966.
281. GY. KÁLDY-NAGY, Szülejmán, Budapest 1974.
282. G. VEINSTEIN (Hg.), Soliman le Magnifique et son Temps, Paris 1992.
283. J. M. ROGERS u. R. M. WARD, Süleyman the Magnificent, London 1988.
284. M. KUNT u. CH. WOODHEAD (Hg.), Süleyman the Magnificent and His Age. The Ottoman Empire in the Early Modern World, Harlow 1995.
285. H. J. KISSLING, Rechtsproblematiken in den christlich-muslimischen Beziehungen, vorab im Zeitalter der Türkenkriege, Graz 1974.
286. M. LESURE, Lépante. La crise de l'Empire ottoman, Paris 1972.
287. N. VATIN, L'Ordre de Saint-Jean-de-Jérusalem, l'Empire ottoman et la Méditerranée orientale entre les deux sièges de Rhodes <1480–1522>, Paris 1994.

E. 18. JAHRHUNDERT

288. Th. Naff u. Roger Owen (Hg.), Studies in Eighteenth Century Islamic History, Carbondale/Ill. 1977.

289. H. Gibb u. H. Bowen, Islamic Society and the West. A Study of the Impact of Western Civilization on Moslem Culture in the Near East, Bd. 1, Islamic Society in the Eighteenth Century, London 1950–1957.

290. N. Itzkowitz, Eighteenth Century Ottoman Realities, in: Studia Islamica 16, 1962, 73–94.

291. Y. Özkaya, XVIII. Yüzyılda Osmanlı Kurumları ve Osmanlı Toplum Yaşantısı, Ankara 1985.

292. R. A. Abou-El-Haj, The 1703 Rebellion and the Structure of Ottoman Politics, Istanbul 1984.

293. B. Spuler, Die europäische Diplomatie in Konstantinopel bis zum Frieden von Belgrad <1739>, 1–5, in: Jahrbücher für Geschichte und Kultur der Slaven 53–115, 171–222, 313–366. [4–5 u. d. T.:] Europäische Diplomaten in Konstantinopel bis zum Frieden von Belgrad <1739>, in: Jahrbücher für Geschichte Osteuropas 1, 1936, 229–262, 383–440.

294. F. R. Unat, Osmanlı Sefirleri ve Sefaretnameler, Ankara 1968.

295. N. Camariano, Alexandre Mavrocordati, le Grand Dragoman. Son acitivité diplomatique 1673–1709, Thessaloniki 1970.

296. A. Cunningham, „Dragomania“: The Dragomans of the British Embassy in Turkey, in: St. Anthonys Papers 11, 1961, 81–100.

297. V. Aksan, An Ottoman Statesman in War and Peace. Ahmed Resmî Efendi 1700–1783, Leiden 1995.

298. E. Kuran, Avrupa'da Osmanlı İkamet Elçiliklerinin Kuruluşu ve İlk Elçilerin Siyasi Faâliyetleri 1793–1821, Ankara 1963.

299. S. N. Fisher, The Foreign Relations of Turkey 1481–1512, Urbana 1948.

300. S. A. Fischer-Galati, Ottoman Imperialism and German Protestantism 1521–1555, Cambridge [Mass.] 1959.

301. L. Cassels, The Struggle for the Ottoman Empire 1717–1740, London 1966.

302. E. V. Tarle, Česmenskij boj i pervaja russkaja ėkspedicija v Archipelag 1769–1774, Moskva 1945.

F. BEZIEHUNGEN MIT ANDEREN STAATEN

303. D. M. Vaughan, Europe and the Turk. A Pattern of Alliances 1350–1700, Liverpool 1954.

304. S. KUNERALP (Hg.), Studies on Ottoman Diplomatic History, 1-, Istanbul 1987-.

305. DERS., The Ministry of Foreign Affairs and the Ottoman Empire and the Turkish Republic, in: Z. STEINER (Hg.), The Times Survey of Foreign Ministries of the World, London 1982.

306. C. V. FINDLEY, Bureaucratic Reform in the Ottoman Empire. The Sublime Porte, 1789–1922, Princeton 1980.

307. TH. NAFF, Reform and Conduct of Ottoman Diplomacy in the Reign of Selim III. 1789–1807, in: Journal of the American Oriental Society 83, 1963, 295–315.

308. M. KÜTÜKOĞLU, XVII. Yüzyılda Osmanlı Devletinde Fevkalâde Elçilerin Ağırlanması, Türk Kültürü Araştırmaları 27/1, 1989, 199–231.

309. P. BRUMMET, Ottoman Seapower and Levantine Diplomacy in the Age of Discovery, Albana 1994.

310. W. STURMINGER, Bibliographie und Ikonographie der Türkenbelagerungen Wiens 1529 und 1683, Graz 1955.

311. E. EICKHOFF, Wien, Venedig und die Osmanen. Umbruch in Südosteuropa 1645–1700, 2. Aufl., Stuttgart 1970.

312. TH. M. BARKER, Double Eagle and Crescent, Vienna's Second Turkish Siege and its Historical Setting, Albany 1967, bearb. Übersetzung Doppeladler und Halbmond, Graz 1982.

313. W. LEITSCH, Warum wollte Kara Mustafa Wien erobern?, in: Jahrbücher für Geschichte Osteuropas 29, 1981, 494–514.

314. J. BUSZKO u. W. LEITSCH (Hg.), Sonderband v. Zeszyty naukowe Uniwersytetu Jagiellonskiego DCLXXII, Prace Historyczne, Zeszyt 75 = Studia Austro-Polonica, Kraków 1983.

315. Z. ABRAHAMOWICZ e.a. (Hg.), Die Türkenkriege in der historischen Forschung, Wien 1983 (Forschungen und Beiträge zur Wiener Stadtgeschichte Bd. 13).

316. C. RÖMER, Osmanische Festungsbesatzungen in Ungarn zur Zeit Murâds III. dargestellt anhand von Petitionen zur Stellenvergabe, Wien 1995.

317. M. KÖHBACH, Die Eroberung von Fülek durch die Osmanen 1554. Eine historisch-quellenkritische Studie zur osmanischen Expansion im östlichen Mitteleuropa, Wien 1994.

318. V. L. MÉNAGE, Seven Ottoman Documents from the Reign of Meḥmed the Second, in: S. M. STERN (Hg.), Documents from Islamic Chanceries, Oxford 1965, 81–118.

319. R. A. ABOU-EL-HAJ, Ottoman Attitudes Toward Peace Making: The Karlowitz Case, in: Der Islam 57, 1974, 131–137.

320. DERS., Ottoman Diplomacy at Karlowitz, in: Journal of the American Oriental Society 87, 1967, 498–512.

321. J. H. HORA SICCAMA, De vrede van Carlowitz en wat daraan voorafging, Bijdragen voor Vaderlandse Geschiedenis en Oudheidkunde 4, 8, 1910, 43–185.

322. S. Deringil, II. Mahmud'un Dış Siyaseti ve Osmanlı Diplomasisi, in: Sultan II. Mahmud ve Reformları Semineri, Istanbul 1990, 59–80.

323. M. S. Anderson, The Eastern Question 1774–1923. A Study in International Relations, 4. Aufl., London 1972.

324. T. Djuvara [Ciuvara], Cent projets de partage de la Turquie <1281–1913>, Paris 1914.

1. Italien, Ragusa

325. Ş. Turan, Türkiye-İtalya İlişkileri, Bd 1-, Ankara 1990-.

326. H. Theunissen, Ottoman-Venetian Diplomatics: The 'Ahd-names. The Historical Background and the Development of a Category of Political-Commercial Instruments together with an Annotated Edition of a Corpus of Relevant Documents, EJOS I/2, 1998, 1–698 (= Internetpublikation http://www.let.uu.nl/oosters/EJOS/EJOS-1.html.)

327. C. Coco u. F. Manzonetto, Baili Veneziani alla Sublime Porta. Storia e caratteristiche dell'ambasciata veneta a Costantinopoli, Venezia, 1985.

328. T. Gökbilgin, Venedik Devlet Arşivindeki Vesikalar Külliyatında Kanunî Sultan Süleyman Devri Belgeleri, in: Belgeler 1, 2, 1964, 119–220.

329. P. Sebastian, The Turkish documents in the Venetian State Archives. A note on the Indice Bombaci, in: Studia Turcologica Memoriae Alexii Bombaci Dedicata, Napoli 1982, 497–510.

330. H. J. Kissling, Sultan Bâjezîd's Beziehungen zu Markgraf Francesco II. von Gonzaga, München 1965.

331. K. Fleet, European and Islamic Trade in the Early Ottoman State. The Merchants of Genoa and Turkey, Cambridge 1999.

332. M. Balard, La Romanie génoise. XIIe-début du XVe siècle, 2 Bde., Paris 1978.

333. E. Eldem (Hg.), Recherches sur la ville ottomane: Le cas du quartier de Galata = Première Rencontre Internationale sur l'Empire Ottoman et la Turquie Moderne, Istanbul 1991.

334. K. M. Setton, The Papacy and the Levant 1204–1571, Philadelphia 1976–1984.

335. H. Pfeffermann, Die Zusammenarbeit der Renaissancepäpste mit den Türken, Winterthur 1946.

336. M. Petrocchi, La politica della Santa Siede di fronte all'invasione ottomana 1444–1718, Napoli 1955.

337. A. Tamborra, Gli stati italiani, l'Europa e il problema turco dopo Lepanto, Firenze 1961.

338. R. Simon, Libya between Ottomanism and Nationalism. The Ottoman Involvement in Libya during the War with Italy <1911–1919>, Berlin 1987.

339. T. W. Childs, Italo-Turkish Diplomacy and the War over Libya 1911–1912, Leiden 1990.

340. B. Bojović, Dubrovnik et les Ottomans <1430–1472>. 20 actes de Murâd II et de Meḥmed II en médio-serbe, in: Turcica 19, 1987, 119–173.

341. M. N. Frejdenberg, Dubrovnik i Osmanskaja Imperija, 2. Aufl., Moskva 1989.

2. Frankreich

342. G. Veinstein, Le paradis des infidèles: Yirmisekiz Çelebi Mehmed Efendi, ambassadeur ottoman en France sous la Régence, Paris 1981.

343. B. Kodaman, Les ambassades de Moustapha Réchid Pacha, Ankara 1991.

344. J. L. Bacqué-Grammont, S. Kuneralp und F. Hitzel, Représentants permanents de la France en Turquie <1536–1991> et de la Turquie en France <1797–1991>, Istanbul 1991.

345. F. Hitzel u. A. Ben Hadda, Les relations Franco-Ottomanes à travers les nâme-i hümâyûn du Başbakanlık Arşivi, in: Anatolia Moderna 3, 1992, 247–260.

346. B. Lewis, The Impact of the French Revolution on Turkey, Journal of World History 1, 1953, 105–125.

347. La Revolution Française, La Turquie et L'Iran = Cahiers d'Études sur la Méditerranée Orientale et le Monde Turco-Iranien 12, 1991.

348. F. Bilici, La Politique Française en Mer Noire, 1747–1789. Vicissitudes d'une implantation, Istanbul 1992.

349. J. Thobie, Intérêts et imperialisme français dans l'Empire Ottoman <1895–1919>, Paris 1977.

3. Niederlande, England, Schweden

350. B. J. Slot, Zwischen diplomatischer Spielerei und ernsthafter Vermittlung: Holland in den Türkenkriegen, Mitteilungen des Bulgarischen Forschungsinstituts in Österreich 5/2, 1983, 16–28.

351. A. H. de Groot, The Ottoman Empire and the Dutch Republic. A History of the Earliest Diplomatic Relations. 1610–1630, Leiden 1978.

352. G. R. B. Erdbrink, At the Threshold of Felicity: Ottoman-Dutch Relations during the Embassy of Cornelius Calkoen at the Sublime Porte 1726–1744, Ankara 1975.

353. H. Theunissen e.a. (Hg.), Topkapi & Turkomanie. Turks-Nederlandse Ontmoetingen sinds 1600, Amsterdam 1989.

354. W. Hale u. A. İ. Bağış, Four centuries of Turco-British relations, North Humberside 1984.

355. A. İ. Bağış, Britain and the Struggle for the Integrity of the Ottoman Empire: Sir Robert Ainsle's Embassy to Istanbul, 1776–1794, Istanbul 1984.

356. M. S. Kütükoğlu, Osmanlı-İngiliz İktisâdî Münasebetleri <1580–1838>, 2 Bde., Ankara 1974–1976.

357. P. Marsh, Lord Salisbury and the Ottoman Massacres, Journal of British History 11, 1972, 65–83.

358. R. T. Shannon, Gladstone and the Bulgarian Agitation, 1876, London 1963.

359. R. Uçarol, 1878 Kıbrıs sorunu ve Osmanlı-İngiliz anlaşması <Ada'nın İngiltere'ye devri>, Istanbul 1978.

360. Y. T. Kurat, Henry Layard'ın İstanbul Elçiliği, Ankara 1968.

361. A. N. Kurat, İsveç kıralı XII Karl'ın Türkiye' de kalışı ve bu sıralarda Osmanlı İmparatorluğu, Istanbul 1943.

362. B. O. H., Johannson, Svenska palatset i Konstantinopel. Sveriges kyrka och ministerhus i Konstaninopel under sjutton och aderthundratalen, Stockholm 1968.

363. E. Tengberg, Från Poltava till Bender. En studie i Karl XII.s turkiska politik 1709–1713, Lund 1953.

4. Spanien, Österreich-Ungarn

364. A. C. Hess, The Forgotten Frontier. A History of the Sixteenth-century Ibero-African Frontier, Chicago 1978.

365. M. Köhbach, Die osmanische Gesandtschaft nach Spanien in den Jahren 1787/88. Begegnungen zweier Kulturen im Spiegel eines Gesandtschaftsberichts, in: Wiener Beiträge zur Geschichte der Neuzeit 10, 1983, 143–152.

366. A. Ben Hadda, Le Maroc et la Sublime Porte: quelques réflexions sur les archives du Başbakanlık, in: Studies on Turkish-Arab Relations 4, 1989, 27–46; 5, 1990,1–12.

367. A. Tietze (Hg.), Habsburgisch-osmanische Beziehungen, Wien 1985.

368. A. C. Schaendlinger, Die osmanisch-habsburgische Diplomatie in der ersten Hälfte des 16. Jhdts., in: Osmanlı Araştırmaları 4, 1994, 181–196.

369. M. Köhbach, Die diplomatischen Beziehungen zwischen Österreich und dem Osmanischen Reich, in: Osmanlı Araştırmaları 4, 1994, 237–260.

370. K. Nehring, Adam Freiherr von Herbersteins Gesandtschaftsreise nach Konstantinopel. Ein Beitrag zum Frieden von Zsitvatorok <1606>, München 1983.

371. R. H. Davison, The Ottoman Boycott of Austrian Goods in 1908–9 as a Diplomatic Question, in: IIIrd Congress of the Social and Economic History of Turkey, Princeton 24–26 August 1983, Istanbul 1990, 1–28.

372. F. R. Bridge, The Habsburg Monarchy and the Ottoman Empire, 1900–1918, in: M. Kent (Hg.), The Great Powers and the End of the Ottoman Empire, London 1984, 31–51.

373. W. Bihl, Die Beziehungen zwischen Österreich-Ungarn und dem Osmanischen Reich im Ersten Weltkrieg, in: Österreichische Osthefte 24, 1982, 33–52.

374. G. Müller, Die Türkenherrschaft in Siebenbürgen. Verfassungsrechtliches Verhältnis Siebenbürgens zur Pforte 1541–1688, Hermannstadt-Sibiu 1923.

5. Polen

375. J. Pajewski, Buńczuk i koncerz. Z dziejów wojen polsko-tureckich, Warszawa 1978.

376. D. Kołodziejczyk, Ottoman Polish Diplomatic Relations <15th-18th Century>. An Annotated Edition of 'Ahdnames and Other Documents, Leiden 2000.

377. K. Beydilli, Die polnischen Königswahlen und Interregnen von 1572 und 1576 im Lichte osmanischer Archivalien. Ein Beitrag zur Geschichte der osmanischen Machtpolitik, München 1976.

378. D. Kołodziejczyk, Podole pod panowaniem tureckim. Ejalet Kamieniecki, Warszawa 1994.

379. A. Leak, Dzieje Emigracija Polskiej w Turcij <1831–1878>, Warszawa 1935.

380. Z. Abrahamowicz, Neuere und neueste polnische Literatur über den Krieg und Frieden Polens mit den Türken und Tataren vom 13. bis zum 18. Jahrhundert, in: Die Türkenkriege in der historischen Forschung, Wien 1983, 53–77.

6. Preussen, Deutsches Reich

381. H. Scheel, Preußens Diplomatie in der Türkei. 1721–1774, Berlin 1931.

382. K. Beydilli, 1790 Osmanlı-Prusya ittifâkı. Meydana Gelişi, Tahlili, Tatbiki, Istanbul 1981.

383. Ders., Büyük Friedrich ve Osmanlılar. XVII. yüzyılda Osmanlı-Prusya Münâsebetleri, Istanbul 1985.

384. G. Karamuk, Ahmed Azmi Efendis Gesandtschaftsbericht als Zeugnis des osmanischen Machtverfalls und der beginnenden Reformära unter Selim III., Bern 1975.

385. H. Holborn, Deutschland und die Türkei 1875–1890, Berlin 1926.

386. J. L. Wallach, Anatomie einer Militärhilfe. Die preußisch-deutschen Militärmissionen in der Türkei 1835–1919, Düsseldorf 1976.

387. A. KÖSSLER, Aktionsfeld Osmanisches Reich. Die Wirtschaftsinteressen des Deutschen Kaiserreiches in der Türkei 1871–1908, New York 1981.

388. W. VAN KAMPEN, Studien zur deutschen Türkeipolitik in der Zeit Wilhelms II., Phil. Diss. Kiel 1968.

389. I. FARAH, Die deutsche Pressepolitik und Propagandatätigkeit im Osmanischen Reich von 1908–1918 unter besonderer Berücksichtigung des „Osmanischen Lloyd", Beirut 1993.

390. J. KLOOSTERHUIS, „Friedliche Imperialisten". Deutsche Auslandsvereine und auswärtige Kulturpolitik, 1906–1918, Frankfurt a. M. 1994.

391. U. TRUMPENER, Germany and the Ottoman Empire 1914–1918, Princeton 1968.

392. H. W. NEULEN, Adler und Halbmond. Das deutsch-türkische Bündnis 1914–1918, Frankfurt a. M.1991.

7. RUSSLAND, KAUKASUS, KRIM, ZENTRALASIEN

393. A. N. K. SVERČEVSKAJA u. T. P. ČERMAN, Bibliografija Turcii, 3 Bde., Moskva 1959–1982.

394. N. A. SMIRNOV, Rossija i Turcija v XVI-XVII vv., 2 Bde., Moskva 1946.

395. R. MICHNEVA, Rossija i osmanskaja Imperiya ve meždunarodnych otnočenijach ve seredine XVIII veka <1739–1756>, Moskva 1985.

396. A. N. Kurat, Türkiye ve Rusya. XVIII yüzyıl sonundan kurtuluş savaşına kadar Türk-Rus ilişkileri <1798–1919>, Ankara 1970.

397. M. FEHNER, Torgovlja russkogo gosudarstva so stranami vostoka v XVI v., Moskva 1956.

398. A. BENNIGSEN u. CH. LEMERCIER-QUELQUEJAY, Les marchands de la cour ottomane et le commerce des fourrures moscovites dans la seconde moitié du XVIe siècle, Cahiers du Monde Russe et Soviétique 11, 1970, 363–390.

399. H. RAGSDALE (Hg.), Imperial Russian Foreign Policy, Cambridge 1994.

400. D. M. LANG, The Last Years of the Georgian Monarchy, 1658–1832, New York 1957.

401. M. F. KIRZIOĞLU, Osmanlıların Kafkas-Elleri'ni fethi <1451–1590>, Ankara 1976.

402. C. M. KORTEPETER, Ottoman Imperialism During the Reformation. Europe and the Caucasus, New York 1972.

403. S. JIK'IA, Gurjistanis vilaiet'is didi davt'ari, 3 Bde, T'blisi 1941–1958 (T.2 in türk. Sprache u.d. T. Defter-i Mufassal-i Vilayet-i Gürcistan).

404. W.E.D. ALLEN u. P. MURATOF, Caucasian Battlefields. A History of the Wars on the Turco-Caucasian Border 1828–1921, Cambridge 1953.

405. M. GAMMER, Muslim Resistance to the Tsar. Shamil and the Conquest of Chechnia and Daghestan, London 1994.

406. K. Kreiser, Der japanische Sieg über Rußland <1905> und sein Echo unter den Muslimen, in: Die Welt des Islams 21, 1984, 209–239.

407. A. Fisher, The Crimean Tatars, Palo Alto 1978.

408. A. Bennigsen, Le Khanat de Crimée dans les Archives du Musée du Palais de Topkapı, Paris 1978.

409. V. Ostapchuk, Documents on the Crimean Khanate, in: Turcica 19, 1987, 247–276.

410. A. Fisher, The Russian Annexation of the Crimea 1772–1783, London 1970.

411. M. Saray, Rus İşgali Devrinde Osmanlı Devleti ile Türkistan Hanlıkları arasındaki Siyasi Münasebetler <1775–1875>, Istanbul 1984.

8. Südosteuropa

412. E. Hösch, Geschichte der Balkanländer. Von der Frühzeit bis zur Gegenwart, 3. Aufl., München 1995.

413. T. Stoianovich, A Study in Balkan Civilization, New York 1967.

414. B. Jelavich, History of the Balkans, 2 Bde., Cambridge 1983.

415. Dies., Russia's Balkan Engagements, 1806–1914, Cambridge 1991.

416. K. N. Sathas, Tourkokratoumenē Ellas. Istorikon Dokiminion peri tōn pros apotinaxim ton Othōmonikon zygon epanastaseōn ton ellōnikon ethnous <1453–1821>, 2. Aufl. Athen, 1885.

417. R. Clogg, Geschichte Griechenlands im 19. und 20. Jahrhundert. Ein Abriß, Köln 1997.

418. J. Alexander, Brigandage and Public Order in the Morea 1685–1806, Athens 1985.

419. G. Hering, Ökumenisches Patriarchat und europäische Politik, 1620–1638, Wiesbaden 1968.

420. M. Kiel, Art and Society of Bulgaria in the Turkish Period, Assen 1985.

421. M. Aydin, Osmanlı Eyaletinden Üçüncü Bulgar Çarlığına, Istanbul 1996.

422. B. Lory, Le sort de l'héritage ottoman en Bulgarie. L'exemple des villes bulgares: 1878–1900, Istanbul 1985.

423. W. Vucinich (Hg.), The First Serbian Uprising, 1804–1813, New York 1982.

424. G. L. Arš, Albania i Épir v konce XVIII – načale XIX v., Moskva 1963.

425. Th. W. Riker, The Making of Roumania: A Study of an International Problem, 1856–1866, London 1931.

9. Vereinigte Staaten von Amerika

426. U. Kocabaşoğlu, Kendi Belgeleriyle Anadolu'daki Amerikan Misyoner Okulları, Istanbul 1989.

427. R. Kark, American Consuls in the Holy Land 1832–1914, Jerusalem 1994.

428. M. Erol, Osmanlı İmpartorluğu'nun Amerika Büyük Elçisi A. Rüstem Bey, Ankara 1973.

429. H. Lowry, The Story behind Ambassor Morgenthau's Story Istanbul 1990, dt. Die Hintergrundsgeschichte zu Botschafter Morgenthau's Memoiren, Istanbul 1991.

430. L. Evans, United States Policy and the Partition of Turkey, 1914–1924, Baltimore 1965.

10. Iran, Indien

431. H. R. Roemer, Persien auf dem Weg in die Neuzeit. Iranische Geschichte von 1350–1750, Darmstadt 1989.

432. B. Fragner, Ardabil zwischen Sultan und Schah. Zehn Urkunden Schah Tahmāsps II, in: Turcica 6, 1975, 177–225.

433. J.-L. Bacqué-Grammont, Les Ottomans, les Safavides et leurs voisins. Contribution à l'histoire internationale dans l'Orient islamique de 1512 à 1524, Istanbul 1987.

434. H. Sohrweide, Der Sieg der Safawiden in Persien und seine Rückwirkungen auf die Schiiten Anatoliens im 16. Jahrhundert, in: Der Islam 41, 1965, 95–223.

435. E. Eberhard, Osmanische Polemik gegen die Safawiden im 16. Jahrhundert nach arabischen Handschriften, Freiburg 1970.

436. A. Allouche, The Origins and Development of the Ottoman-Safavid Conflict <906–962/1500–1555>, Berlin 1983.

437. W. Posch, Der Fall Alkâs Mîrzâ und der Persienfeldzug von 1548–1549. Ein gescheitertes osmanisches Projekt zur Niederwerfung des safavidischen Persiens, Bamberg 1999 (Mikrofiche Marburg 2000).

438. R. Olson, The Siege of Mosul and Ottoman-Persian Relations 1718–1743, Bloomington 1975.

439. Vâhid Nasr, Guzîde-i esnâd-e siyâsî-ye-Irân u 'Osmânî: daura-ye Kājāriya, Tahran 1329/1991.

440. A. Pistor-Hatam, Iran und die Reformbewegung im osmanischen Reich, Berlin 1992.

441. A. Özcan, Indian Muslims, the Ottomans and Britain <1877–1924>, Leiden 1997.

442. N. R. Farooqi, Mughal-Ottoman Relations. A Study of Political Relations between Mughal India, and the Ottoman Empire, 1556–1748, Dehli 1989.

G. TANZIMATZEIT, ABDÜLHAMÎD II., ZWEITE KONSTITUTION (1839–1918)

443. B. Lewis, The Emergence of Modern Turkey, London 1961, überarb. 1968.

444. İ. Ortaylı, İmparatorluğu'nun en Uzun Yüzyılı, Istanbul 1983 u. ö.

445. E. J. Zürcher, Turkey. A Modern History, London 1993.

446. M. Belge (Hg.),Tanzimat'tan Cumhuriyet'e Türkiye Ansiklopedisi [TCTA], 6 Bde., İstanbul 1985.

447. C. Ritter von Sax, Geschichte des Machtverfalls der Türkei bis Ende des 19. Jahrhunderts und die Phasen der „orientalischen" Frage bis auf die Gegenwart, 2. Aufl., Wien 1913.

448. St. J. Shaw, Between Old and New. The Ottoman Empire under Sultan Selim III, 1789–1807, Cambridge/Mass. 1971.

449. Ders., Some Aspects of the Aims and Achievments of the Nineteenth-century Ottoman Reformers, in: W. R. Polk u. R. L. Chambers (Hg.), Beginnings of Modernization in the Middle East. The Nineteenth Century, Chicago 1968, 29–39.

450. İ. Ortaylı u. T. Akıllıoğlu, Le Tanzimat et le modèle français: mimétisme ou adaption?, in: H. Batu u. J.-L. Bacqué-Grammont (Hg.), L'Empire ottoman, la République de Turquie et la France, Istanbul 1986, 197–208.

451. T. Timur, Osmanlı ve Batılaşma, in: Osmanlı Çalışmalar. İlkel Feodalizmden Yarı Sömürge Ekonomisi, Ankara 1989.

452. Ch. Rumpf, Das Rechtstaatprinzip in der türkischen Rechtsordnung. Ein Beitrag zum türkischen Verfassungsrecht und zur europäischen Rezeptionsgeschichte, Bonn 1982.

453. B. Abu-Manneh, The Islamic Roots of the Gülhane Rescript, in: Die Welt des Islams 34, 1994, 173–203.

454. E. Engelhardt, La Turquie et le Tanzimat ou histoire des réformes dans l'Empire Ottomane depuis 1826 jusqu'à nos jours, 2 Bde., Paris 1882–1884.

455. G. Rosen, Geschichte der Türkei von dem Siege der Reform im Jahre 1826 bis zum Pariser Tractat vom Jahre 1856, 2 Bde., Leipzig 1866–1867.

456. F. Eichmann, Die Reformen des Osmanischen Reiches. Mit besonderer Berücksichtung des Verhältnisses der Christen des Orients zur türkischen Herrschaft, Berlin 1858.

457. [A. D. Mordtmann,] Stambul und das moderne Türkentum. Polit., sociale u. biographische Bilder, 2 Bde., Leipzig 1877–1878 (türk. Übers. Istanbul 1999).

458. Sir Henry G. Elliot, Some Revolutions and Other Diplomatic Experiences, London 1922.

459. O. v. Schlechta-Wssehrd, Die Revolutionen in Constantinopel in den Jahren 1807 und 1808. Ein Beitrag zur Reformgeschichte der Türkei, nach grösstentheils einheimischen, d.i. orient. Quellen, dargestellt, Wien 1882.

460. Tanzimat. Yüzüncü yıldönümü münasebetiyle 1 (mehr nicht erschienen), Istanbul 1940.

461. H. D. Yediyildiz (Hg.), 150. Yılında Tanzimat, Ankara 1992.

462. Tanzimat'ın 150. Yıldönümü Uluslararası Sempozyumu, Ankara: 31 Ekim-3 Kasım 1989, Ankara 1994.

463. E. de Leone, L'impero ottomano nel primo periodo delle reforme, Milano 1967.

464. R. H. Davison, Reform in the Ottoman Empire 1856–1876, Princeton 1963, 2. Aufl.New York 1973.

465. M. Seyitdanlioğlu, Tanzimat Devrinde Meclis-i Vâlâ <1838–1868>, Ankara 1994.

466. Mahmûd Kemâl İnal, Osmanlı Devrinde Son Sadrazamlar, 14 Fasz., Istanbul 1940–1953.

467. M. Z. Pakalin, Son Sadrâzamlar ve Başvekiller, Bd. 1–5, Istanbul 1940–1948.

468. R. Kaynar, Mustafa Reşit Paşa ve Tanzimat, Ankara 1954.

469. N. A. Dulina, Tanzimat i Mustafa Rešid-Paša, Moskva 1984.

470. Sultan II. Mahmud ve Reformları Semineri. 28.-30. Haziran 1989 [Istanbul 1990].

471. E. W. Mosse, The Return of Rechid Pasha. An Incident in the Career of Lord Stratford de Redcliffe, The English Historical Review 68, 1953, 546–573.

472. C. R. Tyser, D. G. Demetriades, Ismail Haqqi Efendi, The Mejelle Being an English Translation of Majallahel-Ahkam-i Adliya and a Complete Code on Islamic Civil Law. Nicosia 1901.

473. S. S. Onar, Osmanlı İmparatorluğundan İslâm Hukukunun bir kısmının codificationu Mecelle, in: Istanbul Üniversitesi Hukuk Fakültesi Mecmuası 20–21, 1955, 57–85 ; engl. The Majalla, in: M. Khadduri, H. J. Liebesney (Hg.), Origin and Development of Islamic Law (Washington 1955), 294–308

474. G. Jäschke, Die Form der Eheschließung nach türkischem Recht. Ein Beitrag zum internationalen Privatrecht, in: Die Welt des Islams 22, 1940, 1–66.

475. M. Â. Aydin, Islâm-Osmanlı Aile Hukuku, Istanbul 1985.

476. A. Akyildiz, Tanzimat Dönemi Osmanlı Merkez Teşkilâtında Reform <1836–1856>, Istanbul 1993.

477. J. R. Barnes, An Introduction to Religious Foundations in the Ottoman Empire, Leiden 1986.

478. S. Kuneralp, Documents on Turco-Greek relations <1840–1869>, Istanbul 1987.

479. C. V. Findley, Ottoman Civil Officialdom. A Social History, Princeton 1989.

480. M. Ursinus, Regionale Reformen im Osmanischen Reich am Vorabend der Tanzimat, Berlin 1982.

481. H. İnalcik, Application of the Tanzimat and its Social Effects, in: Archivum Ottomanicum 5,1973, 97–127.

482. İ Ortayli, Tanzimattan sonra Mahalli İdareler <1840–1878>, Ankara 1974.

483. H.-J. Kornrumpf, Die Territorialverwaltung im östlichen Teil der europäischen Türkei vom Erlaß der Vilayetsordnung <1864> bis zum Berliner Kongreß <1878> nach amtlichen osmanischen Veröffentlichungen, Freiburg 1976.

484. M. Ma'oz, The Impact of Modernization on Syrian Politics and Society during the Early Tanzimat Period, in: W. R. Polk u. R. L. Chambers (Hg.), Beginnings of Modernization in the Middle East. The Nineteenth Century, Chicago 1968, 333–349.

485. St. T. Rosenthal, The Politics of Dependency. Urban Reform in Istanbul. Westport/Conn. 1980.

486. R. Melville u. H.-J. Schröder, (Hg.), Der Berliner Kongreß von 1878. Die Politik der Großmächte und die Probleme der Modernisierung in Südosteuropa in der zweiten Hälfte des 19. Jahrhunderts, Wiesbaden 1982.

487. Uluslararası Midhat Paşa Semineri. Bildiriler ve Tartışmalar. Edirne, 8–10 Mayıs 1984, Ankara 1986.

488. R. Haerkötter, Sultan Abdülhamîd II. in der türkischen Publizistik seit Gründung der Republik, Frankfurt a. M. 1996.

489. O. Koloğlu, Abdülhamit Gerçeği. Ne Kızıl Sultan – Ne Ulu Hakan, Istanbul 1987.

490. J. M. Landau, The Politics of Pan-Islam <Ideology and Organization>, Oxford 1990.

491. E. Kuran, Küçük Said Paşa <1840–1914> as a Turkish modernist, in: International Journal of Middle East Studies 1, 1970, 124–132.

492. S. Deringil, The Well-Protected Domains. Ideology and Legitimation of Power in the Ottoman Empire, 1876–1909, London 1998.

493. R. Uçarol, Gazi Ahmet Muhtar Paşa, Istanbul 1976.

494. M. Ş. Hanioğlu, The Young Turks in Opposition, New York, Oxford 1995.

495. Ş. Mardin, The Genesis of Young Ottoman Thought. A Study in the Modernization of Turkish Political Ideas, Princeton 1962.

496. Ders., Jön Türklerin Siyasi Fikirleri, 1895–1908, Ankara 1964.

497. D. Kushner, The Rise of Turkish Nationalism 1876–1908, London 1977.

498. F. Ahmad, The Young Turks. The Committee of Union and Progress in Turkish Politics 1908–1914, Oxford 1969.

499. S. Akşin, Jön Türkler ve İttihat ve Terakki, Istanbul 1980.

500. Ders., 31 Mart Olayı, Ankara 1970.

501. K. Boeckh, Von den Balkankriegen zum Ersten Weltkrieg. Klientelstaatenpolitik und ethnische Selbstbestimmung am Balkan, München 1996.

502. Y. Yücel, Türkei, in: J. Rohwer (Hg.), Neue Forschungen zum Ersten Weltkrieg, Koblenz 1985, 329–344.

503. P. Hopkirk, On Secret Service East of Constantinople. The Plot to Bring down the British Empire, London 1994.

504. M. Kent (Hg.), The Great Powers and the End of the Ottoman Empire, 2. Aufl., London 1996.

505. N. Steel u. P. Hart, Defeat at Gallipoli, London 1994.

506. B. Criss, Istanbul under Allied Occupation, Leiden 1999.

507. P. Jung, Der k. u. k. Wüstenkrieg. Österreich-Ungarn im Vorderen Orient, 1915–1918, Graz 1992.

508. P. C. Helmreich, From Paris to Sèvres. The Partition of the Ottoman Empire and the Peace Conference of 1919–1920, Columbus/Ohio 1974.

509. A. Mango, Atatürk, London 1999.

H. BEVÖLKERUNG (NOMADEN, ETHNISCHE GRUPPEN)

510. P. A. Andrews, Ethnic Groups in the Republic of Turkey, Wiesbaden 1989.

511. H. G. Majer, Albaner und Bosnier in der osmanischen Armee. Ein Faktor der Reichsintegration im 17. und 18. Jahrhundert, in: K.-D. Grothusen (Hg.), Jugoslawien. Integrationsprobleme in Geschichte und Gegenwart, Göttingen 1984, 105–117.

512. U. Haarmann, Ideology and History, Identity and Alterity: The Arab Image of the Turk from the 'Abbasids to Modern Egypt, in: International Journal of Middle East Studies 20, 1988, 175–196.

513. H. İnalcik, Military and Fiscal Transformation in the Ottoman Empire 1600–1700, in: Archivum Ottomanicum 6, 1980, 283–337.

514. F. Sümer, Oğuzlar <Türkmenler>: Tarihleri, Boy Teşkilatı, Destanları, 3. Aufl. Ankara 1980.

515. T. GÖKBILGIN, Rumeli'de Yürükler, Tatarlar ve Evlâd-ı Fâtihân, Istanbul 1957.

516. R. P. LINDNER, Nomads and Ottomans in Medieval Anatolia, Bloomington 1983.

517. I. BELDICEANU-STEINHERR, À propos des tribus Atčeken <XVe-XVIe siècles>, in: Journal of the Economic and Social History of the Orient 30, 1987, 121–194.

518. C. ORHONLU, Osmanlı İmparatorluğu'nda Aşiretlerin İskânı, Istanbul 1987.

519. Y. HALAÇOĞLU, XVIII. yüzyılda Osmanlı Imparatorluğu'nun İskân Siyaseti ve Aşiretlerin Yerleştirilmesi, Ankara 1988.

520. H. İNALCIK, The Yürüks: Their Origins, Expansion and Economic Role, in: R. PINNER u. W. B. DENNY (Hg.), Carpets of the Mediterranean Countries, 1400–1600 = Oriental Carpet and Textile Studies II, London 1986, 39–65.

521. R. MURPHEY, Some Features of Nomadism in the Ottoman Empire: A Survey Based on Tribal Census and Judicial Appeal Documentation from Archives in Istanbul and Damascus, in: Journal of Turkish Studies 8, 1984, 189–197.

522. B. ÖHRIG, Meinungen und Materialien zur Geschichte der Karakeçeli Anatoliens, München 1998.

523. T. GÜNDÜZ, Anadolu'da Türkmen Aşiretleri, Ankara 1997.

524. S. FAROQHI, Rural Society in Anatolia and the Balkans during the Sixteenth Century, in: Turcica 9, 1977, 161–195; 11, 1979, 103–153.

525. E. GROZDANOVA, Bălgarskata selska obština prez XV-XVIII vek., Sofia 1979.

526. Ö. L. BARKAN, Türkiye'de İmparatorluk Devirlerinin Büyük Nüfus ve Arazi Tahrirleri ve Hakana Mahsus İstatistik Defterleri, in: İktisat Fakültesi Mecmuası, 1,1, 1940, 20–59; 2,2, 1941, 214–247.

527. D. PANZAC, La population de l'Empire Ottoman. Cinquante ans <1941–1990> de publications et de recherches, Aix-en-Provence 1993.

528. N. BELDICEANU u. P. S. NASTUREL, La Thessalie entre 1454/55 et 1506, in: Byzantion 53, 1983, 104–156.

529. L. ERDER, Population Rise and Fall in Anatolia, 1550–1620, in: Middle Eastern Studies 10, 1979, 322–345.

530. K. H. KARPAT, Ottoman Population 1830–1914. Demographic and Social Characteristics, Madison 1985.

531. J. A. MCCARTHY, Muslims and Minorities. The Population of Ottoman Anatolia and the End of the Empire, New York 1983.

532. DERS., The Arab World. Turkey and the Balkans <1878–1914>, A Handbook of Historical Statistics, Boston 1982

533. DERS., The Population of Palestine. Population History and Statistics of the Late Ottoman Period and the Mandate, New York 1990.

534. M. Pinson, Demographic Warfare. An Aspect of Ottoman and Russian Policy, 1854–1866, Ph. Diss. Harvard Univ. 1970.

535. N. İpek, Rumeli'den Anadolu'ya Türk Göçleri <1877–1890>, Ankara 1994.

536. A. Lewak, Dzieji emigracji polskiej w Turcji <1831–1878>, Warszawa 1935.

537. J. McCarthy, Death and Exile. The Ethnic Cleansing of Ottoman Muslims, 1821–1922, Princeton, N.J. 1995.

538. D. Panzac, La Peste dans l'Empire Ottoman 1700–1850, Louvain 1985.

539. O. Çetin, Sicillere göre Bursa'da İhtida Hareketleri ve Sosyal Sonuçlar <1472–1909>, Ankara 1994.

540. A. M. Bryer, The Empire of Trebzond and the Pontos, London 1980.

541. Ders. u. H. Lowry (Hg.), Continuity and Change in Late Byzantine and Early Ottoman Society, Birmingham 1986.

542. S. Salaville u. E. Dallegio u. E. Balta (Hg.), Karamanlidika. Bibibliographie analytique d'ouvrages en langue turque imprimé en caractères grecs, Athènes 1958–1974, Additions v. E. Balta 1987.

543. Gy. Moravcsik, Byzantino-Turcica. Bd. 2, Berlin 1958.

544. J. Eckmann, „Die karamanische Literatur", in: Philologiae Turcicae Fundamenta 2, Wiesbaden 1964, 819–835.

545. D. Peyfuss, Die aromunische Frage. Ihre Entwicklung von den Ursprüngen bis zum Frieden von Bukarest <1913>, Wien 1974.

546. M. van Bruinessen, The Population of Diyarbekir. Ethnic composition and other demographic data, in: Ders. u. H. Boeschoten (Hg.), Evliya Çelebi in Diyarbekir, Leiden 1988, 29–35.

547. M. Strohmeier u. L. Yalçin-Heckmann, Die Kurden, Geschichte, Politik, Kultur, München 2000.

548. S. Prätor, Der arabische Faktor in der jungtürkischen Politik. Eine Studie zum osmanischen Parlament der II. Konstitution <1908–1918>, Berlin 1993.

549. H. Kayali, Arabs and Young Turks. Ottomanism, Arabism and Islam in the Ottoman Empire, 1908–1918, Berkeley 1997.

550. E. Karsh u. I. Karsh, Empire of Sands. The Struggle for Mastery in the Middle East, 1789–1923, Cambridge/Mass. 1999.

551. S. Pulaha, Popullsia shqiptare e Kosoves gjate shek XV-XVI, Tirana 1984.

552. G. W. Gawrych, Ottoman Administration and the Albanians. 1909–1913, Diss. Univ. of Michigan 1980

553. Ders., Tolerant Dimensions of Cultural Pluralism in the Ottoman Empire: The Albanian Community, 1800–1912, in: International Journal of Middle East Studies 15, 1983, 519–536.

554. P. J. Magnarella, The Peasant Venture. Traditions, Migration and Change among Georgian Peasants in Turkey, Cambridge 1979.

555. A. Popovic, „Les Čerkesses dans les territoires yougoslaves <Un complètement à l'article Čerkesses de l'Encyclopédie de l'Islam>“, in: Bulletin d'Études Orientales 30, 1978, 159–171.

556. A. G. Paspati [Paspatēs], Études sur les Tchinghianés ou Bohémiens de l'Empire Ottoman, Constantinople 1870.

557. M. A. Mujić, Položaj cigana u jugoslovenskim zemljama pod osmanskom vlasću, in: Prilozi za Orientalni Filologiju 3–4, 1952/53, 137–194.

I. STRUKTURGESCHICHTE

1. Land und Stadt

558. R. Busch-Zantner, Agrarverfassung und Siedlung in Südosteuropa unter bes. Berücksichtigung der Türkenzeit, Leipzig 1938.

559. K. Kreiser, Zur inneren Gliederung der osmanischen Stadt, in: Zeitschrift der Deutschen Morgenländischen Gesellschaft Supplement 2, 1974, 198–212.

560. S. Aktüre, 19. Yüzyıl sonunda Anadolu Kenti. Mekânsal Yapı Çözümlemesi, 2. Aufl., Ankara 1981.

561. P. Dumont u. F. Georgeon (Hg.), Villes Ottomanes à la Fin de l'Empire, Paris 1992.

562. S. Faroqhi, Towns and Townsmen of Ottoman Anatolia. Trade, Crafts and Food Production in an Urban Setting, 1520–1650, Cambridge 1984.

563. Dies., Men of Modest Substance. House Owners and House Property in Seventeenth-Century Ankara and Kayseri, Cambridge 1987.

564. Dies., Kultur und Alltag im Osmanischen Reich. Vom Mittelalter bis zum Anfang des 20. Jahrhunderts, München 1995.

565. N. Todorov, The Balkan City, 1400–1900, Seattle 1983.

566. N. Beldiceanu, Recherche sur la ville ottomane au XVe siècle. Étude et actes, Paris 1973.

567. Dünden Bugüne İstanbul Ansiklopedisi, 6 Bde., Istanbul 1992–1993.

568. Osmân Nûrî [Ergin], Mecelle-i umûr-ı belediye, Bd. 1–5, Istanbul 1911/2–1922.

569. W. Müller-Wiener, Bildlexikon zur Topographie Istanbuls. Byzantion, Konstantinupolis, Istanbul bis zum Beginn des 17. Jahrhunderts, Tübingen 1977.

570. R. Mantran, Istanbul dans la seconde moitié du XVIIe siècle. Essai d'histoire institutionelle, économique et sociale, Paris 1962.

571. Kütahya, Istanbul 1982.

572. J. SAUVAGET, Alep, essai sur le développement d'une grande ville syrienne des origines au milieu du XIXe siècle, Paris 1941.

573. B. MASTERS, The Origins of Western Economic Dominance in the Middle East. Mercantilism and the Islamic Economy in Aleppo, 1600–1750, New York 1988.

574. L. FAWAZ, Merchants and Migrants in Nineteenth Century Beirut, Cambridge/Mass. 1983.

575. DIES. An Occasion for War. Civil Conflict in Lebanon and Damascus in 1860, London 1995.

576. H. GERBER, Economy and Society in an Ottoman City, Bursa 1600–1700, Jerusalem 1988.

577. I. MIROĞLU, Kemah Sancağı ve Erzincan Kazası <1520–1566>, Ankara 1990.

578. N. GÖYÜNÇ, XVI. Yüzyılda Mardin Sancağı, Istanbul 1969.

579. A. HANDČIĆ, Tuzla i njena okolina u XVI vijeku, Sarejevo 1975.

580. M. ANASTASSIADOU, Salonique, 1830–1912. Une ville ottomane à l'âge des réformes, Leiden 1997.

2. WIRTSCHAFT UND FINANZEN

581. H. İNALCIK u. D. QUATAERT, Economic and Social History of the Ottoman Empire 1300–1914, Cambridge 1994 (H. İNALCIK: The Ottoman State: Economy and Society, 1300–1600; S. FAROQHI, Crisis and Change, 1540–1699; B. MCGOWAN: The Age of the *Ayans*; D. QUATAERT: The Age of Reforms, 1812–1914; Ş. PAMUK: MONEY IN THE OTTOMAN EMPIRE, 1326–1914).

582. A. TABAKOĞLU, Türk İktisat Tarihi, Istanbul 1986.

583. M. AKDAĞ u. Ş. PAMUK, Osmanlı-Türkiye İktisadî Tarihi 1500–1914, Istanbul 1988.

584. Ş. PAMUK, The Ottoman Empire and European Capitalism, 1820–1913. Trade, Investment, and Production, Cambridge 1987.

585. DERS., Osmanlı İmparatorluğu'nda Paranın Tarihi, Istanbul 1999; engl. A Monetary History of the Ottoman Empire, Cambridge 1999.

586. H. G. MAJER, Ein osmanisches Budget aus der Zeit Meḥmeds des Eroberers, in: Der Islam 59, 1982, 40–63.

587. H. SAHILLIOĞLU, The Role of International Monetary and Metal Movements in Ottoman Monetary History, 1300–1750, in: J. F. RICHARDS (Hg.), Precious Metals in the Later Medieval and Early Modern Worlds, Durham/N.C. 1983, 269–304.

588. A. YALÇIN, Türkiye İktisat Tarihi. Osmanlı İktisadında Büyüme ve Gerileme Süreci, Ankara 1979.

589. N. BELDICEANU, Le timar dans l'état ottoman <début XIVe-début XVIe siècle>, Wiesbaden 1980.

590. V. P. MUTAFČIEVA u. S. A. DIMITROV, Sur l'état du système des timars des XVIIe et XVIIIe ss., Sofia 1968.

591. K. RÖHRBORN, Untersuchungen zur osmanischen Verwaltungsgeschichte, Berlin 1973.

592. A. MUMCU, Osmanlı Devletinde Rüşvet <Özelikle Adlî Rüşvet>, Ankara 1969.

593. H. İNALCIK, Adâletnâmeler, in: Belgeler 2, 1965, 49–104.

3. PROVINZVERWALTUNG, REBELLEN, LOKALE FAMILIEN

594. M. AKDAĞ, Celâlî İsyanları <1550–1603>, Ankara 1963.

595. W. J. GRISWOLD, The Great Anatolian Rebellion 1000–1020/1591–1611, Berlin 1983.

596. Y. NAGATA, Muhsin-zâde Mehmed Paşa ve Âyânlık Müessesi, Tokyo 1982.

597. DERS., Tarihte Âyânlar. Karaosmanoğulları üzerinde bir İnceleme, Ankara 1997.

598. Y. ÖZKAYA, Osmanlı İmparatorluğu'nda Âyânlık, Ankara 1994.

599. N. SAKAOĞLU, Anadolu Derebeyi Ocaklarından Köse Paşa Hanedanı, Ankara 1984.

600. Ö. MERT, XVIII. ve XIX. Yüzyıllarda Çapanoğulları, Ankara 1980.

J. MILITÄRWESEN, MARINE

601. Rh. MURPHEY, Ottoman Warfare 1500–1700, London 1999.

602. L. F. MARSIGLI, Stato militare dell'Impèrio ottomanno, incremento e decremento del medesimo, mit franz. Paralleltext: L'État militaire de l'Empire ottoman, La Haya 1732; Reprint 1972.

603. J. STOYE, Marsigli's Europe 1680–73. The Life and Times of Luigi Ferdinando Marsigli, Soldier and Virtuoso, New Haven 1994.

604. V. N. PARRY u. M. E. YAPP (Hg.), War, Technology and Society in the Middle East, London 1975.

605. L. GÜÇER, XVI-XVII Asırlarda Osmanlı İmparatorluğunda Hububat Meselesi ve Hububattan Alınan Vergiler, Istanbul 1964.

606. C. FINKEL, The Administration of Warfare: the Ottoman Military Campaigns in Hungary, 1593–1606, 2 Bde., Wien 1988.

607. G. VEINSTEIN, L'hivernage en campagne, talon d'Achille du système militaire ottoman classique <A propos des Sipāhī de Roumélie en 1559–60>, in: Studia Islamica 58, 1983, 109–148.

608. H. UZUNÇARŞILI, Osmanlı Devlet Teşkilâtından Kapukulu Ocakları, Ankara 1943

609. C. GEORGIEVA, Jeničarite v Bălgarskite zemi, Sofia 1988.

610. E. A. ZACHARIADOU, Les „janissaires" de l'empereur byzantin, in: Studia Turcologica Memoriae Alexii Bombaci Dicata, Napoli 1982, 591–597.

611. G. PARKER, The Military Revolution. Military Innovation and the Rise of the West, 1500–1800, Cambridge 1988.

612. C. ORHONLU, Osmanlı İmparatorluğunda Derbent Teşkilatı, Istanbul 1967.

613. M. CEZAR, Osmanlı Tarihinde Levendler, Istanbul 1965.

614. M. VASIĆ, Martolisi u jugoslovenskim zemljama pod turskom vladavinom, Sarajevo 1967.

615. İ. H. UZUNÇARŞILI, Osmanlı Devletinin Merkez ve Bahrîye Teşkilâtı, Ankara 1948.

616. H. KAHANE, R. KAHANE und A. TIETZE, The Lingua Franca in the Levant. Turkish Nautical Terms of Italian and Greek Origin, Urbana 1958.

617. C. IMBER, The Navy of Süleyman the Magnificent, in: Archivum Ottomanicum 6, 1980, 211–282.

618. W. MÜLLER-WIENER, Die Häfen von Byzantion, Konstantinupolis, Istanbul, Tübingen 1994.

619. M. İPŞIRLI, XVI. Asrın ikinci Yarısında Kürek Cezası ile ilgili Hükümler, in: İstanbul Üniversitesi Tarih Enstitüsü Dergisi 12, 1982, 204–248.

620. İ. BOSTAN, Osmanlı Bahriye teşkilâtı XVII. Yüzyılda Tersâne-i Âmire, Ankara 1992.

621. J. F. GUILMARTIN, Gunpowder and Galleys, Cambridge 1974.

622. A. İ. GENCER, Bahriye'de Yapılan Islahât Hareketleri ve Bahriye Nezâreti Kuruluşu <1789–1867>, Istanbul 1985.

623. Intelligence Section, (Hg.) Handbook of the Turkish Army, 8. Aufl. Cairo 1916. (Reprint London 1996).

624. M. LARCHER, La guerre turque dans la guerre mondiale, Paris 1926.

K. WIRTSCHAFTS- UND SOZIALGESCHICHTE

1. Landwirtschaft, Handel, Handwerk, Verkehr, Bergbau bis zum frühen 19. Jahrhundert

625. H. Islamoğlu-Inan, State and Peasant in the Ottoman Empire. Agrarian Power Relations and Regional Economic Development in Ottoman Anatolia during the Sixteenth Century, Leiden 1994 (vgl. Dies., Die osmanische Landwirtschaft im Anatolien des 16. Jahrhunderts. Stagnation oder regionale Entwicklung?, in: Jahrbuch zur Geschichte und Gesellschaft des Vorderen und Mittleren Orients <Jahrbuch für Vergleichende Sozialforschung, 1985–1986>, Berlin 1987, 165–212).
626. H. İnalcik, Rice Cultivation and the Çeltükçü-Re'âyâ System in the Ottoman Empire, in: Turcica 14, 1982, 67–141.
627. H. Berktay, The Feudalism Debate: The Turkish End – Is 'Tax-vs.-Rent' Necessarily the Product and Sign of a Modal Difference?, in: Journal of Peasant Studies 14, 1987, 292–301.
628. D. Quataert, Ottoman Reform and Agriculture in Anatolia, 1876–1908, Phil. Diss. Univ. of California, Los Angeles 1973.
629. S. Faroqhi, Agriculture and Rural Life in the Ottoman Empire <ca. 1500–1878>: A Report on Scholarly Literature Published 1970–1985, in: New Perspectives on Turkey 1, 1987, 3–34.
630. Ö. Barkan, Türk-İslâm Toprak Hukuku Tatbikatının Osmanlı İmparatorluğūnda aldığı şekiller. 1. Mâlikâne-divânî sistemi, in: Türk Hukuk ve İktisat Tarihi Mecmuası 2, 1932/39, 119–184.
631. H. İslamoğlu-İnan (Hg.), The Ottoman Empire and the World-Economy, Cambridge, Paris 1987.
632. M. L. Venzke, The Question of Declining Cereals. Production in the Sixteenth Century: A Sounding on the Problem-solving Capacity of the Ottoman Cadastres, in: Journal of Turkish Studies 8, 1984, 251–264.
633. R. Murphy, Provisioning Istanbul: The State and Subsistence in the Early Modern Middle East, in: Food and Foodways 2, 1988, 217–263.
634. G. Baer, The Structure of Turkish Guilds and its Significance in Social history, in: The Israel Academy of Sciences and Humanities 4, 1970.
635. D. Quataert (Hg.), Manufacturing in the Ottoman Empire and Turkey, 1500–1950, New York 1994.
636. S. D. Shields, Take-off into Self-sustained Peripheralization, in: Turkish Studies Association Bulletin 17, 1993, 1–23.
637. D. Goffman, Izmir and the Levantine World, 1550–1650, Seattle 1990.
638. E. Eldem, French Trade in Istanbul in the Eighteenth Century, Leiden 1999.
639. M. S. Kütükoğlu, Osmanlı-İngiliz İktisâdî Münâsebetleri, 2 Bde., Ankara, Istanbul 1974–1976.

640. A. Raymond, Artisans et commerçants au Caire au XVIIIe siècle, 2 Bde., Damas 1973–1974.

641. F. Taeschner, Das anatolische Wegenetz nach osmanischen Quellen, 2 Bde., Leipzig 1924–1926.

642. O. Zirojević, Carigradski drum od Beograda do Sofije <1459–1683>, Beograd 1970 (Zbornik Istorijckog Muzeja Srbije 7)

643. J. M. Stein, An Eighteenth Century Ottoman Ambassador Observes the West: Ebu Bekir Râtip Efendi Reports on the Habsburg System of Roads and Post, Archivum Ottomanicum 10, 1985 [1987], 219–312.

644. N. Yazici, II. Mahmud Döneminde Menzilhaneler: „Ref'-i Menzil Bedeli", in: Sultan II. Mahmud ve Reformları, Istanbul 1990, 157–191.

645. R. H. Davison, Effect of the Electric Telegraph on the Conduct of Ottoman Foreign Relations, in: C. E. Farah (Hg.), Decision Making and Change in the Ottoman Empire, Minneapolis 1993, 53–66.

646. [Altinay] Ahmed Refîk, Osmanlı Devrinde Türkiye Madenleri, Istanbul 1931.

647. R. Anhegger, Beiträge zur Geschichte des Bergbaus im Osmanischen Reich, 3 Bde., Istanbul 1943–1945.

648. N. Beldiceanu, Règlements miniers 1390–1512, Paris 1964.

2. Wirtschafts- und Sozialgeschichte im 19. und frühen 20. Jahrhundert

649. Ch. Issawi, The Economic History of Turkey, 1800–1914, Chicago 1980.

650. Ders., The Economic History of the Middle East, Chicago 1966.

651. Z. Toprak, Türkiye'de „Millî İktisat" 1908–1918, Ankara 1982.

652. R. Kasaba, The Ottoman Empire and the World Economy. The Nineteenth Century, New York 1988.

653. A. Sayar, Osmanlı İktisat Düşüncesinin Çağdaşlaşması <Klasik Dönem'den II. Abdülhamid'e>, Istanbul 1986.

654. F. Georgeon, Aux origines du nationalism turc. Yusuf Akçura <1876–1935>, Paris 1980.

655. St. J. Shaw, The Nineteenth-Century Ottoman Tax Reforms and Revenue System, in: International Journal of Middle East Studies 6, 1975, 421–459.

656. A. du Velay, Essai sur l'histoire financière de la Turquie. Depuis la règne de Sultan Mahmoud II jusqu'à nos jours, Paris 1903.

657. J. Thobie, Phares ottomans et emprunts turcs <1904–1961>. Un type de règlement financier international dans le cadre des traités, Paris 1972.

658. A. İ. Bağış, Osmanlı Ticaretinde Gayrimüslimler. Kapitülasyonlar-Beratlı Tüccarlar, Avrupa ve, Haryiye Tüccarları <1750–1839>, Ankara 1983.

659. D. Quataert, Social Disintegration and Popular Resistance in the Ottoman Empire, 1881–1908. Reactions to European Economic Penetration, New York 1983.

660. İ. Sungu u. R. Z. Mağden, Türk Ziraat Tarihine bir Bakış Istanbul 1938.

661. N. Hazar, T. C. Ziraat Bankası <1863–1983>, Ankara 1986.

662. H. İnalcik, Tanzimat ve Bulgar Meselesi, Ankara 1943.

663. T. Güran, Ziraî Politika ve Ziraatte Gelişmeler, 1839–1876, in: H. D. Yildiz (Hg.), 150. Yılında Tanzimat, Ankara 1992, 219–233.

664. T. Stoianovich, Le maïs dans les Balkans, in: Annales. Économies, Sociétés, Civilisations 21, 1966, 1026–1040.

665. B. Duran, Türkiye Tarım Tarihi <1870–1914> Uygulanan Tarım Politikası ve Tarımdaki Gelişmeler, Malatya 1991.

666. Ö. Küçükerman, Türk Giyim Sanayii Tarihindeki Ünlü Fabrika „Feshane" Defterdar Fabrikası, Ankara 1988.

667. T. Güran, Tanzimat Döneminde Devlet Fabrikaları, in: H. D. Yildiz (Hg.), 150. Yılında Tanzimat, Ankara 1992, 235–257.

668. N. Todorov, The First Factories in the Balkan Provinces of the Ottoman Empire, in: Orta Doğu Teknik Üniversitesi Gelişme Dergisi 1971/2, 315–358 .

669. O. Kurmuş, Emperiyalizmin Türkiye'ye Girişi, Istanbul 1974.

670. A. G. Ökçün, Tatil-i Eşgal Kanunu, 1909, Belgeler, Yorumlar, Ankara 1982.

671. C. Okay, Osmanlı Çocuk Hayatında Yenileşmeler 1850–1900, Istanbul 1998.

672. E. R. Toledano, The Imperial Eunuchs of Istanbul: From Africa to the Heart of Islam, in: Middle Eastern Studies 20, 1984, 379–390.

673. Ders., The Ottoman Slave Trade and its Suppression, 1840–1890, Princeton 1983.

674. İ. Parlatir, Tanzimat Edebiyatında Kölelik, Ankara 1987.

L. REICHSTEILE

1. Südosteuropa, Anatolien

675. B. McGowan, Economic Life in Ottoman Europe. Taxation, Trade and the Struggle for Land, 1600–1800, Cambridge 1981.

676. F. Adanir, Heiduckentum und osmanische Herrschaft, in: Süd-Ostforschungen 41, 1982, 43–116.

677. A. Vakalopoulos, Griechische Geschichte von 1204 bis heute, Köln 1985.

678. M. Kiel, Central Greece in the Suleymanic Age. Preliminary Notes on Population Growth, Economic Expansion and its Influence on the Spread of Greek Christian Culture, in: G. Veinstein (Hg.), Soliman le Magnifique et son temps, Actes du Colloque de Paris 7–10 mars 1990, Paris 1992, 399–424.

679. D. N. Karydis u. M. Kiel, Sandzaki tou Evripou: 15os 16os ai, in: Tetramina 28–29, 1985, 1859–1903.

680. A. E. Vacalopoulos, La retraite des populations Grecques vers des régions éloignées et montagneuse pendant la domination Turque, in: Balkan Studies 4, 1963, 265–276.

681. B. G. Spiridonakis, Essays on the Historical Geography of the Greek World in the Balkans during the Turkokratia, Thessaloniki 1977.

682. E. Balta, L'Eubée à la fin du XVe siècle. Économie et population. Les registres de l'année 1474, Athènes 1989.

683. B. Dēmētriadēs, Topographia Thessalonikēs kata tēn epochē tēs Turkokratias. 1430 1912, Thessalonike 1983.

684. P. Argentis, The Massacres of Chios Described in Contemporary Diplomatic Records, Oxford 1932.

685. Ders., Chius Vincta or the Occupation of Chios by the Turks <1566> and their administration of the Island <1566–1912>, Cambridge 1941.

686. V. P. Moutafchieva, Agrarian Relations in the Ottoman Empire in the 15th and 16th Centuries, New York 1988.

687. M. Berindei u. G. Veinstein, L'Empire ottoman et les pays roumains 1544–1545. Etudes et documents, Paris 1987.

688. S. Pulaha, Die wissenschaftlichen Forschungen über die osmanische Periode des Mittelalters in Albanien <15. Jahrhundert bis Anfang des 19. Jahrhunderts>, in: H. G. Majer (Hg.), Die Staaten Südosteuropas und die Osmanen, München 1989, 163–178.

689. M. Köhbach, Nordalbanien in der zweiten Hälfte des 18. Jahrhunderts. Das Paşalık Shkodër unter der Herrschaft der Familie Bushatlli, in: Albanien-Symposium 1984, Kittsee 1986, 133–180.

690. S. M. Džaja, Die „bosnische Kirche" und das Islamisierungsproblem Bosniens und der Herzegowina in den Forschungen nach dem zweiten Weltkrieg, München 1978.

691. H. Šabanović, Bosanski Pašaluk. Postanak i upravna podelja, Sarajevo 1982.

692. A. C. Eren, Mahmut II. Zamanında Bosna-Hersek, Istanbul 1965.

693. R. Donia, Islam under the Double Eagle. The Muslims of Bosnia and Hercegovina 1878–1914, New York 1981.

694. N. Moačinin, Požega i Požešina u sklopu Osmanlijskog carstva <1537–1691>, Jastrebarsko 1997.

695. G. David u. P. Fodor (Hg.), Hungarian-Ottoman Military and Diplomatic Relations in the Age of Suleyman the Magnificent, Budapest 1994.

696. Gy. Székely, La Hongrie et la Domination Ottomane <XVe-XVIIe siècles>, Budapest 1975.

697. L. Fekete, Buda and Pest under Turkish Rule, Budapest 1976.

698. F. Sümer, Kara Koyunlular <Başlangıçtan Cihan-şah'a kadar>, Ankara 1976.

699. J. E. Woods, The Aqquyunlu. Clan, Confederation, Empire, 2. Aufl. Salt Lake City 1999.

700. K. Beydilli, II. Mahmud Devri'nde Katolik Ermeni Cemâati ve Kilisesi'nin Tanınması <1830>, [Cambridge/Mass.] 1995 (engl. Titel Recognition of the Armenian Community and the Church in the Reign of Mahmud II. <1830>)

701. B. Kodaman, Şark Meselesi Işığı altında Sultan Abdülhamid'in Doğu Anadolu Politikası, Istanbul 1983.

702. A. Karaca, Anadolu Islahâtı ve Ahmet Şâkir Paşa <1838–1899>, Istanbul 1993.

2. Die arabische Welt, Afrika

703. A. Hourani, A History of the Arab Peoples, London 1991.

704. A. Raymond, Grandes villes arabes à l'époque ottomane, Paris 1985.

705. M. Winter, Egyptian Society under Ottoman Rule 1517–1598, London 1992.

706. A. Abdel Nour, Introduction à l'histoire urbaine de la Syrie ottomane <XVIe-XVIIIe siècle>, Beyrouth 1982.

707. P. Holt, Egypt and the Fertile Crescent. 1516–1922. A Political History, London 1966.

708. E. R. Toledano, State and Society in Mid-Nineteenth Century Egypt, Cambridge 1990.

709. E. Rossi, Storia di Tripoli e della Tripolitania della Conquista Araba al 1911, Roma 1968.

710. S. Özbaran, The Ottomans in Afrika: A Tribute to Cengiz Orhonlu, in: S. Deringil und S. Kuneralp (Hg.), Studies on Ottoman Diplomatic History 5, Istanbul 1990, 147–155.

711. C. Orhonlu, Osmanlı İmparatorluğu'nun Güney Siyaseti Habeş Eyâleti, Istanbul 1974.

712. S. Deringil, Les Ottomans et le partage de l'Afrique 1880–1990, in: S. Deringil und S. Kuneralp (Hg.), Studies on Ottoman Diplomatic History 5, Istanbul 1990, 121–134.

713. F. A. K. Yasamee, The Ottoman Empire, the Sudan and the Red Sea Coast 1883 - 1889, in: S. Deringil und S. Kuneralp (Hg.), Studies on Ottoman Diplomatic History 5, Istanbul 1990, 87–102.

714. İ. Bostan, The Ottoman Empire and the Congo: The Crisis of 1893–95, in: S. Deringil und S. Kuneralp (Hg.), Studies on Ottoman Diplomatic History 5, Istanbul 1990, 103–119.

715. J. B. Wolf, The Barbary Coast. Algiers under the Turks, 1500 to 1830, New York 1979.

716. G. Fisher, Barbary Legend. War, Trade, and Piracy in North Africa, 1415–1830, Oxford 1957.

717. A. Temimi, Le Beylik de Constantine et Ḥā̱dj Ahmed Bey <1830–37>, Tunis 1878.

718. J. Serres, La politique turque en Afrique du Nord sous la monarchie du Juillet, Paris 1925.

719. E. Kuran, Cezayirin Fransızlar tarafından İşgali karşısında Osmanlı Siyaseti <1827–1847>, Istanbul 1957.

720. S. Faroqhi, Herrscher über Mekka. Die Geschichte der Pilgerfahrt, München 1990.

721. J. Revault, Le Foundouk des Français et les Consuls de France à Tunis <1660–1860>, Paris 1985.

722. L. C. Brown, The Tunesia of Ahmad Bey 1837–1855, Princeton 1974.

723. A. Tunger-Zanetti, La communication entre Tunis et Istanbul 1860–1913. Province et métropole, Paris 1996.

724. S. Bono, Scarce published Sources on the History of Libya <XVI-XIXth Centuries>, in: Revue d'Histoire Maghrebine 13–14, 1979,114–120.

725. B. G. Martin, Ghūma Bin Khalīfa, a Libyan Rebel, 1795–1858, in: S. Deringil und S. Kuneralp (Hg.), Studies on Ottoman Diplomatic History 5, Istanbul 1990, 57–73.

726. St. Shaw, The Financial and Administrative Organization and Development of Ottoman Egypt <1517–1798>, Princeton 1962.

727. Ders., Ottoman Egypt in the Eighteenth Century. The Nizâmnâme-i Mısır of Cezzâr Ahmed Pasha, Cambridge/Mass. 1962.

728. P. M. Holt (Hg.), Political and Social Change in Modern Egypt. Historical Studies from the Ottoman Conquest to the United Arab Republic, London 1968.

729. R. Owen, Cotton and the Egyptian Economy, 1820–1914, Oxford 1981.

730. D. Crecelius, The Roots of Modern Egypt, A Study of the Regimes of Ali Bey al-Kabir and Muhammad Bey Abu al-Dahhab, 1760–1775, Minneapolis 1991.

731. P. Gran, Islamic Roots of Capitalism, Austin 1979.

732. A. Singer: Palestian Peasants and Ottoman Officials. Rural Administration around Sixteenth-century Jerusalem, Cambridge 1994.

733. M. A. Bakhit, The Ottoman Province of Damascus in the Sixteenth Century, Beirut 1982.

734. K. K. Barbir, Ottoman Rule in Damascus 1708–1758, Princeton 1980.

735. A. K. Rafeq, The Province of Damascus 1723–1783, Beirut 1966.

736. J.-P. Pascual, Damas à la fin du XVIe siècle d'après trois actes de waqf ottomans, Damas 1983.
737. E. D. Akarli, The Long Peace. Ottoman Lebanon 1861–1920, Berkeley 1993.
738. S. Longrigg, Four Centuries of Modern Iraq, Oxford 1925.
739. T. Nieuwenhuis, Politics and Society in Early Modern Iraq. Mamlūk Pashas, Tribal Shaykhs and Local Rule Between 1802 and 1831, The Hague 1982.

M. CHRISTEN UND JUDEN

740. B. Braude u. B. Lewis (Hg.), Christians and Jews in the Ottoman Empire. The Functioning of a Plural Society, New York 1982.
741. K. Binswanger, Untersuchungen zum Status der Nichtmuslime im Osmanischen Reich des 16. Jahrhunderts. Mit einer Neudefinition des Begriffs „Ḏimma", München 1977.
742. B. Heyberger, Les Chrétiens du Proche-Orient au temps de la Réforme catholique <Syrie, Liban, Palestine>, XVIIe –XVIIIe siècles, Rome 1994.
743. Th. Papadopoulos, Studies and Documents relating to the History of the Greek Church and People under Turkish Domination, Bruxelles 1952.
744. H. Scheel, Die staatsrechtliche Stellung des ökumenischen Kirchenfürsten in der alten Türkei, Berlin 1943.
745. S. Runciman, The Great Church in Captivity. A Study from the Patriarchate of Constantinople from the Eve of the Turkish Conquest to the Greek War of Independence, Cambridge 1968 (dt. Übers. u. d.T. Das Patriachat von Konstantinopel vom Vorabend der türkischen Eroberung bis zum griechischen Unabhängigkeitskrieg, München 1970).
746. J. Kabrda, Le système fiscal de l'église orthodoxe dans l'Empire ottoman <d'après les documents turcs>, Brno 1969.
747. B. Kasbarian-Bricout, La société arménienne au XIX siècle, Paris 1981.
748. A. Lévy (Hg.), The Jews of the Ottoman Empire, Princeton 1994.
749. St. J. Shaw, The Jews of the Ottoman Empire and the Turkish Republic, London 1992.
750. E. Juhasz, Sephardi Jews in the Ottoman Empire. Aspects of Material Culture, The Israel Museum, Jerusalem 1990.
751. M. Reinkowski, Filastin, Filistin und Eretz Israel. Die späte osmanische Herrschaft über Palästina in der arabischen, türkischen und israelischen Historiographie, Berlin 1995.
752. V. Artinian, The Formation of Catholic and Protestant Millets in the Ottoman Empire, in: The Armenian Review 28, 1975, 3–15.

753. R. Aubert, Die lateinischen Katholiken im Ottomanischen Reich, in: Ders. e.a. (Hg.), Die Kirchen zwischen Revolution und Restauration, Freiburg 1971, 192–197.

754. M. K. Krikorian, Armenians in the Service of the Ottoman Empire 1860–1908, London 1978.

755. A. Sanjian, The Armenian Communities in Syria under Ottoman Domination, Cambridge/Mass. 1965.

756. B. Şimşir, British Documents an Ottoman Armenians, 4 Bde., Ankara 1982–1990.

757. A. Beylerian, Les Grandes Puissances, l'Empire Ottoman et les Arméniens dans les Archives Françaises <1914–1918>, Paris 1983.

758. G. Dyer, Turkish 'Falsifiers' and Armenian 'Deceivers'. Historiography and the Armenian Massacres, in: Middle Eastern Studies 12/1, 1976, 99–107; 12/2, 21–57.

759. A. Sarafian, United States Official Documents on the Armenian Genocide, Watertown 1996-.

760. J. Salt, Imperialism, Evangelism and the Ottoman Armenians 1878–1896, London 1993.

761. T. Ataöv, Ermeni Sorunu. Bibliyografya, Ankara 1981.

762. R. Hovannissian, The Armenian Holocaust: A Bibliography Relating to the Deportations, Massacres, and Dispersion of the Armenian People, 1915–1923, 2. Aufl. Cambridge/Mass. 1980.

N. ISLAMISCHE INSTITUTIONEN

763. T. Buzpinar, Opposition to the Ottoman Caliphate in the Early Years of Abdülhamid II: 1877–1882, in: Die Welt des Islams 36, 1966, 59–89.

764. R. C. Repp, The Müftü of Istanbul. A Study in the Development of the Ottoman Learned Hierarchy, London 1986.

765. M. E. Düzdağ, Şeyhülislâm Ebussuûd Efendi Fetvaları Işığında 16. Asır Türk Hayatı, Istanbul 1972.

766. H. Krüger, Fetwa und Siyar. Zur internationalrechtlichen Gutachterpraxis der osmanischen Şeyh ül-Islâm vom 17. bis 19. Jahrhundert unter besonderer Berücksichtigung der „Behcet ül-Fetâvâ", Wiesbaden 1978.

767. E. Mardin, Huzur Dersleri, 3 Bde., Istanbul 1951–1966.

768. A. Uğur, The Ottoman 'Ulemâ in the Mid-17th Century. An Analysis of the Vakâ'i'ül-Fuzalâ of Mehmed Şeyhî Efendi, Berlin 1986.

769. U. Heyd, Studies in Old Ottoman Criminal Law, Oxford 1973.

770. H. Gerber, State, Society, and Law in Islam. Ottoman Law in Comparative Perspective, New York 1994.

771. Ö. L. Barkan, Osmanlı İmparatorluğun Teşkilât ve Müesseselerinin Şer'îliği Mes'elesi, Istanbul Üniversitesi Hukuk Fakültesi Mecmuasi 11, 1945.

772. M. Yazıcıoğlu, XV. ve XVI. Yüzyıllarda Osmanlı Medreselerinde İlm-i Kelâm Öğretimi ve Kelâm Eğitimin Tenkidi, in: Ankara Üniversitesi İlahiyat Fakültesi İslâm İlimleri Enstitüsü Dergisi 4, 1980, 285–294.

773. M. Grignaschi, La valeur du temoignage des sujets non-musulmans <Dhimmi> dans l'Empire Ottoman, in: La Preuve Bd. 3, Bruxelles 1963, 211–323 (Recueils de la Société Jean Bodin 18).

774. R. Deguilhem (Hg.), Le waqf dans l'espace islamique. Outil de pouvoir socio-politique, Damas 1995.

775. Ö. L. Barkan, Osmanlı İmparatorluğunda bir İskân ve Kolonizasyon Metodu olarak Vakıflar ve Temlikler. I. İstilâ Devirlerinin Kolonizatör Türk Dervişleri ve Zaviyeler, in: Vakıflar Dergisi 2, 1942, 279–386.

776. N. Clayer, Mystique, État et Société. Les Halvetis dans l'aire balkanique de la fin du XVe siècle à nos jours, Leiden 1994.

777. R. Lifchez (Hg.), The Dervish Lodge. Architecture, Art, and Sufism in Ottoman Turkey, Berkeley 1990.

778. A. Gölpınarlı, Mevlânâ'dan sonra Mevlevilik, Istanbul 1953.

779. S. Faroqhi, Der Bektaschi-Orden in Anatolien <vom späten 15. Jahrhundert bis 1826>, Wien 1981.

O. KULTURGESCHICHTE, ARCHITEKTUR, KUNST, LITERATUR, THEATER, MUSIK

780. Türkische Kunst und Kultur aus osmanischer Zeit. Ausstellungskatalog hg. vom Museum für Kunsthandwerk der Stadt Frankfurt in Verbindung mit dem Villa Hügel e.V., 2. Aufl. Essen, 2 Bde., 1985.

781. G. Goodwin, A History of Ottoman Architecture, London 1971.

782. E. H. Ayverdi, İstanbul Mi'mârî çağının menşei. Osmanlı Mi'mârisinin İlk Devri, Istanbul 1966; Osmanlı Mi'mârisinde Çelebi ve II. Sultan Murad Devri, Istanbul 1972; Osmanlı Mi'mârisinde Fâtih Devri, 2 Bde., Istanbul 1973/1974.

783. M. Kiel, Studies on the Ottoman Architecture of the Balkans, London 1990.

784. P. Tuğlacı, İstanbul Ermeni Kileseleri/Armenian Churches of Istanbul, istanbul 1991.

785. Ders., Osmanlı Mimarlığında Batılaşma Dönemi ve Balyan Ailesi, Istanbul 1981.

786. M. Cezar, XIX. Yüzyıl Beyoğlusu, Istanbul 1991.

787. G. Renda, Batılaşma Döneminde Türk Resim Sanatı 1700–1850, Ankara 1977.

788. M. Cezar, Sanat'ta Batıya Açılış ve Osman Hamdi, 2 Bde., 2. Aufl. Istanbul 1995.

789. H. Reindl-Kiel, Wesirfinger und Frauenschenkel. Zur Sozialgeschichte der türkischen Küche, in: Archiv für Kulturgeschichte 77 (1995), 57–84.

790. O. Ergin, İstanbul Mektebleri ve İlim, Terbiye ve San'at Müesseseleri dolayısile Türkiye Maarif Tarihi, 5 Bde., Istanbul 1939–1943.

791. H. Z. Ülken, Türkiye'de Çağdaş Düşünce Tarihi, Istanbul 1979.

792. E. Erünsal, Kuruluştan Tanzimat'a kadar Osmanlı Vakıf Kütüphaneleri, Ankara 1988 (Türk Kütüphaneleri Tarihi 2).

793. F. Babinger, Stambuler Buchwesen im 18. Jahrhundert, Leipzig 1919.

794. O. Koloğlu, Basımevi ve Basının Geçikme Sebepleri ve Sonuçları. O.o. 1987.

795. W. J. Watson, Ibrâhm Müteferrika and Turkish Incunabula, in: Journal of the American Oriental Society 88, 1968, 435–441.

796. K.K. Walther, Die lithographische Vervielfältigung von Texten in den Ländern des Vorderen und Mittleren Orients, in: Gutenberg-Jahrbuch 1990, 223–236.

797. Philologiae Turcicae Fundamenta, Bd. 1-, Wiesbaden 1959-.

798. A. Bombaci, La letterature turca con un profilo della letteratura mongola, Firenze 1969; franz. Übers. Paris 1968.

799. B. Flemming, Das türkische Gasel, die türkische Qaşide, Türkische Epik, Das Verhältnis von Hoch- und Volksliteratur im Türkischen, in: W. Heinrichs (Hg.), Orientalisches Mittelalter. Wiesbaden 1990, (Neues Handbuch der Literaturwisenschaft 5)

800. W. Andrews e.a. (Hg.), Ottoman Lyric Poetry. An Anthology, Austin 1997.

801. V. R. Holbrook, The Unreadable Shores of Love. Turkish Modernity and Mystic Romance, Austin 1994.

802. J. Strauss, *Romanlar, Ah! O Romanlar!* Les débuts de la lecture moderne dans l'Empire ottoman (1850–1900), in: Turcica (1994) 125–163.

803. M. And, Osmanlı Şenliklerinde Türk Sanatları, Ankara 1982.

804. Ö. Nutku, IV. Mehmed'in Şenliği <1675>, Ankara 1972.

805. T. Poyraz u. N. Tuğrul, Tiyatro biblioyografyası <1859–1928>, Ankara 1967.

806. K. u. U. Reinhard, Die Musik der Türkei, 2 Bde., Wilhelmshaven/ Darmstadt 1984.

807. Y. Öztuna, Büyük Türk Mûsikîsi Ansiklopedisi, 2 Bde., Ankara 1990.

808. Â. Kahraman, Osmanlı Devletinde Spor, Ankara 1995.

NACHTRAG ZUR BIBLIOGRAPHIE

Die folgende Übersicht über die wichtigsten Neuerscheinungen zwischen ca. 2000 und 2007 auf dem Gebiet der historischen Osmanistik gibt Anlaß zu einigen allgemeinen Beobachtungen: Die für den größten Teil des 20. Jahrhunderts gültige Zweiteilung in türkische und „westliche" Forschung ist zu Beginn des 21. Jahrhunderts weitgehend aufgehoben. Die Verfasser und Verfasserinnen von Hauptwerken der historischen Osmanistik haben ihre akademische Heimat in vielen Ländern, wichtige Titel werden ins Türkische übersetzt, während zahlreiche türkische Forscher in anderen Sprachen publizieren.

Verschiedene Entwicklungen der internationalen Osmanistik haben sich schon im letzten Jahrzehnt des 20. Jahrhunderts angekündigt. Bei aller Bewahrung der Vielsprachigkeit der Forschungsliteratur ist der Anteil von Veröffentlichungen in türkischer und englischer Sprache so stark angewachsen, daß nicht nur wie bisher Arbeiten in „kleinen Sprachen" vielfach ignoriert, sondern auch z. T. gewichtigere Monographien und Artikel in Deutsch oder Französisch von der Mehrzahl der Autoren nicht wahrgenommen werden. GOTTFRIED HAGEN charakterisiert am Beispiel einer amerikanischen Dissertation die Verhältnisse: „The rest of the field of Ottoman studies has disappeared behind the language barrier, without even an acknowledgment of its existence, not to mention a discussion."

Mit der Einstellung des *Turkologischen Anzeigers* (s. S.161) im Jahr 2000 ist das wertvollste Hilfsmittel zur bibliographischen Orientierung für die Gesamtturkologie, vor allem aber für die historische Osmanistik verschwunden. Es ist seitdem schwerer geworden, die Produktion außerhalb der großen Zentren zu verfolgen. Die Lücke kann durch die digitalisierten Ausgaben des *Index Islamicus* (http://www.brillonline.nl) nur teilweise und ausschließlich für Titel in den westeuropäischen Hauptsprachen ausgeglichen werden.

Hier kann nur eine Auswahl von Monographien seit Erscheinen der ersten Auflage dieses Buchs gegeben werden. Es soll aber zumindest auf die Zeitschriftenliteratur und wichtige Kongreßakten hingewiesen werden, nicht nur, weil diese Genres einen Einblick in die aktuelle Forschungslandschaft erlauben, sondern auch weil zahlreiche Autoren ihre Ergebnisse nie in Buchform zusammenfassen.

Außerhalb der Türkei haben mehrere Zeitschriften osmanistische Schwerpunkte und einen bedeutenden Rezensionsteil: *Turcica. Revue d'Études Turques* (zuletzt Bd. 39, 2007) bleibt gleichsam das „Flaggschiff" unter den Periodika. Ihre letzten Jahrgänge (27-, 1995-) sind auch online im Volltext recherchierbar. Fester etablieren konnten sich auch *Archivum Ottomanicum* (22, 2004) und das *International Journal of Turkish Studies* (11, 2005). Einen wachsenden Anteil an osmanistischen Artikeln und Besprechungen findet man im *International Journal of Middle East Studies* (IJMES). In der Türkei ist mit *Tarih ve Toplum. Yeni Yaklaşımlar* (1-, 2005-) eine vielversprechende, alle sechs Monate erscheinende, theoretisch sensible Geschichtszeitschrift entstanden. Drei weitere Halbjahreszeitschriften sollen noch wegen ihren Schwerpunkten auf Bibliographie und Kritik genannt werden; sie werden freilich nur in wenigen europäischen Bibliotheken geführt: *Türkiye Araştırmaları Literatür Dergisi* (1-, 2003-), *Kebikeç* (1-,1995-) und *Müteferrika* (1-, 1993-). Die wichtigsten Kongresse bleiben der *International Congress on the Economic and Social History of Turkey*; die Veranstaltungen des *Comité International des Études Pré-Ottomanes et Ottomanes* (CIÉPO, Zagreb 2008) und die *Internationalen Kongresse für Türkische Kunst* (zuletzt Budapest 2007).

Im vergangenen Jahrzehnt wurden mehrere große Überblickswerke veröffentlicht bzw. in Angriff genommen. An erster Stelle ist auf die im Erscheinen begriffene *Cambridge History of Turkey* aufmerksam zu machen, deren vier Bände größtenteils den osmanischen Ländern gewidmet sind. In der Türkei entstand (subventioniert aus einem Fond des

Präsidenten der Republik) das zwölfbändige Sammelwerk *Osmanlı*, das so gut wie alle Gebiete der Politik, Wirtschaft und Kultur des Osmanischen Reichs abdeckt und unter Beteiligung zahlreicher nichttürkischer Autoren realisiert wurde. Neben einer Anzahl schlichter, zusammenfassender Beiträge finden sich auf alle Bände verteilt Arbeiten, die auf frischen Quellenstudien und neuen Einsichten beruhen. Parallel dazu entstand die englischsprachige Auswahl *The Great Ottoman-Turkish Civilisation* in vier Bänden.

Die schon vor dem Berichtszeitraum begonnene ambitionierte *İslâm Ansiklopedisi* der Stiftung der Religionsverwaltung *(Türkiye Diyanet Vakfı)* hat ihren osmanistischen Schwerpunkt beibehalten (2007 erschien Bd. 32 bis zum Lemma *Nesih*) und muss schon heute neben der inzwischen in Angriff genommenen dritten Auflage der *Encyclopaedia of Islam* (zunächst in Form von Vierteljahresbänden/*Quarterlies* und Online-Texten) als wichtigstes Referenzwerk für alle islamischen Gegenstände gelten. Ein zuverlässiges einbändiges Lexikon für das Gesamtgebiet der osmanischen Geschichte stammt von A. SOMEL. Ein Novum ist das Gemeinschaftswerk für die Geschichte Südosteuropas (HÖSCH e.a.)

Kaum zu übersehen ist die Zahl von Quelleneditionen. Die hier nur beispielhaft getroffene Auswahl enthält v.a. verschiedene *defter* (KOLODZIEJCZYK, NAGATA, URSINUS). Insbesondere Kadiamtsregister (vgl. die große Ausgabe von M. KURZ) dienen als schier unerschöpfliche Basis von rechts- und sozialgeschichtlichen Arbeiten (wie von DOĞRU, ERGENE und PEIRCE).

Die Zahl von Übersichten über die gesamte Lebenszeit des Osmanenstaats hat zugenommen, wobei der Übergang von schlichten *textbooks* für Studierende zu forschungsnahen Arbeiten fließend ist (vgl. etwa die Skala QUATAERT, HOWARD, KREISER/NEUMANN, FINKEL). Andere Autoren konzentrieren sich auf die vormodernen Epochen (IMBER, GOFFMAN). Die Zusammenfassung der spätosmanischen Reformzeit mit der Geschichte der Republik ist für einige Verfasser in der Nachfolge von BERNARD LEWIS' klassischem Werk *The Emergence of Modern Turkey* (S. 131) die sinnvollste Darstellungseinheit (AKŞIN, AHMAD). Zwei Werke in der folgenden Liste behandeln Fragen der Kontinuität des Osmanenstaats und der türkischen Republik (KARPAT, MEEKER).

Auffällig ist die neu entfachte Debatte um die Entstehung des frühosmanischen Begliks, die eng mit der WITTEKschen Frage (S. 116) nach der Natur des Gazitums verbunden ist. LOWRY unterzieht die gesamte Literatur einer erneuten Prüfung und kommt zu dem Schluß, daß die Bedeutung von *Gazi* als „Kämpfer für den (islamischen) Glauben" erst ab Bâyezîd I. den expansiven Vorstößen von muslimischen und mit ihnen verbündeten christlichen Kriegern unterlegt wurde.

Zwei fast erschöpfende Bücher über Geldgeschichte und Ordenswesen (PAMUK bzw. ELDEM) sind deshalb so wichtig, weil sie ihre Gegenstände in die großen geschichtlichen Zusammenhänge einfügen. Das gilt auch für die Beobachtungen von KARATEKE über den Wandel des Hofzeremoniells unter dem Einfluß westlicher Muster. Eine neue Lesung des reichen ost-westlichen Quellenmaterials zum sogenannten „Brudermord" bietet M. AKMAN, der auf der Suche nach einem angemessenen Begriff für die Eliminierung von Thronbewerbern das Wort *parracidium* i. S. von Verwandtenmord vorschlägt. Auch nach seiner Legalisierung unter Mehmed II. (vgl. die Edition seines Gesetzbuchs durch ÖZCAN) blieb seine rechtliche Begründung, bei allem Stabilitätsgewinn für den Staat, unsicher. VEINSTEIN und VATIN greifen in ihrem Buch über die krisengeschüttelten Phasen des Interregnums nach dem Tod oder der Absetzung eines Sultans ein verwandtes Thema auf. Zweifellos kann dieser „Essai" schon jetzt als ein Hauptwerk zum sich wandelnden Verständnis des osmanischen Herrschaftssystems angesprochen werden.

Evliya Çelebi, der bedeutendste (S. 103) Reiseschriftsteller des islamischen Orients, wird erstmalig in der Werkmonographie DANKOFFS umfassend gewürdigt. Als Einführung in die

Politik und Kultur des 18. Jahrhunderts eignet sich HATHAWAYS meisterhaftes Porträt des stiftungsfreudigen und langjährigen Chef-Eunnuchen Beşîr Ağa (1717–1746). Weit mehr als ein Beitrag zur Architekturgeschichte ist G. NECIPOĞLUS Sinan-Buch. Es ist zugleich ein vollständiges Gruppenporträt der osmanischen Elite in der zweiten Hälfte des 20. Jahrhunderts.

Zu den Hauptwerken des letzten Jahrzehnts gehört auch die vergleichend-systematisch angelegte Untersuchung von REINKOWSKI. Sie zeigt am Beispiel des Umgangs der osmanischen Zentralmacht mit stammesmäßig organisierten „Rebellen" im Libanon und Nordalbanien wie die Regierung in Istanbul zwar weiterhin mit herkömmlichen Repressionsmitteln reagiert, aber zugleich ein neues „diszipliniertes" und „zivilisiertes" System anstrebt. Diese Arbeit enthält auch den bisher wichtigsten Beitrag zur politischen Terminologie des Osmanischen, eingebettet in den Kontext der archivalischen Quellen. Unter den Arbeiten für das 19. Jahrhundert befinden sich ansonsten auffallend viele zum politischen Personal, insbesondere den Verwaltungsbeamten (BOUQET, SARIYILDIZ).

Neben einer Fülle von hier nur in Auswahl angeführten Monographien zu staatlichen und religiösen Institutionen wurde im Berichtszeitraum nur einem Herrscher eine große Biographie gewidmet. Das Buch von GEORGEON ist die erste leidenschaftslose, alle persönlichen und politischen Aspekte einbeziehende Darstellung von Abdülhamîd II. Die kurze, aber ereignisschwere Epoche der Zweiten Konstitution (1908–1918) beschäftigt eine größere Gruppe von Forschern (u.a. KANSU), die nicht zuletzt ihre wirtschaftlichen (TOPRAK) und kulturellen (GENCER) Seiten interessieren.

Viele Autoren wenden sich weiterhin militärischen Themen von der Technologie des Kanonengusses (AYDÜZ) über das Befestigungswesen auf dem Balkan (M. L. STEIN) bis zu den deutschen und englischen Ausbildern der Spätzeit zu (RÖMER). Sehr lebendig ist die Beschäftigung mit der älteren Marinegeschichte (FLEET, ZACHARIADOU u.a.).

Die folgende Liste enthält auch eine Zahl von Stadt- und Regionalstudien aus fast allen Teilen der osmanischen Welt. Eine Gemeinschaftsarbeit (E. ELDEM, D. GOFFMAN, B. MASTERS) wurde in der Absicht verfaßt, durch den Vergleich von Istanbul, der Hafenstadt İzmir und dem Karawanenzentrum Aleppo das Osmanische an der osmanischen Stadt herauszuarbeiten. Eine eindringliche regionalhistorische Monographie ist H.-L. KIESERS Buch über die ethnischen und religiösen Konflikte in den Ostprovinzen der Türkei (1839–1938). Die Liste enthält wichtige Arbeiten zu den jüdischen und christlichen Gemeinschaften, wobei ein Sammelwerk von GREENE hervorgehoben werden kann, weil es mehr als eine Religionsgruppe behandelt.

Unter den finanzgeschichtlichen Arbeiten ist die von ÖZVAR bemerkenswert, weil sie erstmalig eine präzise Vorstellung von den sogenannten *mâlikanes*, auf Lebenszeit verliehenen Steuerpachten, im späten 17. Jahrhundert vermittelt (dazu auch die *defter*-Edition von NAGATA e.a.). Zünfte sind ein Gebiet, mit dem sich schon mehrere Forschergenerationen befaßt haben. Die hier ausgewählte Studie von E. YI untersucht 50 Istanbuler Zünfte, mit einem besonderen Augenmerk auf solche mit christlichen und jüdischen Mitgliedern.

Neuere Arbeiten zur Bildungsgeschichte haben die eher linear angelegten Aufzählungen von Lehrplänen und Statistiken überwunden und versuchen, allgemeine Schlußfolgerungen zu ziehen. Die inzwischen häufig zitierten Dissertationen von SOMEL und FORTNA kommen interessanterweise zu ganz gegensätzlichen Schlußfolgerung über die Ergebnisse der hamidischen Schulreformen. HAGEN hat sich in einer großen Monographie erfolgreich an die komplexe Entstehungsgeschichte von Kâtib Çelebis geographischem Hauptwerk *Cihânnümâ gewagt.*

Das Internet hat den Zusammenhang der osmanistischen „Community" wesentlich intensiviert. Die aktive oder passive Mitgliedschaft in Newsgroups wie H-Turk (http://

www.h-net.org/~turk/) ist für die Mehrzahl der historisch arbeitenden Osmanisten eine Selbstverständlichkeit, um sich über Neuerscheinungen und teilweise sehr ausführliche Rezensionen zu informieren. Der Online-Zugang zu Bibliotheken auch innerhalb der Türkei wie zur Nationalbibliothek in Ankara/Milli Kütüphane (http://www.mkutup.gov.tr), zur Türkischen Geschichtsgesellschaft/Türk Tarih Kurumu (http://www.ttk.org.tr) oder zum Zentrum für islamische Forschung / İslâm Araştımaları Merkezi (http://www.isam.org.tr/) ist außerordentlich hilfreich. Die Seite http://www.arsivder.org.tr/turkiye_arsivleri.asp enthält Links zu weiteren Archiven in der Türkei.

Die wichtigste türkische Handschriften-Sammlung (Süleymaniye Kütüphanesi) und die osmanische Abteilung des „Staatsarchivs" (Osmanlı Arşivi unter http://www.devletarsivleri.gov.tr/katalog/) sind heute bequem recherchierbar. Die Bestände des Topkapı-Sarayı-Archivs können freilich noch nicht über das weltweite Netz konsultiert werden.

Ein langfristig angelegtes Unternehmen der Harvard University ist das Projekt *Ottoman Historians*, das sich als Wiederaufnahme von Franz Babingers „Geschichtsschreiber der Osmanen und ihre Werke" (vgl. S. 93) versteht. Seit 2003 erscheinen die ersten, frei zugänglichen Artikel des auf fast 1000 Chronisten berechneten Korpus (http://www.ottomanhistorians.com/index.htm). Das von Walter Andrews an der University of Washington betreute *Ottoman Text Archive Project* (http://courses.washington.edu/otap/) hat zwar einen Schwerpunkt in der „klassischen" Literatur, stellt aber für die gesamte Osmanistik wichtige Beispieltexte und Transliterationshilfen bereit.

Allgemeines/Nachschlagewerke

K. Çiçek, C. Oğuz (Hg.), Osmanlı, 12 Bde., Ankara 1999.

Diess., The Great Ottoman-Turkish Civilisation, 4 Bde., Ankara 2000.

J. Çikar, M. Çikar (Bearb.), Geschichte des Osmanischen Reiches (Deutschsprachige Schriften zum Islam vom 16. Jahrhundert bis 1900.3), Mikrofiche Edition, München 2005.

C. V. Findley, The Turks in World History, Oxford 2005.

G. Krämer e.a. (Hg.), The Encyclopaedia of Islam Three, Leiden 2007-

H.-J. Kornrumpf, J. Kornrumpf, Fremde im Osmanischen Reich 1826–1912/3. Bio-bibliographisches Register, 2 Bde., Stutensee 2003.

J. Sauer (Bearb.), Turkish Biographical Archive/Türkischer Biographischer Index München 2003.

A. S. Somel, Historical Dictionary of the Ottoman Empire, Lanham 2003.

Historiographie, Wissenschaftsgeschichte

F. Adanir, S. Faroqhi (Hg.), The Ottomans and the Balkans. A Discussion of Historiography, Leiden 2002.

İ. İ. Bahar, Jewish Historiography on the Ottoman Empire and its Jewry from the Late Fifteenth Century to the Early Decades of the Twentieth Century, Istanbul 2007.

D. Quataert, S. Sayar (Hg.), Turkish Studies in the United States, Bloomington 2003.

Geldgeschichte, Orden und Medaillen

E. Eldem, Pride and Privilege. A History of Ottoman Orders, Medals and Decorations, Istanbul 2004.

Ş. Pamuk, A Monetary History of the Ottoman Empire, Cambridge 2000.

Quellen

H. Crane (Hg. u. Übers.), The Garden of Mosques. Hafiz Hüseyin al-Ayvansarayî's Guide to the Muslim Monuments of Ottoman Istanbul, Leiden 2000.

R. Dankoff, An Ottoman Mentality. The World of Evliya Çelebi. With an afterword by G. Hagen, Leiden 2004.

D. Kolodziejczyk, The Ottoman Survey Register of Podolia (ca. 1681). Defter-i Mufassal-i Eyalet-i Kamaniçe, Cambridge/Mass, 2004.

S. Kuneralp, Recueil des Traités, Conventions, Protocoles, Arrangements et Déclarations signés entre l'Empire Ottoman et les Puissances Étrangères 1903–1922, 2 Bde., Istanbul 2000.

M. Kurz, Das Sicill aus Skopje, Wiesbaden 2003.

Y. Nagata, T. Miura, Y. Shimizu, Tax Farm Register of Damascus Province in the Seventeenth Century. Archival and Historical Studies, Tokyo 2006.

A. Özcan, Fatih Sultan Mehmed. Kânunnâme-i âl-i-osman (tahlil ve karşılaştırmalı metin), Istanbul 2003.

M. Ursinus, Grievance Administration (*Şikayet*) in an Ottoman Province. The Kaymakam of Rumelia's ‚Record Book of Complaints' of 1781–1783, London 2005.

Der osmanische Staat

F. Ahmad, Turkey. The Quest for Identity, Oxford 2003 (dt. Geschichte der Türkei, Essen 2005).

V. Aksan, D. Goffman, The Early Modern Ottoman World. Remapping the Empire, Cambridge 2007.

S. Akşin, Turkey from Empire to Revolutionary Republic. The Emergence of the Turkish Nation from 1789 to the Present, London 2006.

Cambridge History of Turkey, 4 Bde., Cambridge 2007-

C. Finkel, Osman's Dream. The Story of the Ottoman Empire 1300–1923, London 2005; New York 2006 (türk. Übers. Istanbul 2007).

D. Goffman, The Ottoman Empire and Early Modern Europe. New Approaches to European History, Cambridge 2002.

D. A. Howard, History of Turkey, Westport 2001.

C. Imber, The Ottoman Empire, 1300–1650. The Structure of Power, Houndmills/Basingstoke 2002.

H. T. Karateke, M. Reinkowski (Hg.), Legitimizing the Order. The Ottoman Rhetoric of State Power, Leiden 2005.

K. H. Karpat (Hg.), Ottoman Past and Today's Turkey, Leiden 2000.

K. Kreiser, C. K. Neumann: Kleine Geschichte der Türkei, Stuttgart 2003, erw. 2. Aufl. 2008.

D. Quataert, The Ottoman Empire 1700–1922, Cambridge 2000.

Vor- und frühosmanisches Anatolien

M. Balivet, Anthologie d'histoire ottomane. Les deux premiers siècles (XIVe–XVe siècles). Faits et textes, Istanbul 2004.

R. P. Lindner, Explorations in Ottoman Prehistory, Ann Arbor 2007.

H. W. Lowry, The Nature of the Early Ottoman State, Albany 2003.

Das „klassische Zeitalter" (15.–17. Jahrhundert)

J. Hathaway, Beshir Agha. Chief Eunuch of the Ottoman Imperial Harem, Oxford 2005.

N. Vatin, Sultan Djem, un prince ottoman dans l'Europe du XVe siècle d'après deux sources contemporaines, Ankara 1997.

G. Veinstein, N. Vatin, Le sérail ébranlé. Essai sur les morts, dépositions et avènements des sultans ottomans (XIVe–XIXe siècles), Paris 2003.

Beziehungen mit anderen Staaten

G. Dávid, P. Fodor (Hg.), Ransom Slavery along the Ottoman Borders (Early Fifteenth–Early Eighteenth Centuries), Leiden 2007.

S. Faroqhi, The Ottoman Empire and the World around it, London 2005.

M. Gencer, Bildungspolitik, Modernisierung und kulturelle Interaktion. Deutsch-türkische Beziehungen (1908–1918), Münster 2002. (türk. Übers. Istanbul 2003).

A. HAMILTON, A. D. DE GROOT, M. H. VAN DEN BOOGERT (Hg.), Friends and Rivals in the East. Studies in Anglo-Dutch Relations in the Levant from the Seventeenth to the Early Nineteenth Century, Leiden 2000.

H. INALCIK, Turkey and Europe in History, Istanbul 2006.

I. PARVEV, Habsburgs and Ottomans between Vienna and Belgrade (1683–1739), New York 1995 (bulg. Sofia 1997).

G. POUMAREDE, Pour en finir avec la Croisade. Mythes et réalités de la lutte contre les Turcs aux XVe et XVIIe siècles, Paris 2004.

TANZIMATZEIT, ABDÜLHAMÎD II., ZWEITE KONSTITUTION (1839–1918)

O. BOUQET, Les pachas du sultan. Essai sur les agents supérieurs de l'ètat ottoman (1839–1909), Louvain 2007.

F. GEORGEON, Abdülhamid II. Le sultan calife (1876–1909), Paris 2003.

A. KANSU, Post-Revolutionary Turkey, 1908–1913, Leiden 2000.

G. LEWY, The Armenian Massacres in Ottoman Turkey. A Disputed Genocide, Salt Lake City 2005.

M. REINKOWSKI, Die Dinge der Ordnung. Eine vergleichende Untersuchung über die osmanische Reformpolitik im 19. Jahrhundert, München 2005.

G. SARIYILDIZ, Sicill-i Ahvâl Komisyonu'nun Kuruluşu ve İşlevi (1879–1909), Istanbul 2004.

BEVÖLKERUNG

S. ANAGNOSTOPOULOU (Hg.), The Passage from the Ottoman Empire to the Nation-States. A Long and Difficult Process. The Greek Case, Istanbul 2004.

D. GONDICAS (Hg.), Ottoman Greeks in the Age of Nationalism. Politics, Economy, and Society in the Nineteenth Century, Princeton 1999.

M. GREENE, Parallels meet. New Vistas of Religious Community and Empire in Ottoman Historiography. Princeton 2005.

H.-L. KIESER, Der verpasste Friede. Mission, Ethnie und Staat in den Ostprovinzen der Türkei, 1839–1938, Zürich 2000.

H. OZOĞLU, Kurdish Notables and the Ottoman State. Evolving Identities, Competing Loyalities, and Shifting Boundaries, Albany 2004.

M. STROHMEIER, Crucial Images in the Presentation of a Kurdish National Identity: Heroes and Patriots, Traitors and Foes, Leiden 2003.

LAND UND STADT

A. ANASTASOPOULOS (Hg.), Provincial Elites in the Ottoman Empire. Rethymnon 2005.

H. CANBAKAL, Society and Politics in an Ottoman Town. 'Ayntāb in the 17th Century, Leiden 2007.

E. ELDEM, D. GOFFMAN, B. MASTERS, The Ottoman City between East and West, Cambridge 1999.

J. HANSSEN, Fin de Siècle Beirut, The Making of an Ottoman Capital, Oxford 2005.

N. MOAČANIN, Town and Country on the Middle Danube, 1526–1690, Leiden 2006.

WIRTSCHAFT UND FINANZEN

T. A. J. ABDULLAH, Merchants, Mamluks, and Murder. The Political Economy of Trade in Eighteenth-Century Basra, Albany 2001.

C. CLAY, Gold for the Sultan. Western Bankers and Ottoman Finance 1856–1881. A Contribution to Ottoman and to International Financial History, London 2000.

E. ÖZVAR, Osmanlı Maliyesi'nde Malikane Uygulaması, Istanbul 2003.

Z. TOPRAK, İttihad-Terakki ve Cihan Harbi. Savaş Ekonomisi ve Türkiye'de Devletçilik 1914–1918, Istanbul 2003.

MILITÄRWESEN, MARINE

G. AGOSTON, Guns for the Sultan. Military Power and the Weapons Industry in the Ottoman Empire, Cambridge 2005.

S. AYDÜZ, Tophâne-i Âmire ve Top Döküm Teknolojisi, Ankara 2006.

E. J. ERICKSON, Ottoman Army Effectiveness in World War I. A Comparative Study, London 2007.

K. FLEET (Hg.), The Ottomans and the Sea, in: Oriente Moderno, XX/1, Roma 2001.

M. RÖMER, Die deutsche und englische Militärhilfe für das Osmanische Reich 1908–1914, Frankfurt a. M. 2007.

M. L. STEIN, Guarding the Frontier. Ottoman Border Forts and Garrisons in Europe, London 2007.

E. ZACHARIADOU, The Kapudan Pasha. His Office and his Domain, Rethymnon 2000.

WIRTSCHAFTS- UND SOZIALGESCHICHTE

T. A. J. ABDULLAH, Merchants, Mamluks and Murder. The Political Economy of Trade in Eighteenth-Century Basra, Albany 2001.

M. AFIFI (e.a.) (Hg.), Sociétés rurales ottomanes/Ottoman Rural Societies, Kairo 2005.

M. BONNER, M. ENER, A. SINGER (Hg.), Poverty and Charity in Middle Eastern Context, Albany 2003.

A. Buturović, I. C. Schick (Hg.), Women in the Ottoman Balkans. Gender, Culture and History, London 2007.

F. Georgeon, K. Kreiser (Hg.), Enfance et jeunesse dans le monde musulman/ Childhood and Youth in the Muslim World, Paris 2007.

T. Lier, Haushalte und Haushaltspolitik in Bagdad 1704–1831, Würzburg 2004.

D. Quataert, Miners and the State in the Ottoman Empire. The Zonguldak Coalfield, 1822–1920, New York 2006.

E. Yi, Guild Dynamics in Seventeenth-Century Istanbul. Fluidity and Leverage, Leiden 2004.

D. Ze'evi, Producing Desire. Changing Sexual Discourse in the Ottoman Middle East, 1500–1900. Berkeley 2006.

Die osmanischen Länder

E. Boyar, Ottomans, Turks and the Balkans. Empire Lost, Relations Altered, London 2007.

H. Doğru, Rumeli'de Yaşam. Bir Kadı Defterin Işığında, Istanbul 2007.

D. Douwes, The Ottomans in Syria. A History of Justice and Oppression, New York 2000.

C. Farah, The Sultan's Yemen. Nineteenth-Century Challenges to Ottoman Rule, London 2002.

G. W. Gawrych, The Crescent and the Eagle. Ottoman Rule. Islam and the Albanians, 1876–1913, London 2006.

M. Greene, A Shared World. Christians and Muslims in the Early Modern Mediterranean, Princeton 2000.

J. Hathaway, A Tale of two Factions. Myth, Memory, and Identity in Ottoman Egypt and Yemen, Albany 2003.

E. Hösch, K. Nehring, H. Sundhausen, Lexikon zur Geschichte Südosteuropas, Wien 2005.

U. S. Makdisi, The Culture of Sectarianism. Community, History and Violence in Nineteenth Century Lebanon, Berkeley 2000.

T. Philipp, B. Schaebler (Hg.), The Syrian Land. Process of Integration and Fragmentation. Bilād al-Shām from the 18th to the 20th Century, Stuttgart 1998.

E. L. Rogan, Frontiers of the State in the Late Ottoman Empire, Transjordan 1850–1921, Cambridge 1999.

Christen und Juden

A. Levy (Hg.) Jews, Turks, Ottomans. A Shared History. Fifteenth through the Twentieth Century, Syracuse 2002.

B. A. Masters, Christians and Jews in the Ottoman Arab World. The Roots of Sectarianism, Cambridge 2001.

O. J. Schmitt, Levantiner. Lebenswelten und Identitäten einer ethno-konfessionellen Gruppe im osmanischen Reich im „langen 19. Jahrhundert", München 2005.

Islamische Institutionen, Recht

I. Agmon, Family and Court. Legal Culture and Modernity in Late Ottoman Palestine, New York 2006.

B. Ergene, Local Court, Provincial Society and Justice in the Ottoman Empire. Legal Practice and Dispute Resolution in Çankırı and Kastamonu (1652–1744), Leiden 2003.

N. Ergin, Ch. K. Neumann, A. Singer, Feeding People, Feeding Power. Imarets in the Ottoman Empire, Istanbul 2007.

C. Imber, The Islamic Legal Tradition, Edinburgh 1997.

K. Karpat, The Politicization of Islam. Reconstructing Identity, State, Faith and Community in the Late Ottoman State, Oxford 2001.

D. Klein, Die osmanischen Ulema, eine geschlossene Gesellschaft, Berlin 2007.

L. P. Peirce, Morality Tales. Law and Gender in the Ottoman Court of Aintab, Berkeley 2003.

J. E. Tucker, In the House of the Law. Gender and Islamic Law in Ottoman Syria and Palestine, Berkeley 1998.

Kulturgeschichte, Architektur, Kunst, Literatur

B. C. Fortna, Imperial Classroom. Islam, the State, and Education in the Late Ottoman Empire, Oxford 2002.

G. Hagen, Ein osmanischer Geograph bei der Arbeit. Entstehung und Gedankenwelt von Kātib Čelebis Ǧihānnümā, Berlin 2003.

K. Kreiser (Hg.), The Beginnings of Printing in the Near and Middle East. Jews, Christians and Muslims, Wiesbaden 2001.

M. E. Meeker, A Nation of Empire. The Ottoman Legacy of Turkish Modernity, Berkeley 2002.

G. Necipoğlu, The Age of Sinan. Architectural Culture in the Ottoman Empire, London 2005.

A. S. Somel, The Modernization of Public Education in the Ottoman Empire 1839–1908. Islamization, Autocracy and Discipline, Leiden 2001.

Anhang

HINWEISE ZUR UMSCHRIFT

Die folgenden Hinweise sollen Nichtorientalisten die Benutzung von Forschungsliteratur erleichtern. Die Namen von Personen, Orten und Institutionen erscheinen in vielen Varianten, von denen man sich die wichtigsten in kurzer Zeit einprägen kann.

In diesem Buch werden Namen und Termini, sofern sie sich nicht im Deutschen eingebürgert haben, wie im modernen Türkischen wiedergeben. Das Türkische als Nachfolgerin des Osmanischen auf dem Boden der Republik Türkei wird seit 1929 in lateinischen Buchstaben geschrieben. Alle türkischen Osmanisten und die große Mehrheit der ausländischen Autoren folgen heute diesem System. Bei Bedarf wird es durch diakritische Zeichen ergänzt, um die Konsonanten der arabischen Orthographie wiederzugeben. Beispiele: Osman > ‘Osmân, Mehmed > Meḥmed, Mustafa > Muṣṭafâ., Abdülmecid > ‘Abdülmecîd. Dieses Buch begnügt sich mit der Wiedergabe von für die heutige Aussprache wichtigen Längenzeichen durch Zirkumflex: Süleymân statt Süleyman.

Die Deutsche Morgenländische Gesellschaft hat eine Transliterationsystem vorgeschlagen, bei dem jedes arabische Zeichen nur durch einen Buchstaben ersetzt wird: ‘Oṯmān, ‘Abdülmeğīd. In der angelsächsischen Literatur herrscht die von der „Encylopæḏia of Islam“ entwickelte Umschrift vor. Wir finden Schreibungen wie ‘Oṯmān oder ‘Abdülmeḏj̲īd. Zur weiteren Irritation von Nichtorientalisten trägt bei, daß Namen und Termini arabischer und persischer Herkunft bei einem Teil der Autoren mehr oder weniger in der Umschrift „turkisiert“ werden. Die arabisierende Schreibung von Abdülmecîd ist ‘Abd al-Mağīd.

Die wichtigsten Besonderheiten der türkische Aussprache und des türkischen Alphabets sind:

Buchstaben	Lautwert	Beispiele
C c	dsch	*câmi* (Freitagsmoschee), *mescid* (Stadtviertelmoschee)
Ç ç	tsch	*Çelebi* (Titel, u. a. „Gelehrter"); *Yeniçeri* (Janitschare)
ğ	-j; -w (längt den Vokal); nicht am Wortanfang	*ağa* (Aga); Ertoğrul (Eigenname)
I ı	i mit zurückgezogener Zunge	*Kızılbaş* („Rotkopf", Anhänger der Safawiden)
J j	Journal	*jurnal*
Ş ş	schön	*Şeyh* (Scheich); *devşirme* („Knabenlese")
Z z	Sonne	*zâviye* („Derwischklause"); Erzurum

Im Gegensatz zur italienischen Orthographie wird C, c immer als *dsch* artikuliert, wie in den Wörtern *câmi* („Freitagsmoschee) oder *cadde* („Straße"). Z/z muß stets als stimmhaftes „s" gesprochen werden, keinesfalls wie das deutsche „s" oder gar „z".

ZEITTAFEL

1071	Schlacht bei Mantzikert/Malazgirt: Der Seldschuke Alp Arslan besiegt das byzantinische Heer in Ostanatolien.
1176	Nach der Schlacht bei Myriokephalon gegen Byzanz im Nordwesten Kleinasiens verfestigt sich die Herrschaft der Seldschuken.
1177	Die Seldschuken nehmen Malatya ein, einen Hauptsitz der mit ihnen konkurrierenden Dânişmendiden.
1204	Besetzung von Konstantinopel durch die Kreuzfahrer; Gründung des Kaiserreichs von Trapezunt.
1220	Alâeddîn Keykubâd I. besteigt den Thron. Seine Herrschaft (bis 1237) gilt als Höhepunkt der rumseldschukischen Epoche.
1243	Die Seldschuken werden nach der verlorenen Schlacht am Kösedağ Vasallen der Mongolen (Ilchaniden).
1261	Michael VIII. gewinnt Konstantinopel zurück.
1288/9	Überliefertes Todesjahr von Ertoğrul Gâzî, dem Vater Osmâns.
1291	Akkon unterliegt als letzte Kreuzfahrerburg den Mamluken.
1295	Übertritt des Ilchan Ghazan zum Islam.
1301	Osmâns Sieg über eine byzantinische Armee bei Baphaion unweit Nikomedia/Izmit.
1303	Der letzte Seldschuke, Alâeddîn Keykubâd III., wird durch den Ilchaniden Ghazan hingerichtet.
1304	Kleinasiatische Expedition der Katalanischen Compagnie
1312	Moschee des Aydın-Fürsten Mehmed in Birgi/Südwestanatolien.
1313	Das turkmenische Fürstenhaus Karaman sichert sich die Stadt Konya.
1324	Todesjahr Osman Gâzîs? Sultan Orhan stellt die älteste bekannte osmanische Urkunde aus.
1326	Die Festung Bursa fällt durch Aushungern an die Osmanen, die sie zu ihrer ersten Residenzstadt ausbauen.
1331	Eroberung von Nikaia/İznik durch die Osmanen.
1332/3	Der marokkanische Reisende Ibn Battûta besucht die kleinasiatischen Fürstentümer.
1335	Ende der Ilchanidenherrschaft in Iran.
1337	Orhan ist im Besitz der Mehrheit der byzantinischen Orte Bithyniens.
1341–1347	Bürgerkriege im Byzantinischen Reich.
1345/6	Das Fürstentum Karesi fällt an die Osmanen.
1351	Osmanische Militärallianz mit Genua gegen Venedig.
1354	Einnahme von Gallipoli; Ankara wird vorübergehend osmanisch.
1369	Eroberung von Adrianopel/Edirne. Die Stadt wird bis 1453 Hauptstadt des expandierenden Staates.
1371	Sieg Murâd I. über die Serben an der Marica.
1373	Murâd I. und der byzantinische Kaiser verbünden sich gegen ihre rebellischen Söhne. Der Papst verurteilt diese Allianz (1374).
1385	Der Heerführer Gazi Evrenos besetzt Thessalien.

1386	Die Karamanfürsten in Anatolien unterwerfen sich den Osmanen.
1387	Vorübergehende Einnahme von Thessaloniki nach mehrjähriger Belagerung, die endgültige Eroberung erfolgt erst 1429. Als Selânik bleibt es bis 1912 eine osmanische Stadt.
1388	Der Bulgaren-Zar Šišman unterwirft sich. 1393 verschwindet das bulgarische Reich mit der Einnahme von Tarnovo. – Stiftung des Nilüfer İmâret in İznik von Murâd I. zum Andenken an seine Mutter
1389	Schlacht auf dem Amselfeld/Kosovo Polje. Murâd I. schlägt die Truppen des Serbenfürsten Lazar (15.6). Nach der Schlacht wird Murâd nach serbischer Überlieferung Opfer eines Attentats. – Ein schweres Erdbeben beschleunigt den Untergang der südwest-anatolischen Fürstentümer von Menteşe und Aydın.
1394	Bâyezîd I. versucht, Konstantinopel einzuschließen. Im selben Jahr erreichen die Osmanen die Donaulinie. – Fast gleichzeitig gelangt der Mongolenherrscher Timur in den Besitz von Erzincan.
1396	Bei Nikopolis wird Sigismund von Ungarn (der spätere Kaiser) mit seinem Ritterheer von den Osmanen besiegt.
1401	Bâyezîd I. ist Herr Anatoliens bis Malatya, in Südosteuropa reicht seine Herrschaft bis zur Adria. Die Mongolen Timurs verwüsten Syrien und den Irak.
1402	In der Schlacht von Ankara unterliegt Bâyezîd I. den Mongolen. Wiedereinsetzung der großen anatolischen Begs. Konflikt unter Bâyezîds Söhnen („Bürgerkrieg“ 1403–1413).
1409	Süleymân Çelebî, Vorbeter an der großen Moschee von Bursa, verfaßt sein Gedicht auf den Propheten Muhammad. Dieses Hauptwerk der älteren osmanischen Literatur ist bis heute lebendig.
1411	Scheich Bedreddîn, Heeresrichter unter dem Teilfürsten Mûsâ, wird im mazedonischen Serres gehängt.
1413	Der Fürst von Karaman steckt Bursa in Brand.
1417	Straffeldzug gegen Karaman durch Mehmed I., der sich als Alleinherrscher durchgesetzt hat.
1418	Südalbanien befindet sich zum größten Teil in osmanischer Hand.
1420	Abschluß der Befriedung Anatoliens durch den Sultan.
1424	Die Grüne Moschee in Bursa wird nach zehnjähriger Bauzeit vollendet.
1429	Venedig nimmt Kontakt mit Karaman auf.
1430	Spätestens in diesem Jahr sind alle ehemaligen westanatolischen Fürstentümer in osmanischem Besitz.
1437–1447	Errichtung der Üç Şerefeli Câmi („Moschee mit den drei Umgängen“) in Edirne.
1439	Einnahme der starken Festung Smederevo.
1443	Der „Lange Feldzug“ des ungarischen Reichsverwesers János Hunyadi.
1444	Friede von Edirne und Schlacht bei Varna, Wladislaw fällt, Hunyadi ergreift die Flucht.
1448	Zweite Schlacht von Kosovo mit der Niederlage Hunyadis.
1453	Einnahme von Konstantinopel durch Mehmed II. (29.5.).

1459 Baubeginn für das Topkapı-Serail (bis 1478).
1461 Fall von Trapezunt, der letzten griechischen Herrschaft in Kleinasien.
1463 Beginn des „Langen Kriegs" gegen Venedig (bis 1479).
1464 Guß des „Dardanellengeschützes".
1466 Albanienfeldzug, Bau der Festung Elbasan.
1468 Endgültige Niederlage von Karaman 1416. Tod Skanderbegs, der in Albanien den Osmanen nachhaltig Widerstand geleistet hatte.
1473 Sieg über den Akkoyunlu-Fürst Uzun Hasan am Otluk Beli/Başkent. Erste türkische Vorstöße nach Kroatien, in die Krain und Kärnten.
1475 Inbesitznahme der genuesischen Handelskolonien auf der Krim.
1478 Rückführung von Stiftungsländereien in den Staatsbesitz. Etwa im selben Jahr Erlaß eines „Staatsgrundgesetz" (sog. *Teşkîlât Kânûnnâme*).
1479 Apulienfeldzug Ahmed Gedik Paschas und Einnahme von Otranto (bis 1481 in türkischem Besitz).
1482 Flucht von Cem, dem Bruder Bâyezîd II., nach Rhodos.
1484 Privilegien für die orthodoxe Kirche.
1486 Bâyezîd II. entsendet eine Flotte an die spanische Küste.
1492 Mit Granada fällt die letzte muslimische Bastion in Andalusien. Vertreibung der Juden aus Spanien, Beginn ihrer Aufnahme im osmanischen Staat.
1494 Jüdische Exilanten eröffnen eine Buchdruckerei in Istanbul.
1500 In Iran tritt Schah Ismâîl auf, 1505 besetzt er Bagdad.
1509 Ein starkes Erdbeben zerstört Istanbul und viele Orte des östlichen Mittelmeerraums.
1511 Heterodoxe Aufstandsbewegung in Anatolien (Şâh Kulu-Baba-Revolte)
1514 Schlacht von Çaldıran: Selîm I. besiegt Schah Ismâîl. Überführung zahlreicher Handwerker und Künstler von Täbris nach Istanbul.
1515 Massaker Selîm I. an den Kızılbaş in der Festung Kemah.
1516 Einnahme Diyarbekirs. Schlacht gegen die Mamluken bei Marc Dabîk.
1517 Mit der Einnahme von Damaskus und Kairo durch Selîm I. verschwindet der Mamlukenstaat aus der Geschichte.
1521 Kapitulation von Belgrad nach zweimonatiger Belagerung.
1522 Süleymân I. erobert die Johanniter-Insel Rhodos.
1523 Fertigstellung eines neuen Katasters von Unterägypten und Teilen Oberägyptens.
1524 Unterdrückung der ägyptischen Revolte unter Ahmed Pascha.
1526 Schlacht von Mohács; Tod des kinderlosen Ludwig II. von Böhmen und Ungarn.
1529 Belagerung von Wien (26.9.-16.10.).
1532 Tlemcen (heute Westalgerien) wird zu Tributzahlungen gezwungen. – Tod des bedeutenden Mesnevî-Dichters Lâmi'î Çelebî.
1533/4 Überwinterung der osmanischen Flotte vor Toulon.

1534–6	Ostfeldzug mit Eroberung von Täbris und Bagdad.
1536	Erste, wohl nicht ratifizierte Vertragsverhandlungen mit Frankreich.
1537	Krieg mit Venedig (bis 1541), 1538 Seesieg des osmanischen Admirals Barbarossa bei Preveza (Küstenstadt im Südepiros) über eine Flotte unter dem Kommando von Andrea Doria.
1541	Belagerung von Diu in Indien; Annexion von Ungarn mit der Eroberung von Buda.
1543	Rückkehr des „Schattenkalifen" Mutawakkil von Istanbul nach Kairo.
1547	Friedensvertrag mit Habsburg über fünf Jahre unter Zahlung eines Tributs von 30 000 Golddukaten durch Wien.
1552	Letzte große osmanische Expedition im Indischen Ozean; der Beylerbeyi von Algier stößt bis Touggourt und Ourgla vor.
1554	Lütfü Paschas Denkschrift über das Kalifat. – Erstes Kaffeehaus in Istanbul. – Einrichtung des Beylerbeylik Abessinien.
1554/6	Rußland erobert Astrachan; 1569 erfolglose Angriffe des osmanischen Heeres auf die Stadt.
1555	Vertrag von Amasya; Süleymân stiftet eine Medrese zur Ausbildung von Ärzten.
1557	Stärkstes Erdbeben seit 1509 – Wiedererrichtung des Patriarchats von Péc.
1565	Vergebliche Blockade Maltas (nach einem ebenso vergeblichen Landungsversuch 1551).
1566	Süleymân I. stirbt im Feldlager von Szigetvár.
1567	Beginn des armenischen Buchdrucks in Istanbul.
1569	Rechtskräftige „Kapitulationen" für Frankreich. – Wolga-Don-Projekt.
1571	Besetzung Zyperns durch die Flotte Selîm II. – Abendländischer Seesieg von Lepanto.
1573	Normalisierung der Beziehungen mit Venedig.
1574	Einnahme von Tunis.
1575	Vollendung der Selîmîye-Moschee, dem Hauptwerk Sinâns in Edirne.
1578	Krieg mit Iran (bis 1590).
1579	Der bedeutende Großwesir Sokullu Mehmed Pascha erliegt einem Attentat.
1580	Handelsabkommen mit England.
1582	Opulent illustriertes *Sûr-nâme* über die Beschneidungsfeierlichkeiten des Prinzen Mehmed. – Zerstörung des Observatoriums von Galata auf Grund eines *fetvâ* des Scheichülislam.
1584	Ausfuhrverbote für strategisch wichtige Güter (Getreide, Baumwolle, Blei).
1584	Anklage und Exekution des Krimchans Mehmed Giray wegen halbherziger Beteiligung an kaukasischen Kampagnen.
1585	Große Geldentwertung (bis ca. 1610).
1588	Murâd III. fordert nach seiner Rückkehr von seinem erfolgreichen Feldzug die Umwandlung der Pammakaristos-Kirche in eine Sie-

gesmoschee; *Hüner-nâme*: Prachthandschrift zur osmanischen Geschichte.

1589 Janitscharenaufstand in Istanbul (weitere folgen 1591–2).

1591 Beginn des großen anatolischen Aufstands, der um 1600 als Celâlî-Revolte bezeichnet wird.

1593–1606 „Langer Krieg" gegen Österreich.

1595 Thronantritt Mehmed III. mit Hinrichtung von 19 Halbbrüdern.

1596 Einnahme von Erlau/Eğri. Ca. 30 000 *sipâhîs* waren dem Gestellungsbefehl für den Ungarnfeldzug nicht nachgekommen.

1599 Tod des Historikers und Zeitkritikers Mustafâ Âlî.

1600 Tod des Dichters Bâkî.

1603 Schah Abbâs I. von Iran gewinnt Täbris zurück, 1623 Bagdad.

1606 Vertrag von Zsitva-Torok mit Österreich, Ende der jährlichen Tributzahlungen („Türkenverehrung") Wiens an den Sultan.

1607 Murâd Pascha „Kuyucu", der Großwesir Murâd IV., besiegt die rebellischen Cânbulâd-Zâde in Nordsyrien.

1611 Evliyâ Çelebî, der bedeutendste Reiseerzähler des Jahrhunderts, kommt in Istanbul zur Welt. 1630 bricht er zu seiner ersten Fahrt auf.

1622 Ermordung von Osmân II. („Genç" Osmân).

1627 Beginn des griechischen Buchdrucks in Istanbul.

1631 Dem Cibali-Brand fällt ein Fünftel des Hausbestandes von Istanbul zum Opfer.

1638 Rückeroberung Bagdads durch Murâd IV.

1645 Krieg mit Venedig bis zum Fall Kretas (1669).

1648 Proklamation der *Multaka* als „Staatsgrundgesetz".

1654 Der Polyhistor Kâtib Çelebî nimmt die Arbeit an der zweiten Fassung seiner Kosmographie (*Cihânnümâ*) auf.

1656 Mehmed Köprülü wird Großwesir. Sein Sohn Fazıl Ahmed hält das Amt zwischen 1661 und 1676.

1663 Einnahme der Festung Neuhäusel.

1664 Niederlage von St. Gotthard an der Raab; Friede von Vasvár/Eisenburg.

1669 Venedig übergibt Kandia auf Kreta.

1672 Einnahme von Kamaniçe/Kamenets in Podolien.

1678 Beginn des ersten von zehn russisch-osmanischen Kriegen. 1681 Friede von Bahçesaray (Krim).

1683 Wienfeldzug und Niederlage der Osmanen am Kahlenberg (12.9.).

1684 Bildung der „Heiligen Liga" auf Veranlassung des Papstes.

1686 Einnahme von Buda durch die Habsburger und ihre Verbündeten.

1687 Bombardement der Akropolis von Athen durch Morosini – Absetzung von Sultan Mehmed IV.

1688 Fall von Belgrad.

1690 Gegenoffensive unter Köprülü Fâzıl Mustafa Pascha.

1691 Osmanische Niederlage bei Slankamen.

1696 Peter der Große nimmt die Schwarzmeerfestung Azov.

1697 Niederlage gegen Prinz Eugen bei Senta. – Mit dem Tod Ahmad Ma'ns endet die fast zweihundertjährige Herrschaft der Drusenfamilie im Libanon.

1699 Friede von Karlowitz. Bestätigung der Herrschaft Habsburgs über Ungarn, Siebenbürgen, große Teile Slawoniens und Kroatiens.

1703 Aufstand der „Waffenschmiede" (*cebeci*) wegen ausbleibender Soldzahlungen; Abdankung Mustafâ II.

1709 Niederlage des Schwedenkönigs Karl XII. gegen Rußland in der Schlacht von Poltawa.

1711 Schlacht am Pruth, Sieg der Osmanen über Peter den Großen.

1713 Friedensvertrag mit Rußland und Rückgewinnung von Azov.

1718 Friede von Passarowitz, Landgewinne und Handelsvorteile für Österreich und Venedig.

1718–1730 Großwesirat Nevşehirli İbrâhîm Paschas unter Ahmed III.; die später so genannte „Tulpenzeit" endet mit der Revolte des Patrona Halîl.

1722 Zusammenbruch des Safawiden-Reichs in Iran.

1723 Errichtung des Lustschlosses von Sadâbâd am Goldenen Horn.

1725 İbrâhîm Pascha setzt zwei Kommissionen für die Übersetzung fremdsprachiger Literatur ein.

ca. 1727 Ausstattung der armenischen St. Jakobs-Kathedrale in Jerusalem mit Kütahya-Fliesen.

1728 Beginn des osmanisch-türkischen Buchdrucks (İbrâhîm Müteferrikâ), 1746 vorläufig eingestellt.

1732 Tod des letzten bedeutenden osmanischen Malers Levnî.

1736 Einseitige Kriegserklärung Rußlands.

1739 Friede von Belgrad durch franz. Vermittlung. Österreich verliert Belgrad, Serbien, die Kleine Walachei und Orschova an die Türken.

1743 İbrâhîm Kethüdâ wird eigentlicher Machthaber der Provinz Ägypten.

1749 Das irakische Mamlukenregime hat sich weitgehend von Istanbul unabhängig gemacht (bis 1831).

1757 Verheerender Angriff von Beduinen auf eine Pilgerkarawane.

1761 Handelsvertrag mit Preußen.

1766 Schweres Erdbeben im Marmararaum.

1768 Krieg mit Rußland.

1770 Die russische Mittelmeerflotte vernichtet die osmanische Flotte bei Çeşme.

1774 Der Frieden von Küçük Kaynarca besiegelt umfangreiche russische Landgewinne im Schwarzmeerraum und bereitet den endgültigen Verlust der Krim vor (1783).

1787 Kriegserklärung an Rußland; Österreich erklärt seinerseits 1788 den Osmanen den Krieg.

1789 Selîm III. besteigt den Thron.

1790 Bündnisvertrag mit Preußen.

1791 Sonderfriede von Sistova mit Österreich.

1792 Friede von Jassy (Iaşi) mit Rußland. Es folgen sechs Friedensjahre.

1794 Aufstellung eines reformierten Regiments. – Abschaffung der Subventionen für die Botschaften der europäischen Staaten in Istanbul.

1798 Bonapartes Truppen landen in Ägypten. Nelson zerstört die französische Flotte vor Abukir. Kriegserklärung an Frankreich bis zu einem Separatfrieden 1802.

1801 Ende der französischen Präsenz in Ägypten.

1802 Wahhabitischer Sturm auf Karbelâ.

1804 Karadjordje-Aufstand in Serbien.

1806 Einmarsch russischer Truppen in die Moldau und Bessarabien.

1808 „Übereinkommen“ (*Sened-i ittifâk*) zwischen Sultan Mahmûd II. und den wichtigsten Machtträgern des Staates.

1811 Höhepunkt der Herrschaft des abtrünnigen Ali Pascha von Janina; Machtergreifung Mehmed Alîs in Ägypten.

1812 Pestepidemie in Istanbul.

1814 In Odessa wird der griechische Freiheitsbund *Philiki Etairia* gegründet.

1821 Beginn des griechischen Unabhängigkeitskriegs.

1822 Einrichtung einer Übersetzungskammer in der Zentralverwaltung.

1826 Blutige Unterdrückung des Janitscharenkorps.

1827 Niederlage der osmanischen Flotte bei Navarino: Lösung des „gordischen Knotens“ der griechischen Frage.

1828 Russische Offensive in den Donauländern und fast gleichzeitig im Kaukasus.

1829 Friede von Adrianopel/Edirne mit Rußland.

1830 Mahmûd II. tritt Balkanreise an. – Französische Besetzung von Algier.

1831 Cholera in Istanbul – Ägyptische Besetzung von Syrien und Kilikien, Wiedergewinnung im Londoner Vertrag von 1840.

1832 Mahmûd II. erkennt Griechenland als unabhängiges Königreich an.

1833 Vertrag von Hünkâr İskelesi zwischen Rußland und dem osmanischen Staat.

1834 Einführung von Ressortministerien.

1835 Dampfschiffe befahren den Euphrat – Istanbul gewinnt teilweise die Kontrolle über das afrikanische Tripolis zurück – Eintreffen der Moltke-Mission.

1838 Sultan Mahmûd II. schafft einen Obersten Rat für Rechtsangelegenheiten – Beginn eines staatlichen Schulwesens (*mekteb-i rüşdîye*); Handelsabkommen mit England.

1839 Kurz vor dem Thronantritt Abdülmecîds Niederlage der osmanischen Truppen bei Nizîb/Nizip am Euphrat gegen İbrâhîm Pascha.

1839 Reformedikt von Gülhâne. Die Verlesung des „Kaiserlichen Handschreibens“ (*Hatt-ı Şerîf*) leitet die Reformperiode der *Tanzîmât* („Verordnungen“) ein.

1845 Trockenheit in Anatolien und Hungersnot. – Erstes Fotoatelier in der osmanischen Hauptstadt.

1846 Lehrerbildungsanstalt für das neue staatliche Schulwesen.

1847 Erste Druckausgabe des Koran.

1851 Hovsep Vartans Roman „Agabi“ erscheint in armenischen Lettern. – Beginn des Bahnbaus in Ägypten.

1852 Montenegro-Krise.

1853 Kriegserklärung der Osmanen an Rußland, nachdem russische Truppen die Grenzen überschritten haben.

1854 Beginn des Krimkriegs durch Kriegserklärung Englands und Frankreichs an Rußland. -Belagerung von Sebastopol (1854/5) – Verbot des Handels mit kaukasischen Sklaven.

1855 Kreditgewährung durch britische und französische Financiers.- Fertigstellung des Dolmabahçe-Serails am Bosporus.

1856 Reformedikt (*Hatt-i Hümâyûn*) mit weitreichenden Garantien für nichtmuslimische Untertanen (18.2.). Der Pariser Vertrag beendet den Krimkrieg und drängt Rußlands Einfluß vorläufig zurück (30.3.). Die Osmanen nehmen formal gleichberechtigt an den Verhandlungen teil.

1857 Abschaffung der Kopfsteuer für Nichtmuslime.

1859 Gründung der Zivilbeamtenschule (*Mekteb-i Mülkîye*); Şinâsî schreibt seine Komödie „Die Heirat des Dichters“.

1860 Bürgerkrieg in Syrien.

1861 Protokoll von Beyoğlu über die Schaffung des *mutesarrıflık* Libanon. – Tunesien gibt sich eine Verfassung unter Ahmad Beg (1837–1855).

1863 Baumwollboom in Ägypten (bis 1869).

1864 Die Provinzialgesetzgebung sieht die Beteiligung von Nichtmuslimen in lokalen und regionalen Räten vor, novellierte Fassung von 1867.

1865 Ausgedehnte Stadtbrände in Istanbul (Hocapaşa, Gedikpaşa).

1866 Eröffnung der Bahnlinie von Varna nach Ruse und İzmir nach Aydın. – Griechischer Volksaufstand auf Kreta. 1868 wird der Insel ein „Organisches Statut“ zugestanden.

1867 Sultan Abdülazîz besucht die Pariser Weltausstellung und London.

1868 Das Galata-Serail-Lyzeum entsteht als Eliteanstalt des reformierten staatlichen Schulwesens; modernes Observatorium in Kandilli am Bosporus.

1869 Beginn der Rückgewinnung des Jemen; Tod des Staatsmanns Fu’âd Pascha.

1873 Aufführung von Nâmık Kemâls Schauspiel „Das Vaterland oder Silistra“. – Erste osmanische Kunstausstellung.

1874 Hungerwinter nach schlechter Ernte.

1875 Staatsbankrott. – Eröffnung der unterirdischen Seilbahn „Tünel“ in Galata.

1876 Aufstände in Bulgarien, Serbien und Montenegro; Sieg der Osmanen über ein serbisches Heer. – Thronantritt von Abdülhamîd II. – Verkündigung des Grundgesetzes.

1877 Russische Kriegserklärung; die Feldzüge Rußlands auf dem Balkan und in Anatolien lösen eine riesige Flüchtlingsbewegung aus.

1878 Abkommen mit England über „vorübergehende“ Abtretung von Zypern. Im Berliner Vertrag wird die Unabhängigkeit Serbiens,

Montenegros und Rumäniens bestätigt und Bulgarien zum unabhängigen Fürstentum erklärt.

1881 Die europäischen Gläubiger erzwingen die Einrichtung einer Staatsschuldenverwaltung. – Vertrag von Bardo: Beginn des französischen Protektorats über Tunesien.

1882 Erste zionistische Agrarkolonie in Palästina.

1885 Anschluß Ost-Rumeliens an Bulgarien.

1888 Deutschland erwirbt die Konzession zum Bau der Anatolischen Bahn.

1897 Siegreicher „30-Tage-Krieg" der Osmanen gegen Griechenland in Thessalien.

1889 Flucht Ahmed Rızâs nach Paris. Im Exil wird er zum wichtigsten Kopf der „jungtürkischen" Opposition.

1890 Untergang des Schulschiffs Ertoğrul in der Bucht von Tokio.

1892 Die anatolische Bahn erreicht Ankara.

1893 Armenische Aufstände (bis 1895).

1894 Erdbeben in Istanbul.

1895 Erhebung armenischer Bauern in Sasoon/Zeytun.

1896 Besetzung der Osmanischen Bank in Istanbul durch armenische Revolutionäre.

1897 Kreta-Krise.

1899 Damad Mahmûd Celâleddîn Pascha, der Schwager des Sultans, geht mit seinen Söhnen nach Europa.

1900 25. Thronjubiläum von Abdülhamîd II.

1901 Die Osmanen erkennen gegenüber Großbritannien den *status quo* von Kuwait an.

1903 Mazedonische Erhebung am Eliastag.

1905 Gescheiterter Attentatsversuch auf den Sultan.

1907 Zweiter jungtürkischer Kongreß in Paris.

1908 Das von Teilen der Armee gestützte Komitee für Einheit und Fortschritt (*İttihâd ve Terakki Cemiyeti*) erzwingt die Wiederinkraftsetzung der Verfassung von 1876; Eröffnung des Parlaments.

1909 Gegenrevolutionäre Bewegung: Meuterei des 1. Armeekorps in Istanbul, Niederschlagung durch die mazedonische Armee; Verbannung des Sultans nach Saloniki. – Annexionskrise nach dem förmlichen Anschluß des seit 1878 besetzten Bosniens und der Herzegowina an Österreich-Ungarn.

1911 Italienische Okkupation des osmanischen Nordafrikas.

1912 Besetzung der Inseln des Dodekanes durch Italien (April, Mai). – Erster Balkankrieg nach Kriegserklärung Montenegros (8.10.), Serbiens, Bulgariens und Griechenlands (17.10) an die Türkei. Mit dem Vertrag von Ouchy/Lausanne (18.10.) enden die Feindseligkeiten zwischen Italien und der Türkei. Serbischer Sieg bei Kumanovo, bulgarischer Sieg bei Kirkkilise/Kırklareli (24.10.).

1913 Direkte Machtübernahme durch das Komitee; Mahmûd Şevket Pascha als Großwesir erliegt kurz danach einem Attentat. – Zweiter Balkankrieg der bisherigen Verbündeten sowie der Türkei gegen

	Bulgarien; Rückgewinnung von Edirne; Aufteilung des „Sandschak" zwischen Serbien und Montenegro.
1914	Fehlschlag der Frankreichmission Cemâl Paschas. – Deutsch-türkischer Bündnisvertrag (2.8.); Einlaufen der Kriegsschiffe Goeben und Breslau in die Dardanellen (6.-10.8.), im Schwarzen Meer greifen sie unter türkischer Flagge russische Häfen und Schiffe an; Abschaffung der Kapitulationen (8.9.).
1915	Verheerende Niederlage gegen Rußland im nordostanatolischen Sarıkamış; Abwehrkämpfe gegen Landungstruppen des Empires auf der Halbinsel von Gelibolu; Sieg der Osmanen bei Kut-el-Amara; Armenische Erhebung von Van; Deportationsgesetz.
1916	Die Alliierten ziehen sich von den Dardanellen zurück. – „Arabischer Aufstand". – Sykes-Picot-Abkommen über die Aufteilung des arabischen Ostens zwischen England und Frankreich (15.6.).
1917	Besuch Wilhelm II. in Istanbul. – Fall von Bagdad (11.3.). – Verabschiedung eines überkonfessionellen Familiengesetzbuches. – Englischer Einmarsch in Jerusalem (9.12.).
1918	Tod Mehmed V., Huldigung für Mehmed VI. Vâhideddîn (4.7.). – Waffenstillstand von Mudros (30.10.).
1920	Vertrag von Sèvres.
1922	Griechisch-türkischer Krieg endet mit Niederlage der griechischen Invasionsarmee. Flucht des Sultans.
1923	Friedensvertrag von Lausanne. – Gründung der Republik Türkei.
1924	Abschaffung des Kalifats.

TABELLEN

Tabelle 1: Stammtafel des Hauses Osmân

Die folgende Stammtafel stellt die Regierungszeiten der 36 Osmanenherrscher und ihre Abstammungsverhältnisse dar. Ausführliche dynastische Übersichten enthält das Werk von Alderson (Nr. 51 des Literaturverzeichnisses). Außerdem vergleiche man die in Teil II „Grundfragen" S. 118 besprochene Literatur. Es ist zu beachten, daß in der älteren europäischen Literatur Süleymân Kânûnî häufig als zweiter seines Namens geführt wird, weil der Emir Süleymân des Interregnums als selbständiger Herrscher aufgefaßt wurde. Die Liste endete mit dem Kalifen Abdülmecîd (Nr. 37), der gelegentlich als Abdülmecîd II. bezeichnet wird, obwohl er nicht mehr den Titel „Sultan" führte.

Stammtafel, Fortsetzung

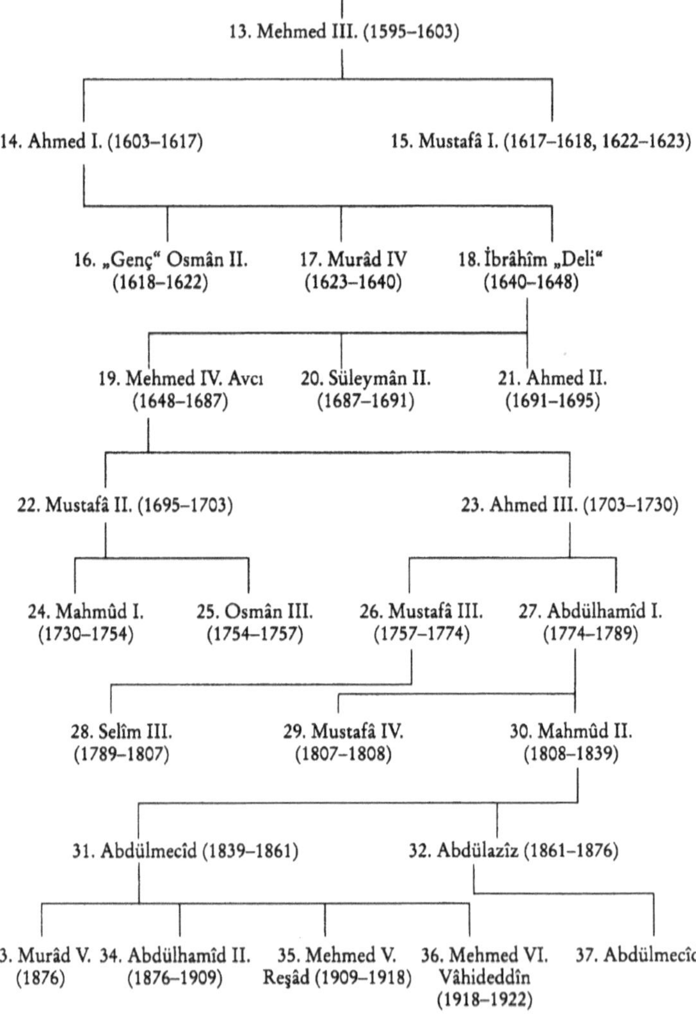

Tabelle 2: Militärisch-administrative Karrieremuster in der Mitte des 17. Jahrhunderts

ZENTRALVERWALTUNG

Großwesir

Wesire des Staatsrats

PALASTDIENST

PROVINZ-VERWALTUNG

Enderûn (Innerer Dienst)

Bîrûn (Äußerer Dienst)

Beylerbeyi

Hochgestellte Pagen

Kapıkulu-Offiziere

Andere Bîrûn-Offiziere

26,9 % der Beylerbeyi (85,7 %*)

Höhere Kammern

Sancakbeyi

Müteferrika

24,4 % der Sancakbeyi (67,8 %*)

Niedrigere Kammern

Inhaber eines zeâmet

Kapıkulu Truppen

möglich, jedoch nicht wahrscheinlich?

Topkapı-Palast

Sipâhîs

Janitscharen

Andere Paläste

Berittene Provinztruppe mit timar

Hilfstruppen

Palastdiener

Grund-ausbildung

Sklaven (einige devşirme)

Söhne der kapıkulu-Truppen

Söhne (und Verwandte) von ümerâ

Mitglieder der ümerâ-Haushalte

Freiwillig dienende reâyâ (über ümerâ-Haushalte)

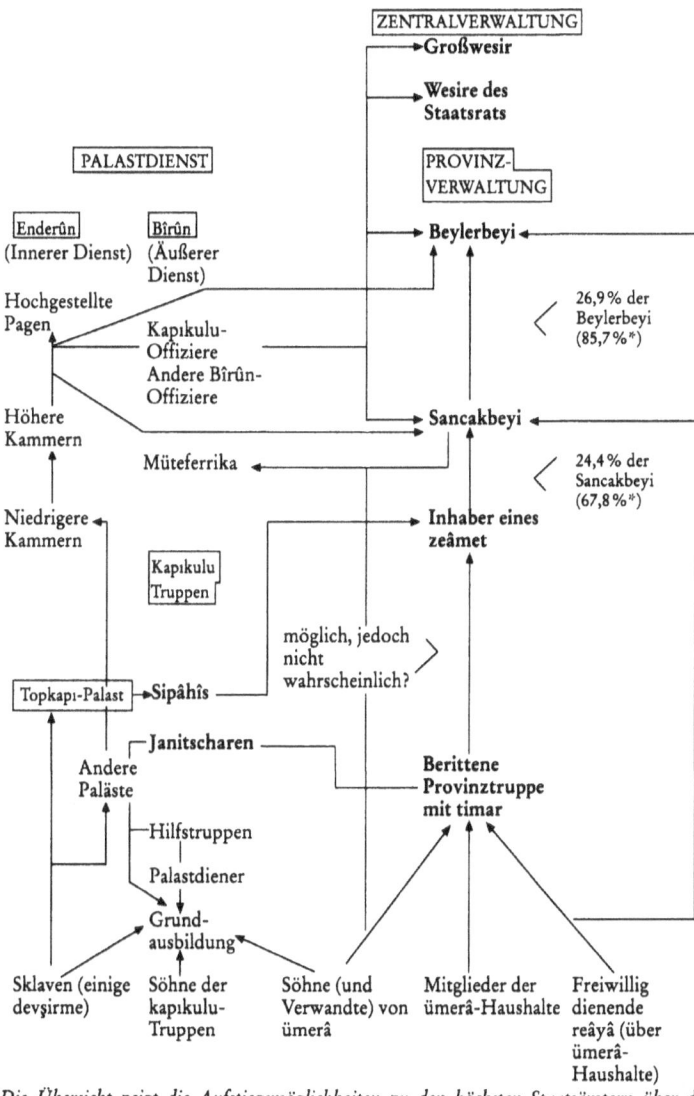

Die Übersicht zeigt die Aufstiegsmöglichkeiten zu den höchsten Staatsämtern über die Statthalterstellen in den Provinzen.

Quelle: I. M. Kunt, *The Sultan's Servants. The Transformation of Ottoman Provincial Government 1550–1650, New York 1983. S. 68, Chart 3.1. * Prozentzahlen für die Mitte des 16. Jahrhunderts.*

Tabelle 3: Größe und Zusammensetzung der stehenden Armee (kapı kulu) 1527–1670

	1527	1574	1597	1609	1670
I: Janitscharenkorps					
Janitscharen	7886	13599	35000	37627	39470
Janitscharen-Kadetten (*acemî*)	3553	7495	10000	9406	8742
SUMMEN	**11439**	**21094**	**45000**	**47033**	**48212**
II: **Die sechs Kavallerieregimenter** (*altı bölük*) in der Reihefolge ihres Ansehens					
1. *sipâhîyân* („Reiter")	1993	2210	7000	7805	6615
2. *silâhdârân* („Schwerträger")	1593	2217	5000	1683	5925
3. *ulûfeciyân-i yemîn* („Besoldete zur Rechten")	589	400	1800	2055	467
4. *ulûfeciyân-i yesâr* („Besoldete zur Linken")	498	407	1500	1423	435
5. *gurebâ-i yemîn* („Fremde zur Rechten")	211	406	1000	928	355
6. *gurebâ-i yesâr* („Fremde zur Linken")	2014	407	800	975	273
SUMMEN	**5088**	**5957**	17000	**20869**	**14070**
III: **Artilleriekorps**					
1. *cebeciyân* („Waffenschmiede")	524	625	?	5730	4789
2. *topcuyân* (Kanoniere)	695	1099	?	1552	2793
3. *arabacıyân-i top* (Stellmacher)	943	400	?	684	432
SUMMEN	**2162**	**2124**	?	**7966**	**8014**
INSGESAMT	18689	29175	?	75868	70296

Quelle: R. MURPHEY, *Ottoman Warfare 1500–1700, London 1999 S. 45=Table 3.5.*

Tabelle 4: Vom Koranschüler zum Scheichülislam: Die Rangstufen der osmanischen ilmîye

1. Şeyhülislâm
↑
2. Heeresrichter (Kadiasker) von Rumelien bzw. Heeresrichter von Anatolien
↑
3. Richter von Istanbul
↑
4. Richter von Mekka/Richter von Medina
↑
5. Die Kâdis der „Fünf Städte" (Höchste Richterstellen)
Jerusalem
Bursa
Kairo
Damaskus
Edirne
↑
6a. Die Großen Mollâ-Posten (Hohe Richterstellen der 5. Rangstufe)
Galata/Üsküdar/Eyüb (Vorstädte von Istanbul)
Izmir
Yenişehir (= Larissa)
Saloniki
Aleppo
↑
6b. Die „Umlauf"-Posten (Hohe Richterstellen der 6. Rangstufe)
Filibe (=Plovdiv)
Maraş
Bagdad
Sofia
Belgrad
Ayntab (=Gaziantep)
Kütahya
Konya
Diyarbekir
Bosna=Sarajevo
↑
7. Müderris (Professor an einer Medrese). Die osmanischen Medresen waren in 10 Rangstufen mit entsprechenden Professorengehältern gegliedert.
↑
Nâ'ib: Vertreter eines Richters
↑
Mülâzim: Gelehrter im Vorbereitungsstand (7 Jahre)
↑
Muftî an einem niedrigen Kadi-Sitz/ İmâm (Vorbeter) an einer Moschee
↑
Mu'îd: Assistent des Müderris
↑
Dânişmend: Absolvent der Medrese
↑
Studium als Suhte an einer höheren Lehranstalt (Medrese)
↑
Besuch einer öffentlichen Stadtviertelschule (Mekteb/Kuttâb)

Quelle: K. Kreiser *in Brockhaus Weltgeschichte 3 (1998), S. 129.*

Tabelle 5: Kopfsteuer und wichtige Steuerpachten (mukâta'as) um 1475 nach Promontorio de Campis in Tausend Golddukaten

Rumelien („Grecia")		Anatolien („Turchia")	
Kopfsteuer der Nichtmuslime	850	Zölle und Salinen in Westanatolien	32
Zölle in Istanbul und Gelibolu	50	Zölle und Zehnte Alaiye/Alanya	12
Warenzoll (*comerchio*), Istanbul	70	Zölle und Zehnte, Alt- und Neu-Foça	20
Warenzoll, Gallipoli	9	*bâc* von Bursa (verschiedene Einkünfte, v. a. Seide, Wälder)	50
Salinen, Griechenland und Umgebung	92	Kastamonu, v. a. Kupferbergwerke	150
Münzeinnahmen: Prägung von *akçe*	120	Zölle aus Trabzon, Amasra, Samsun	10
Goldmünzen	3	Zolleinnahmen von Kaffa und anderen Orten auf der Krim	10
Bergwerke	120	Karaman	35
Kopfsteuer, Salz, Enez	11	Salinen	12
Salz, Saloniki	2,5		
Negroponte	12,5		
Morea	31,5		
Avlonya, Einnahmen aus der Verpachtung von Fischgründen	1,5		
Getreidefünft bzw. Getreidezehnt, vermutlich aus *hâss* – Ländereien	20		
Sofia	1		
Edirne	12		
Kopfsteuer der Zigeuner	9		
Badehäuser	8		
Reisfelder in Filibe, Zagra, Serres	15		
Summe	1456		331

Quelle: F. Babinger, *Die Aufzeichnungen des Genuesen Iacopo de Promontori de Campis über den Osmanenstaat um 1475*, München 1957, S. 62–72; H. G. Majer, Ein osmanisches Budget aus der Zeit Meḥmeds des Eroberers, in: Der Islam 59, 1982, 40–63.

Tabelle 6: Steuerpflichtige Haushalte der wichtigsten anatolischen und rumelischen Städte 1520–1530

	Muslime	Christen	Juden	Summen
Istanbul	9517	5162	1647	16326 (im Jahr 1478)
Bursa	6165	69	117	6351
Edirne	3338	522	201	4061
Ankara	2399	277	28	2704
Athen	11	2286		2297
Tokat	818	701		1519
Konya	1092	22		1114
Sivas	261	750		1011
Sarajevo	1024			1024
Manastir (Bitola)	640	171	34	845
Üsküb (Skopje)	630	200	12	842
Sofia	471	238		709
Saloniki	1229	989	2645	4863
Serres	671	357	65	1093
Trikala	301	343	181	825
Larissa	693	75		768
Nikopolis	468	775		1243

Erläuterung: Man legt mindestens einen Multiplikator von 5 zugrunde. Demzufolge betrug zum Beispiel die steuerpflichtige Bevölkerung von Sivas 1011x5=5055 Einwohner. Hinzu kamen religiöse Spezialisten, Militär und wegen körperlicher Gebrechen steuerlich entlastete Menschen.

Quelle: Barkan *(1957) S. 35;* İnalcik *u.* Quataert *(1994) S. 257.*

Tabelle 7: Timar-Inhaber und in Form von Hâss und Timars ausgegebene staatliche Ressourcen 1527–28 in Millionen akçe

	Hâss und timars		timars für Garnisonstruppen	
Provinzen	Jährliches Einkommen	Anzahl	Jährliches Einkommen	Zahl der Soldaten
Rumeli	82,45	10,688	10,08	6,620
Anadolu	35,73	7,536	3,81	2,614
Karaman, Rum und Dulkadriye	33,97	6,518		
Aleppo und Damaskus	19,16	2,275	0,67	419
Diyarbekir	14,29	1,071		
SUMMEN	185,60	28,088	14,56	9,653

Quelle: Barkan *(1953–54) S. 255.*

Tabelle 8: Die osmanische Bevölkerung in Europa (1872) und Asien (1874)

Region	Oberfläche km^2	Bevölkerung Muslime	Nichtmuslime	Summe
Europäische *Vilâyets* (1872)				
Istanbul (europäische Stadteile)	119,9	285 100	400 100	685 200
Edirne	2 953,4	503 058	801 294	1 304 352
İşkodra (Shkodër)	583,0	100 000	128 000	228 000
Prizren	1 729,6	728 286	470 868	1 199 154
Tuna (Donau)	4 361,6	817 000	1 199 230	2 016 430
Yanina	1 713,3	249 699	460 802	710 501
Selânik (Saloniki)	2 610,7	429 410	807 928	1 237 338
Bosnia	2 938,1	630 456	612 000	1 242 456
(Girid) Kreta	405,3	90 000	120 000	210 000
Summe	17 414,9	3 833 209	5 000 222	8 833 431
Serbien	2 048,7	4 965	1 314 424	1 319 389
Rumänien (Walachei, Moldau)	570,1	3 000	4 497 000	4 500 000
Montenegro	207,2	–	100 000	100 000
Europa Summe	20 240,9	3 841 174	10 911 646	14 752 820

Tabelle 8: Fortsetzung

REGION	OBERFLÄCHE	BEVÖLKERUNG		
	KM²	MUSLIME	NICHTMUSLIME	SUMME
Serbien	2 048,7	4 965	1 314 424	1 319 389
Rumänien (Walachei, Moldau)	570,1	3 000	4 497 000	4 500 000
Montenegro	207,2	–	100 000	100 000
Europa Summe	20 240,9	3 841 174	10 911 646	14 752 820
ASIATISCHE *Vilâyets* (1874)				
Istanbul (asiatische Stadtteile)	602,2	455 500	340 500	796 000
Bursa	5 318,0	838 494	191 750	1 030 244
Aydın	941,3	600 000	380 000	980 000
Cezâyir-i Bahr i Sefid (Ägäische Inseln)	6 848,0	95 044	347 991	443 035
Zypern	488,6	44 000	100 000	144 000
Kastamonu	2 524,0	757 786	16 426	774 212
Ankara	3 263,4	849 432	155 046	1 004 478
Konya	4 880,0	740 204	59 968	800 172
Adana	1 738,0	282 466	41 596	324 062
Trabzon und Canik	1 897,7	764 160	173 540	937 700
Sivas	3 023,3	481 404	90 404	571 808
Erzurum	6 074,1	624 346	260 840	885 186
Diyarbekir	4 586,1	458 288	250 000	708 288
Bagdad	15 221,4	220 000	–	2 200 200
Aleppo	4 965,0	461 338	77 973	539 311
Syria	8 054,1	638 920	334 200	973 120
Hedschas und Jemen	26 709,4	1 134 375	–	1 134 275
Summe	95 334,6	11 425 757	2 820 234	14 245 991
Fürstentum Samos	277,1	300	34 000	34 300
Asien Summe	95 611,7	11 426 057	2 854 234	14 280 291
Europa	20 240,9	3 841 174	10 911 646	14 752 820
Asien	95 611,7	11 426 057	2 854 234	14 280 291
Afrika mit Ägypten	140 639,6	11 308 550	170 450	11 479 000
Summe	256 492,2	26 575 781	13 936 330	40 512 111

Quelle: Osmanische Provinzialjahrbücher ausgewertet von ALFRED RITTER ZUR HELLE VON SAMO *(d.i.* AHMED NÛRÎ PAŞA*), Die Völker des osmanischen Reiches (Wien 1877) und ergänzt durch K. H.* KARPAT*, Ottoman Population 1830–1914. Demographic and Social Characteristics, Madison: Univ. of Wisconsin Pr. 1985, S. 177.*

Tabelle 9: Summen osmanischer Bevölkerungsregister im Vergleich von 1893–1914 (ohne verlorene Gebiete)

Verwaltungseinheit	1893	1914
Aydın	1 410 424	1 818 859
Edirne	836 041	631 094
Erzurum	559 055	815 432
Adana	396 349	516 217
İşkodra (Shkodër)	87 372	
Ankara	847 132	1 156 891
İzmit	195 669	325 153
Bagdad	197 756	
Basra	10 853	
Beyrut	568 014	824 873
Bitlis	276 998	437 479
Biga	118 835	
Cezâyir-i Bahr-i Sefîd (Ägäische Inseln)	263 590	
Çatalca	58 822	59 756
Halep (Aleppo)	787 714	1 031 333
Hüdâvendigar (Bursa)	1 335 884	2 010 452
Diyârbekir	368 964	619 825
Zor	34 250	66 294
Suriye (Syrien)	400 748	918 409
Selanik (Thessaloniki)	989 844	
Sivas	926 671	1 169 443
Şehiremâneti Mülhakâtı (zu Groß-Istanbul)	80 702	
Trabzon	1 056 237	1 616 249
Kastamonu	948 981	1 175 875
Kosova	721 087	
Konya	944 042	1 339 111
Kudüs (Jerusalem)	234 770	328 168
Elaziz (Elazığ)	381 346	538 227
Mosul	176 111	
Manastir (Bitola)	664 399	
Van	119 860	259 141
Yanya (Janina)	516 477	
Dersaâdet ve Bilâd-i Selâse (Istanbul)	873 565	909 978
Summe	17 388 562	18 520 016

Quelle: Karpat *(1985) S. 190*

Tabelle 10: Todesfälle, Flucht und Vertreibung der muslimischen Bevölkerung im 19. und frühen 20. Jahrhundert

	Todesfälle	Flüchtlinge	Erläuterungen
Griechischer Aufstand	25 000*	10 000*	
Rußlands Kaukasuskrieg 1828–1829	unbekannt	26 000	Überlebende
Austreibung aus der Krimhalbinsel (nach 1855)	75 000*	300 000	
Bulgarien, 1877–78	400 000*	1 200 000	
Krieg im Osten, 1877–78	260 000	515 000	
Kaukasus 1905	unbekannt	70 000	
Balkankriege, 1912–1913	1 450 000	410 000	
Ostanatolien, 1914–1921	1 190 000	–	
Kaukasus, 1914–1921	410 000	900 000	Binnenflüchtlinge
Westanatolien 1914–1922	1 250 000	480 000	Griechisch-türkischer Bevölkerungsaustausch
		1 200 000	Binnenflüchtlinge
Geschätzte Summe	5 060 000	5 381 000	

** Grobe Schätzungen*

Die meisten militärischen Verluste und ein Teil der zivilen Todesfälle sind nicht enthalten.

Quelle: J. McCarthy: *Death and Exile. The Ethnic Cleansing of Ottoman Muslims, 1821–1922, Princeton, N.J. 1995, S. 339, Table 30.*

Karte 1: Der osmanische Staat

Entwurf K. Kreiser nach: R. Mantran (Hg.), Historie de l'Empire Ottoman, Paris: Fayard 1989

ARALSEE
Astrachan
KASPISCHES MEER
GEORGIEN
Baku
Jerewan
MEER
ARMENIEN
Täbris
Erzurum
Çaldiran
KURDISTAN
IRAN
Kayseri
Bagdad
Aleppo
IRAK
Basra
Kerbela
Damaskus
PERSISCHER GOLF
Maskat
ARABIEN
HEDSCHAS
Medina
ROTES MEER
Mekka
JEMEN
Sanaa
Aden
0 100 500 1000 km

Karte 2: Anatolien in frühosmanischer Zeit (13.–14. Jh.)

Quelle: Claude Cahen, La Turquie Pré-Ottomane, Paris 1988

Karte 3: Die europäische Türkei vor dem Vertrag von Berlin 1878

LEGENDE

Osmanischer Staat vor 1878

Fürstentümer mit eingeschränkter Autonomie

Bucak (Bessarabien)

Griechenland in den Grenzen von 1830

Grenzen der vilâyets

Grenzen der sancaks

0 50 100 250 500 km

Entwurf K. Kreiser nach K. H. Karpat, Ottoman Population 1830-1914. Demographic and Social Characteristics, Madison 1985.

Karte 4: Der Zerfall des osmanischen Staates 1878–1901

GLOSSAR

irâde 53
irtidâd 116
iştirâ 147

İttihâd-ı Osmanî Cemiyeti 45
İttihâd ve Terakki 47

kılıç timarı 56
kıral 29
kışla 66
Kızlar Ağası 53
kadı mahkeme defterleri 106
kadıasker 53, 64
kadın efendi 53
Kadi 64, 146, 157
kafes 1
kâ'ime 88
kalem 54
kalemîye 159
kalyon 62
kânûn 148, 157
Kânûn-i esâsî 43
kânûn-nâme 53, 60, 64, 108, 109, 155, 157
kapıkulu 57, 58
kaptan-ı derya 62
kapukulu 148
kasaba 11
kassâm 106
kâtib 101
kayzer 53
kazâ 42
keçe 57
kul 119, 120, 155
külliye 74

Lehçe-i Osmânî 68
levend 29, 33, 57, 148

Ma'ârif Nezâreti 55
mahkeme 96
malî sene 88
mâlikâne-divânî 67
Mecelle 134
Meclis-i âlî-i Tanzîmât 42
Meclis-i Mebûsân 107
Meclis-i Vâlâ-i Ahkâm-ı Adlîye 38, 42, 55, 132
Meclis-i Vükelâ 55
Meclis-i Âyân 107
mecmû'a 94
medrese 157
Mehâkim-i Ticâret 134
Mehter-hâne 73
Mekteb-i Harbîye 63
Mekteb-i Mülkîye 55
mektepli 86
Memâlik-i Devlet-i Osmânîye 2
menzil 15, 153
merham behâ 61
mevâcib defterleri 57
mezâr 87
mezra'a 150
millet 47, 155, 156
mudâra 120
mufassal 55, 104, 129
muhâcir 17
muhibbân 65
mustahfız 63
müderris 64
müdîr 41
müftü 127
mühimme defterleri 105, 106
mühr-i hümâyûn 54
mülk 55
mülkiye 135
müsâdere 133
müsellem 57, 67
mütefennin zâbıt 76

nâ'ib 64
nakkâşhâne 73
nâ-meşrû' 157
narh defteri 107
nasîhat-nâme 119
na't 72
nişâncı 54
nizâm-i âlem 53
Nizâm-ı cedîd 36
nizâmîye 63
Nizâmîye 134

ocak 32
ocaklık 148
orta 36
ortakçı 140
Osmânlı 1

öşür 67

pâdişâh 53
palanka 12
panayır 152
Paşa kapısı 54
pekmez 10

pilav 61
pronoia 146

reâyâ 66, 120, 139, 146
re'îsülküttâb 54, 55
Roma çasarı 29
ru'ûs kalemi 55
rûznâmce 55, 106
rüşvet 158

sadâret kethüdâsı 55
Sadr-(ı) a'zâm 54
sâl-nâme 107, 109
sâliyâne 57
sancak 10, 11, 42, 56, 64, 104
sancakbeg 105
sancakbeyi 11, 56, 119, 146
sarıca 57
sâz şairleri 69
sekbân 57, 60
Sened-i ittifâk 36
serasker 38
seraskerlik 55
serdâr 54
sevk ve işkân 50
sicill 96
sicill defterleri 64, 106
sipâhî 28, 56, 57, 120, 145, 146, 148
siyâkat 89
softa 60
soyurgal 146
suhte 60
sür-sat 61, 147
süvârî 67

şeh-nâmeci 101
şehbender 32, 123
şehrengîz 102
şikâyet defterleri 106
Şûrâ-i Devlet 135
tâbi' 66
tağşîş 147
tahrîr 17, 141
tahrîr defterleri 104, 105, 123
tahrîr-i nüfûs 107
tahvîl kalemi 55

tâ'ife 156
Tanzîmât 38, 132, 133, 135, 137, 142, 158
tapu-tahrîr defterleri 2, 144
tarîkât 64, 157
tefevvuk 40
tekâlif-i şakka 58
tekye edebiyâtı 69
tereke defterleri 106
Teşkîlât Kânûn-nâme 24
tezkire 102, 103
tımar (timar) 20, 22, 24, 55, 56, 67, 105, 119, 140, 146, 148
tiyatro 68
topçu 57
topuz 58
Tourkomerites 156
tuğ 58
Türk 2
Türkçe 68
Türkî 2, 68
Türkiya 3
Türkiye 3

ulak 15
ulemâ 53, 102, 133, 134

ümerâ 119

vakıf 55, 67, 148
vakfiye (vakf-nâme) 104
vâli 42
vâlide 53
vatan 39
vekâyi-nüvîs 101
vilâyet 42, 55, 64, 107, 135
voynuk 60

yaya 57, 67
yayok 58
yeniçeri 57
yoklama defterleri 145
yurtluk 148

zâ'im 56
ze'âmet 55, 56, 140
zimmî 77, 105

REGISTER

Ortsregister

Register der Personen, Stämme, Völker, Dynastien

Autorenregister

OLDENBOURG GRUNDRISS DER GESCHICHTE

Herausgegeben von Lothar Gall, Karl-Joachim Hölkeskamp und Hermann Jakobs

Band 1: *Wolfgang Schuller*
Griechische Geschichte
5. überarb. Aufl. 2002. 267 S., 4 Karten
ISBN 978-3-486-49085-5

Band 1 A: *Hans-Joachim Gehrke*
Geschichte des Hellenismus
3. überarb. u. erw. Aufl. 2003. 324 S.
ISBN 978-3-486-53053-7

Band 2: *Jochen Bleicken*
Geschichte der Römischen Republik
6. Aufl. 2004. 342 S.
ISBN 978-3-486-49666-6

Band 3: *Werner Dahlheim*
Geschichte der Römischen Kaiserzeit
3., überarb. und erw. Aufl. 2003. 452 S., 3 Karten
ISBN 978-3-486-49673-4

Band 4: *Jochen Martin*
Spätantike und Völkerwanderung
4. Aufl. 2001. 336 S.
ISBN 978-3-486-49684-0

Band 5: *Reinhard Schneider*
Das Frankenreich
4., überarb. u. erw. Aufl. 2001. ca. 222 S., 2 Karten
ISBN 978-3-486-49694-9

Band 6: *Johannes Fried*
Die Formierung Europas 840–1046
3. Aufl. 2008. Ca. 320 S.
ISBN 978-3-486-49703-8

Band 7: *Hermann Jakobs*
Kirchenreform und Hochmittelalter 1046–1215
4. Aufl. 1999. 380 S.
ISBN 978-3-486-49714-4

Band 8: *Ulf Dirlmeier/Gerhard Fouquet/Bernd Fuhrmann*
Europa im Spätmittelalter 1215–1378
2003. 390 S.
ISBN 978-3-486-49721-2

Band 9: *Erich Meuthen*
Das 15. Jahrhundert
4. Aufl., überarb. v. Claudia Märtl 2006. 343 S.
ISBN 978-3-486-49734-2

Band 10: *Heinrich Lutz*
Reformation und Gegenreformation
5. Aufl., durchges. und erg. v. Alfred Kohler 2002. 283 S.
ISBN 978-3-486-49585-0

Band 11: *Heinz Duchhardt*
Barock und Aufklärung
4., überarb. u. erw. Aufl. des Bandes „Das Zeitalter des Absolutismus“ 2007. 302 S.
ISBN 978-3-486-49744-1

Band 12: *Elisabeth Fehrenbach*
Vom Ancien Régime zum Wiener Kongreß
5. Aufl. 2008. 323 S., 1 Karte
ISBN 978-3-486-58587-2

Band 13: *Dieter Langewiesche*
Europa zwischen Restauration und Revolution 1815–1849
5. Aufl. 2007. 260 S., 3 Karten
ISBN 978-3-486-49765-6

Band 14: *Lothar Gall*
Europa auf dem Weg in die Moderne 1850–1890
4. Aufl. 2004. 332 S., 4 Karten
ISBN 978-3-486-49774-8

Band 15: *Gregor Schöllgen*
Das Zeitalter des Imperialismus
4. Aufl. 2000. 277 S.
ISBN 978-3-486-49784-7

Band 16: *Eberhard Kolb*
Die Weimarer Republik
6., überarb. u. erw. Aufl. 2002. 355 S., 1 Karte
ISBN 978-3-486-49796-0

Band 17: *Klaus Hildebrand*
Das Dritte Reich
6., neubearb. Aufl. 2003. 474 S.,
1 Karte
ISBN 978-3-486-49096-1

Band 18: *Jost Dülffer*
Europa im Ost-West-Konflikt
1945–1991
2004. 304 S., 2 Karten
ISBN 978-3-486-49105-0

Band 19: *Rudolf Morsey*
Die Bundesrepublik Deutschland
Entstehung und Entwicklung bis 1969
5., durchges. Aufl. 2007. 343 S.
ISBN 978-3-486-58319-9

Band 19a: *Andreas Rödder*
Die Bundesrepublik Deutschland
1949–1990
2003. XV, 330 S., 2 Karten
ISBN 978-3-486-56697-0

Band 20: *Hermann Weber*
Die DDR 1945–1990
4., durchges. Aufl. 2006. 355 S.
ISBN 978-3-486-57928-4

Band 21: *Horst Möller*
Europa zwischen den Weltkriegen
1998. 278 S.
ISBN 978-3-486-52321-8

Band 22: *Peter Schreiner*
Byzanz
3., völlig überarb. Aufl. 2008.
340 S., 2 Karten
ISBN 978-3-486-57750-1

Band 23: *Hanns J. Prem*
Geschichte Altamerikas
2. völlig überarb. Aufl. 2008.
386 S., 5 Karten
ISBN 978-3-486-53032-2

Band 24: *Tilman Nagel*
Die islamische Welt bis 1500
1998. 312 S.
ISBN 978-3-486-53011-7

Band 25: *Hans J. Nissen*
Geschichte Alt-Vorderasiens
1999. 276 S., 4 Karten
ISBN 978-3-486-56373-3

Band 26: *Helwig Schmidt-Glintzer*
Geschichte Chinas bis zur mongolischen
Eroberung 250 v. Chr.–1279 n. Chr.
1999. 235 S., 7 Karten
ISBN 978-3-486-56402-0

Band 27: *Leonhard Harding*
Geschichte Afrikas im 19. und
20. Jahrhundert
2. durchges. Aufl. 2006. 272 S.,
4 Karten
ISBN 978-3-486-57746-4

Band 28: *Willi Paul Adams*
Die USA vor 1900
2000. 294 S.
ISBN 978-3-486-53081-0

Band 29: *Willi Paul Adams*
Die USA im 20. Jahrhundert
2., aktual. Aufl. 2007. 302 S.
ISBN 978-3-486-56466-0

Band 30: *Klaus Kreiser*
Der Osmanische Staat 1300–1922
2., aktual. Aufl. 2008. 262 S.
ISBN 978-3-486-58588-9

Band 31: *Manfred Hildermeier*
Die Sowjetunion 1917–1991
2. Aufl. 2007. 237 S., 2 Karten
ISBN 978-3-486-58327-4

Band 32: *Peter Wende*
Großbritannien 1500–2000
2001. 234 S., 1 Karte
ISBN 978-3-486-56180-7

Band 33: *Christoph Schmidt*
Russische Geschichte 1547–1917
2003. 261 S., 1 Karte
ISBN 978-3-486-56704-5

Band 34: *Hermann Kulke*
Indische Geschichte bis 1750
2005. 275 S., 12 Karten
ISBN 978-3-486-55741-1

Band 35: *Sabine Dabringhaus*
Geschichte Chinas 1279–1949
2006. 282 S., 1 Karte
ISBN 978-3-486-55761-9

www.ingramcontent.com/pod-product-compliance
Lightning Source LLC
Chambersburg PA
CBHW030436300426
44112CB00009B/1036
9783486585889